KB168425

세상의 속도를
따라잡고 싶다면

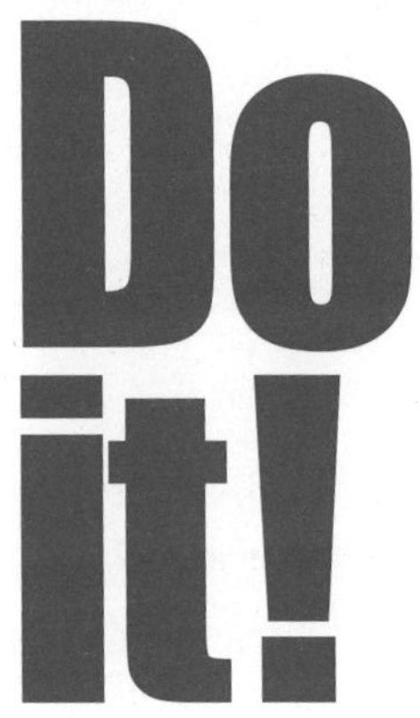

일상이 자동화되는

파이썬 생활 프로그래밍

with 챗GPT

비전공자도 오늘부터 바로 프로그램 만든다!

생활 프로그래머 | 김창현 지음

이지스퍼블리싱

세상의 속도를 따라잡고 싶다면 **Do it!**
변화의 속도를 즐기게 됩니다.

Do it!
일상이 자동화되는
파이썬 생활 프로그래밍 with 챗GPT

이 책은 2020년 7월에 출간된 《Do it! 파이썬 생활 프로그래밍》의 전면 개정판입니다.

개정 1판 발행 • 2024년 1월 30일
개정 1판 2쇄 • 2024년 5월 30일

초판 발행 • 2020년 7월 27일
초판 5쇄 • 2022년 9월 5일

지은이 • 김창현
펴낸이 • 이지연
펴낸곳 • 이지스퍼블리싱(주)
출판사 등록번호 • 제313-2010-123호
주소 • 서울특별시 마포구 잔다리로 109 이지스빌딩 4층(우편번호 04003)
대표전화 • 02-325-1722 | **팩스** • 02-326-1723
홈페이지 • www.easyspub.co.kr | **페이스북** • www.facebook.com/easyspub
Doit! **스터디룸 카페** • cafe.naver.com/doitstudyroom | **이메일** • service@easyspub.co.kr

총괄 • 최윤미 | **기획 및 책임편집** • 이소연 | **편집** • 안동현 | **IT 2팀** • 한승우, 신지윤, 이소연
교정교열 • 박명희 | **표지 및 본문 디자인** • 트인글터 | **인쇄** • 보광문화사
마케팅 • 박정현, 한송이, 이나리 | **독자지원** • 박애림, 오경신
영업 및 교재 문의 • 이주동, 김요한(support@easyspub.co.kr)

ISBN 979-11-6303-550-3 13000
가격 24,000원

만 명이 넘는 독자들이 이 책으로 생활 프로그래밍을 시작했습니다!

"진짜 생활에 써먹을 수 있는 프로그램을 만들 수 있어요!"

• 개정 증보 전 이 책으로 파이썬에 입문한 독자들의 서평입니다.

파이썬을 배우고 나서 **파이썬을 어디에 활용할 수 있을지 고민하는 사람들이 꼭 봐야 하는 필독서**라고 생각합니다. 컴퓨터 전공자가 아닌 지리학자 저자의 예제를 응용하며 따라 하다 보면 파이썬을 어디에 활용할 수 있는지 알 수 있습니다. - kb****

초보자도 공부하기 편하게 쉽게 잘 설명되어 있습니다! 작은 프로그램 하나라도 만들며 공부할 수 있다는 점이 무엇보다 좋아요. - ag****

다양한 활용 분야 가운데 **내가 원하는 목적에 맞게 프로그램을 설계할 때 기초 잡기 가장 좋은 책!** 독학에 최적화된 책입니다. - dl********

기초 문법을 익힌 후 실제 **파이썬 활용을 배운다는 점에서 아직까지 이보다 좋은 책을 보진 못했습니다.** 판다스와 넘피 같은 통계 분석의 기초도 함께 종합적으로 배울 수 있습니다. - kb****

슈퍼 초보인데 하나씩 해나갈 때마다 **실력이 느는 기분!** - ho*****

파이썬을 기반으로 실생활에 직접 접목할 수 있는 프로그램들이 주된 내용입니다. 책의 내용을 잘 따라가면 **실제로 일상에 적용할 수 있는 항목이 많습니다.** "인생이 짧기 때문에 파이썬을 배워야 한다"는 말이 인상 깊었고, 그 말에 걸맞게 알찬 내용이 담겨 있습니다. - vu******

이런 분께 추천합니다!

- 어렵고 지루한 책은 이제 그만! 파이썬 입문에 성공하고 싶은 비전공자
- 실생활에 바로 활용할 수 있는 코드로 공부하고 싶은 코딩 입문자
- 파이썬으로 생산성을 높이고 싶은 직장인

비전공자도 오늘부터 바로 만든다!
귀찮은 일, 반복되는 일은 파이썬에게 맡기자!

축하합니다! 이 책을 펼쳤다면, 여러분은 이미 파이썬의 세계로 들어가는 첫걸음을 내딛은 것입니다. 의외로 많은 분들이 파이썬 책을 펼쳤다가 그냥 덮습니다. 파이썬의 놀라움을 아는 필자로서 참 안타까운 일입니다. 이제 이 책을 따라 몇 단계만 밟아 보세요. 파이썬과 친해지면 여러분의 진급, 수익률, 성적, 취업, 졸업이 몇 배는 쉬워질 수 있습니다!

필요한 걸 제 손으로 직접 만들다 보니 책까지 쓰게 됐어요!

이 책은 제가 업무와 공부를 하다가 필요해서 직접 만들어 쓰던 파이썬 프로그램에서 시작했습니다. 지금도 여전히 "파이썬으로 무엇을 할 수 있어?"라는 질문을 많이 받습니다. 오픈 AI의 챗GPT가 등장하고 이제 코딩을 쉽게 할 수 있는 시대가 된 것은 알겠는데, 그 노력을 왜 해야 하는지 아직 잘 모르기 때문이죠.

지리학을 전공했지만 코딩을 배우고 난 후 자기계발과 업무를 위해 파이썬으로 무엇을 할 수 있을지 실험해 보았습니다. 이 책에서 다루는 부가세 계산기, 미드 대사 추출 프로그램, 사업성 분석, 공공 데이터 API 활용, 웹 크롤링 등은 그 결과물입니다. 책에서 다루는 부가세 출력 프로그램은 업무에 활용하기 위해 만들었고, 정규 표현식으로 인용문을 추출해 주는 코드는 실제로 논문을 쓸 때 사용한 것입니다. 그뿐만 아니라 지금은 통계 분석을 할 때 SPSS나 R에 의존하지 않고 파이썬 코드로 해결합니다.

API로 웹 데이터를 호출하는 방법을 알면 공공 기관에서 공개하는 도서 정보, 부동산 정보, 교통 정보, 미세먼지 정보 등 수많은 데이터를 무료로 활용해 보고서의 질을 높일 수 있습니다. 코드를 사용해서 이런 정보를 실시간으로 업데이트해서 보여 줄 수도 있죠. 파이썬의 활용법은 무궁무진합니다. 이 책과 함께 파이썬으로 실생활에 날개를 달아 보세요. 여러분의 업무, 취업, 졸업을 해나가는 데 둘도 없이 강력한 도구가 될 것입니다.

챗GPT와 파이썬이 만나 더 강력해졌어요!
비전공자 출신 저자가 알려 주는 진짜 맞춤형 입문서!

아직도 많은 사람이 코딩이 필요하다는 것은 알지만 입문하기를 주저합니다. 적절한 안내자를 만나지 못했기 때문이 아닐까 조심스레 추측해 봅니다. 이 책은 철저하게 여러분의 안내자가 되고자 만들었습니다. 파이썬의 기초 개념뿐만 아니라 필자가 생활하면서 필요하다고 느낀 삶의 질을 높여 주는 프로그램을 만들어 볼 수 있도록 구성했습니다. 특히 이번 개정판에서는 챗GPT, 파이썬 라이브러리 활용법을 추가하여 이 책 하나만으로도 파이썬의 기본 사용법은 물론 강력한 자동화 프로그램까지 만들 수 있습니다. 누구든 포기하지 않고 파이썬 입문에 성공할 수 있도록 코드를 한 줄 한 줄 입력하고 작동하는 프로그램을 만들어 보는 코딩의 재미도 놓치지 않았습니다.

직접 만든 코드가 실행되는 기쁨을 느껴 보세요!

이 책을 읽을 때 꼭 기억해야 할 것이 있습니다. 반드시 컴퓨터를 켜놓고 직접 코딩하면서 읽으세요. 이 책은 그냥 눈으로 읽으면 의미가 없습니다. 여러분이 에디터나 인터프리터를 켜놓고 한 줄 한 줄 따라 해 볼 때 이 책의 설명이 진가를 발휘할 것입니다. 이 책에 나온 코드는 여러분에게 선보이기 위해 최소 10번에서 많게는 20번 넘게 자체 테스트와 베타테스터들의 검증을 거쳤습니다. 혹시 코드를 직접 입력하는 것이 힘들다면, 저자 깃허브의 코드를 한 줄씩 복사해서 붙여 넣어 시험해 보는 것도 괜찮습니다. 한 줄 한 줄 입력하면서 코드가 실행되는 기쁨을 꼭 느껴 보세요.

이 책이 여러분의 졸업, 취업, 진급, 성적, 수익률에 도움이 되기를 바랍니다!

생활 프로그래머 **김창현** 드림

추천의 글

나만의 프로그램을 직접 만드는 성취감과 재미를 맛보세요!!

파이썬을 배우는 과정도 재미있지만, 그 이상을 맛보고 싶다면 프로그램을 직접 만들어 봐야 합니다. 저자가 독자에게 전달하고 싶어 하는 핵심 가치 역시 파이썬으로 자기만의 프로그램을 만들 때 느끼는 재미와 성취감일 것입니다. 이 책을 읽는 내내 이러한 저자의 마음이 느껴져서 파이썬의 재미를 아는 한 사람으로서 깊은 동지애를 느꼈습니다.

개정판에 추가된 챗GPT와 라이브러리 사용법으로 프로그램을 더 쉽고 알차게 만들 수 있게 되었습니다. 저자가 파이썬을 활용해 어떤 프로그램을 어떻게 완성했는지 알아보면서 여러분도 자기만의 재미있고 멋진 파이썬 프로그램을 만들어 보길 바랍니다.

— **박응용**, 《Do it! 점프 투 파이썬》 저자

일상이 편해지는 파이썬 생활 프로그램 11가지를 소개합니다!

책을 따라 차근차근 파이썬 프로그램을 만들고 실생활에 활용해 보세요! 그리고 나만의 맞춤형 프로그램으로 응용해 보세요!

19단 곱셈표 출력

반복적인 곱셈식을 빠르게 만들자!

공부하고 나면! 일정한 규칙이 있는 반복문을 만들 수 있어요.

부가세 계산기

고객 서비스로 부가세를 출력하는 프로그램을 만들자!

공부하고 나면! 반복적인 단순 계산을 단숨에 할 수 있어요.

미국 드라마에서 대사 추출

'프렌즈' 대본으로 영어 공부 자료를 만들자!

공부하고 나면! 논문, 대본 등에서 원하는 텍스트를 추출해 모아 볼 수 있어요.

서울시 인구 비율 조사

등록 외국인 비율이 3%가 넘는 지역만 추출해 파일로 저장하자!

공부하고 나면! 방대한 데이터를 기준에 따라 정리해 자료로 만들 수 있어요.

아파트 실거래가 검색

예산과 기준에 맞는 아파트를 쉽게 구해 보자!

공부하고 나면! 지역 강원도, 면적 120㎡ 이상, 예산 3억 원 이하처럼 구체적인 기준에 맞는 집을 찾을 수 있어요.

영문과 번역문을 한 줄씩 자동 정렬

영어 문장과 번역문을 한 줄씩 자동으로 정렬해 보자!

공부하고 나면! 번역한 문장을 CSV 파일에 정렬해 공부 자료로 활용할 수 있어요.

CSV 파일로 사업성 분석

놀이공원 사업의 사업성을 분석하자!

공부하고 나면! 모든 사업을 할 때 필요한 사업 타당성을 분석할 수 있어요.

주택 실거래가 통계 분석

아파트 실거래가 정보를 내 마음대로 살펴보자!

공부하고 나면! 방대한 데이터를 내가 궁금해하는 기준에 맞춰 살펴볼 수 있어요.

영어 점수와 직업 만족도 관계 분석

영어 점수와 직업 만족도 사이에 상관관계가 있는지 분석해 보자!

공부하고 나면! 여러 데이터 간의 상관관계를 알아보고 원인을 분석할 수 있어요.

웹 사이트 명언 수집

웹 사이트에서 명언을 자동으로 수집하자!

공부하고 나면! 웹 사이트에서 원하는 문구를 자동으로 수집할 수 있어요.

포털 사이트 기사 수집

포털 사이트의 머리기사 정보를 모아서 한 번에 보자!

공부하고 나면! 중요한 뉴스 머리기사를 한곳에 모아서 볼 수 있어요.

실습 파일 제공 — 이 책에서 사용하는 소스 파일을 내려받으세요

이 책은 모든 개념을 직접 코딩하면서 배울 수 있도록 구성했습니다. 실습할 때 사용하는 실습 파일과 결과 파일을 준비했으니 이지스퍼블리싱 홈페이지나 저자 깃허브에서 내려받으세요. 자신이 직접 작성한 실습 파일, 결과 파일과 비교하며 공부하면 학습 효과를 거둘 수 있을 거예요!

이지스퍼블리싱 홈페이지: www.easyspub.co.kr → [자료실] 클릭 → 이 책 제목으로 검색
저자 깃허브: github.com/skytreesea/do-it-python

이지스 플랫폼 — 연결되면 더 큰 가치를 만들 수 있어요

이지스 유튜브 구독하면 IT 강의 무료 수강!

youtube.com/easyspub

'Do it! 스터디룸' 카페에서 친구들과 함께 공부!

cafe.naver.com/doitstudyroom

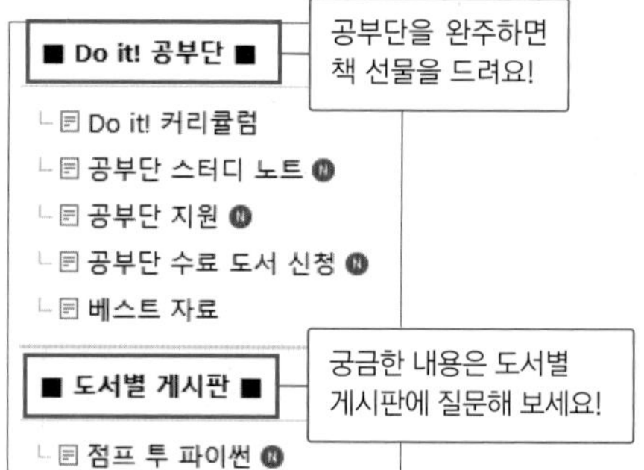

인스타그램 팔로우하면 이벤트 소식 확인!

instagram.com/easyspub_it

독자 설문 참여하면 6가지 혜택!

의견도 보내고 선물도 받고!

❶ 추첨을 통해 소정의 선물 증정
❷ 이 책의 업데이트 정보 및 개정 안내
❸ 저자가 보내는 새로운 소식
❹ 출간될 도서의 베타테스트 참여 기회
❺ 출판사 이벤트 소식
❻ 이지스 소식지 구독 기회

혼자서도 할 수 있어요! — 독학을 위한 30일 정석 코스

30회 차 진도표로 차근차근 공부해 보세요. 하루에 1회씩 공부하면 한 달에 책을 다 끝낼 수 있습니다. 나에게 맞는 속도로 계획을 세우고 실천해 보세요!

30일 정석 코스

회 차	진도	주요 키워드	날짜
1회	01-1 ~ 01장 되새김 문제	파이썬 환경 설정, 인터프리터, 에디터	(/)
2회	02-1 ~ 02-2	연산자, 19단 곱셈표 출력	(/)
3회	02-3	챗GPT로 코딩하기	(/)
4회	02-4	예외 처리	(/)
5회	02-5	부가가치세 출력 프로그램, lambda, def 문	(/)
6회	02장 되새김 문제	2장 복습	(/)
7회	03-1	파일 입출력 연습	(/)
8회	03-2	정규표현식	(/)
9회	03-3	드라마 대사 추출하기, 정규표현식 활용	(/)
10회	03장 되새김 문제	3장 복습	(/)
11회	04-1~ 04-2	CSV 데이터, 모듈	(/)
12회	04-3	CSV 파일 가공	(/)
13회	04-4	CSV 파일 활용	(/)
14회	04장 되새김 문제	4장 복습	(/)
15회	중간 복습		(/)
16회	05-1 ~ 05-2	데이터 분석 패키티, 넘파이, 배열	(/)
17회	05-3	사업성 분석, 넘파이	(/)
18회	05-4	아파트 실거래가 분석, 판다스	(/)
19회	05-5	통계 데이터, 판다스	(/)
20회	05-6	싸이파이, t검정, p-value, 상관관계, 회귀 분석	(/)
21회	05-7 ~ 05-8	데이터 시각화, 맷플롯립, 공공 데이터 API 활용	(/)
22회	05장 되새김 문제	5장 복습	(/)
23회	06-1 ~ 06-2	웹 크롤링, 뷰티풀수프, 명언 수집	(/)
24회	06-3	웹 크롤링 활용, 기사 크롤링	(/)
25회	06-4	프로그램 실행 파일	(/)
26회	06장 되새김 문제	6장 복습	(/)
27회	07-1	파이썬 라이브러리	(/)
28회	07-2	PIL, tkinter	(/)
29회	07-3	챗GPT 활용	(/)
30회	최종 복습		(/)

빠르게 입문하고 싶다면! — 강의와 중급자를 위한 15일 집중 코스

이미 파이썬을 공부했거나 코딩을 경험해 봤다면 15일 집중 계획표에 맞춰 학습해 보세요. 이 계획표는 1주에 1회씩 공부하면 한 학기 수업으로도 사용할 수 있습니다.

회 차	진도	주요 키워드	날짜
1회	01장 파이썬 프로그래밍 준비하기	파이썬 환경 설정, 인터프리터, 에디터	(/)
2회	02장 기초 문법으로 프로그램 만들기	연산자, 슬라이싱, 예외 처리, lambda, def 문	(/)
3회	03장 나만의 텍스트 파일 가공하기	CSV, 정규표현식	(/)
4회	04장 CSV 파일로 실생활 데이터 다루기 (04-1 ~ 04-2)	csv.writer(), opencsv(), writecsv()	(/)
5회	04장 CSV 파일로 실생활 데이터 다루기 (04-3 ~ 04-4)	float(), 인덱스, 원소 꺼내기, 슬라이싱	(/)
6회	05장 통계 패키지와 API로 데이터 분석과 시각화하기(05-1 ~ 05-3)	넘파이, 배열, 넘파이 함수, 사업성 분석	(/)
7회	05장 통계 패키지와 API로 데이터 분석과 시각화하기(05-4)	판다스, 데이터프레임, 아파트 실거래가 분석	(/)
8회	중간고사		
9회	05장 통계 패키지와 API로 데이터 분석과 시각화 하기(05-5 ~ 05-6)	통계 데이터, 기초 통계량, t검정, p-value, 상관관계	(/)
10회	05장 통계 패키지와 API로 데이터 분석과 시각화 하기(05-7 ~ 05-8)	맷플롯립, pyplot 모듈, 공공 데이터 API, 인증키	(/)
11회	06장 웹 크롤링으로 정보 모으기 (06-1 ~ 06-2)	웹 크롤링, 뷰티풀수프, HTML, XML	(/)
12회	06장 웹 크롤링으로 정보 모으기 (06-3 ~ 06-4)	find_all, 실행 파일, pyinstaller, 기사 크롤링	(/)
13회	07장 파이썬 200% 활용하기 (07-1 ~ 07-2)	라이브러리, PIL, tkinter	(/)
14회	07장 파이썬 200% 활용하기 (07-3)	챗GPT, 디버그, pygame	(/)
15회	기말고사		

03 나만의 텍스트 파일 가공하기

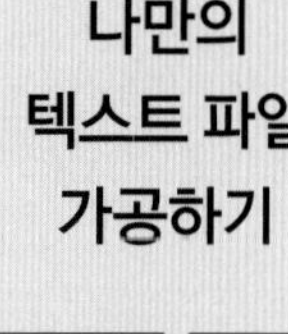

04 CSV 파일로 실생활 데이터 다루기

05 통계 패키지와 API로 데이터 분석과 시각화하기

06 웹 크롤링으로 정보 모으기

07 파이썬 200% 활용하기

개정판을 내면서

《Do it! 파이썬 생활 프로그래밍》이 세상에 나온 지 어느덧 3년이 흘렀습니다. 그동안 5쇄를 찍었으니 제법 많은 독자를 만난 셈입니다. 분에 넘치는 사랑 덕에 행복했습니다. 사실 저에게 코딩이란 혼자 끄적이는 낙서와도 같았습니다. 어느덧 인터넷 서점 웹 사이트에서 제 이름을 검색해 보면 '프로그래머'로 뜨는 것을 보면서 이 책의 인기를 실감했습니다.

파이썬의 인기는 엄청난 것 같습니다. 많은 사람이 파이썬을 배우고 온라인 강좌도 홍수처럼 쏟아졌습니다. 유튜브에는 공짜로 배우는 파이썬 팁이 넘쳐납니다. 이런 상황에서도 책을 사는 독자가 있다는 것에 감사함을 느낍니다. 그리고 책으로 프로그래밍을 배우는 것이 결코 느린 선택이 아니라고 믿습니다. 책 한 권이 세상에 나오는 데는 수많은 베타테스터와 편집자의 교열을 거쳐야 하므로 그만큼 양질의 정보가 담길 테니까요.

세월이 흘렀고, 이 책의 많은 부분이 낡기 시작했습니다. 예를 들어 이 책에서 사업 타당성을 구하는 공식을 소개했는데, 원래 코드는 다음과 같습니다. 그런데 시간이 지나면서 내부수익률을 구하는 irr 메서드가 넘파이(numpy)에서 없어지고 넘파이 파이낸셜(numpy_financial)이 그 자리를 대체했습니다.

```
import numpy as np
cf = [-750, -250, 100, 100, 100, 100, 100, 100, 100, 100, 100, 100, 100, 100, 100,
100, 100, 100, 100, 100]
cashflow = np.array(cf)
# 순현재가치 구하기
print(np.irr(cashflow))
# 사업수익률 구하기
print(np.npv(0.045, cashflow))  # 이 코드는 더는 작동하지 않습니다
```

오류 메시지는 길지만 마지막은 다음과 같습니다.

```
RuntimeError: In accordance with NEP 32, the function irr was removed from NumPy ver-
sion 1.20.  A replacement for this function is available in the numpy_financial li-
brary: https://pypi.org/project/numpy-financial
```

그래서 챗GPT에 물었습니다.

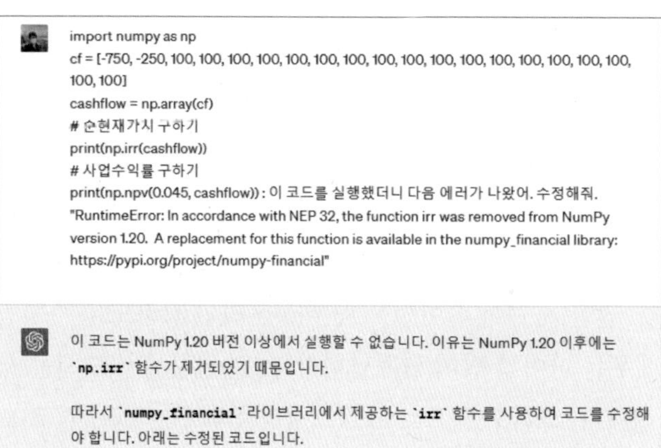
import numpy as np
cf = [-750, -250, 100, 100, 100, 100, 100, 100, 100, 100, 100, 100, 100, 100, 100, 100, 100, 100, 100, 100]
cashflow = np.array(cf)
# 순현재가치 구하기
print(np.irr(cashflow))
# 사업수익률 구하기
print(np.npv(0.045, cashflow)) : 이 코드를 실행했더니 다음 에러가 나왔어. 수정해줘.
"RuntimeError: In accordance with NEP 32, the function irr was removed from NumPy version 1.20. A replacement for this function is available in the numpy_financial library: https://pypi.org/project/numpy-financial"

이 코드는 NumPy 1.20 버전 이상에서 실행할 수 없습니다. 이유는 NumPy 1.20 이후에는 `np.irr` 함수가 제거되었기 때문입니다.

따라서 `numpy_financial` 라이브러리에서 제공하는 `irr` 함수를 사용하여 코드를 수정해야 합니다. 아래는 수정된 코드입니다.

챗GPT는 다음과 같은 코드를 제시했습니다.

```
import numpy as np
import numpy_financial as npf   # 원래 numpy에 있던 함수가 numpy_financial로 바뀌었네요.
cf = [-750, -250, 100, 100, 100, 100, 100, 100, 100, 100, 100, 100, 100, 100, 100,
100, 100, 100, 100, 100]
cashflow = np.array(cf)
# 순현재가치 구하기
print(npf.irr(cashflow)) # 사용 방법은 기존과 비슷합니다
                           단, numpy가 아닌 npf를 써야 합니다
# 사업수익률 구하기
print(npf.npv(0.045, cashflow))
```

이 사건은 두 가지 사정을 상징적으로 나타낸다고 생각합니다. 첫 번째, 개정판이 나와야 할 때가 된 것이죠. 초판에서 소개한 함수는 한때는 초보자에게 유용했지만, 시간이 흐르면서 부자연스럽고 매끄럽지 못한 코드가 됩니다. 그리고 시중에 많은 책과 자료가 쏟아지다 보니 더 간편하고 더 좋은 코드를 만드는 방법이 생겼습니다. 그중 하나가 챗GPT의 등장입니다. 이것이 바로 개정판이 필요한 두 번째 이유입니다.

오픈AI에서 만든 챗GPT의 등장은 코딩 판을 완전히 바꿔 놓았다 해도 과언이 아니라고 생각합니다. 예전 유튜브 어떤 영어 강사님이 지금은 인류 역사상 가장 영어를 배우기 좋은 시대라고 말한 것을 들었습니다. 비슷하게 이렇게 말하고 싶네요. 이렇게 코딩하기 쉬웠던 때는 지금까지 없었다고요.

초판에서 처음 시도한 프로젝트는 19단 구구단 표를 만드는 것이었습니다. 19단 구구단 표를 만들면서 for 문 등의 기능을 배웠습니다. 이번에는 챗GPT에 물어볼까요?

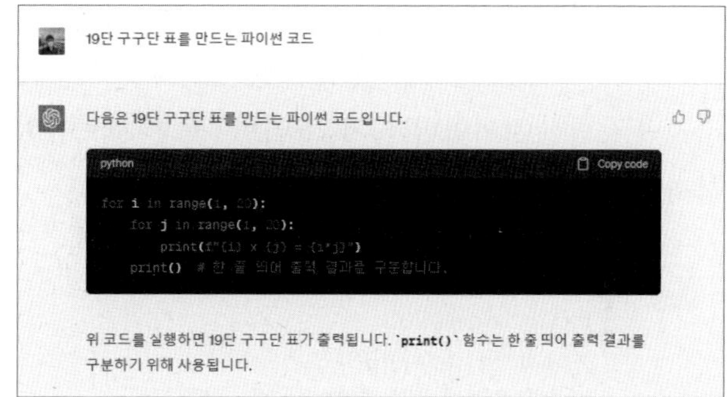

순식간에 코드가 작성되는 것을 확인할 수 있습니다. 초판 코드와 비슷하지만 print() 함수가 조금 다른 형태입니다.

```
for i in range(1, 20):
    for j in range(1, 20):
        print(f"{i} x {j} = {i*j}")
    print() #한 줄 띄어 출력 결과를 구분합니다.
```

이 구문을 잘 이해할 수 없어 챗GPT에 다시 물었습니다. "print(f"{i} x {j} = {i*j}")에서 f는 뭐야?"라고 물었더니 다음과 같이 설명합니다.

f는 f-string(혹은 formatted string literals)을 나타냅니다.
f-string은 파이썬 3.6부터 추가된 문자열 포맷팅 방법으로, 문자열 안에서 변수나 표현식의 값을 간편하게 포맷팅할 수 있습니다. f-string을 사용하면 문자열 안에서 중괄호({}) 안에 변수나 표현식을 삽입하여, 해당 값을 문자열로 변환하여 출력할 수 있습니다.
예를 들어 f"{i} x {j} = {i*j}"는 i, j, i*j의 값을 문자열로 변환하여, "i x j = i*j" 형태로 출력하는 문자열을 생성합니다.
f-string은 따옴표 앞에 f를 붙여서 사용합니다. 다른 문자열 포맷팅 방법과 비교하면 가독성이 높고 간편하게 사용할 수 있습니다.

이 글만 보고도 어느 정도 이해할 수 있나요? `print()` 함수를 사용할 때 따옴표 앞에 `f`를 붙이면 `{ }`를 사용해서 변수를 곧바로 문자열(string)로 바꿉니다. `f`가 없다면 `i`와 `j`를 문자열로 인식하여 다음과 같은 결과를 계속 출력할 겁니다.

```
{i} x {j} = {i*j}
```

작지만 강력한 차이입니다. 자, 그러면 `f`를 뺀 코드를 보여 주고 챗GPT가 뭐라고 하는지 한번 볼까요? 다음과 같이 입력했습니다.

```
for i in range(1, 20):
  for j in range(1, 20):
    print("{i} x {j} = {i*j}")
  print() # 한 줄 띄어 출력 결과를 구분합니다.
```
이 코드 틀린 점 찾아줘

챗GPT는 다음처럼 답했습니다.

이 코드는 f-string 대신 일반 문자열을 사용하였기 때문에 중괄호 안에 변수나 표현식을 넣어도 값이 제대로 출력되지 않습니다. 즉, {i}와 {j}가 그대로 문자열로 출력되고, {i*j}는 오류가 발생합니다.

따라서 코드를 수정하려면, 중괄호 안에 변수나 표현식을 넣기 위해서는 str.format() 메서드나 % 연산자 등을 사용해야 합니다. 아래는 str.format() 메서드를 사용하여 코드를 수정한 예시입니다.

그리고 다시 친절하게 다른 코드를 알려 줍니다.

```
for i in range(1, 20):
    for j in range(1, 20):
        print("{0} x {1} = {2}".format(i, j, i*j))
    print()  # 한 줄 띄어 출력 결과를 구분합니다
```

이 책에서 다루게 될 f스트링을 사용한 원래 코드와는 조금 다르지만 이 코드 역시 올바르게 작동합니다. 이런 간단한 실험으로 `print()` 함수에서 `f`와 중괄호 `{ }`를 활용하는 법을 알게 되었네요. 그리고 불과 1분도 지나지 않아 19단 구구단 표를 만드는 코드를 얻었습니다.

▶ 이 책의 35페이지에서 f 문자열에 대해서 다룹니다.

나중에 다시 자세히 설명하겠지만, 챗GPT의 등장은 파이썬뿐만 아니라 코딩 판을 완전히 뒤흔들었습니다. 이제 코딩을 전혀 모르는 사람조차 아이디어만 있다면 게임을 개발하거나 인터넷 서비스를 제공할 수 있습니다. 그럼에도 아직 '코딩은 어려워.' 또는 '코딩은 나와 맞지 않아.'라고 생각한다면 자신이 잡을 기회를 놓친 것인지도 모릅니다.

《Do it! 파이썬 생활 프로그래밍》 초판을 사랑해 주신 만큼 앞으로 챗GPT를 활용하여 파이썬 개발에 날개를 달 수 있도록 도움을 드리는 것이 필자가 할 일이라고 생각해서 이렇게 개정판을 준비했습니다.

그럼 시작해 볼까요?

01

파이썬 프로그래밍 준비하기

이 장에서는 뼛속까지 문과생이었던 제가 왜 파이썬에 빠졌는지 이야기합니다.
그리고 파이썬 개발 환경 설치와 실습 전 간단한 준비 운동까지 해봅니다.
파이썬을 이미 설치했더라도 가볍게 읽어 보세요.

01-1 지리학 박사는 왜 파이썬에 빠졌을까

01-2 파이썬 개발 환경 준비하기

01-3 인터프리터와 에디터 준비하기

01-1 지리학 박사는 왜 파이썬에 빠졌을까

필자는 고등학교 때 교과목 중에서 윤리와 문학을 가장 좋아하는 '뼛속까지 문과생'이었습니다. 이 책을 펼친 여러분 중에도 저와 비슷한 사람이 있을 겁니다. 요즘은 하루 중 많은 시간을 파이썬으로 프로그램을 개발하는 데 시간을 보냅니다. 문과생인 저에게 무슨 일이 일어난 걸까요?

내가 파이썬의 매력에 빠진 이유

박사 과정을 마칠 즈음이었습니다. 논문을 마치고 난 뒤 무얼 할까 찾아보다가 파이썬 공부를 추천하는 한 유튜브 영상을 봤고, 가벼운 마음으로 파이썬을 내려받아 실행했습니다. 다른 분처럼 'Hello world'를 출력하는 것부터 시작했지요. 웹 사이트를 참고하여 정수, 문자열, 리스트, 반복문, 조건문 등을 차근차근 배워 나갔습니다. 그리고 얼마 지나지 않아 매일 몇 시간씩 파이썬 인터프리터 창에서 장난치듯 놀고 있는 저를 발견했습니다.

컴퓨터와 대화하듯 공부할 수 있습니다

파이썬을 공부하면 책이나 컴퓨터에서 다음과 같은 화면을 접하게 됩니다. 이 화면은 파이썬이 실행되는 환경인 '인터프리터'를 나타낸 것입니다.

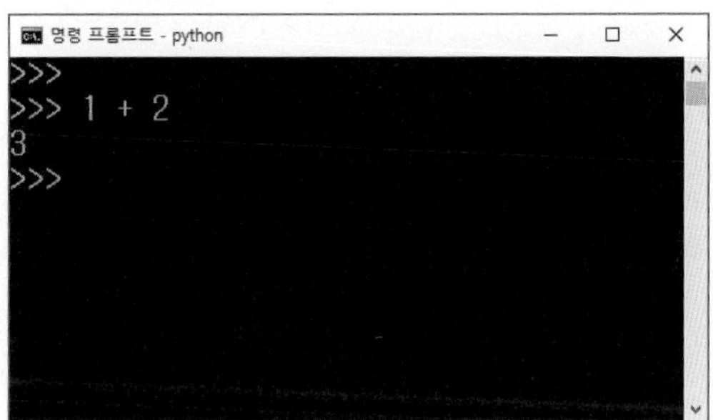

그림 1-1 | 명령 프롬프트에서 실행한 파이썬 인터프리터 화면입니다

인터프리터(interpreter)는 통역사란 뜻이지요. 즉, 컴퓨터에서 인터프리터란 우리가 한 말을 컴퓨터에게 즉시 번역해 전달한다는 의미로 해석할 수 있습니다. 작성한 코드 전체를 먼저 기계어로 바꾼다는 의미의 '컴파일'(compile)과는 대비되는 개념입니다.

인터프리터에서는 간단한 계산이나 파이썬에 내장된 함수를 바로바로 실행해 볼 수 있습니다. 이것은 파이썬이 명령을 한 줄 한 줄 실행하는 인터프리터 언어라 가능한 일입니다. 일반적으로 컴파일을 거쳐 명령어를 실행해야 하는 컴파일 언어(C, C++ 등)와 달리 인터프리터 언어는 명령을 내릴 때마다 처리 결과를 확인할 수 있습니다.

바로 여기서 처음으로 파이썬의 매력을 느끼기 시작했습니다. 마치 봇(bot)과 대화하는 기분이 들었거든요. 입력한 코드에 봇이 즉시 답을 해주는 것 같아 지루하지 않았습니다. 파이썬이 '교육에 적합한 언어'라는 평가를 받는 이유도 바로 이런 특징 때문입니다. 통계 분석에 많이 사용하는 프로그래밍 언어 R 역시 이와 같은 특징이 있습니다.

▶ 봇(bot)이란 인간이 하는 행동을 흉내 내는 프로그램을 말합니다.

영어와 닮았습니다

파이썬으로 컴퓨터에 명령을 내리다 보면 영어를 쓰는 것 같은 기분이 들기도 합니다. 아니나 다를까, 파이썬은 영문법을 빌려 개발한 프로그래밍 언어입니다. 그래서 문과생인 저도 배우기 쉬웠습니다. 다음 코드를 살펴볼까요?

```
>>> a = [1, 3, 4]              # 이렇게 [ ]로 감싼 자료형을 리스트형이라고 합니다
>>> if 3 in a:                 # a라는 리스트에 3이 있다면
        print('There is 3')    # 다음과 같은 문구를 출력하라

There is 3
```

`if 3 in a:`라는 코드를 보죠. '만약 3이 a에 있다면'이라고 읽힐 것입니다. 조금 과장을 보태면 그냥 '영어로 문장을 쓴 게 아닌가?' 하는 착각이 들 정도입니다. `if 3 in a:` 다음 행에 코드를 작성할 때는 Spacebar를 네 번 눌러 들여쓰기를 했습니다. 들여쓰기 규칙(indentation)은 파이썬의 가독성을 살려 주는 중요한 특징이므로 꼭 기억해 두세요.

들여쓰기는 개발자 사이에서도 호불호가 갈리는 특징입니다. 들여쓰기하면 코드를 보기 좋게 정렬하는 효과도 있지만, 자유로움을 추구하는 개발자는 자신의 코딩 스타일을 속박한다고 생각하기도 합니다. 그러나 들여쓰기는 파이썬만의 독특한 특성이니 익숙해지면 좋을 것 같네요!

▶ 파이썬은 들여쓰기로 코드를 구분하므로 1칸이든 4칸이든 반드시 일정한 간격으로 들여쓰기해야 합니다.

가볍게 시작하기 좋습니다

파이썬은 코드를 한 줄만 입력해도 실행되는 몇 안 되는 프로그래밍 언어입니다. 예를 들어 C 언어로 화면에 'Hello world'라는 문장을 출력하려면 코드를 최소 다섯 줄이나 작성해야 합니다. 하지만 파이썬은 다음과 같은 코드 한 줄만으로도 명령을 실행합니다. 강력하죠!

```
>>> print('Hello world')
Hello world
```

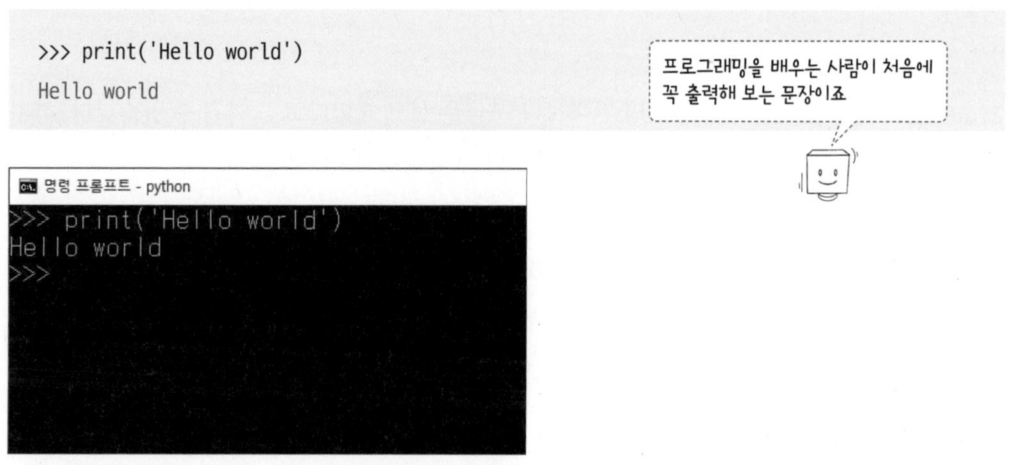

그림 1-2 | 코드 한 줄만 입력해도 바로 결괏값을 얻을 수 있습니다

도구가 많습니다

이미지 파일(100개)의 크기를 300 × 200픽셀로 바꾸는 프로그램을 만들고 싶다면 어떻게 해야 할까요? '프로그램을 처음부터 만들려면 어떻게 하지?' 이런 고민이 떠오를 겁니다. 질문을 바꿔 보겠습니다. '못을 박으려고 망치를 만들어야 할까요?' 당연히 망치를 만들 필요가 없습니다. 못도 마찬가지고요. 다른 사람이 이미 만들어 놓은 못과 망치를 사용하는 방법을 배워 사용하면 됩니다.

파이썬도 마찬가지입니다. 이미 전 세계의 수많은 개발자가 이런 고민을 해결할 수 있는 일종의 '파이썬 도구'를 만들어 공개하고 있습니다. 이런 파이썬 도구를 '파이썬 패키지'라고 부릅니다. 파이썬 패키지를 사용할 줄 안다면 큰 노력을 들이지 않아도 프로그램을 쉽게 만들 수 있습니다. 남들이 만들어 놓은 수많은 파이썬 패키지를 활용해 여러분의 생각을 코딩으로 더 쉽게 만들 수 있는 것입니다. 파이썬 문법에 익숙해졌다면 한글 워드프로세서, 텔레그램, 웹 브라우저 등을 자동으로 다룰 수도 있습니다.

깊이 알수록 심오한 파이썬

파이썬을 조금만 공부해도 많은 일을 할 수 있을 거라 생각해선 안 됩니다. 많은 사람이 "파이썬 문법은 아주 쉬워서 한 달이면 익힐 수 있다."라고 이야기하곤 합니다. 이런 말은 오히려 입문자를 좌절케 하는 역효과가 있는 것 같습니다. 남들은 되는데 나만 안 되는 것처럼 느껴지거든요.

처음에는 파이썬이 다른 프로그래밍 언어보다 조금은 쉽고 재밌다고 느껴질 수 있습니다. 하지만 조금만 깊이 들어가면 생각만큼 쉽지만은 않다는 것을 알게 됩니다.

오류를 극복하고 프로그램을 완성하세요

모든 일이 그렇듯, 어떤 기술을 익혀 능숙하게 사용하려면 연습을 많이 해야 합니다. 이 사실을 간과하면 파이썬뿐만 아니라 어떤 프로그래밍 언어도 자기 것이 되지 않습니다. 여러분이 이 책을 보면서 비슷해 보이는 프로그램을 계속 만들어 봐야 하는 이유도 여기에 있습니다.

저도 개인적으로 파이썬을 독학하면서 엄청나게 많은 오류(error) 때문에 밤새 고민했던 기억이 납니다. 지금도 마찬가지입니다. 자기만의 무언가를 만들려고 할 때는 적게는 몇십 번부터 많게는 몇천 번 이상의 오류를 경험해야 겨우 프로그램 하나를 완성하곤 합니다. 그렇게 만든 프로그램이 차곡차곡 쌓여 저의 집필과 공부 그리고 연구에 큰 도움이 됩니다. 이렇게 파이썬이 일상에 도움이 되려면 수많은 오류를 경험해야 합니다.

이 책은 여러분에게 이런 수고를 조금이라도 덜어 주고자 합니다. 앞으로 간단하지만 쓸모 있는 여러 가지 프로그램을 만들 것입니다. **오류를 만날 때마다 좌절하겠지만, 이 책과 함께 오류를 극복하고 프로그램을 완성해 나가는 과정에서 작지만 짜릿한 성취감 또한 여러 번 느낄 수 있을 것입니다.** 이 책에 나온 방법이 업무, 연구, 공부에 도움이 되리라 믿으면서 본격적으로 시작해 보겠습니다.

01-2 파이썬 개발 환경 준비하기

파이썬 개발 환경을 소개합니다. 사실 이 개발 환경 준비는 매우 중요합니다. 어느 폴더에서 작업하더라도 파이썬을 실행할 수 있는 환경을 만드는 것이 필요합니다. 또한 언제든지 pip로 필요한 패키지를 내려받을 수 있는 환경도 중요합니다. 이와 같은 과정에 빨리 익숙해지려면 올바른 개발 환경을 준비해야 합니다.

Do it! 실습 파이썬 설치하기

1 설치 파일 내려받기

여기서는 윈도우 운영체제 사용자를 기준으로 설명합니다. 파이썬을 시작하는 첫 번째 단계는 파이썬 홈페이지에서 설치 파일을 내려받는 것입니다.

▶ 이 책은 파이썬 3.11을 기본으로 진행됩니다. 파이썬 3.9 이상이라면 큰 차이는 없겠지만 이 책과 같은 버전에서 작업하려면 파이썬 3.11을 설치하세요.

```
https://www.python.org/downloads/
```

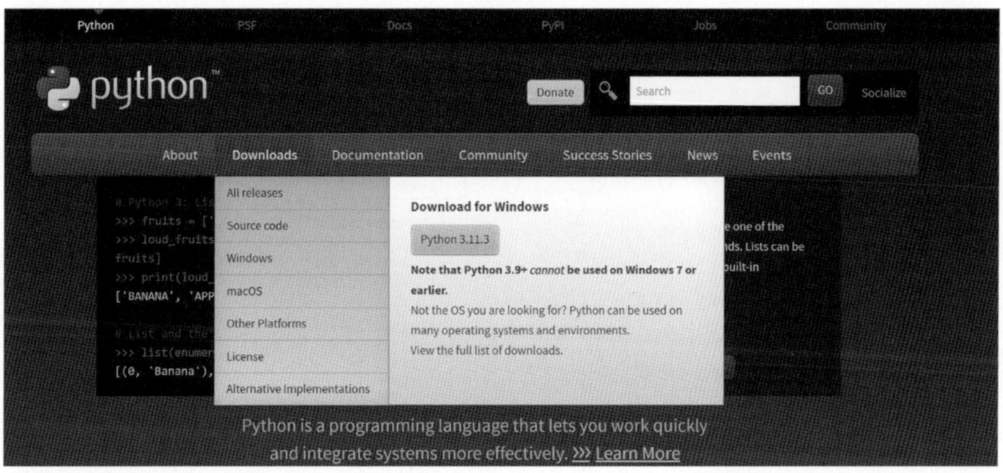

그림 1-3 | 파이썬 홈페이지에서 내려받기 버튼을 클릭합니다

2 파이썬 설치하기

내려받은 설치 파일을 실행하여 다음 화면과 같이 파이썬 설치를 시작합니다. 이때 'Add python.exe to PATH'에 체크해야 합니다. 이렇게 하면 어디서든 파이썬을 실행할 수 있습니다. 혹시 이 과정을 건너뛰었다면 〈Do it! 실습〉 '시스템 변수 직접 설정하기'를 참고하세요.

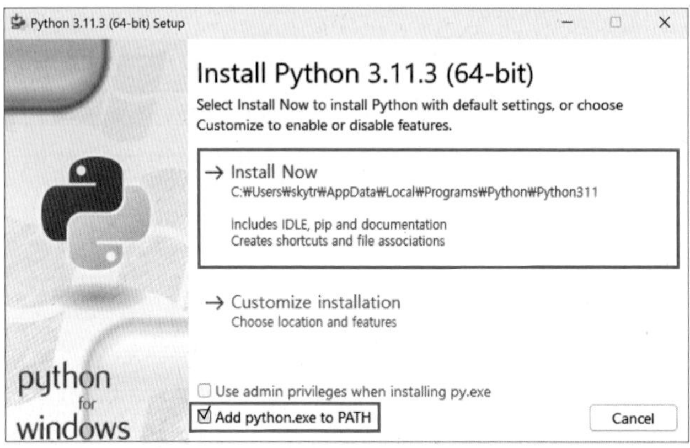

그림 1-4 | [Install Now] 버튼을 클릭하세요

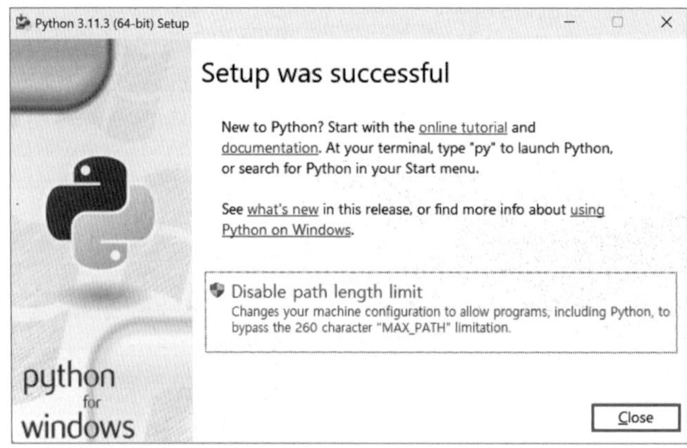

그림 1-5 | 파이썬 설치가 끝났습니다

윈도우 키를 한 번 눌러 볼까요? 파이썬이 정상으로 설치된 것을 확인할 수 있습니다.

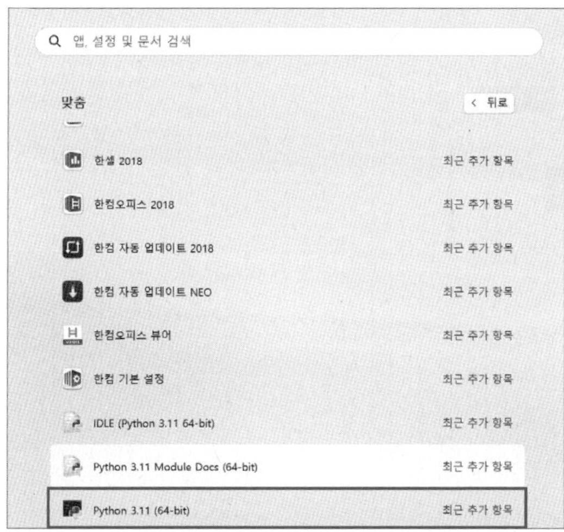

그림 1-6 | '최근 추가 항목'에 파이썬이 있다면 정상으로 설치된 것입니다

3 파이썬 셸 실행하기

자, 그럼 추가한 [Python 3.11]을 클릭해 볼까요? 다음과 같이 파이썬의 상징인 >>> 프롬프트가 나오면 성공입니다. 지금부터 파이썬의 무궁무진한 기능을 경험할 수 있습니다.

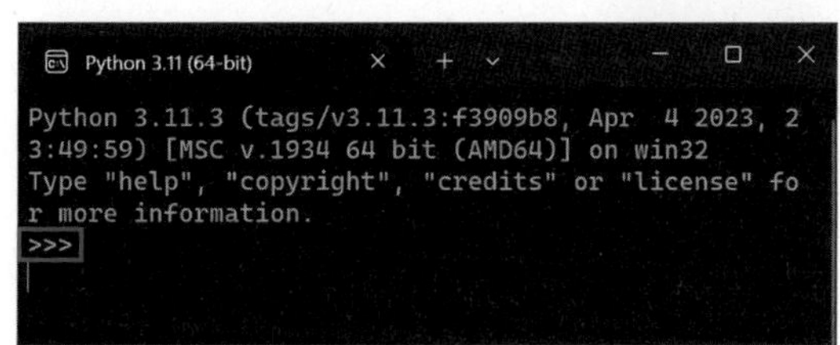

그림 1-7 | 파이썬 실행 첫 화면입니다

이는 파이썬 설치 경로에서 실행한 화면입니다. 그러므로 이 화면으로만 실습하면 나중에는 자신이 어떤 경로에서 파이썬을 실행했는지 모를 수 있습니다. 그래서 터미널 사용법에도 조금은 익숙해져야 합니다. 처음에 경로를 잘 추가했는지 살펴보고자 간단한 테스트를 해볼까요?

4 명령 프롬프트에서 실행하기

윈도우 키를 누르고 검색창에 'cmd'를 입력하면 명령 프롬프트가 나오는데, 그 상태에서 Enter를 누릅니다.

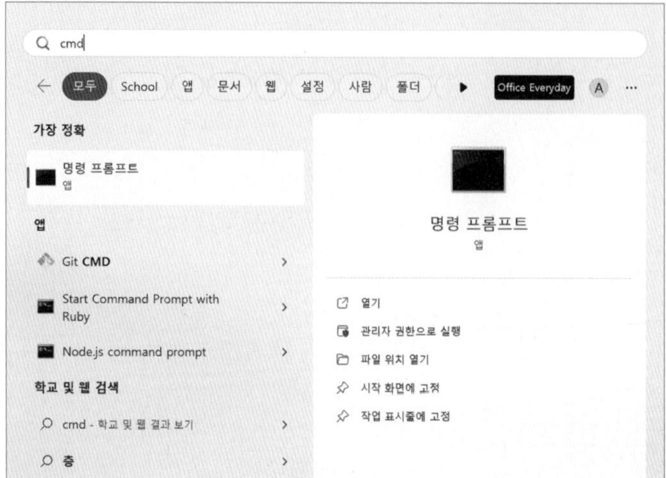

그림 1-8 | 검색 창에 'cmd'를 입력하고 Enter를 누르면 명령 프롬프트를 바로 실행합니다

이번엔 다음과 같은 화면이 나옵니다.

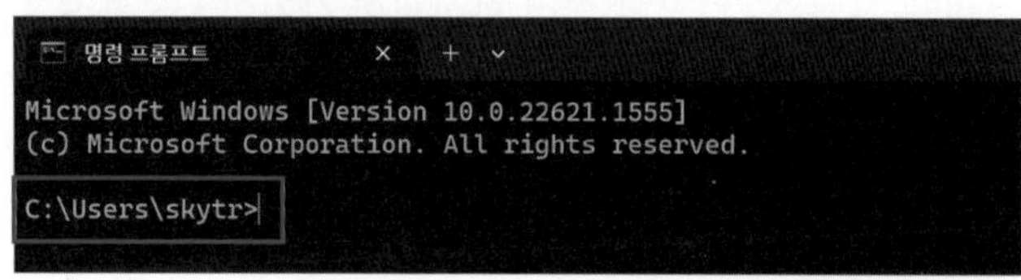

그림 1-9 | 'cmd'를 입력하고 Enter를 누르면 명령 프롬프트를 실행합니다

여기에서 그냥 'python'을 입력하고 Enter를 눌러 `C:\Users\user` 폴더에서 파이썬이 실행되는지를 확인합니다. 잘 실행되네요! 조금 전 여러분이 'Add python.exe to PATH'에 체크한 덕분입니다. 이제 어디서든 파이썬을 실행할 수 있습니다.

▶ user 부분은 자신의 계정을 나타냅니다.

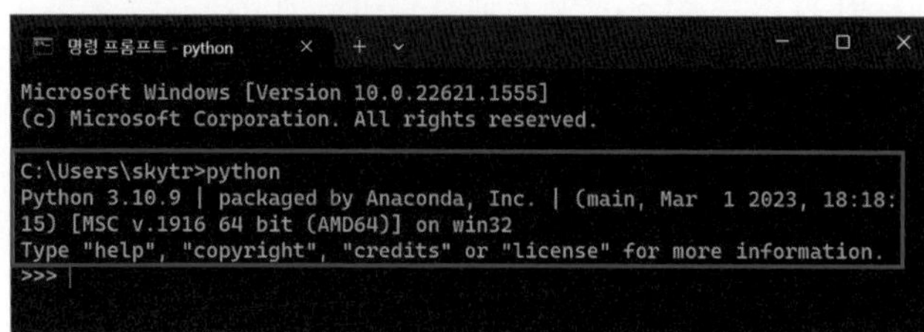

명령 프롬프트 - python
Microsoft Windows [Version 10.0.22621.1555]
(c) Microsoft Corporation. All rights reserved.
C:\Users\skytr>python
Python 3.10.9 | packaged by Anaconda, Inc. | (main, Mar 1 2023, 18:18:15) [MSC v.1916 64 bit (AMD64)] on win32
Type "help", "copyright", "credits" or "license" for more information.
>>>

그림 1-10 | 파이썬이 잘 실행되었네요!

5 PATH를 설정하지 않았다면?

때로는 PATH가 제대로 설정되지 않을 수도 있습니다. 처음에는 정상으로 작동하더라도 이런저런 설정들을 만지다가 갑자기 특정 폴더에서 파이썬이 실행되지 않고 다음과 같은 화면이 나올 수 있습니다. 이는 "파이썬을 실행하려 했는데, 이 컴퓨터에는 없는 것 같아. 그러니 설치하도록 하렴."이라는 뜻입니다. 파이썬을 다시 설치하는 것도 방법이지만, 이럴 때는 시스템 설정을 수정해서 문제를 해결합니다.

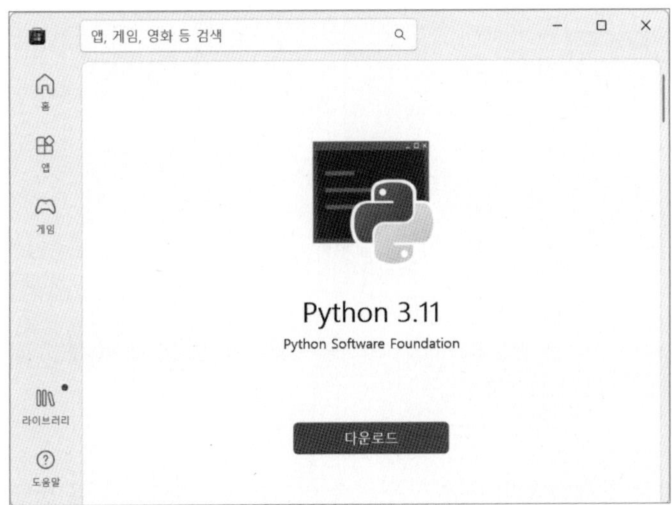

그림 1-11 | 파이썬을 내려받으라는 화면이 나온다면 PATH가 올바르게 설정되지 않은 것입니다

이와 같은 화면이 나오면서 파이썬이 실행되지 않는다면 PATH를 직접 설정해야 합니다. 가장 먼저 파이썬 프로그램 위치를 확인합니다.

Do it! 실습 ▶ 시스템 변수 직접 설정하기

1 파이썬 실행 파일 위치 찾기

윈도우 키를 누르고 검색 창에 'python 명령'을 입력합니다. 그리고 [Python 명령] 오른쪽 [>] 버튼을 클릭하고 [파일 위치 열기]를 선택합니다. 어느 폴더에서 파이썬이 실행되는지 알아야 하기 때문이죠. python 명령 파일을 찾아야 파이썬을 실행할 수 있기 때문입니다.

▶ 'python'으로 검색하고 파일 위치를 열면 바로 가기 파일이 있는 곳으로 이동하므로 조심하세요.

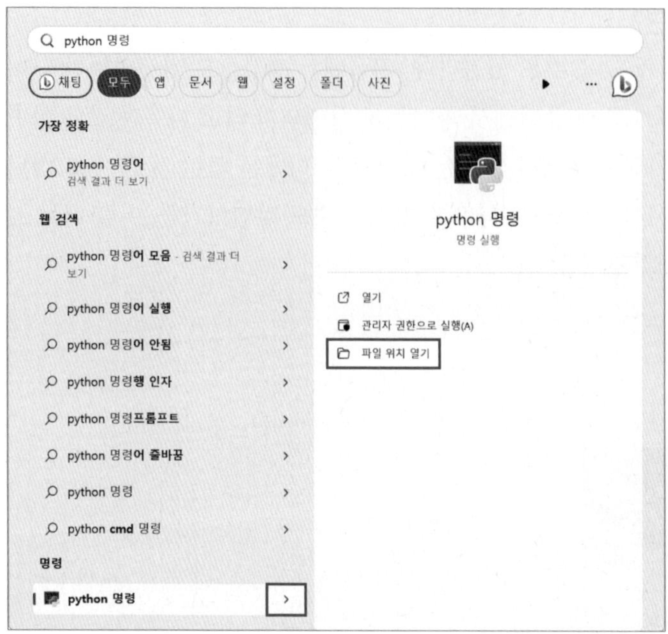

그림 1-12 | 파이썬이 여러분 컴퓨터 어디에서 시작되는지 확인하려면 [python 명령 → 파일 위치 열기]를 클릭해야 합니다

2 경로 복사하기

이 경로가 바로 파이썬을 실행하는 경로입니다. 마우스 오른쪽 버튼을 누르고 [복사]를 선택하거나 Ctrl + C로 이 경로를 복사합니다. 앞서 설명한 대로 설치했다면 경로는 다음과 같을 겁니다.

```
C:₩Users₩user₩AppData₩Local₩Programs₩Python₩Python3xx
```

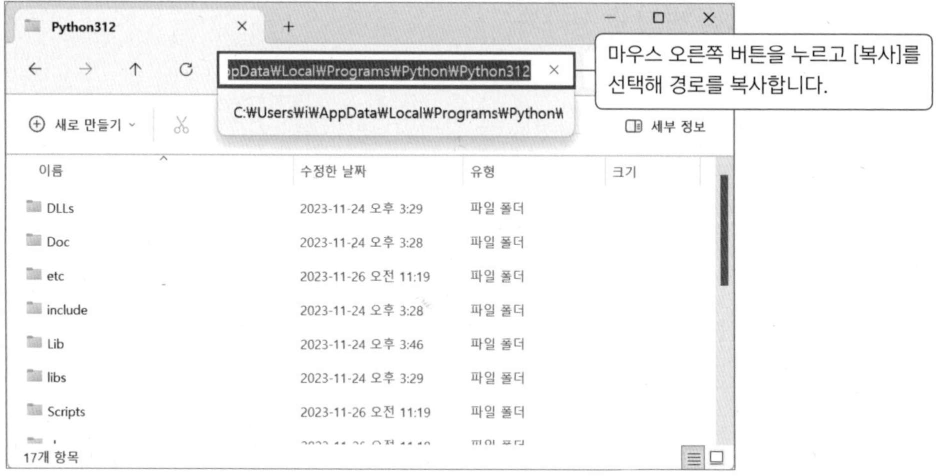

그림 1-13 | 파이썬 설치 경로를 복사합니다

3 시스템 환경 변수 편집하기

다시 윈도우 키를 눌러 검색 창에 '시스템 환경 변수'를 입력하고 [시스템 환경 변수 편집]을 클릭합니다.

그림 1-14 | [제어판 → 시스템 환경 변수 편집]으로 들어가 PATH를 직접 입력해야 합니다

4 경로 지정하기

[시스템 속성 → 고급 → 환경 변수]를 클릭합니다. 여기서 PATH를 직접 지정합니다.

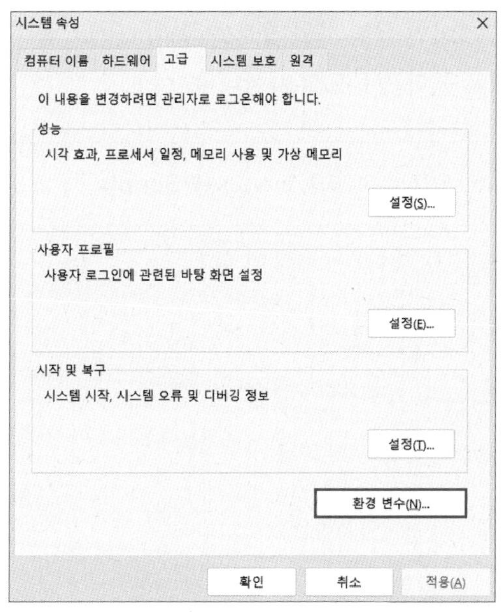

그림 1-15 | [시스템 속성 → 고급 → 환경 변수]를 클릭합니다

[시스템 변수] 항목에 Path가 보이나요? 여러분이 어느 폴더에서든 이 변수에 있는 파일을 실행할 수 있습니다. 먼저 [Path] 변수를 선택하고 [편집]을 클릭합니다.

그림 1-16 | [시스템 변수] 항목에서 [Path]를 선택합니다

[새로 만들기]를 누르고 이곳에 조금 전 복사했던 파이썬 실행 파일 경로를 Ctrl + V로 붙여 넣습니다. 그리고 pip 등 파이썬 도구가 있는 Scrips 폴더 경로도 추가합니다.

```
C:₩Users₩사용자₩AppData₩Local₩Programs₩Python₩Python3xx₩Scripts
```

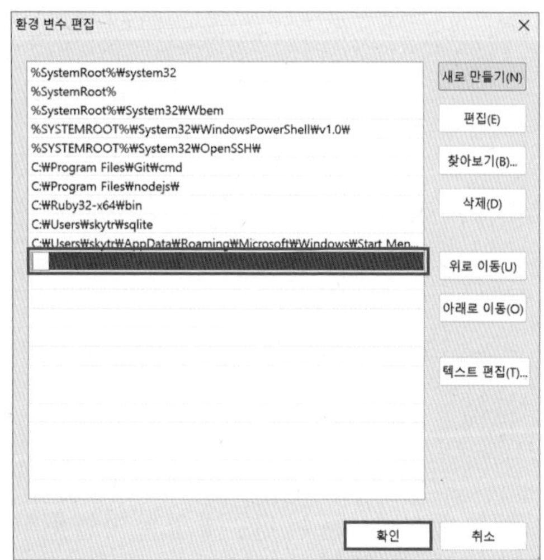

그림 1-17 | 조금 전 복사한 파이썬 설치 경로와 Scripts 폴더 경로를 추가하고 [확인]을 클릭합니다

5 경로가 올바른지 확인하기

마찬가지 방법으로 [윈도우 키 → cmd 입력 → 명령 프롬프트]로 이동하고 'python'을 입력했을 때 >>> 프롬프트가 나온다면 성공입니다.

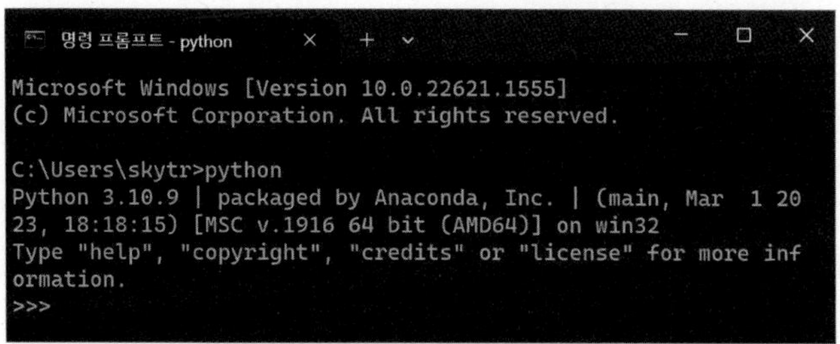

그림 1-18 | 파이썬 실행 환경을 다시 만났습니다

Do it! 실습 IDLE 환경 사용하기

파이썬을 올바르게 설치했다면 IDLE이라는 개발 환경을 사용할 수도 있습니다. 사용법은 간단합니다. 다시 윈도우 키를 누르고 'idle'이라고 입력하면 아이콘이 뜨는데, 이를 클릭하거나 바로 Enter를 입력합니다.

▶ IDLE은 Integrated Development and Learning Environment의 줄임말로, 통합 개발과 교육 환경이라는 뜻입니다.

1 IDLE 환경 실행하기

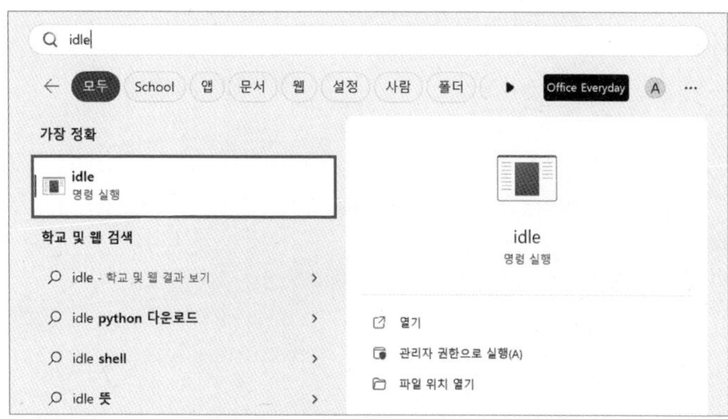

그림 1-19 | 'idle'을 입력하고 IDLE 환경을 실행합니다

파이썬을 실행하는 환경은 여러 가지 있지만 초보자에게는 통합 개발 환경도 좋으므로 항상 실행해 두고 실습하면 좋습니다.

시간이 흘러 파이썬에 익숙해졌다면 비주얼 스튜디오 코드(Visual Studio Code), 서브라임 텍스트 3(Sublime Text 3), 파이참(PyCharm)과 같은 프로그램을 추천합니다. 이들 프로그램은 작업 공간을 폴더 단위로 저장하고 프로그램 안에서 명령을 바로 입력할 수 있는 터미널 기능도 제공하므로 무척 편리합니다.

그러나 처음부터 이 모든 환경을 이해하려면 너무 복잡하므로 개발 환경은 빠르게 준비하고 바로 실습으로 들어가서 파이썬을 즐기세요!

▶ 파이썬 작동 환경에 따라서 직접 작성한 일부 메서드가 작동되지 않을 수 있습니다. 파이썬이 실행되는 경로를 항상 확인하세요.

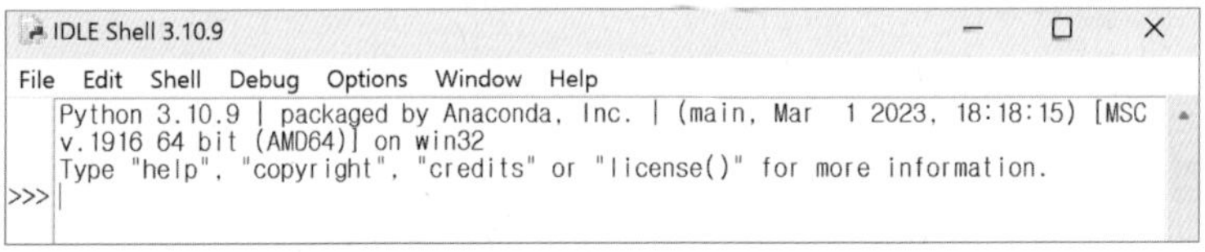

```
IDLE Shell 3.10.9
File  Edit  Shell  Debug  Options  Window  Help
Python 3.10.9 | packaged by Anaconda, Inc. | (main, Mar  1 2023, 18:18:15) [MSC
v.1916 64 bit (AMD64)] on win32
Type "help", "copyright", "credits" or "license()" for more information.
>>> |
```

그림 1-20 | IDLE 환경을 실행했습니다

2 코드 입력하고 실행하기

그럼 간략한 프로그램을 하나 작성해 볼까요? 나중에 이 문법을 다룰 예정이니 지금은 입력만 해보세요.

```
>>> for i in range(10):  # 앞에 >>>가 없어도 파이썬 실행 창이라고 이해하세요.
    ····print(f'{i}번째 인사')
```

```
IDLE Shell 3.10.9
File  Edit  Shell  Debug  Options  Window  Help
Python 3.10.9 | packaged by Anaconda, Inc. | (main, Mar  1 2023, 18:18:15) [MSC
v.1916 64 bit (AMD64)] on win32
Type "help", "copyright", "credits" or "license()" for more information.
>>> for i in range(1,10):
...     print(f'{i}번째 인사')
...
...

1번째 인사
2번째 인사
3번째 인사
4번째 인사
5번째 인사
6번째 인사
7번째 인사
8번째 인사
9번째 인사
>>> |
```

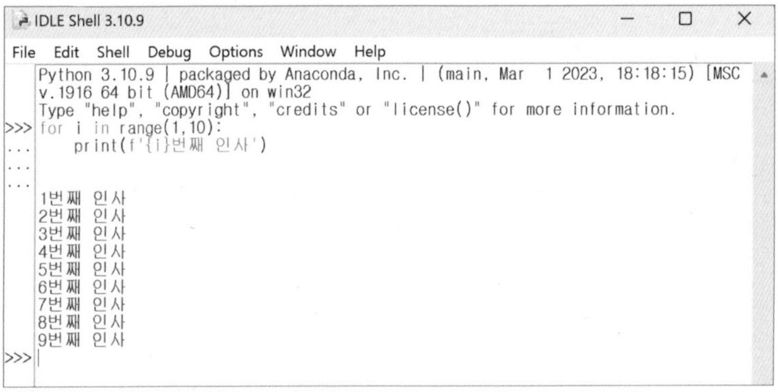

그림 1-21 | 파이썬을 배우면서 한 번씩은 만들어 보는 프로그램입니다

▶ 컴퓨터에 파이썬 버전을 두 개 이상 설치했다면 IDLE 환경에서는 이 책에서 다루는 패키지를 실행하지 못할 수도 있습니다. 이렇게 되면 numpy와 pandas 등의 패키지를 나중에 다시 pip로 설치해야 하므로 처음부터 IDLE을 어디에서 실행하는지 확인해야 합니다.

f 문자열 이용하기

파이썬에서는 큰따옴표나 작은따옴표를 이용하여 문자열을 만듭니다. 이때 따옴표 앞에 f를 붙이면 원하는 자료형을 쉽게 넣을 수 있는 f 문자열이 됩니다.

파이썬은 14를 저장한 age를 정수형으로 인식합니다. 그러므로 print() 함수로 문자열을 출력할 때 이 변수를 넣으면 자료형이 올바르지 않는다는 타입 오류(TypeError)가 발생합니다.

```
>>> age = 14
>>> print("I am " + age + "years old.")
Traceback (most recent call last):
  File "<pyshell#4>", line 1, in <module>
    print("I am " + age + "years old.")
TypeError: can only concatenate str (not "int") to str
```

다음과 같이 f 문자열을 이용하면 변수를 쉽게 입력할 수 있습니다. 문자열(str) 사이에 정수형(int)을 넣는 방법이죠. 이 방법은 문자열에 변수를 여러 개 넣을 때 편리합니다.

```
>>> print(f'I am {age} years old.')
I am 14 years old.
```

01-3 인터프리터와 에디터 준비하기

에디터가 아닌 인터프리터를 중심으로 이 책에서 사용하는 코드를 설명하려 합니다. IDLE 환경이나 코랩 등 인터프리터 환경에서 더 쉽게 파이썬 명령어를 실행할 수 있어서입니다. 물론 비주얼 스튜디오 코드, 파이참, 노트패드++ 등 좋은 에디터도 많고 이들은 쉬운 빌드 환경을 제공합니다.

나중에 파이썬을 더 열심히 실습하거나 무엇인가를 만들려고 할 때 이런 텍스트 에디터 사용은 필수입니다. 그러나 프로그램에 익숙해지기 전까지는 한 줄 한 줄 명령어를 직접 실행하면서 결과를 확인하는 것이 중요합니다. 작고 강력한 코드를 만들고 나서 이를 반복하는 것은 컴퓨터에 맡기면 됩니다. 여러분은 명령어 한 줄 한 줄에 집중하세요! 그러므로 파이썬에 익숙해질 때까지는 IDLE 환경에서 파이썬 명령어를 실행할 것을 추천합니다.

```
*IDLE Shell 3.11.5*
File  Edit  Shell  Debug  Options  Window  Help
    Python 3.11.5 | packaged by Anaconda, Inc. | (main, Sep 11 2023, 13:26:23) [MSC
    v.1916 64 bit (AMD64)] on win32
    Type "help", "copyright", "credits" or "license()" for more information.
>>> print("Heelo, worl
         (*args, sep=' ', end='\n', file=None, flush=False)
         Prints the values to a stream, or to sys.stdout by default.
```

그림 1-22 | IDLE 환경은 보기 좋을 뿐 아니라 명령어를 입력하면 문법과 설명이 자동으로 나타납니다

인터프리터와 에디터의 차이 이해하기

앞에서 파이썬은 인터프리터 언어라고 했습니다. 인터프리터 언어는 코드 한 줄만 입력해도 바로 실행되는 특징이 있습니다. 이 특징을 확인해 보는 가장 쉬운 방법은 명령 프롬프트에서 파이썬을 실행해 보는 것입니다.

인터프리터에서 한 줄짜리 프로그램 만들기

다음은 명령 프롬프트에서 파이썬을 실행해 'Hello world'를 출력하는 프로그램을 작성한 화면입니다.

▶ 명령 프롬프트는 윈도우 검색 창에서 '명령 프롬프트'를 찾아 실행하면 됩니다. 맥(Mac)을 사용한다면 '터미널'을 실행하세요.

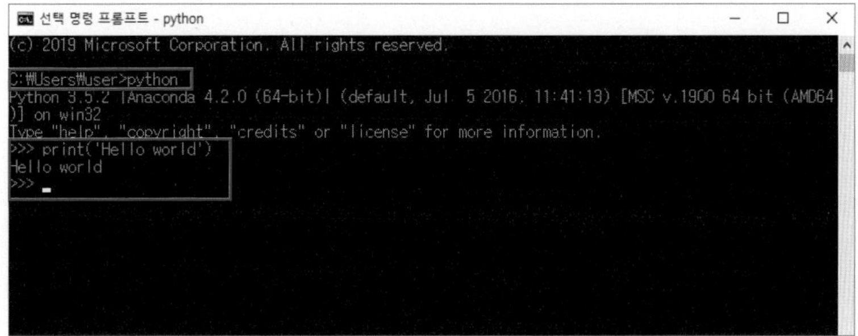

그림 1-23 | 코드 한 줄짜리 파이썬 프로그램입니다

그림을 보면 >>> 프롬프트 뒤에 코드를 입력했습니다. 다음과 같이 명령 프롬프트에서 파이썬을 실행한 뒤 코드를 따라 입력하고 Enter를 누르면 같은 결과를 볼 수 있습니다.

```
C:\Users\user>python              # 'python'을 입력해 파이썬을 실행하세요
(... 생략 ...)
>>> print('Hello world')          # >>> 프롬프트가 뜨면 코드를 입력하고 Enter를 누르세요
Hello world
>>>
```

이런 방식은 단순한 프로그램을 만들 때 적합합니다. 하지만 조금만 긴 프로그램을 작성해 보면 금세 인터프리터가 불편하다는 것을 느끼게 됩니다. 코드는 한 글자만 틀려도 작동하지 않기 때문이죠. 정말 그럴까요? 실습을 통해 알아봅시다.

인터프리터에서 간단한 프로그램 만들기

프로그램을 구성하는 코드가 조금이라도 복잡해지면 인터프리터에서 작성할 때 불편합니다. 반복문(for 문)으로 간단한 프로그램을 작성해 보겠습니다. 컴퓨터가 우리에게 10번 인사하게 하는 프로그램입니다. 지금 당장 모든 명령어가 이해되지 않더라도 직접 입력해 보기를 추천합니다.

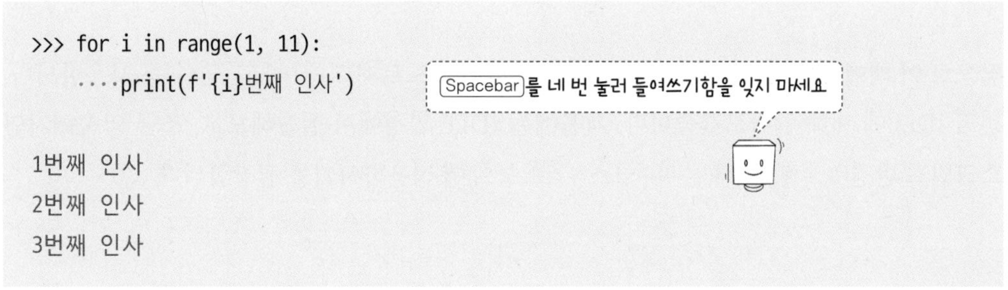

Spacebar를 네 번 눌러 들여쓰기함을 잊지 마세요


```
>>> for i in range(1, 11):
    ····print(f'{i}번째 인사')

1번째 인사
2번째 인사
3번째 인사
```

```
4번째 인사
5번째 인사
6번째 인사
7번째 인사
8번째 인사
9번째 인사
10번째 인사
```

```
명령 프롬프트 - python
>>> for i in range(1, 11):
...     print(str(i) + '번째 인사')
...
1번째 인사
2번째 인사
3번째 인사
4번째 인사
5번째 인사
6번째 인사
7번째 인사
8번째 인사
9번째 인사
10번째 인사
>>>
>>> _
```

그림 1-24 | 반복문 프로그램을 작성했습니다

코드를 따라 입력해 보았나요? 실수 없이 입력했다면 괜찮습니다. 하지만 중간에 조금만 실수해도 모든 코드를 다시 입력해야 합니다. 인터프리터 환경은 처음 실습하기에 적합하지만, 길고 복잡한 코딩에는 불편합니다. 바로 이럴 때 코딩을 위한 텍스트 에디터 프로그램이 별도로 필요합니다.

대표적인 텍스트 에디터 프로그램(이하 에디터)으로 윈도우의 메모장이 있죠. 하지만 메모장에는 프로그래밍을 위한 기능이 거의 없어 불편합니다. 프로그래밍을 위한 에디터는 종류가 매우 다양하며 무료로 쓸 수 있는 에디터도 제법 있습니다. 가끔 인터넷에서 '어떤 에디터가 프로그래밍에 좋은지'에 관해 논쟁이 벌어지기도 합니다. 취향에 맞는 에디터를 선택하면 됩니다.

앞으로 **이 책에서는 인터프리터로 IDLE을, 에디터로 노트패드++**(Notepad++)**를 사용합니다.** 먼저 IDLE에 대해 알아보겠습니다. **처음에는 IDLE 환경에서 실습해보고, 조금 익숙해지면 스크립트 환경**(노트패드++ 혹은 비주얼 스튜디오 코드)**에 적응하시기를 권장합니다.**

IDLE은 언제 활용할까

파이썬을 여러 환경에서 즐길 수 있지만, IDLE로 파이썬을 시작하는 경우가 많습니다. 파이썬과 함께 설치되는 기본 통합 개발 환경이기 때문입니다.

윈도우 키를 누르면 나오는 검색 창에서 IDLE을 검색해 실행하세요.

그림 1-25 | 검색 창에서 IDLE을 검색해 실행하세요

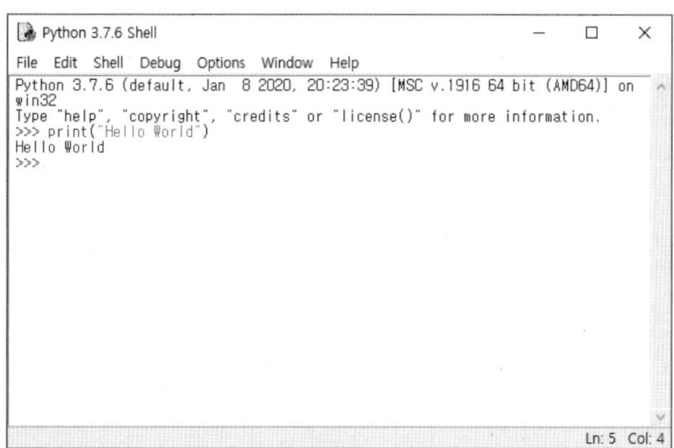

그림 1-26 | IDLE 인터프리터 환경이 나타납니다

자, 여기까지 진행했다면 파이썬을 본격적으로 즐길 준비가 다 된 것입니다. 본격적으로 나아가기에 앞서 몇 가지 규칙을 살펴보겠습니다.

코드가 복잡해지면 에디터를 사용합니다

앞에서 이야기했듯이 프로그램이 복잡해질수록 인터프리터로 프로그램을 관리하는 것은 불가능에 가깝기 때문에 에디터를 사용해야 합니다. 에디터로 프로그램을 작성할 때는 인터프리터에서 하는 실습과 구별되게 다음과 같이 회색 상자로 표시합니다.

▶ 실습파일에서 제공하는 코드는 줄 번호를 표시합니다.

```
for i in range(1, 11):
    print(f'{i}번째 인사')
```

이 책에서 에디터로 만드는 프로그램의 완성 소스 파일은 깃허브(GitHub)로 제공합니다. 주소는 다음과 같습니다.

```
https://github.com/skytreesea/do-it-python
```

이 깃허브에 방문해서 실습 파일을 꼭 내려받으세요.

▶ 이지스퍼블리싱 홈페이지(www.easyspub.co.kr)의 자료실에서도 실습 파일을 내려받을 수 있습니다.

에디터를 사용해도 인터프리터는 필요합니다

사람마다 성향이 다르겠지만, 필자는 에디터로 프로그램을 작성할 때도 인터프리터를 켜 놓고 진행합니다. 프로그램을 작성하면서 이 코드가 제대로 실행되는지 바로 확인해야 하기 때문입니다. 긴 프로그램을 작성할 때일수록 그 안의 명령어 하나하나가 정확하게 작동하는지 꼭 확인해야 합니다. 그렇지 않으면 나중에 버그를 찾느라 엄청나게 고생을 하게 되지요.

Do it! 실습 ▶ 노트패드++ 설치하기

이제 에디터를 설치하겠습니다. 이 책에서 사용하기로 한 노트패드++는 파이썬으로 작성한 코드를 바로 실행할 수 있고 한글도 잘 지원합니다. 한글을 제대로 지원하지 않는 에디터도 의외로 많습니다.

1 노트패드++ 내려받기

구글에서 'notepad++'라고 검색하면 노트패드++ 내려받기 페이지(https://notepad-plus-plus.org/downloads/)로 쉽게 이동할 수 있습니다. 가장 최신 버전(2023년 12월 현재 Notepad++ 8.6)을 내려받으세요.

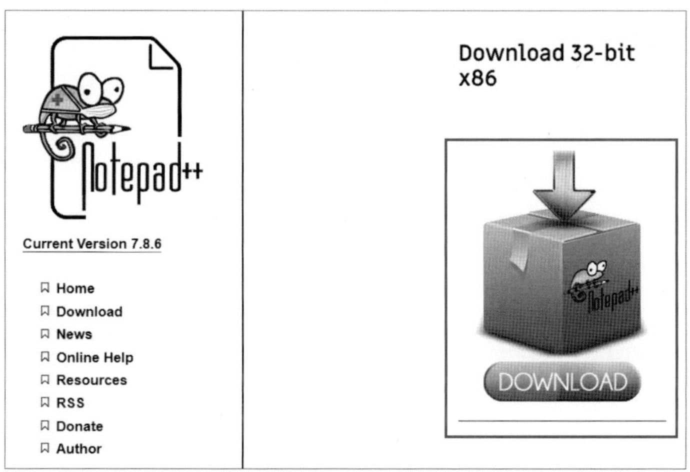

그림 1-27 | 노트패드++ 최신 버전을 내려받으세요

2 노트패드++ 설치하기

내려받은 설치 파일을 실행해 설치를 진행하세요. 기본 설정은 그대로 두고 진행하면 됩니다. 설치를 끝내고 노트패드++를 실행했을 때 다음 화면이 나오면 정상적으로 설치된 것입니다.

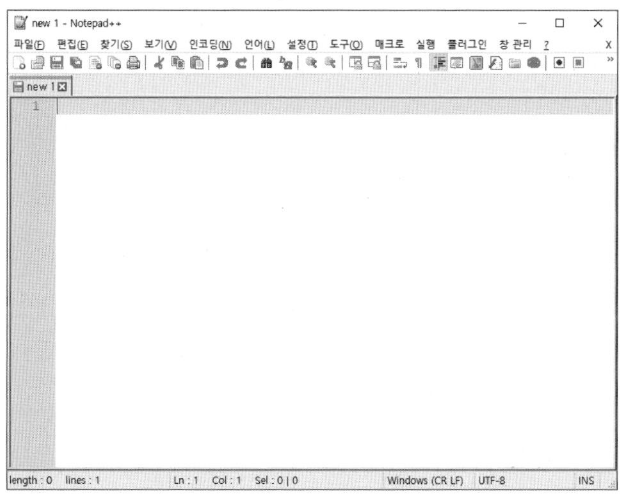

그림 1-28 | 노트패드++를 실행하면 이 화면이 나타납니다

3 자기만의 스타일 설정하기

[설정 → 스타일 설정]에서 자신만의 스타일을 설정할 수 있습니다. 필자는 어두운 배경을 선호해 어두운 배경 테마를 사용합니다.

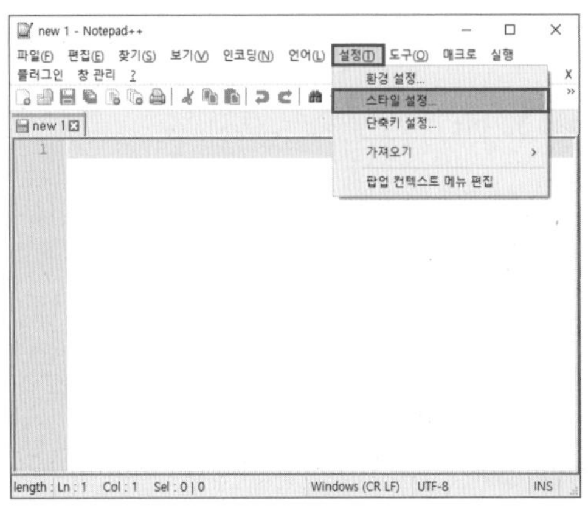

그림 1-29 | [설정 → 스타일 설정]을 클릭하세요

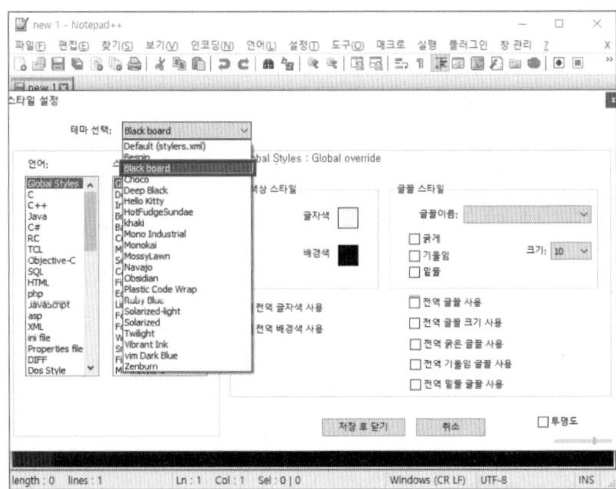

그림 1-30 | 원하는 테마를 선택하세요

▶ 이 책에서는 이미지를 쉽게 살펴볼 수 있도록 흰 배경으로 설정했습니다.

에디터로 글쓰기를 해 보세요

에디터를 사용하면 글 작업을 엄청나게 효율적으로 할 수 있습니다. 한 줄 전체를 한 번에 복사한다거나 커서를 여러 곳에 놓고 동시에 작업할 수 있습니다. 단순 작업에 필요한 매크로도 쉽게 만들 수 있습니다. 글을 써야 하는 일이 많다면 노트패드++를 비롯한 에디터로 글을 작성해 보세요. 분명 신세계를 경험할 수 있을 겁니다.

Do it! 실습 노트패드++에서 파이썬 프로그램 만들기

이제 노트패드++에서 프로그램을 작성해 실행하겠습니다.

1 간단한 프로그램 작성하고 저장하기

인터프리터에서 만들었던 반복문 출력 프로그램을 다시 한번 작성해 보겠습니다. 노트패드++의 빈 문서에 다음 코드를 작성하세요.

```
for i in range(1, 11):    # 1부터 10까지 숫자를 생성합니다
    print(f'{i}번째 인사')
```

작성이 끝나면 파일을 저장합니다. 이때 반드시 파일 확장자 이름을 'py'로 해야 파일 내용을 파이썬 코드로 인식합니다. 여기서는 C:\에 python 폴더를 만들어서 a.py라는 파일로 저장하겠습니다. 저장 경로와 파일 이름은 마음대로 정해도 괜찮습니다.

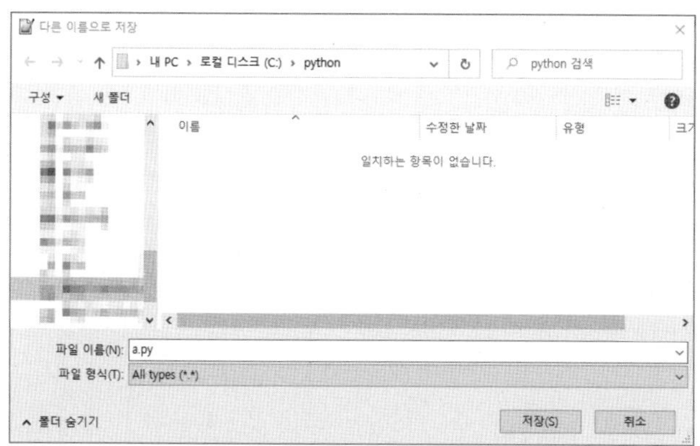

그림 1-31 | 에디터에 작성한 코드를 .py 파일로 저장하세요

저장이 끝나면 파일 내용이 파이썬 코드로 인식되어 텍스트의 글꼴과 색이 변합니다.

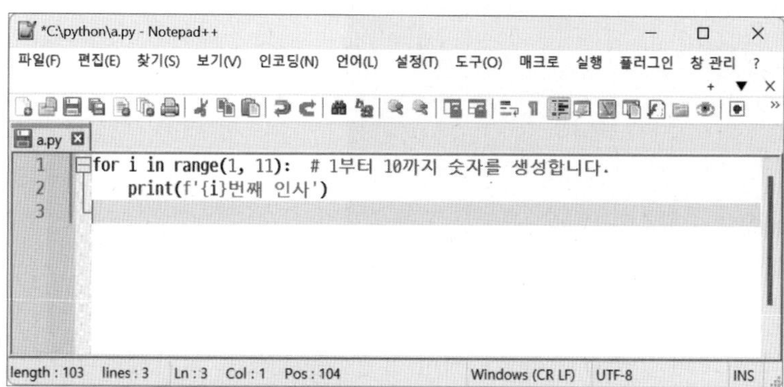

그림 1-32 | 파이썬 코드로 인식되면 글꼴과 색이 변합니다

2 명령 프롬프트로 파이썬 프로그램 실행하기

인터프리터에서는 코드를 입력하면 바로 결괏값이 나왔습니다. 하지만 에디터에서는 그렇지 않습니다. 명령 프롬프트 창에서 파이썬 프로그램을 실행해 보겠습니다. 먼저 명령 프롬프트 창을 열고 앞에서 만든 파일을 저장한 폴더(앞서 만든 C:\python)로 이동합니다.

```
C:\Users\user>cd C:\python
C:\python>
```

a.py 파일 안에 있는 파이썬 프로그램을 실행하려면 'python a.py'라고 입력하면 됩니다.

```
C:\python>python a.py        # a.py 파일에 저장된 파이썬 프로그램을 실행합니다
1번째 인사                    # a.py 파일에 작성한 반복문 출력 프로그램이 작동합니다
2번째 인사
3번째 인사
4번째 인사
5번째 인사
6번째 인사
7번째 인사
8번째 인사
9번째 인사
10번째 인사
```

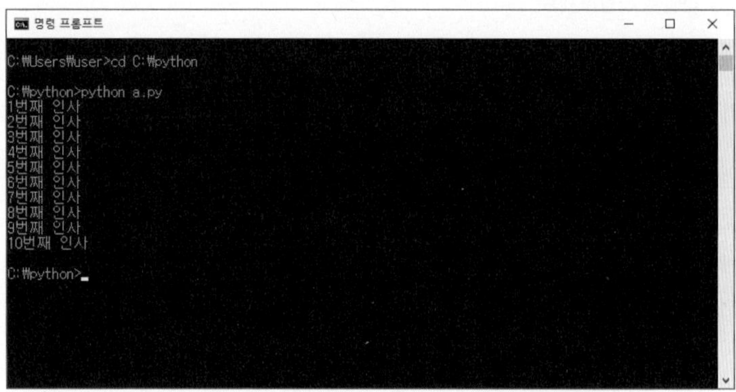

그림 1-33 | 명령 프롬프트에서 실행한 파이썬 프로그램 결과입니다

노트패드++에서 작성한 프로그램을 명령 프롬프트에서 실행하는 방법을 알아봤습니다. 그런데 이 방법보다 쉽게 프로그램을 실행하는 방법이 있습니다. 파이썬으로 작성한 프로그램은 노트패드++에서 바로 실행할 수 있습니다.

Do it! 실습 ▶ 노트패드++에서 프로그램 바로 실행하기

노트패드++에서 파이썬 프로그램을 바로 실행하려면 환경을 설정해야 합니다.

1 NppExec 플러그인 설치하기

노트패드++ 메뉴에서 [플러그인 → 플러그인 관리]로 들어가면 다음과 같이 사용 가능한 플러그인이 나옵니다. 여기에서 NppExec을 선택하고 설치를 진행합니다.

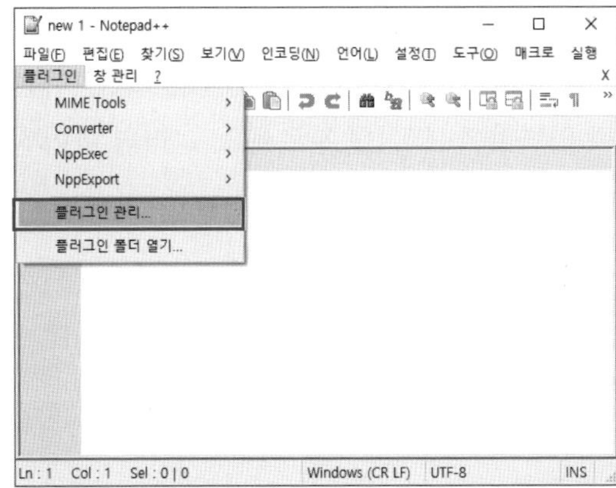

그림 1-34 | [플러그인 → 플러그인 관리] 메뉴를 선택하세요

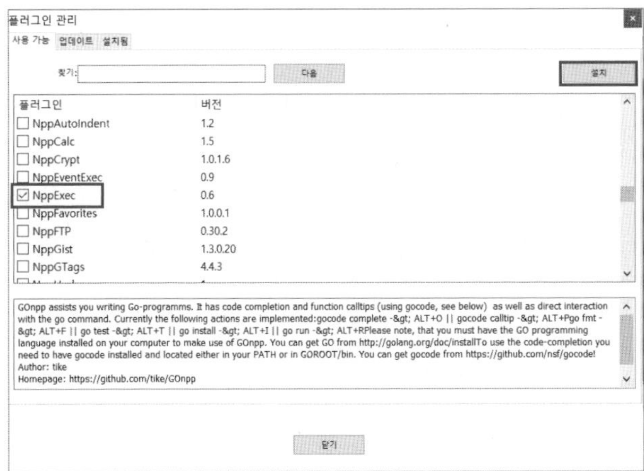

그림 1-35 | NppExec를 선택하고 [설치]를 클릭하세요

설치가 끝나면 노트패드++가 다시 시작됩니다. 다시 [플러그인]에 들어가 보면 NppExec가 설치되었음을 확인할 수 있습니다.

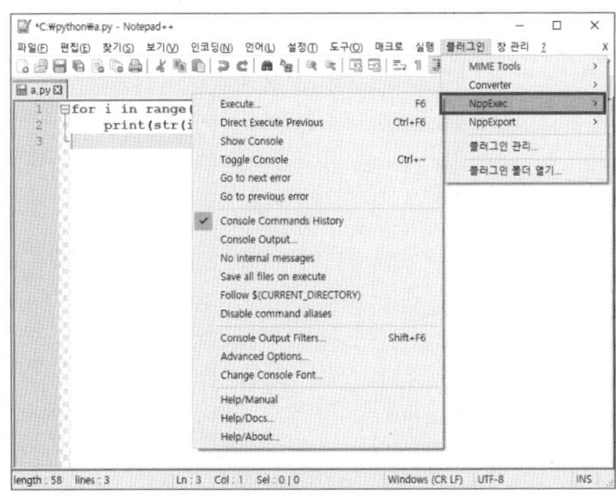

그림 1-36 | 플러그인에 NppExec가 추가되었습니다

2 파이썬 실행 경로 등록하기

[플러그인 → NppExec → Execute] 또는 F6을 눌러 NppExec를 실행합니다. 그런 다음 입력란에 python "$(FULL_CURRENT_PATH)"라고 입력하고 [OK]를 누르세요. 그러면 파이썬 실행 경로가 등록됩니다. 경로 등록은 한 번만 하면 됩니다.

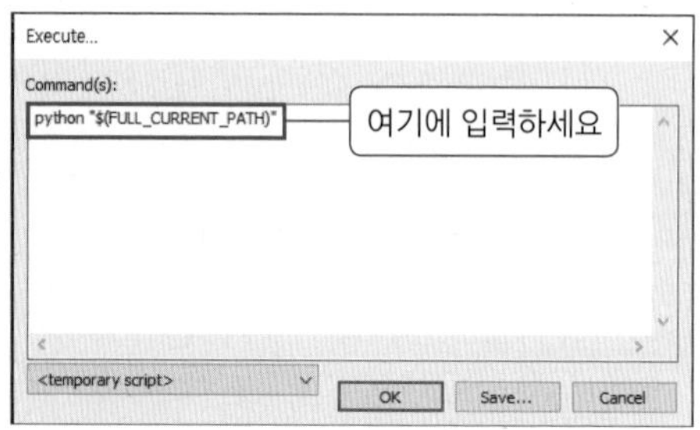

그림 1-37 | 파이썬 실행 경로를 등록합니다

3 NppExec로 파이썬 프로그램 실행하기

이제 앞에서 작성한 반복문 프로그램을 NppExec 플러그인으로 실행해 보겠습니다. 먼저 노트패드++로 a.py 파일을 엽니다. F6을 눌러 NppExec을 실행하면 다음과 같은 화면이 나옵니다.

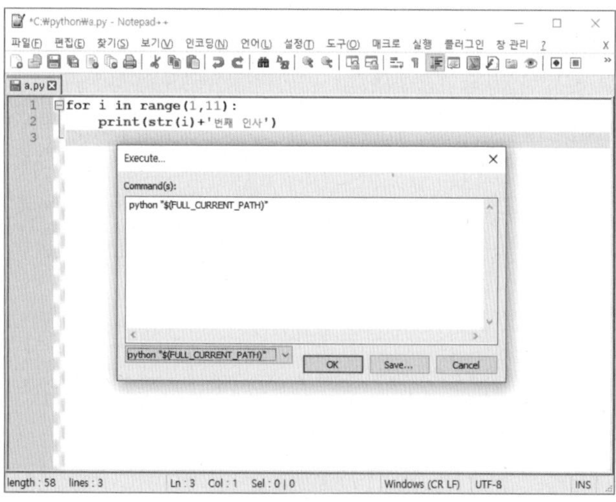

그림 1-38 | NppExec 플러그인을 실행하세요

[OK]를 누르면 파이썬 프로그램이 실행되면서 실행 결과가 콘솔(console) 창에 나타납니다.

▶ 프로그램을 조금이라도 수정했다면 반드시 저장한 다음 실행해야 수정한 내용이 반영됩니다.

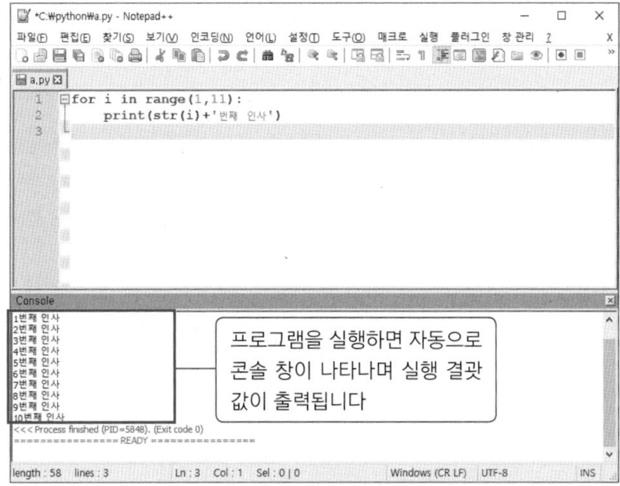

그림 1-39 | 노트패드++에서 파이썬 프로그램 실행 결과

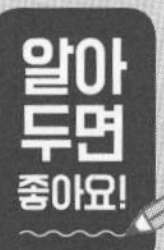

실행 단축키를 한꺼번에 외워 두세요

파이썬 프로그램을 실행(또는 실행 준비)하는 과정이 조금 번거로워 보이지만, 한번 등록해 놓으면 나중에 곧바로 실행할 수 있어 편리합니다. 이때 프로그램을 조금이라도 수정하면 반드시 저장하고 실행해야 하므로 파이썬 프로그램 실행 단축키를 Ctrl+S → F6으로 한꺼번에 외우고 손에 익혀 두는 것을 추천합니다.

Do it! 실습 비주얼 스튜디오 코드로 파이썬 코딩하기

비주얼 스튜디오 코드(이하 VS 코드)도 파이썬 확장 프로그램을 제공하므로 이를 이용하여 코드를 실행할 수 있습니다. 다음은 파이썬 코드 실행 방법입니다.

1 VS 코드 실행하고 파일 열기

VS 코드를 실행하고 왼쪽 사이드바에서 [탐색기] 아이콘을 클릭하여 프로젝트 폴더를 엽니다. 그리고 실행할 파이썬 파일을 선택합니다.

그림 1-40 | 프로젝트 폴더를 열고 실행할 파일을 선택합니다

2 파이썬 인터프리터 설치와 선택

파일이 열리면 위쪽에서 파이썬 인터프리터를 선택할 수 있습니다. 파이썬을 설치하지 않았다면 왼쪽 사이드바에서 [확장] 아이콘을 클릭하고 검색하여 파이썬을 설치합니다.

그림 1-41 | [확장] 아이콘을 누르고 파이썬을 찾아 설치합니다

3 파일 작성하고 실행하기

인터프리터를 선택한 후 파일을 저장하고 F5를 눌러 디버그 모드로 실행할 수 있습니다. 그러면 디버그 콘솔이 열리고 파이썬 파일을 실행합니다. 또는 오른쪽 위 ▷ 버튼을 눌러 실행합니다.

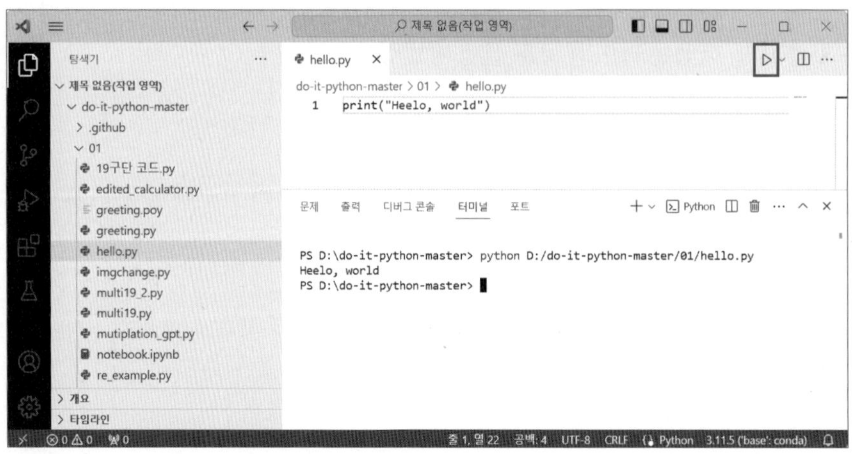

그림 1-42 | 터미널 콘솔에서 실행 결과를 확인합니다

파이썬 파일이 정상으로 실행되면 결과를 터미널 콘솔에서 확인할 수 있습니다.

4 주피터 노트북 이용하기

이 외에도 VS 코드는 주피터 노트북(Jupyter Notebook) 확장 프로그램을 제공하므로 주피터 노트북과 비슷한 방식으로 파이썬 코드를 실행할 수도 있습니다. 이 기능을 사용하려면 확장 프로그램 설치에서 주피터 노트북을 검색하고 내려받아야 합니다.

주피터 노트북은 대화형 셀에 블록 단위로 코드를 실행하고 그 결과를 바로 확인할 수 있는 오픈소스 웹 애플리케이션으로, 코드, 텍스트, 이미지, 그래프 등을 모두 표시할 수 있습니다.

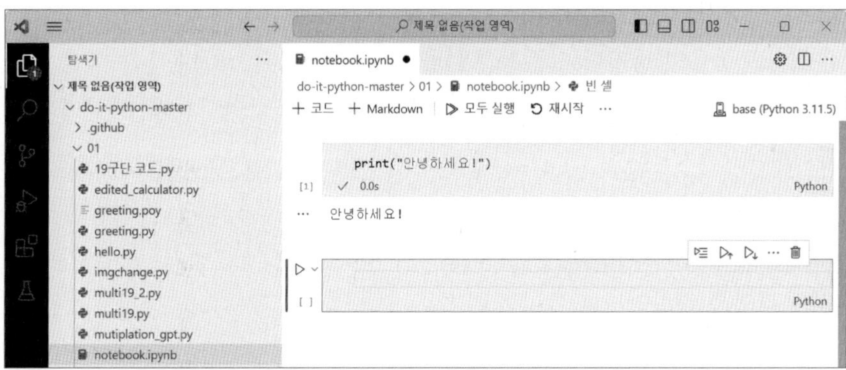

그림 1-43 | 주피터 노트북을 이용하면 실행 결과를 바로 확인할 수 있습니다

Do it! 실습 ▶ 코랩으로 파이썬 코딩하기

코랩(Colab)은 구글에서 무료로 제공하는 클라우드 기반의 주피터 노트북 환경으로, 파이썬을 시작하는 가장 쉬운 방법입니다. 코랩을 사용하여 파이썬을 시작하는 방법을 알아보겠습니다.

1 코랩 시작하기

먼저 구글 코랩 웹 사이트에 접속하고 구글 계정으로 로그인합니다.

```
https://colab.research.google.com/
```

그림 1-44 | 구글 계정으로 로그인합니다

2 코드 입력하고 실행하기

코랩을 시작하면 새 노트북을 만들거나 기존 노트북을 열 수 있습니다. 새로운 노트북을 만들려면 아래의 [+ 새 노트] 버튼을 클릭합니다. 노트를 열면 코드 셀이 나타나는데, 이곳에 파이썬 코드를 작성합니다.

코드를 실행하려면 셀을 선택하고 [실행] 버튼을 클릭하거나 Enter + Shift를 누릅니다. 그러면 셀 아래에 실행 결과를 출력합니다.

그림 1-45 | 입력한 코드를 실행하고 결과를 확인합니다

코랩에는 이미 다양한 패키지가 설치되었지만 사용할 패키지가 없다면 `pip install 패키지` 명령으로 설치할 수 있습니다.

이와 함께 로컬 컴퓨터의 파일을 코랩에 올려 사용할 수도 있습니다. [파일] 탭을 클릭하고 [업로드]를 선택하면 파일을 올릴 수 있습니다.

되새김문제

Q1 파이썬 인터프리터에서 다음과 같이 문자열을 출력하려 합니다. 정상적으로 명령을 실행할 수 있도록 빈칸을 채우세요.

```
>>> if 3 __ range(5):                    # 빈칸을 채워 보세요
        print('There is 3')

There is 3
```

Q2 다음과 같이 반복하는 프로그램을 실행했을 때 가장 마지막에 출력될 숫자는 무엇일까요?

```
>>> for i in range(10):
        print(i)
```

Q3 노트패드++에서 파이썬 프로그램을 수정한 다음 수정이 잘 됐는지를 확인하는 과정을 그린 순서도입니다. 빈칸을 채워 순서도를 완성하세요.

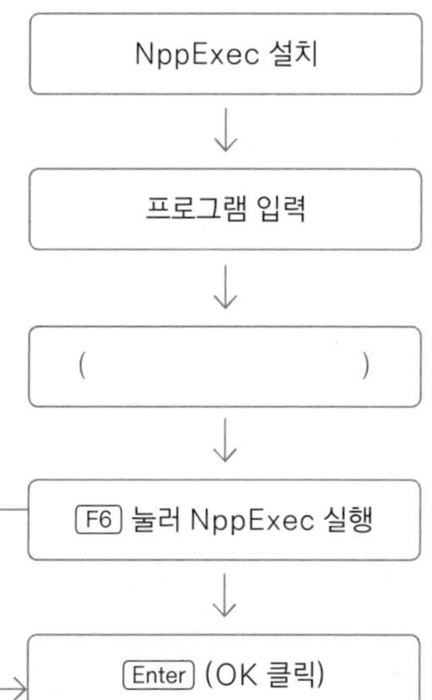

정답 1. in 2. 9 3. 확장자 .py로 파일 저장

02

기초 문법으로 프로그램 만들기

파이썬을 처음 배우고 나면 대부분 이런 고민을 하게 됩니다. '자, 이제 명령어가 무엇인지는 어느 정도 알겠어. 그럼 이 명령어로 뭘 하지? 내 생활에 파이썬이 어떤 도움을 줄 수 있지?' 이 장에서는 기본적인 명령어를 활용해 간단한 프로그램을 만들면서 이런 고민을 조금씩 풀어 보겠습니다.

02-1 파이썬을 계산기로 활용하기

오늘날 컴퓨터는 동영상 시청과 편집, 문서 작성 등 다양하게 사용하며 생활 깊숙이 자리를 잡았습니다. 이렇게 많은 일을 할 수 있는 능력의 근본에는 바로 계산 기능이 있습니다. 즉, 컴퓨터를 활용하는 가장 원초적인 방법은 **계산기로 쓰는 것**이라고 할 수 있습니다.

우리는 매일 어떤 계산을 해야 합니다. 누군가는 가계부를 작성하고, 집을 사거나 팔 때는 대출 한도 금액과 대출 이자 등을 계산해 봅니다. 그뿐만 아니라 매일 타는 자동차 기름 값이 얼마나 되는지 따져 보거나 해외여행을 계획한다면 환전 금액도 계산해 볼 겁니다.

필자는 이럴 때마다 파이썬 인터프리터를 열어 간단한 계산을 해 봅니다. 계산기 프로그램을 사용하는 것이 더 편하겠지만, 이렇게 일상에 필요한 계산을 파이썬으로 하다 보면 파이썬과 점점 친해지면서 코딩이 익숙해지는 것을 느낄 수 있기 때문입니다. 이 장에서는 필자가 파이썬과 친해질 때 그랬듯 파이썬을 계산기로 활용해 일상 속의 간단한 문제를 해결하는 방법을 알아보겠습니다.

기본 연산자 알아보기

먼저 간단한 계산부터 하면서 연산자를 알아보겠습니다. 사칙 연산은 다음과 같이 계산합니다. +는 더하기를 나타내고, -는 빼기, /는 나누기, 그리고 *는 곱하기를 나타냅니다. 너무 쉽지요?

Python 3.7.4 Shell

File Edit Shell Debug Options Window Help

```
Python 3.7.4 (default, Aug  9 2019, 18:34:13) [MSC v.1915 64 b
Type "help", "copyright", "credits" or "license()" for more in
>>> 12+5
17
>>> 12-5
7
>>> 12*5
60
>>> 12/5
2.4
>>> |
```

그림 2-1 | 파이썬을 계산기처럼 사용해 보세요

물론 엑셀이나 계산기로도 계산할 수 있습니다. 그런데 프로그래밍 언어를 사용하면 훨씬 간단히 계산할 수 있는 경우가 매우 많습니다. 예를 들어 구구단의 확장 버전인 19단은 파이썬으로 훨씬 빠르게 출력할 수 있습니다. 계산할 양이 많거나 계산이 복잡해질수록 파이썬의 강력한 기능이 빛을 발하게 됩니다.

몇 가지 기본 연산자를 더 알아볼까요? 파이썬에서는 다음 표에 있는 연산자를 사용해 계산합니다.

표 2-1 | 파이썬에서 사용하는 기본 연산자

연산자	연산자의 의미	예제 코드	결과
+	더하기	5 + 2	7
-	빼기	5 - 2	3
*	곱하기	5 * 2	10
**	제곱	2 ** 4	16
/	나누기	10 / 2	5.0
//	나눗셈의 몫	11 // 2	5
%	나눗셈의 나머지	8 % 5	3

IDLE 인터프리터를 열고 다음과 같이 연산자를 활용해 간단한 계산을 해 보세요.

```
>>> 5 + 2
7
>>> 5 - 2
3
>>> 5 * 2
10
>>> 2 ** 4
16
>>> 10 / 2
5.0                    # / 연산자는 소수점 이하 숫자까지 출력합니다
>>> 11 // 2
5                      # // 연산자는 나눗셈의 몫을 출력합니다
>>> 8 % 5
3                      # % 연산자는 나눗셈의 나머지를 출력합니다
```

나머지 연산자(%)는 배수를 찾아내는 데 유용하게 사용할 수 있습니다. 예를 들어 100 미만 7의 배수를 모두 구하고 싶다면 다음 코드로 간단히 출력할 수 있습니다.

```
>>> for i in range(100):
        if i % 7 == 0:
            print(i)


0
7
14
21
(... 생략 ...)
84
91
98
```

코드 논리는 간단합니다. 파이썬을 처음 접하는 사람을 위해 간단히 설명하면 다음과 같습니다.

```
>>> for i in range(100):          # 100 미만인 정수를 i에 차례대로 입력합니다
    if i % 7 == 0:                # i를 7로 나눴을 때 나머지가 0이라면
        print(i)                  # i를 출력합니다
```

이 과정을 0부터 99까지 반복해서 100 미만인 7의 배수를 쉽게 찾아낼 수 있습니다. 이렇게 덧셈과 뺄셈, 곱셈과 나눗셈 연산만으로도 여러 가지를 계산할 수 있습니다. 간단한 계산을 하나 더 해보겠습니다.

Do it! 실습 ▶ 평균 나이 구하기

여기서부터는 꼭 직접 따라 해보세요. 여러분이 근무하는 팀 구성원의 평균 나이를 계산해 보려고 합니다. 팀원은 모두 6명으로 나이는 이 부장 50, 최 과장 45, 김 대리 33, 박 대리 39, 이 주임 29, 오 사원 30세라고 가정하겠습니다. 결괏값은 소수점 첫째 자리까지 구해 보기로 합니다.

1 먼저 직관적으로 코드를 작성해 보겠습니다.

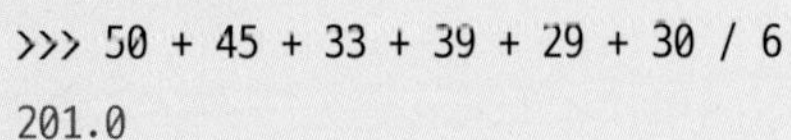

```
>>> 50 + 45 + 33 + 39 + 29 + 30 / 6
201.0
```

평균 나이가 201세라니 뭔가 잘못된 것 같군요. 평균을 구하려면 나이를 모두 더한 합을 6으로 나눠야 하는데, 파이썬은 연산자 우선순위가 높은 나눗셈을 먼저 계산해 30/6인 5를 구한 뒤 나머지 덧셈을 계산합니다.

이런 실수를 방지하려면 괄호를 잘 사용해야 합니다.

```
>>> (50 + 45 + 33 + 39 + 29 + 30) / 6
37.666666666666664                          # 몫이 딱 떨어지지 않네요
>>> (50 + 45 + 33 + 39 + 29 + 30) // 6      # 나머지가 필요 없다면 '//' 연산자를 사용하세요
37
```

2 앞에서 소수점 첫째 자리까지 알고 싶다고 했지요? 이럴 때는 round() 함수를 사용합니다. 사용법은 다음과 같습니다.

round() 함수 사용법

```
round(숫자, 표시할 소수점 자릿수)
```

▶ 프로그래밍에서 함수란 어떤 명령을 반복적으로 수행하기 위해 만든 코드의 집합입니다.

round() 함수로 평균 나이를 계산해 보겠습니다. round() 함수의 괄호 안 첫 번째 변수에는 앞에서 만든 평균 나이를 구하는 수식을 넣고, 두 번째 변수에는 표시할 소수점 자릿수를 넣습니다.

```
>>> round((50 + 45 + 33 + 39 + 29 + 30) / 6, 1)    # 두 번째 변수에 '1'을 입력합니다
37.7                                                # 소수점 첫째 자리까지 값이 출력됩니다
```

▶ 변수(variable)란 어떤 값을 저장하기 위해 이름을 지정한 공간을 말합니다. 예를 들어 a = 3이라고 지정한다면 a라는 변수에 3을 저장했다고 말합니다.

지정한 대로 소수점 첫째 자리까지 값이 출력되었네요! 즉, 팀의 평균 나이는 37.7세입니다.

파이썬과 친해졌나요? 다음에는 조금 더 복잡한 계산을 해보겠습니다.

파이썬 기본 문법 공부를 위한 추천 서적

이 책에서는 파이썬 기초 문법을 처음부터 일목요연하게 설명하지는 않습니다. 파이썬 문법을 모르거나 기억이 잘 나지 않는다면 《Do it! 점프 투 파이썬》(2023, 박응용)을 이 책과 함께 공부하기를 추천합니다.

02-2 19단 곱셈표 출력하기

파이썬 프로그래밍에 더 익숙해질 수 있도록 조금 더 복잡한 상황을 가정해 보았습니다. 다음 상황을 해결하면서 파이썬 기초 명령어를 더 알아보고, 프로그램을 완성하는 과정까지 경험해 보겠습니다.

이런 상황이라면?

난이도 ★☆☆☆☆ | 완성 소스 02\multi.py

1단부터 19단까지 곱셈표를 출력하자

9살 딸을 키우는 아빠는 인도에서 아이들에게 19단 곱셈을 가르친다는 이야기를 듣고 귀가 솔깃해 딸에게도 가르쳐 보기로 마음먹었습니다. 어떻게 가르칠지 고민하다가 19단 곱셈표를 직접 만들고 출력해서 벽에 붙이기로 합니다. 아빠는 먼저 엑셀을 열어 19단을 계산할 생각이 있습니다.

그런데 얼마 전 배운 파이썬이 떠오릅니다. '파이썬을 사용하면 조금 더 효율적이고 빠르게 19단을 전부 계산할 수 있지 않을까?' 아빠는 파이썬 IDLE을 열고 방법을 고민하기 시작합니다.

파이썬 문법을 조금 공부해 봤다면 곱셈표 출력은 한 번쯤 다뤄 본 적이 있을 것입니다. 또한 **2~9단 곱셈표를 만드는 것과 2~19단 곱셈표를 만드는 것은 그 원리가 같다는 사실**도 알 것입니다. 거기에다 29단, 99단도 만들어 봤을 수도 있고요. 실제로 아이들에게 99단을 출력하는 프로그램을 만들어 주면 '와! 컴퓨터가 대단한 계산을 해내고 있구나!' 하면서 굉장히 신기하게 생각하더군요.

이처럼 패턴이 특정한 가진 작업을 할 때 사람보다 훨씬 빠르게 '반복'할 수 있다는 것이 컴퓨터의 가장 큰 장점이지요. 파이썬에 어떤 명령을 내리는지에 따라 컴퓨터는 우리의 생산성을 엄청나게 높은 수준으로 끌어올려 줍니다.

2단 곱셈표 직접 출력하기

먼저 print() 함수로 구구단 중 2단을 출력해 보겠습니다. 앞에서 여러 번 사용해서 이미 익숙하지요? print() 함수는 사용법은 다음과 같습니다.

print() 함수 사용법

```
print(출력 내용)
```

print() 함수로 2단을 하나씩 계산해 보겠습니다.

```
>>> print(2 * 1)
2
>>> print(2 * 2)
4
>>> print(2 * 3)
6

(... 생략 ...)

>>> print(2 * 9)
18
```

print() 함수는 이렇게 **어떠한 결과물을 모니터에 출력**하는 기능을 합니다. 눈에 보이는 결과를 손쉽게 얻을 수 있어서 프로그래밍에 입문하면 가장 먼저 배우는 명령어이기도 합니다.

print(2 * 1), print(2 * 2), print(2 * 3), ...을 하나씩 입력해 2단을 출력하는 방법은 단순하지만 영리한 방법은 아니겠지요. 어떻게 하면 좀 더 영리하게 2단을 출력할 수 있을까요?

Do it! 실습 for 문으로 곱셈표 출력하기

2단 2 × 1, 2 × 2, 2 × 3, …, 2 × 9에서 숫자 1, 2, 3, ..., 9가 각 단에서도 반복적으로 나타나는 것이 보이나요? 이 숫자들을 리스트(list)에 저장하고 for 문을 조합하면 손쉽게 2단을 출력할 수 있습니다. 당연히 2단뿐만 아니라 3단부터 19단까지 모든 단에 사용할 수 있겠지요?

▶ 리스트(list)는 목록을 나타내는 파이썬 자료형이며 기능이 뛰어나 자주 사용합니다.

1 먼저 1부터 9까지의 숫자를 리스트에 담아 number라는 변수에 저장합니다.

```
>>> number = [1, 2, 3, 4, 5, 6, 7, 8, 9]
```

2 for 문과 리스트로 2단 출력하기

자, 이제 for 문과 리스트를 조합해 2단을 출력해 볼 차례입니다. for 문은 앞으로 지겹도록 많이 사용합니다. for 문의 사용 방법을 요약하면 다음과 같습니다.

for 문 사용법

```
for 변수 in 리스트(또는 튜플이나 문자열):  # 변수에 대입할 원소를 리스트에서 하나씩 가져옵니다
    수행할 문장                          # 변수에 원소를 하나씩 대입할 때마다 문장을 수행합니다
```

for 문에 사용할 변수 이름은 무엇이든 써도 됩니다. 가끔 필자는 입력을 최소화하려고 for i in a:와 같이 간결하게 쓰기도 합니다. 하지만 프로그램에 입력해야 하는 내용이 많아질수록 i, a와 같이 너무 간단한 이름으로 변수를 만드는 건 주의할 필요가 있습니다. 자기 자신도 나중에 어떤 의미로 변수 이름을 지었는지 기억이 나지 않을 수도 있고 함께 프로그램을 작성하는 사람도 이해하기 어렵기 때문입니다.

리스트와 for 문을 이용해 2단의 값을 출력해 보겠습니다. 다음과 같이 코드를 작성해 실행하면 2단의 값이 출력됩니다.

```
>>> number = [1, 2, 3, 4, 5, 6, 7, 8, 9]
>>> for item in number:          # number의 각 원소(숫자)를 item에 하나씩 입력합니다
        print(2 * item)          # 2 * item의 결괏값을 출력합니다

2
4
6
8
10
12
14
16
18
```

2단의 값을 출력해 봤습니다. 하지만 우리는 수식과 값이 함께 나오는 곱셈표를 원합니다. 이를 위해 코드를 더 개선해 보겠습니다.

```
2 X 1 = 2
2 X 2 = 4
...

2 X 9 = 18
```

3 range() 함수로 숫자열 쉽게 가져오기

range() 함수를 사용하면 숫자를 일일이 입력하지 않아도 정수 리스트를 쉽게 만들 수 있습니다. 사용법은 다음과 같습니다.

range() 함수 사용법

```
range(시작할 정수, 끝나는 정수 + 1)
```

정수를 하나만 넣으면 0부터 지정한 개수만큼 정수를 가져옵니다. 예를 들어 range(10)이라고 하면 0부터 시작해서 9까지 정수를 총 10개 가져옵니다. 한번 입력해 볼까요?

▶ 파이썬을 비롯한 대부분의 프로그래밍 언어에서는 숫자를 셀 때 0부터 시작합니다.

```
>>> for item in range(10):        # 0부터 10 미만의 정수까지 차례대로 item에 입력하세요
        print(item)               # item을 출력하세요

0
1
2
3
4
5
6
7
8
9
```

원하는 정수 리스트를 더 쉽게 만들어 출력했습니다. 1부터 100, 1부터 10,000까지 숫자를 계속 가져와야 할 때 정말 유용하겠죠?

자, 그럼 range() 함수를 조금 더 영리하게 이용해 보겠습니다. 구구단에 1단은 없으므로 우리에게 필요한 것은 2단부터 19단까지입니다. 그렇다면 2부터 19까지 정수 리스트를 만들어야겠죠. 우선 range() 함수 사용법을 떠올리면서 괄호 안에 어떤 수를 넣어야 할지 생각해 봅니다. 시작할 정수로는 원하는 정수(2)를 넣으면 되고, 끝나는 정수로는 원하는 정수(19)에 1을 더해야겠지요?

```
>>> for item in range(2, 20):          # 2부터 20 미만인 정수를 가져옵니다
        print(item)

2
3
4
```

```
(... 생략 ...)
17
18
19
```

2부터 19까지 정수를 제대로 출력했네요. 자, 그러면 이제 본격적으로 19단을 출력하는 문제를 풀어 보겠습니다.

Do it! 실습 for 문을 두 번 사용해 19단 곱셈표 출력하기

1 다음과 같이 먼저 손으로 쓱쓱 19단 곱셈표를 그려 보며 `for` 문을 어디에 사용하면 좋을지 상상해 보세요. 나중에 여러 차례 강조하겠지만, 프로그램을 작성하기 전에 종이에 프로세스를 그려 보는 것은 중요한 훈련입니다!

▶ 조건(if), 반복(for)을 명령하는 명령문을 '제어문'이라고 합니다. 'if 문', 'for 문'으로 표기할 수 있습니다.

```
2 × 2    3 × 2         19 × 2
    3        3              3
    4        4              4
    5        5      ~       5
    6        6              6
    ⋮        ⋮              ⋮
    19       19             19
```

그림을 잘 살펴볼까요? 2단에서는 정수 2에 정수 2~19를 차례대로 곱합니다. 3단에서는 정수 3에 정수 2~19를 곱합니다. 이를 19단까지 반복합니다. 즉, `for` 문을 사용해 정수 2~19 중 하나를 가져올 때마다 정수 2~19를 차례대로 곱하는 작업을 반복하면 19단 곱셈의 답을 모두 구할 수 있습니다.

2 앞에서 `for item in range(2, 20)`을 통해서 2부터 19까지 출력하는 방법을 배웠지요. 이제 새로 `range()` 함수를 사용해서 2부터 19까지의 정수를 가져와 각각의 `item`에 곱하면 됩니다. 다음과 같이 코드를 입력해 보겠습니다.

```
>>> for item in range(2, 20):          # 정수 2~19인 리스트를 만들어 i에 하나씩 대입합니다
        for each in range(2, 20):      # 위의 반복문이 실행될 때마다 이 반복문도 실행됩니다
            print(item * each)

4                                      # 2 * 2부터 계산한 값이 차례대로 출력됩니다
6
8
10
(... 생략 ...)
323
342
361
```

19 곱하기 19인 361까지 정상적으로 출력되었네요. 엑셀로 한다면 복사하기, 붙여넣기, 드래그를 몇 번이나 해야 하는데 파이썬으로는 이렇게 한 번에 결괏값이 나옵니다. 물론 파이썬이 데이터를 다루는 데 편하지만, 엑셀도 그 자체로 훌륭한 프로그램입니다. 각각 쓰임새가 다른 것이지요. 199단을 만들어야 한다면 엑셀과 파이썬 둘 중에 어느 것이 좋을까요? 19999단은? 이렇게 엄청나게 많은 데이터를 같은 방식으로 계산해야 한다면 파이썬이 훨씬 유용합니다.

들여쓰기 규칙을 꼭 지키세요

파이썬의 아주 중요한 특징 중 하나는 들여쓰기 규칙(indentation)을 철저하게 지켜야 한다는 점입니다. 파이썬은 다른 언어와 다르게 중괄호({}) 등을 사용하지 않고 오직 들여쓰기만으로 각 코드 사이의 포함 관계를 구별합니다. 들여쓰기는 한 번에 공백 네 개를 사용하는 것을 권장합니다. 이 특징은 함수를 정의하는 def 문을 사용할 때 꼭 주의해야 하며, if 문, for 문, try 문을 사용할 때도 마찬가지입니다. IDLE에서도 새로운 단계를 밟을 때마다 가지런하게 각 단계의 명령어가 정리됩니다.

또한 들여쓰기는 '가독성'을 높이는 데 중요한 역할을 합니다. 어떤 개발자는 파이썬의 들여쓰기 규칙을 불편하게 여기기도 하지만, 여러 사람이 코드를 읽어야 하는 상황에서는 특히 이 규칙이 엄격하게 적용되기 때문에 '파이썬 코드는 가독성이 높다'는 평을 듣습니다. 그리고 가독성이 높다는 특징은 개발자끼리 협업할 때 엄청난 장점이 됩니다.

인터프리터나 에디터를 사용하면 대부분 자동으로 들여쓰기를 해줘서 평소에는 크게 중요성을 느끼지 못하지만, 코드가 길어지면 신경을 써야 합니다. 파이썬은 들여쓰기가 조금만 틀려도 잘못된 공백 탓에 명령을 수행하지 않기 때문입니다.

Do it! 실습 19단 곱셈표 완성하기

앞에서 작성한 프로그램은 단순히 곱셈의 계산값만 나열했습니다. 이래서는 곱셈표로 출력할 수가 없겠지요. 계산값 옆에 수식까지 나오도록 코드를 추가하겠습니다.

파이썬에서 여러 객체를 동시에 출력하고 싶다면 객체와 객체 사이에 쉼표(,)를 찍습니다. 여기서 **item**은 n단에 해당하는 수이고, **each**는 각각의 n단에 곱해지는 수입니다. 그러므로 그 사이에 곱하기 기호(X)를 넣어주면 되겠죠? 마지막으로 등호(=)까지 추가하면 수식이 완성됩니다. 다음과 같이 코드를 입력하세요.

▶ 파이썬에서 객체(object)란 어떤 속성이나 값 또는 정의된 동작이 있는 모든 데이터를 말합니다.

```
>>> for item in range(2, 20):
        for each in range(2, 20):
            print(item, ' X ', each, ' = ', item * each)


2 X 2 = 4
2 X 3 = 6
2 X 4 = 8
2 X 5 = 10
(... 생략 ...)
19 X 16 = 304
19 X 17 = 323
19 X 18 = 342
19 X 19 = 361
```

19단까지 문제없이 출력하고 나면 파이썬은 >>> 프롬프트와 함께 다시 명령을 기다립니다. 일 잘하는 비서를 둔 것처럼 든든합니다.

따옴표('')를 사용하는 기준

여기서 item은 변수이므로 따옴표로 묶지 않습니다. 그러나 곱하기(X)나 등호(=)는 문자 그대로 출력해야 하므로 파이썬이 문자열로 인식할 수 있도록 큰따옴표(" ")나 작은따옴표(' ')로 묶어야 합니다. 필자는 Shift를 누르는 수고를 덜기 위해서 주로 작은따옴표를 선호합니다.

f 문자열로 print() 함수 스마트하게 이용하기

여기에서 print() 함수를 조금 더 편하게 사용하는 방법을 하나 알아보겠습니다. 사실 프로그래밍 입문자라면 print() 함수를 사용할 때 쉼표만 사용해도 별 무리는 없습니다. 앞서 표현한 방식처럼 말이지요.

```
print(item, ' X ', each, ' = ', item * each)
```

그러나 객체를 입력할 때마다 매번 따옴표와 쉼표를 써야 하므로 번거롭습니다. 파이썬이라면 더 간단한 코딩 방법이 있지 않을까요? 물론입니다. 다음과 같이 코드를 작성해 보세요.

```
print(f'{item} X {each} = {item * each}')
```

파이썬 3.6부터는 f 문자열로 변수를 쉽게 입력할 수 있어요! 정수형 변수를 중괄호로 묶으면 됩니다.

item과 each가 있던 자리에 중괄호를 삽입하고 각 변수를 넣습니다. 이전 버전에서는 다음과 같은 문법을 사용했습니다.

문자열 포매팅

```
print('%d를 포함한 출력 내용' % %d에 넣을 숫자)
```

그런데 지금부터 파이썬을 시작하는 사람이라면 f 문자열에 익숙해져야 합니다. 그렇지 않으면 조금 복잡한 문법을 써야 할 겁니다. 물론 이 문법을 써도 프로그램은 작동합니다. 하지만 f 문자열을 활용하면 좀 더 빠르게 입력할 수 있습니다. 여러분의 소중한 시간을 위해서 꼭 기억하세요.

```
>>> for item in range(2, 20):
        for each in range(2, 20):
            print(f'{item} X {each} = {item * each}')
2 X 2 = 4
2 X 3 = 6
2 X 4 = 8
(... 생략 ...)
19 X 18 = 342
19 X 19 = 361
```

02-3 똑똑한 챗GPT 일 시키기

지금까지 19단을 출력하는 간단한 프로그램을 만들었습니다. 그러나 여러분에게는 챗GPT가 있습니다. 좀 더 빠르게 코드를 작성할 수 있죠. 하지만, 기억하세요. 처음부터 모든 코드를 챗GPT에 의존해서는 안 됩니다. 처음에는 직접 코딩해 보고 이후 챗GPT에 코드를 주문하고 이 둘을 비교해 보세요. 실력이 훨씬 빠르게 늘 겁니다!

19단 곱셈표를 작성하는 파이썬 코드를 알려줘

그림 2-2 | 챗GPT에 19단 곱셈표를 만들라고 주문했습니다

코드 설명과 함께 다음과 같은 코드를 생성했네요.

```
for i in range(1, 20):  # 1부터 19까지 반복
    for j in range(1, 20):
        print(f"{i} x {j} = {i*j:2d}", end="\t")  # f-string을 사용하여 출력
    print()  # 다음 줄로 넘어감
```

위 코드에서는 중첩된 for 루프를 사용하여 1부터 19까지의 수를 곱한 값을 출력합니다. print() 함수에서는 f-string을 사용하여 출력 포맷을 지정하고 있습니다. :2d는 출력할 숫자가 두 자릿수일 때도 자릿수를 맞춰주기 위한 포맷 지정자입니다. end="₩t"는 출력 후 탭으로 구분하여 다음 값을 출력하도록 지정하는 것입니다. 마지막으로 print() 함수를 사용하여 줄 바꿈을 수행합니다.

직접 만든 코드와 아주 비슷하지 않나요? 하지만 `:2d` 그리고 `end="\t"`와 같은 새로운 기능을 추가했네요. 코드대로 한번 따라서 작성해 보고 파일로도 저장해서 실행해 보세요.

Do it! 실습 ▶ 파이썬 파일로 저장하고 실행하기

1 챗GPT가 작성한 프로그램 복사하기

코드 오른쪽 위 [Copy code]를 클릭하여 챗GPT가 작성한 프로그램을 복사합니다.

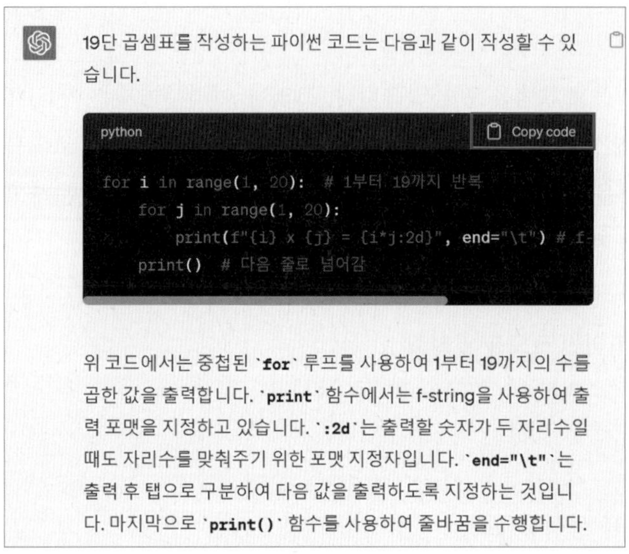

그림 2-3 | 챗GPT가 작성한 코드를 복사합니다

2 에디터에 붙여넣기

Ctrl + V로 복사한 코드를 에디터에 붙여 넣습니다.

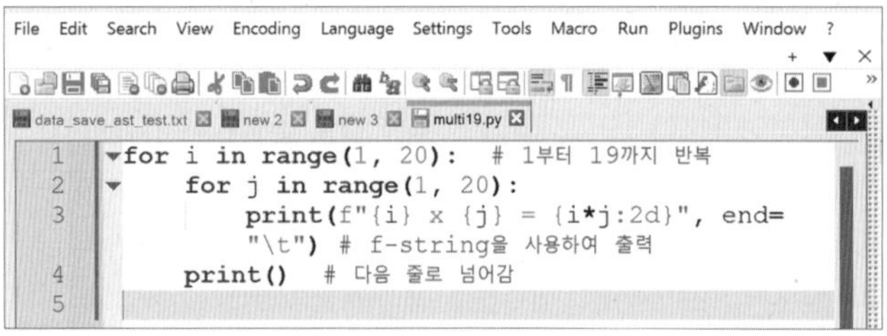

```
for i in range(1, 20):  # 1부터 19까지 반복
    for j in range(1, 20):
        print(f"{i} x {j} = {i*j:2d}", end=
        "\t") # f-string을 사용하여 출력
    print()  # 다음 줄로 넘어감
```

그림 2-4 | 복사한 코드를 붙여 넣습니다

3 파일 저장하기

작성한 프로그램을 multi19.py라는 이름으로 저장합니다. 확장자를 .py로 입력하면 자동으로 파이썬 파일로 인식합니다.

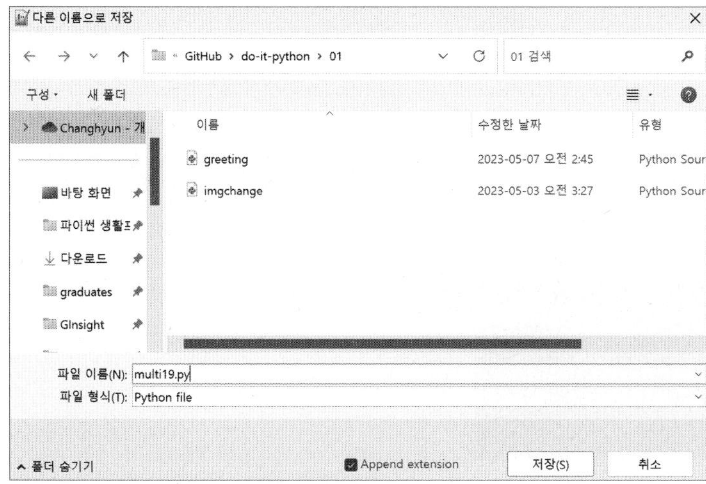

그림 2-5 | 원하는 폴더에 파일을 저장합니다

4 파일 실행하기

저장한 파일을 실행하여 다음과 같은 결과를 출력했다면 프로그램이 정상으로 작동한 것입니다.

▶ 노트패드에서 파이썬 파일을 바로 실행하는 방법은 01-3절의 '노트패드++에서 프로그램 바로 실행하기'를 참고하세요.

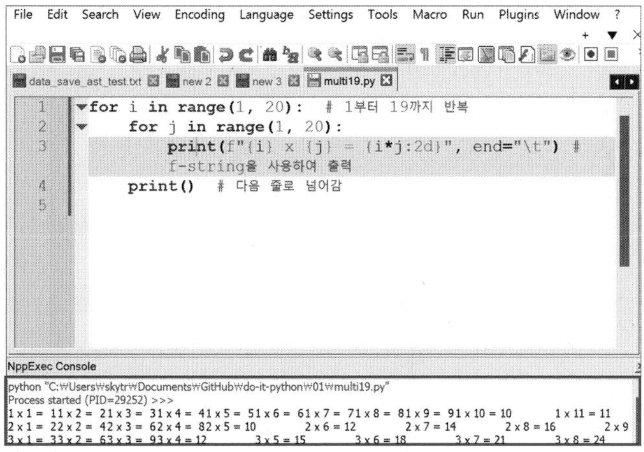

그림 2-6 | 결과를 올바르게 출력하는 것을 확인할 수 있습니다

이 프로그램의 결과가 마음에 드나요? 필자가 보기엔 출력 결과가 다소 산만한 듯합니다. 이렇듯 챗GPT가 만든 프로그램의 완성도가 항상 높은 것은 아닙니다.

다음과 같이 또 주문해 볼까요?

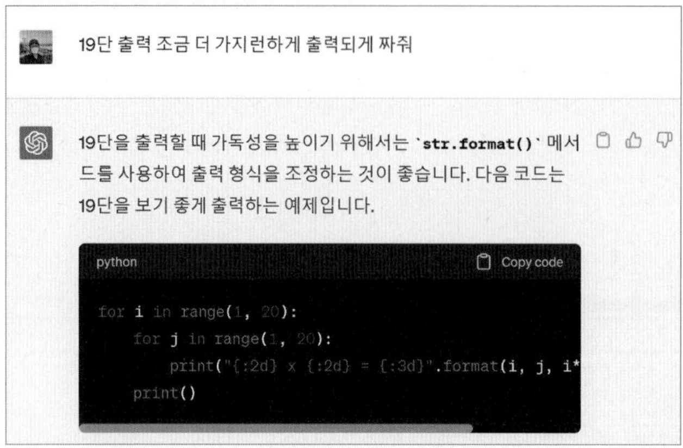

그림 2-7 | 챗GPT에 조금 더 주문을 할 수 있습니다

이번에 만든 코드는 다음과 같습니다. 코드를 살펴보니 {:2d}, {:3d}를 추가했네요. 이는 각 숫자의 자릿수를 지정하는 명령입니다.

```
for i in range(1, 20):
    for j in range(1, 20):
        # 이번엔 숫자마다 자릿수를 맞춥니다
        print("{:2d} x {:2d} = {:3d}".format(i, j, i*j), end="  ")
    print()
```

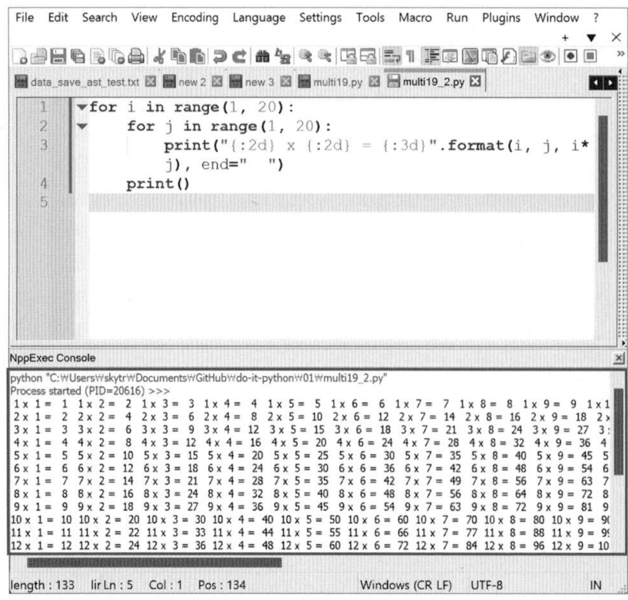

그림 2-8 | 이번에는 좀 더 가지런히 출력했네요!

이처럼 챗GPT는 자신이 원하는 결과가 나올 때까지 이런저런 요구 사항을 추가하면서 생성할 수 있습니다.

챗GPT로 코드를 만들 때 주의할 점

여기서 주의할 점 하나를 이야기하고자 합니다. 즉, 코드 전체를 챗GPT에 요청해서는 안 됩니다. 이 책을 읽는 분이라면 파이썬 코드에 더 익숙해져야 합니다. 그러려면 직접 코딩하는 과정이 필요합니다. 챗GPT에 코딩을 모두 맡기면 본인의 코딩 실력은 전혀 늘지 않습니다.

처음에는 챗GPT가 만드는 코드가 편리하겠지만, 시간이 지날수록 챗GPT가 만든 코드가 도대체 어떻게 돌아가는지 알 수가 없어 혼란만 늘어납니다. 그러므로 복잡한 코드를 짜려면 오랜 경험이 필요합니다.

그럼에도 챗GPT는 여전히 코딩을 쉽게 배울 수 있는 우리의 친구입니다. 그래서 필자 역시 명령어가 생각나지 않으면 챗GPT에 물어보곤 합니다. 예를 들어 정규식을 사용할 때 종종 다음과 같이 물어봅니다.

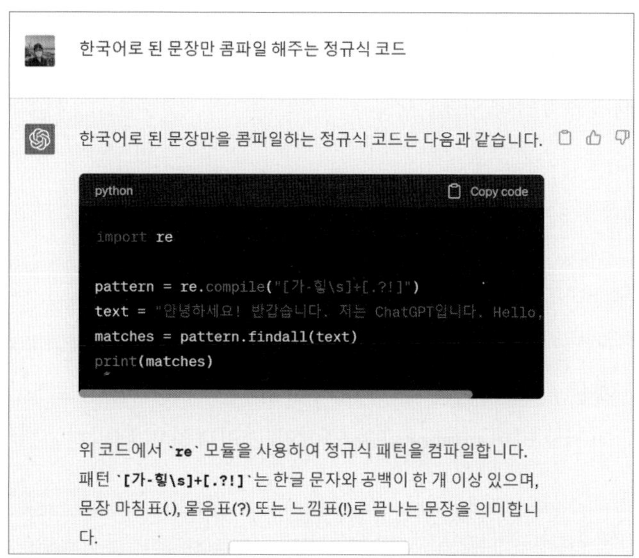

그림 2-9 | 한국어 문장만 찾는 파이썬 코드를 생성했습니다

결과도 대체로 훌륭합니다. 이를 활용하면 한국어만 찾아서 출력하는 코드를 금방 만들 수 있습니다. 실무에 이 코드를 급하게 활용하기도 합니다.

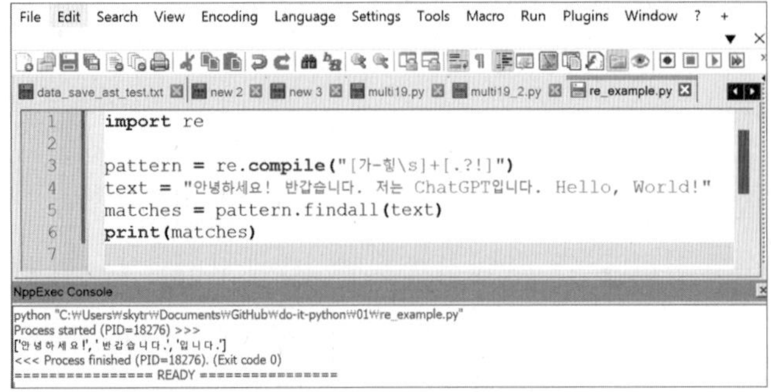

그림 2-10 | 챗GPT가 만든 한국어 문장 찾기 코드입니다

이 코드를 조금 더 업그레이드한다면 여러분이 할 수 있는 것도 조금 더 많아지겠네요. 예를 들어 02-5절에서 살펴볼 슬라이싱(slicing)이란 용어가 조금 낯설다면 챗GPT에 파이썬 슬라이싱을 설명해 달라고 해보세요.

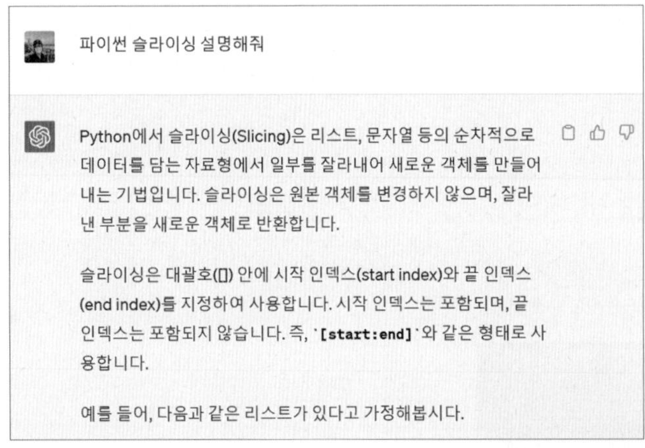

그림 2-11 | 파이썬 슬라이싱이 무엇인지 궁금해 챗GPT에 물었더니 자세하게 설명합니다

챗GPT가 직접 작성한 설명입니다. 예를 들어 다음과 같이 numbers라는 리스트형 자료(list)가 있다고 합시다. 이때 2부터 5까지 가져오려면 numbers[2:6]이라고 입력하면 됩니다.

```
numbers = [0, 1, 2, 3, 4, 5, 6, 7, 8, 9]
sliced_numbers = numbers[2:6]    # 기존 객체를 그대로 두고 새로운 객체를 만듭니다
print(sliced_numbers)            # [2, 3, 4, 5]
```

여기서 주의할 점, numbers 리스트를 왜 1이 아닌 0부터 만들었을까요? 이는 리스트나 문자열을 슬라이싱할 때 파이썬은 항상 1이 아닌 0부터 세기 때문입니다.

다음과 같이 입력하면 `0`이 아닌 `1`을 출력합니다.

```
print(numbers[1])
```

챗GPT가 파이썬의 특성을 알고 헷갈리지 않게 1이 아닌 0부터 시작하는 **numbers**를 만든 것 같네요.

챗GPT로 오류 찾기

예를 들어 02-5절에서 만들 부가세 출력 프로그램에서 다음과 같은 오류 메시지를 출력했다고 합시다.

```
>>> calculator(12, '글자')
Traceback (most recent call last):
  File "<pyshell#10>", line 1, in <module>
    calculator(12,'글자')
  File "<pyshell#6>", line 2, in calculator
    return a+b, a-b, a*b, a/b
TypeError: unsupported operand type(s) for +: 'int' and 'str'
```

이 오류를 해결하는 간단한 방법은 전체 오류 메시지를 챗GPT에 입력하는 것입니다. 이렇게 오류 메시지를 붙여 넣기만 하더라도 챗GPT는 대안 코드까지 반환합니다.

```
>>> calculator(12, '글자')
Traceback (most recent call last):
File "<pyshell#10>", line 1, in <module>
calculator(12,'글자')
File "<pyshell#6>", line 2, in calculator
return a+b, a-b, a*b, a/b
TypeError: unsupported operand type(s) for +: 'int' and 'str'
```

위의 코드에서는 `calculator()` 함수의 두 번째 인자로 문자열 '글자'를 전달하였습니다. 이 문자열은 사칙연산에 사용될 수 없는 데이터 타입이므로, `TypeError`가 발생합니다.

이러한 오류를 방지하기 위해서는 `calculator()` 함수의 두 번째 인자가 숫자형 데이터인지 검사하여 오류를 방지해야 합니다. 이를 위해서는 `isinstance()` 함수를 사용할 수 있습니다. 다음은 이를 적용한 수정된 코드입니다.

그림 2-12 | 똑똑한 챗GPT는 코드의 오류를 찾고 이를 해석합니다

챗GPT가 만들어 준 코드는 다음과 같습니다. 챗GPT는 isinstance()라는 내장 함수를 활용해서 사용자가 입력한 자료가 올바른지부터 검증했습니다. 올바른 값이 아니라면 오류 메시지가 나오도록 코드를 수정했네요.

```
def calculator(a, b):
    # isinstance라는 내장 함수로 값이 올바른지부터 검증하네요.
    if not isinstance(a, (int, float)) or not isinstance(b, (int, float)):
        return "숫자형만 입력할 수 있습니다."
    return a + b, a - b, a * b, a / b
```

▶ isinstance()는 파이썬 내장 함수로, 변수(인스턴스)가 특정 클래스나 데이터 타입인지를 확인합니다.

다음은 함수를 수정하고 실행한 결과입니다.

```
>>> print(calculator(10, 2))
(12, 8, 20, 5.0)
>>> print(calculator(10, '사람'))  # 일부러 잘못된 값을 입력했습니다
숫자형만 입력할 수 있습니다.
```

isinstance()라는 내장 함수에도 익숙하지 않다면 이 역시 챗GPT의 도움을 받아 이해할 수 있습니다.

이때도 그냥 챗GPT에만 의존해서는 안 됩니다. 챗GPT가 만든 코드를 한 번쯤 꼼꼼하게 읽어 보고 스스로 오류를 해결해야 도움이 됩니다. 지금까지 예로 든 정도의 코드는 문제없지만 코드가 복잡할수록 챗GPT 역시 답을 제대로 내놓지 못하곤 합니다. 그렇기에 코드를 읽는 훈련을 해야 합니다. 자동차와 오토바이가 있어도 자전거 타기 연습이 필요한 것처럼 직접 코드를 읽고 타이핑하는 것이 코딩 근육을 단련하는 가장 확실한 길입니다.

02-4 예외 처리의 중요성

예외 처리는 프로그램 실행 중에 발생하는 오류를 처리하는 데 사용합니다. 이는 비행 중에 예상치 못한 일이 발생한 비행기에 비유할 수 있습니다. 예를 들어 엔진 고장이나 기상 악화가 발생하면 조종사는 즉시 반응하고 비행기를 안전하게 착륙시켜야 합니다. 컴퓨터 역시 명령을 수행하다가 오류를 일으키기 십상입니다. 냉정하게 말하면, 정상적으로 작동하는 것보다 오류가 날 때가 더 많습니다.

예외 처리도 마찬가지로, 프로그램 실행 중에는 예상치 못한 오류가 발생할 수 있습니다. 예를 들어 파일이 없거나 목록에 요소가 없다면 오류가 발생합니다. 이런 일이 발생하면 예외 처리 구문을 실행하고 프로그램 충돌을 방지해야 합니다. 여러분이 만든 웹 사이트가 예고 없이 중지되는 일이 없어야 사용자가 편리하겠죠?

▶ 파이썬을 처음 접한 경우, 이 내용은 다소 어려울 수 있습니다. 다른 내용을 먼저 공부하고 다시 읽어보아도 좋습니다.

오류를 처리하는 방법: try-except-finally

`try-except-finally` 구문은 파이썬에서 예외를 처리하는 데 사용합니다. `try` 블록은 예외가 발생할 가능성이 있는 코드를 포함하고, `except` 블록은 예외가 발생했을 때 실행할 코드를 포함합니다. `finally` 블록은 예외가 발생하든 발생하지 않든 항상 실행하는 코드를 포함합니다.

다음은 `try-except-finally` 구문의 예입니다.

```
>>> try:
        print(1 / 0)
    except ZeroDivisionError:
        print("Division by zero error")
    finally:
        print("This will always be printed")
```

이 코드에서는 0으로 나눌 수 없기에 ZeroDivisionError가 발생합니다. except 블록은 예외가 발생하면 실행하므로 Division by zero error를 출력합니다. finally 블록은 예외가 발생하든 발생하지 않든 항상 실행하므로 This will always be printed를 출력합니다.

어떤 오류가 있나요?

오류는 항상 함께 지내는 개발자의 친구입니다. 자주 발생하는 오류를 알아보겠습니다.

1 NameError: 이름을 정의하지 않았습니다. 예를 들어 없는 변수에 접근하려 하면 이 오류가 발생합니다.

```
>>> print(foo)
Traceback (most recent call last):
  File "<stdin>", line 1, in <module>
NameError: name 'foo' is not defined
```

2 TypeError: 잘못된 유형의 값을 사용했습니다. 정수와 문자열을 더하려 하면 이 오류가 발생합니다.

```
>>> print(1 + "hello")
Traceback (most recent call last):
  File "<stdin>", line 1, in <module>
TypeError: cannot concatenate 'int' and 'str' objects
```

3 ValueError: 잘못된 값을 사용했습니다. 문자열을 정수로 변환하려 하면 이 오류가 발생합니다.

```
>>> int("hello")
Traceback (most recent call last):
  File "<stdin>", line 1, in <module>
ValueError: invalid literal for int() with base 10: 'hello'
```

4 IndexError: 인덱스가 범위를 벗어났습니다. 예를 들어 리스트에 없는 요소에 접근하려 하면 이 오류가 발생합니다.

```
>>> my_list = [1, 2, 3]
>>> print(my_list[3])
Traceback (most recent call last):
  File "<pyshell#3>", line 1, in <module>
    print(my_list[3])
IndexError: list index out of range
```

5 KeyError: 딕셔너리에 없는 키에 접근하려 하면 이 오류가 발생합니다.

```
>>> print(my_dict["key"])
Traceback (most recent call last):
  File "<stdin>", line 1, in <module>
KeyError: 'key'
```

6 AttributeError: 개체에 없는 속성에 접근하려 하면 이 오류가 발생합니다.

```
>>> my_object.attribute
Traceback (most recent call last):
  File "<stdin>", line 1, in <module>
AttributeError: 'MyClass' object has no attribute 'attribute'
```

7 SyntaxError: 잘못된 문법으로 코드를 작성하면 이 오류가 발생합니다.

```
>>> if 1 < 2:
        print("hello")
    else:
        print("world")

SyntaxError: invalid syntax
```

8 IndentationError: 들여쓰기가 올바르지 않은 코드를 작성하면 이 오류가 발생합니다.

```
if 1 < 2:
print("hello")
print("world")
IndentationError: expected an indented block after 'if' statement on line 1
```

9 ImportError: 모듈을 임포트 할 수 없습니다. 올바르게 설치되지 않았거나 없는 모듈을 임포트 하려 하면 이 오류가 발생합니다.

```
>>> import my_module
Traceback (most recent call last):
  File "<stdin>", line 1, in <module>
ImportError: No module named 'my_module'
```

10 ZeroDivisionError: 값을 0으로 나누려 하면 이 예외가 발생합니다.

```
>>> try:
        print(1 / 0)
    except ZeroDivisionError:
        print("Division by zero error")

Division by zero error
```

02-5 부가가치세 출력 프로그램 만들기

이번에는 파이썬으로 생활에 도움이 될 만한 간단한 프로그램을 만들어 보겠습니다. 다음과 같은 상황을 상상해 볼까요?

이런 상황이라면?

난이도 ★★☆☆☆ | 완성 소스 02\tax.py

고객 서비스의 부가가치세를 빠르게 출력하는 프로그램을 만들자

박 대리는 한 가지 고민이 있습니다. 제공하는 서비스가 총 세 가지인데, 고객들이 서비스의 가격을 자주 물어보기 때문입니다. 개중에는 서비스 가격에 부가가치세(이후 부가세)가 포함되어 있는지를 물어보는 고객도 많습니다. 서비스의 가격은 각각 23만 원, 40만 원, 67만 원이며 부가세가 포함되어 있지 않습니다. 그래서 고객들이 물어볼 때마다 부가세가 포함된 가격을 알아내야 합니다. 고객들이 물어볼 때마다 조금 더 쉽고 빠르게 부가세가 포함된 가격을 알려줄 수는 없을까요?

부가세 쉽게 계산하기

우리나라 부가세의 세율은 2024년 현재 10%입니다. 세율이 10%이므로 부가세는 물건 가격의 10%입니다. 일반적으로 물건을 살 때 지급하는 소비자 가격은 물건 가격에 부가세를 더한 가격을 말합니다. 다음은 부가세 세율이 10%일 때 부가세와 소비자 가격, 물건 가격을 구하는 수식입니다.

$$\text{소비자 가격} = \text{물건 가격} \times 1.1$$

$$\text{물건 가격} = \text{소비자 가격} \times \frac{1}{1.1}$$

$$\text{부가세} = \text{물건 가격} \times 0.1 = \text{소비자 가격} \times \frac{1}{11}$$

예를 들어 이해해 볼까요? 소비자 가격 10,000원에는 물건 가격과 부가세가 포함되어 있습니다. 이때 물건 가격은 약 9,091원(10,000×1/1.1=9,091)이고, 부가세는 약 909원(10,000×1/11=909)입니다. 물건을 살 때 영수증을 보면 부가세를 뺀 가격과 부가세를 확인할 수 있습니다.

물건 가격이 5,000원이고 부가세가 10%라면 소비자 가격은 다음과 같이 구합니다.

```
>>> 5000 * 1.1              # 세율이 10%이므로 1.1을 곱합니다
5500.0
```

반대로 부가세가 포함된 소비자 가격에서 원래 물건 가격을 구하려면 소비자 가격을 1.1로 나누면 됩니다. 먼저 5,500원으로 계산해 볼까요?

```
>>> 5500 / 1.1              # 소비자 가격을 1.1로 나누면 부가세를 뺀 물건 가격입니다
5000.0
```

물건 가격인 5,000원이 출력되었네요.

오늘 먹은 점심값의 부가세는 얼마였을까

여러분이 오늘 8,000원짜리 점심을 먹었다고 해봅시다. 8,000원짜리 점심에는 부가세가 얼마나 포함되어 있을까요? 먼저 물건 가격을 계산해 보겠습니다.

```
>>> 8000 / 1.1
7272.727272727272
```

7,272원 정도가 나오는군요. 앞에서 배운 `round()` 함수를 사용해서 소수점 첫째 자리까지 구해 볼까요?

```
>>> round(8000 / 1.1, 1)          # 8000을 1.1로 나누고, 소수점 첫째 자리까지 출력합니다
7272.7
```

아무래도 소수점은 필요 없을 것 같네요. round() 함수의 두 번째 인수에 아무것도 입력하지 않으면 소수점 이하의 값을 반올림합니다.

```
>>> round(8000 / 1.1)          # 소수점 이하는 반올림합니다
7273
```

자! 그럼 부가세는 얼마일까요? 가장 쉽게 구하는 방법은 8,000원에서 7,273원을 빼는 방법이 있겠네요.

```
>>> 8000 - 7273
727
```

8,000원짜리 점심값은 원래 7,273원이고 부가세는 727원이 부과되었던 거군요! 공식에 따라서 다음과 같이 구할 수도 있습니다.

```
>>> round(8000 * (1 / 11))
727                            # 부가세를 계산해 출력합니다
```

이와 같은 상황에 필요한 프로그램에는 어떤 기능이 있어야 할까요? 먼저 서비스 종류와 부가세 포함 여부를 입력하면 바로 소비자 가격을 반환받을 수 있어야 합니다. 고객과 통화를 하면서 일일이 수식을 입력하지 않아도 가격을 빠르게 계산할 수 있어야 하니까요. 복잡한 그래픽이나 사용자 인터페이스(UI, User Interface)는 사용하지 않아도 되겠네요. 간단해 보이지만 의외로 복병들이 숨어 있습니다. 목표를 달성하기 위해서는 조건문을 사용할 수 있어야 하고, 간단하지만 중요한 알고리즘도 짤 수 있어야 합니다.

굳이 프로그램까지 만들 만큼 불편한 상황이 아니라고 느낄 수 있습니다. 하지만 이런 일상의 사소한 불편함을 조금 더 효과적으로 개선하는 과정이 여러분의 코딩 실력을 올려 줍니다. 그럼 프로그램을 만들어 볼까요?

lambda로 간단하게 함수 만들기

함수를 만드는 기본 명령어는 def 문입니다. def 문은 아주 중요하므로 뒤에서 자세히 알아보고, 먼저 lambda를 알아보겠습니다. lambda에는 단 한 줄로 함수를 만들어내는 강력함이 있습니다. 백 마디 말로 된 설명을 읽는 것보다 코드 한 줄이라도 직접 작성해 보는 것이 lambda를 빨리 이해하는 길입니다.

▶ lambda 문으로 만든 함수를 람다 함수 또는 람다 표현식이라 합니다.

예를 들어 $y = 3x$라는 함수를 만들어 보겠습니다. 즉, x에 어떤 수를 입력하더라도 이 함수는 여기에 3을 곱해 주어야 합니다. 이 함수를 lambda 함수를 사용해 만들면 다음과 같습니다.

```
>>> y = lambda x : 3 * x          # 3 * x 연산을 수행하는 함수를 y라는 객체에 넣으세요
>>> y(12)                          # x = 12 입력
36
```

아주 쉽죠? 이렇게 lambda는 한 줄로도 함수를 만들어내는 강력한 기능이 있습니다. a, b라는 두 개의 수를 입력받아 더하는 함수를 lambda로 만들면 다음과 같습니다.

```
>>> add = lambda a, b : a + b          # a + b 연산을 수행하는 함수를 add라는 객체에 넣으세요
>>> add(2, 3)                           # a = 2, b = 3 입력
5
```

이제 단순 계산이 아니라 문자를 다루어 볼까요? 긴 문자열이 저장된 객체가 있을 때 첫 열 글자만 출력하는 함수를 만들어 보겠습니다.

생텍쥐페리의 《어린 왕자》 첫 구절은 다음과 같습니다. 이 텍스트를 그대로 littlePrince 변수에 저장합니다.

▶ 긴 글(문자열)은 작은따옴표(또는 큰따옴표) 세 개(''')를 사용해 변수에 저장할 수 있습니다.

```
>>> littlePrince = '''여섯 살 적에 나는 '체험한 이야기'라는 제목의, 원시림에 관한 책에서 기막힌 그림 하나를 본 적이 있다. 맹수를 집어삼키고 있는 보아뱀 그림이었다. 위의 그림은 그것을 옮겨 그린 것이다. 그 책에는 이렇게 씌어 있었다.
'보아뱀은 먹이를 씹지도 않고 통째로 집어삼킨다. 그리고는 꼼짝도 하지 못하고 여섯 달 동안 잠을 자면서 그것을 소화시킨다.' '''
```

이 소설의 첫 열 글자만 보고 싶다면 문자열 슬라이싱(slicing)을 사용하면 됩니다. 문자열 슬라이싱이란 간단히 말해 문자열에서 범위를 지정해 선택한 부분만 가져오는 것입니다. 용어가 조금 낯설다면 일단 다음과 같이 따라 해 보세요.

```
>>> littlePrince[:10]
'여섯 살 적에 나는'
```

열 번째 글자까지 출력하는 문자열 슬라이싱 기능을 사용했는데 일곱 글자밖에 출력되지 않았네요. 컴퓨터는 공백도 글자로 인식하기 때문입니다.

어떤 문자열이든지 공백을 포함해 앞의 열 글자까지 출력하는 함수를 만들어 볼까요? `lambda`로 다음과 같이 간단한 함수를 만들 수 있습니다.

```
>>> short = lambda x : x[:10]          # x의 앞 열 글자만 자르는 short() 함수를 만듭니다
>>> short(littlePrince)                # x에 littlePrince를 입력합니다
'여섯 살 적에 나는'
```

이제 어떤 텍스트에도 `short()` 함수를 사용하면 빠르게 앞의 열 글자만 출력해서 볼 수 있습니다. 짧지만 강력하지요.

lambda로 환율 계산기 만들기

더 복잡한 형태의 함수도 만들 수 있지만, 먼저 생활에 필요한 간단한 함수를 만들어 보죠. 예를 들어 환율 계산기도 쉽게 만들 수 있겠네요. 1원이 0.00086달러라고 가정해 보겠습니다. 100만 원을 달러로 환전하면 대략 얼마 정도가 될까요? 수수료를 고려하지 않고 계산해 보겠습니다.

```
>>> exchange = lambda won : won * 0.00086    # lambda로 환율 계산 함수를 입력합니다
>>> exchange(1000000)
860.0
>>> exchange(500000)
430.0
>>> exchange(250000)
215.0
```

한 번만 lambda로 함수를 만들어 놓으면 다음부터는 숫자만 바꿔 가면서 자유자재로 사용할 수 있습니다. 100만 원을 바꾸면 860달러, 50만 원을 바꾸면 430달러, 25만 원을 바꾸면 215달러 정도가 되는군요. 환전은 살 때와 팔 때의 가격이 다르고, 또 환전소의 수수료가 포함되어 있으니 실제 받게 되는 금액은 계산된 값보다 적을 수 있습니다. 계산된 값과 실제 환전해서 받은 돈을 비교해 보는 것도 좋은 경험이 될 것입니다.

lambda를 쓸 때 주의할 점

lambda는 함수를 쉽게 정의할 수 있다는 장점이 있습니다. 그런데 전문 개발자는 lambda를 선호하지 않는 경향이 있다고 합니다. 프로그래밍을 전문적으로 하려면 '협업'이 필수이기 때문입니다. 내가 쓴 코드를 다른 사람이 쉽게 읽을 수 있어야 하므로 가독성이 생명인데, lambda를 남발하면 내가 작성한 코드를 다른 개발자가 읽기 어려울 수 있습니다. 그래서 대부분 lambda보다 def 문을 사용해서 함수를 만드는 방법을 권장합니다. 하지만 lambda로 간단한 함수를 이리저리 만들어 보는 경험은 그 자체로 재미있으니 연습한다고 생각하고 자기만의 프로그램을 만들어 보세요.

def 문으로 함수 만들기

이미 간단히 언급했듯, 함수를 정의하는 기본 명령어는 def 문입니다. def 문은 함수를 정의하는 명령어입니다. 어쩌면 for 문, if 문과 더불어 가장 많이 쓰는 명령어이기도 합니다. def 문의 기본 사용법은 다음과 같습니다.

def 문 기본 사용법

```
def 함수 이름(매개변수):          # 콜론(:)을 잊지 마세요
    수행할 문장1                  # 들여쓰기를 주의하세요
    수행할 문장2
    ...
    return
```

아주 기본적인 예이지만, 간단한 함수를 하나 만들어 보겠습니다.

```
>>> def add(a, b):          # add는 함수의 이름이고, 변수 a, b를 입력받습니다
        return a + b

>>> add(233, 43)
276                         # a와 b의 합을 반환합니다
```

▶ IDLE 인터프리터에서는 콜론을 입력하고 Enter를 누르면 자동으로 4칸 들여쓰기가 적용됩니다.

lambda와 마찬가지로 def 문은 새로운 함수를 정의할 때 사용합니다. 사실 프로그램이란 함수의 집합이라고 봐도 과언이 아닙니다. 조그마한 퍼즐 조각들이 모이고 모여서 한글, 워드, 엑셀, 크롬과 같은 소프트웨어가 되는 것이지요.

def 문으로 나만의 계산기 만들기

자, lambda에서 배웠던 '사칙 연산'을 모두 수행하는 새로운 함수 calculator()를 만들어 보겠습니다. calculator() 함수는 a와 b라는 두 수를 입력받아서 더하기(+), 빼기(-), 곱하기(*), 나누기(/)를 각각 수행합니다.

```
>>> def calculator(a, b):
        return a + b, a - b, a * b, a / b
```

파이썬이 잘 이해했을까요? calculator() 함수를 사용해 보겠습니다.

```
>>> calculator(12, 3)
(15, 9, 36, 4.0)                 # 여러 개의 결괏값을 튜플로 반환합니다
>>> type(calculator(12, 3))      # 결괏값의 자료형을 type() 함수로 확인합니다
<class 'tuple'>                  # 자료형은 tuple입니다
```

▶ 튜플(tuple)은 파이썬의 자료형 중 하나로 값을 바꿀 수 없다는 특징이 있고, ()로 표현합니다.

이 정도면 성공인 것 같죠? 12 + 3 = 15, 12 - 3 = 9, 12 * 3 = 36, 12 / 3 = 4.0이라고 정확하게 계산했네요.

오류에 대처하기

앞의 코드에서 calculator() 함수는 결괏값으로 네 개의 숫자를 튜플로 출력했습니다. 만약 calculator() 함수에 문자를 입력하면 어떻게 될까요?

```
>>> calculator(12, '글자')
Traceback (most recent call last):
  File "<pyshell#10>", line 1, in <module>
    calculator(12,'글자')
  File "<pyshell#6>", line 2, in calculator
    return a+b, a-b, a*b, a/b
TypeError: unsupported operand type(s) for +: 'int' and 'str'
# 숫자와 문자는 더할 수 없다고 하네요
```

calculator() 함수에 숫자 대신 **'글자'**라는 문자(str)을 넣었더니 오류가 발생합니다. 대략 읽어 보면 '+'는 int(정수)와 str(문자)를 더할 수 없다고 합니다. 이처럼 잘못된 유형(type)의 변수가 들어가면 오류가 생깁니다.

오류가 나오면 일단 몇 번째 줄에서 어떤 오류가 나왔는지 아는 것이 중요합니다. 어떤 명령어가 문제인지 알았다면 오류문을 그냥 구글에 가져다 붙이기만 해도 해당 문제의 해결 방법을 다룬 글을 수없이 찾을 수 있습니다. 입문자가 겪는 오류의 99% 이상은 구글에서 바로 해결 방법을 찾을 수 있다고 해도 과언이 아닙니다. 어떤 질문에나 대답해 주는 선생님 같지요. 코딩이 조금 더 능숙해지면 전 세계 개발자가 질문과 답변을 주고받는 웹 사이트인 스택오버플로(https://stackoverflow.com/)에서 바로 검색해 보는 것도 추천합니다.

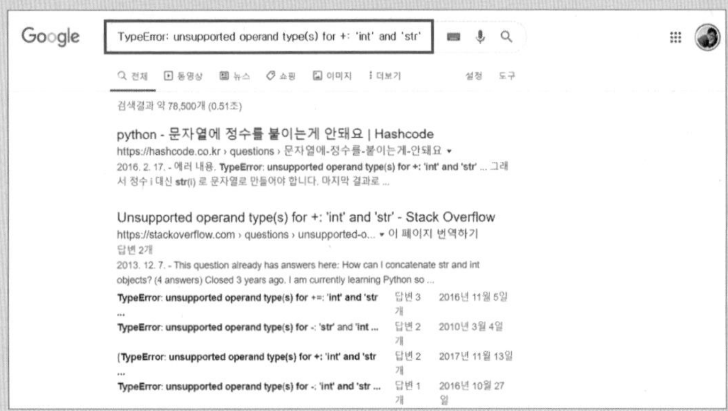

그림 2-13 | 구글 검색에 오류문을 그대로 검색해 보세요

또는 앞서 살펴본 챗GPT를 활용하는 것도 강력한 해결 방법입니다.

코딩을 하다 보면 정상적으로 코드가 돌아가는 것보다 오류가 나오는 일이 훨씬 많을 것입니다. 그만큼 개발자에게 오류는 두려운 존재이면서 어디가 틀렸는지를 알려 주는 소중한 존재이기도 합니다.

오류를 만났다면 짜증 내지 말고, 모르는 것을 알 기회라고 생각하면서 오류 메시지를 검색해 문제를 해결해 보세요. 이 과정을 통해 코딩 실력이 쑥쑥 늘게 될 겁니다.

자, 우리가 원하는 프로그램은 특정한 서비스를 입력하고 부가세 여부를 입력하면 그 여부에 따라 해당 가격만 보여 주는 프로그램이었지요? 이 기능을 만들기 위해 명령어 두 개를 더 살펴보겠습니다.

input() 함수로 사용자에게 입력값 받기

하나는 input() 함수입니다. input() 함수는 사용자에게 필요한 값을 직접 전달받아서 객체에 입력하는 역할을 합니다. input() 함수는 사용자와 프로그램을 연결하는 아주 소중한 존재입니다. 그 사용법은 다음과 같습니다.

input() 함수 사용법

```
input('사용자에게 입력받을 값을 설명하는 내용')
```

```
>>> a = input('숫자를 하나 입력해 보세요: ')
숫자를 하나 입력해 보세요: 23
>>> a
'23'            # '23'으로 값이 반환된 것을 보니 이 값을 문자로 인식했다는 것을 알 수 있네요
```

input() 함수 역시 백문이 불여일견입니다. 다음은 input() 함수를 실행한 결과입니다. a라는 객체에 사용자로부터 전달받은 숫자를 저장합니다. 여기서 한 가지 주의할 점이 있습니다. 파이썬에 어느 정도 익숙한 사람은 출력값 23을 작은따옴표로 감싼 것을 눈여겨봤을 것입니다. 맞습니다. input() 함수는 사용자가 입력한 값을 문자(str)로 저장합니다.

```
>>> type(a)
<class 'str'>
```

type() 함수를 사용해 a의 유형을 확인해 보니, 역시 a는 문자형으로 나옵니다. 사용자가 입력한 숫자로 연산을 해야 하므로 사용자가 입력한 문자를 숫자로 바꿔야 합니다. 문자를 정수(int)나 부동소수점(float)으로 바꾸겠습니다.

```
>>> a = int(a)              # a를 정수로 바꿉니다
>>> type(a)
<class 'int'>
>>> a = float(a)            # a를 실수로 바꿉니다
>>> type(a)
<class 'float'>
```

▶ 부동소수점(floating point)이란 정확한 소수점 자리를 지정하지 않고 계산할 수 있는 범위까지 소수점을 표현하는 방식입니다. 이후 float는 '실수형'이라고 하겠습니다.

앞의 코드에서 봤듯이, 어떤 객체의 유형을 정수로 바꾸고 싶으면 int() 함수를, 실수로 바꾸고 싶으면 float() 함수를 사용합니다. 수의 정확도를 따진다면 실수를 쓰는 것이 좋지만, 계산할 때 필요 이상으로 소수점 단위의 숫자가 출력되므로 정수를 사용하는 경우도 많습니다. 그래서 실수형을 쓰고 싶을 때는 round() 함수와 함께 사용해서 출력할 소수점 단위를 입력하는 것이 좋습니다.

```
>>> c = 17 / 7              # 17을 7로 나눈 값을 c에 입력합니다
>>> c
2.4285714285714284          # 소수점이 너무 길죠?
>>> type(c)
<class 'float'>             # c의 타입이 'float', 즉 실수형으로 바뀌었네요!
>>> c = round(c, 1)
>>> c
2.4                         # round() 함수를 사용해 소수점 첫째 자리까지만 출력했습니다
```

if-else 문으로 조건에 따라 결괏값 출력하기

자! 이제 사용자가 부가세를 포함하는 23만 원짜리 서비스를 입력하면 부가세를 포함해 23 * 1.1 = 25.3만 원을 출력하는 프로그램을 만들면 되겠습니다. 그러기 위해서는 컴퓨터에 '어떤 값을 입력받았다면, 어떻게 작동하라'는 명령을 해야 합니다. 이때 필요한 것이 **if-else** 문입니다. **if-else** 문의 사용법은 다음과 같습니다.

if-else 문 사용법

```
if 조건식:
    실행할 동작1
    실행할 동작2
    ...
else 조건식:
    실행할 동작1
    실행할 동작2
    ...
```

if-else 문은 **def** 문과 마찬가지로 모든 프로그램에서 아주 중요하며 기초가 되는 명령어입니다. 조건에 따라 다른 작업을 하는 아주 요긴한 녀석이죠. 역시 코드로 한번 설명해 보겠습니다.

이미 **input()** 함수로 사용자에게 숫자를 전달받는 방법을 배웠습니다. 그렇다면 사용자가 입력한 값에 따라 다른 값을 출력할 수도 있습니다. 예를 들어 사용자가 짝수를 입력하면 **짝수**라고 대답하고, 홀수를 입력하면 **홀수**라고 대답하는 프로그램을 생각해 보겠습니다. 이제 앞에서 배운 **def** 문을 이용할 차례입니다.

```
>>> def seperate():                   # 함수 이름은 자유롭게 만들어도 됩니다
        a = int(input('자연수 중 하나를 입력하세요: ')) # 숫자를 입력받아 정수형으로 바꿉니다
        if a % 2 == 0:                # 만약 a 나누기 2의 나머지가 0이라면
            print('짝수')             # '짝수'를 출력합니다
        else:
            print('홀수')             # 아니라면 '홀수'를 출력합니다
```

이제 프로그램을 한번 실행해 보겠습니다. 참고로 def 문을 사용해서 문장을 마쳤을 때 오류 메시지가 나오지 않는다면 어찌 됐든 컴퓨터는 def 문을 이해했다는 이야기입니다. 그러나 우리가 의도한 대로 이해했는지는 아직 모릅니다. 그래서 개발자는 자신의 의도가 정확하게 반영되었는지 프로그램을 끊임없이 테스트해야 합니다.

```
>>> seperate()
자연수 중 하나를 입력하세요: 2      # '2'를 입력합니다
짝수
>>> seperate()
자연수 중 하나를 입력하세요: 1      # '1'을 입력합니다
홀수
>>> seperate()
자연수 중 하나를 입력하세요: 54     # '54'를 입력합니다
짝수
```

2를 입력했더니 **짝수**라고 출력하고 1을 입력하니 **홀수**라고 출력합니다. 54를 입력하니 다시 **짝수**를 출력합니다. 의도한 대로 만들어진 것을 확인할 수 있습니다.

조건을 영어 문법처럼 작성하기

파이썬을 비롯한 대부분의 프로그래밍 언어에서는 'x와 y가 같다.'라는 표현을 할 때 x = y가 아니라 x == y로 표기한다는 점을 주의하세요. 'x와 y가 다르다.'라는 표현은 x != y로 표기합니다. 이처럼 조건문에서 비교를 수행할 수 있는 연산자를 '비교 연산자'라고 합니다.

표 2-2 | 파이썬 비교 연산자

비교 연산자	설명
x < y	x가 y보다 작다
x > y	x가 y보다 크다
x == y	x와 y가 같다
x != y	x와 y가 같지 않다
x >= y	x가 y보다 크거나 같다
x <= y	x가 y보다 작거나 같다

여기서 재미있는 파이썬 문법은 ==(같다)는 is, !=(같지 않다)는 is not으로 표현할 수 있다는 점입니다. 한번 해 볼까요?

```
>>> for i in [1, 2, 3, 4, 5, 6, 7, 8, 9]:  # 1~9를 i에 차례대로 대입합니다
        if i % 2 is not 0:                  # i를 2로 나눈 수가 0이 아니면
            print(i, '홀수')                # i와 '홀수'라는 문자열을 출력합니다
        else:                               # i를 2로 나눈 수가 0이라면
            print(i, '짝수')                # i와 '짝수'라는 문자열을 출력합니다

1 홀수
2 짝수
3 홀수
4 짝수
5 홀수
6 짝수
7 홀수
8 짝수
9 홀수
```

이렇게 is는 ==, is not은 !=로 표현할 수 있다는 점을 잘 활용하면 일부 파이썬 기능을 영문법처럼 사용할 수 있습니다.

Do it! 실습 서비스 가격 출력 프로그램 완성하기

이제 지금까지 배운 내용을 모두 활용해 박 대리가 겪는 문제를 한번 풀어 보겠습니다. 서비스의 종류는 세 가지가 있었지요? a 서비스는 23, b 서비스는 40, c 서비스는 67만 원입니다. 서비스 종류와 부가세가 있는지 없는지 선택하면 거기에 맞는 가격을 출력하는 프로그램을 만들겠습니다. 그렇다면 상담을 하면서도 재빠르게 가격을 알아낼 수 있겠죠?

1 먼저 서비스 가격을 입력해 보겠습니다. 서비스 가격은 각각 23, 40, 67만 원이었습니다. 서비스 가격을 간단하게 다음과 같이 리스트로 입력하겠습니다.

```
>>> price = [23, 40, 67]             # 리스트를 사용합니다
```

각 서비스 가격에 부가세를 추가하려면 1.1을 곱하여 기존 가격에 부가세 10%를 합산하면 됩니다.

```
>>> for i in price:                      # price 리스트의 원소를 i에 하나씩 넣습니다
        i * 1.1                          # i에 1.1을 곱합니다


25.3
44.0
73.7
```

결괏값이 정상적으로 출력되었네요!

2 이제 앞에서 배운 input() 함수와 if 문을 활용해 서비스 가격 출력 프로그램을 만들겠습니다. 코딩 초심자를 위해서 최소한의 명령어만 써서 작성했습니다.

```
>>> def service_price():
        service = input('서비스 종류를 입력하세요, a/b/c: ')        # 서비스 종류 입력
        valueAdded = input('부가세를 포함합니까? y/n: ')            # 부가세 포함 여부 입력
        if valueAdded == 'y':                                      # 부가세가 있을 때
            if service == 'a':                      # 서비스 종류가 a라면
                result = 23 * 1.1                   # 23만 원에 1.1을 곱해 result에 저장
            if service == 'b':
                result = 40 * 1.1
            if service == 'c':
                result = 67 * 1.1
        if valueAdded == 'n':             # 부가세가 없을 때
            if service == 'a':            # 서비스 종류가 a라면
                result = 23               # 23만 원을 그대로 result에 저장
            if service == 'b':
                result = 40
            if service == 'c':
                result = 67
        print(round(result, 1), '만 원입니다')
```

3 이 프로그램을 실행하면 다음과 같은 결과가 나옵니다.

```
>>> service_price()
서비스 종류를 입력하세요, a/b/c: b        # 사용자가 b를 입력
부가세를 포함합니까? y/n: y              # 사용자가 y를 입력
44.0만 원입니다
>>> service_price()
서비스 종류를 입력하세요, a/b/c: c        # 사용자가 c를 입력
부가세를 포함합니까? y/n: n              # 사용자가 n을 입력
67만 원입니다
```

이제 상담할 때 이 프로그램을 실행해 놓으면 상담이 편해지겠죠? 하지만 사실 이 프로그램은 그렇게 좋은 프로그램이라고 할 수 없습니다. 일단 if 문을 여섯 번이나 사용하는 등 중복이 너무나 많습니다. 또한 매번 서비스 가격을 입력하지 않고 리스트(list)나 튜플(tuple)로 미리 저장해 두면 더 좋습니다. 그리고 딕셔너리(dict) 자료를 이용하면 코드를 더 영리하게 작성할 수도 있습니다.

▶ 딕셔너리(dict)란 { }로 표현하며 키(key)와 값(value)을 한 쌍으로 저장하는 자료형입니다.

처음부터 완벽한 프로그램을 추구하기보다 작은 프로그램을 하나씩 만들어 보는 경험이 중요합니다. 경험이 쌓이고 나면 수백 가지 상품 종류와 가격에 수십 가지 조건이 붙어 있어도 가격을 재빠르게 찾아 주는 프로그램을 작성할 수 있습니다. 처음에는 최소한 if 문이나 print() 함수에 익숙해지고, 조금 더 숙달되면 else 문, elif 문 등을 활용해 보면서 차이를 이해하는 것이 큰 도움이 될 것입니다.

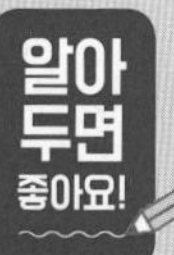

'반환하다(return)'가 무슨 뜻인가요

코딩할 때 '반환하다(return)'란 표현을 종종 듣습니다. 여러분은 이 단어가 어떤 의미일지 바로 감이 오나요? 필자는 처음에 이 표현이 아리송했습니다. 프로그래밍에서 '반환'은 '출력'과 헷갈리기 쉽기 때문입니다. 그래서 여기에서는 둘을 비교하면서 반환이란 개념을 이해해 보겠습니다. 다음은 결괏값을 `print()` 함수로 출력하고 `return`으로 반환하는 함수입니다.

```
>>> def addPrint(a, b):
        print(a + b)                # a + b 연산값을 출력합니다

>>> def addReturn(a, b):
        return a + b                # a + b 연산값을 반환합니다
```

다음과 같이 두 함수를 이용해 덧셈해 보세요. 둘 다 정확하게 계산해 결괏값을 보여 줍니다. 여기에서는 차이를 찾을 수 없네요.

```
>>> addPrint(1, 2)
3
>>> addReturn(1, 2)
3
```

그런데 이 함수에서 도출된 값, 즉 여기에서는 3이라는 숫자를 다른 명령어나 함수에 대입하려고 하면 어떻게 될까요? 'The result is x'라는 문장을 출력할 때 x에 함수의 결괏값을 대입하는 목적으로 다음과 같은 코드를 작성해 보겠습니다.

```
>>> print('The result is', addPrint(1, 2))
3
The result is None                  # 문장이 제대로 출력되지 않습니다
>>> print('The result is', addReturn(1, 2))
The result is 3                     # 원하는 문장이 출력됩니다
```

위 예시의 결과에서 알 수 있듯 `print()` 함수는 결괏값을 화면에 출력할 뿐 저장하지는 않습니다. `return`은 결괏값을 우리가 만든 함수의 결과물로 '반환'하므로 함수의 결괏값을 다른 곳에 활용할 수 있습니다. 즉, 파이썬에서 반환(return)은 최종 결과물을 도출하여 저장한다는 의미입니다.

되 | 새 | 김 | 문 | 제

Q1 다음 식의 결괏값은 무엇일까요?

```
>>> 14 % 4
```

Q2 round() 함수는 지정한 자리까지만 소수점을 출력합니다. 다음 결괏값은 어떻게 출력될까요?

```
>>> round(1.34567, 2)
```

Q3 input() 함수는 프로그램 사용자에게 직접 변수를 입력받습니다. input() 함수를 활용해 다음과 같이 코드를 작성했더니 오류가 발생합니다. 코드를 수정해 오류를 해결해 보세요.

```
>>> a = input('나이를 입력하세요: ')
나이를 입력하세요: 38                    # 사용자의 나이는 38세입니다
>>> 40 - a
SyntaxError: can't assign to literal      # 오류가 발생합니다
```

Q4 lambda를 사용해 다음과 같이 plus() 함수를 만들었습니다. plus() 함수로 34와 54를 더하려면 어떻게 명령해야 할까요?

```
>>> plus = lambda x, y : x + y
>>> __________                       # 빈칸을 채워 보세요
88                                   # 34 + 54의 결괏값인 88을 출력합니다
```

Q5 def 문을 사용하여 두 수의 평균값을 출력하는 함수 mean()을 만들었습니다. 그런데 mean() 함수로 출력한 값을 다른 연산에 사용하니 오류가 발생합니다. 오류가 발생하지 않게 함수를 정의하는 코드를 수정해 보세요.

```
>>> def mean(a, b):
        print((a + b) / 2)              # 오류가 발생하지 않게 함수를 수정해 보세요

>>> mean(33, 22)
27.5
>>> 45 + mean(33, 22)
27.5
Traceback (most recent call last):
  File "<pyshell#27>", line 1, in <module>
    45 + mean(33, 22)
TypeError: unsupported operand type(s) for +: 'int' and 'NoneType'
```

Q6 리스트 b를 다음과 같이 정의합니다.

```
b = [1, 2, 3, 10, 11, 12]
```

b에 있는 숫자 중 10 미만은 그대로 출력하고 10 이상은 1의 자리만 출력하고 싶습니다. 빈칸에 들어가야 할 명령어는 무엇일까요?

```
>>> for i in b:
        if i < 10:
            print(i)
        ____:                           # 빈칸을 채워 보세요
            print(i - 10)

1
2
3
0
1
2
```

정답 **1.** 2 **2.** 1.35 **3.** a를 int(a) 또는 float(a)로 수정 **4.** plus(34, 54) **5.** return (a + b) / 2 **6.** else

왜 첫 코딩으로 파이썬을 추천할까?

필자는 코딩에 관심이 있는 분에게 파이썬을 배워보라고 권합니다. 여러 이유가 있지만 간략하게 나열하면 다음과 같습니다.

생산성을 높여 줍니다

이건 확실하게 보장할 수 있습니다. 엑셀, 워드, R 등과 비교해도 파이썬은 숙달만 하면 자료를 처리하는 데 엄청난 생산성을 발휘합니다. 특히 대용량 자료를 처리해야 하는 연구원이나, 정보를 분석해야 하는 직종에 있는 사람에게 파이썬은 분명 강력한 도구가 됩니다. 특히 엑셀과 비교해 보면 같은 포맷으로 표를 10개 만들 때는 엑셀이 빠를 수 있지만, 1,000개가 넘어가기 시작하면 파이썬으로 작업하는 것이 엑셀로 작업하는 것보다 비교도 할 수 없을 만큼 빠르게 일을 처리할 수 있습니다.

그래픽이 감추고 있던 컴퓨터의 본질을 이해하게 해줍니다

엑셀과 웹 브라우저만 사용할 때는 프로그래밍 언어에 대해 알 필요가 없다고 생각했습니다. 하지만 파이썬으로 프로그래밍 언어를 조금씩 접하면서 결국 우리 앞에 보이는 화려한 인터페이스 뒤에는 코드로 짠 명령어와 논리가 자리하고 있다는 사실을 깨닫게 되었습니다. 작은 차이 같지만, 이 둘 사이에 시야의 차이는 상당히 큽니다.

재미있습니다

그럼에도 재미가 없다면 배울 필요가 없을 것입니다. 다른 모든 언어와 마찬가지로, 심지어 영어, 중국어, 일본어와 마찬가지로 언어를 배우는 일은 그 자체로 매우 신나는 일입니다. 동시에 지루하고 고통스럽고 시간이 오래 걸리는 일이기도 하지요. 그런 특성은 파이썬도 마찬가지입니다. 파이썬을 배우는 일이야말로 영어나 중국어를 배우는 것과 흡사합니다. 단어를 외우듯 함수를 외워야 하고요, 문법도 익혀야 합니다. 꾸준히 연습해야 조금씩 실력이 늘고 그렇지 않으면 금방 잊어버립니다. 잊어버렸다가도 다시 쓰다 보면 예전에 공부했던 것이 생각납니다.

언어를 배우면 새로운 친구들과 깊이 교류할 수 있는 것처럼 파이썬을 배우면 전 세계에서 파이썬으로 코딩하고 있는 수많은 사람과 대화할 기회를 얻을 수 있습니다. 또한 수많은 개발자가 이미 만들어 놓은 파이썬 코드를 사용해 내 일의 효율을 높일 수 있습니다.

03

나만의 텍스트 파일 가공하기

파이썬으로 텍스트 파일을 가공하기 위해 두 가지를 알아보겠습니다. 먼저 앞으로 모든 프로그램을 작성하고 저장하고 사용할 때 기본이 되는 파일 입출력을 연습합니다. 그리고 문자열을 자유자재로 다룰 수 있는 정규표현식을 알아봅니다. 마지막으로 두 기술을 활용해 드라마 대본을 마음대로 가공해 보겠습니다.

03-1 파일 입출력 연습하기

파일 입출력은 왜 중요할까요? 파이썬은 프로그램을 만드는 프로그래밍 언어입니다. 당연히 코딩으로 어떤 결과물을 만들면 그 결과물을 '파일' 형태로 '폴더'에 저장해야 합니다. 평소에 우리가 문서 프로그램으로 글을 쓴 다음 그걸 원하는 경로의 폴더에 파일로 저장하는 것처럼 말이지요. 어떻게 보면 너무 상식적인 이야기인데요. 사실 우리가 접하는 윈도우나 맥의 환경은 대부분 그래픽을 기반으로 한 GUI(Graphical User Interface)의 세계여서 이 사실을 잊기 쉽습니다.

문서 프로그램을 다룰 때처럼 파이썬을 능숙하게 다루려면 코딩한 결과물을 원하는 위치에 저장하고 찾을 수 있어야 합니다. 예를 들어 새 텍스트 파일을 만들거나 자기만의 데이터베이스를 만들어 엑셀 파일(.xlsx) 또는 CSV(Comma Separated Values) 파일로 저장할 수 있어야 합니다. 그렇게 할 수 있다면 다른 사람이 만들어 놓은 파일도 찾아서 활용할 수 있지요. 이와 같은 작업을 '파일 입출력'이라고 부릅니다.

파일 입출력 방법은 거의 모든 파이썬 입문 도서에서 다루지만, 이 부분을 확실하게 연습해 두어야 나중에 TXT, CSV, JSON, XLSX 등 다양한 확장자로 파일을 저장할 수 있습니다. 이미 알고 있더라도 꼭 실습해 보세요.

현재 위치 설정하기

먼저 명령 프롬프트를 열어 보니 현재 경로가 'C:\Users\PC'입니다(실습 환경에 따라 다를 수 있습니다). 여기에서 파이썬을 바로 실행해 보겠습니다.

▶ 역슬래시(\)와 한글 키보드 ₩ 문자는 같은 기호입니다.

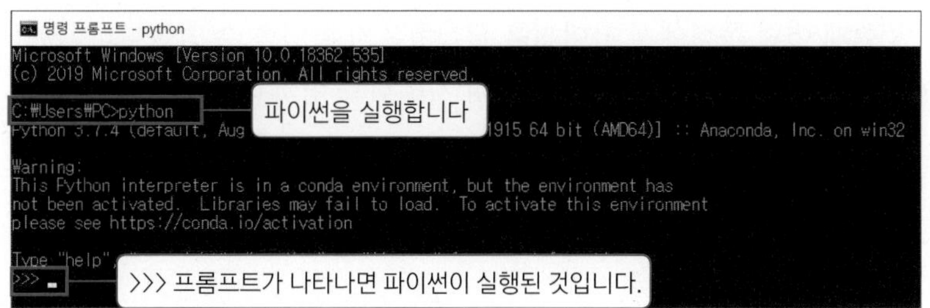

그림 3-1 | 명령 프롬프트에서 파이썬을 실행합니다

익숙한 프롬프트(>>>) 표시가 나타났군요. 이 과정은 어떤 특정한 '폴더'에서 파이썬을 실행한다는 사실을 상기시킵니다. IDLE에서만 파이썬을 연습한다면 간과하기 쉬운 사실이지요. 그래서 **이번에는 명령 프롬프트에서 실습을 진행하겠습니다.**

먼저 os 모듈을 임포트 하겠습니다. os 모듈에는 운영체제(OS)에서 제공하는 기본적인 기능을 사용할 수 있는 여러 명령과 함수가 들어 있습니다. 대표적으로 현재 파이썬이 실행되는 위치를 확인한다거나 특정 폴더로 이동하고 싶을 때, 그리고 현재 폴더에 있는 파일들을 리스트 형태로 저장할 때 많이 사용합니다. 파이썬을 배울 때 특정 위치에서 작업하고 그 폴더에 필요한 지료를 생성할 때 아주 요긴한 모듈입니다.

다음과 같이 명령해 os 모듈을 임포트(import) 하세요.

```
>>> import os
```

>>> 프롬프트가 나타났다면 정상적으로 임포트가 되었다는 뜻입니다. 이제 os 모듈의 함수를 활용해 보겠습니다.

▶ 모듈(module)이란 다른 파이썬 프로그램에서 불러와 사용할 수 있게 만들어 놓은 파이썬 파일을 말합니다. 모듈을 사용하기 위해 불러오는 행위를 '임포트(import)'라고 합니다.

os.getcwd(): 현재 위치 확인하기

현재 위치를 확인하고 싶다면 `getcwd()`를 사용합니다. os 모듈의 함수이므로 `os.getcwd()`라고 입력합니다.

```
>>> os.getcwd()
'C:\\Users\\PC'
```

현재 위치한 경로가 표시됩니다

출력 결과를 확인해 보면 현재 어떤 폴더에서 파이썬을 실행했는지 확인할 수 있습니다. 그렇다면 이전 장까지 사용했던 IDLE 인터프리터는 어디에서 실행되는 걸까요? IDLE을 열고 확인해 보겠습니다.

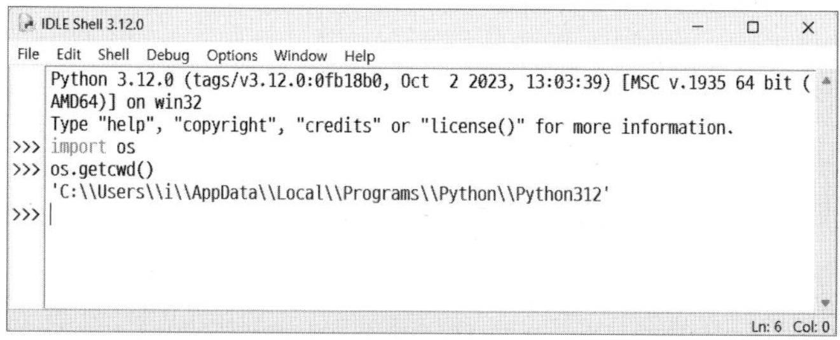

그림 3-2 | IDLE 환경에서 경로를 확인해 봅니다

파이썬 설치 폴더인 `C:\Users\user\AppData\Local\Programs\Python\Python3xx`에서 IDLE을 실행하고 있음을 알 수 있네요.

os.chdir(): 폴더 이동하기

보통 어떤 작업을 하면서 만든 파일들은 특정한 폴더 하나에 모아서 저장하지요. 마찬가지로 파이썬 작업을 할 때도 특정 폴더에서 하는 것이 좋겠지요? 파이썬을 주로 사용할 폴더를 정해 이동해 보겠습니다.

먼저 윈도우 탐색기를 열어 저장하고자 하는 폴더를 찾아가 폴더 경로(주소)를 복사합니다.

▶ 여러분이 원하는 폴더를 정해 경로를 복사하세요.

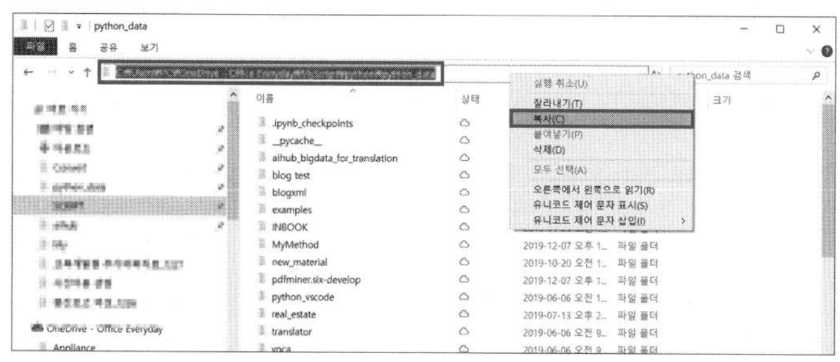
그림 3-3 | 원하는 폴더의 경로를 복사합니다

이제 파이썬 실행 위치를 변경해 보겠습니다. 폴더를 이동할 때 사용하는 명령어는 `os.chdir('주소')`입니다. 복사한 주소를 입력할 때 역슬래시(\)에 \를 하나 더 붙여야 합니다. \를 한 번만 입력하면 \을 특수 문자로 인식해 오류가 발생할 수 있습니다.

```
>>> os.chdir('C:\\Users\\user\\do-it-python')      # \를 하나 더 덧붙입니다
```

오류 없이 프롬프트가 떴다면 파이썬이 명령을 제대로 수행했다는 의미입니다. 개발자는 언제나 파이썬이 자신의 명령을 제대로 수행했는지 확인해야 합니다.

폴더를 자유롭게 이동하는 일은 번거롭지만 이 과정을 여러 번 연습해야 합니다. 이동하고 싶은 폴더의 주소를 복사하고 `os.chdir()`에 그 주소를 입력하면 됩니다. 폴더 이동하기를 몇 차례 하고 나면 자신이 파이썬으로 만든 결과물을 마음 놓고 자신만의 폴더에 저장할 수 있게 됩니다.

역슬래시(\)를 안 붙이고 쉽게 폴더 이동하기

코딩을 하다 보면 폴더를 이동해야 할 일이 많습니다. 그때마다 폴더 이름은 더욱 복잡해질 텐데, 일일이 \를 한 번 더 입력하는 건 번거롭죠.

```
>>> import os
>>> os.chdir('C:\\Users\\PC\\OneDrive - Office Everyday\\MyScript\\python\\manuscript_Book\\Planning')
```

이럴 때는 다음과 같이 주소를 입력할 때 r을 맨 앞에 붙이면 \를 특수 문자로 인식하지 않습니다.

```
>>> os.chdir(r'C:\Users\PC\OneDrive - Office Everyday\MyScript\python\manuscript_Book\Planning')
>>>
# >>> 프롬프트가 표시되면 정상적으로 폴더가 바뀐 것입니다
```

이제 폴더를 옮길 때마다 \를 여러 번 번거롭게 달지 않아도 되겠지요? 이 방법은 조금 뒤에 알아볼 정규표현식에서도 요긴하게 쓰입니다.

os.listdir(): 폴더 안의 파일 확인하기

원하는 폴더로 제대로 이동했는지 확인해 보겠습니다.

```
>>> os.getcwd()
'C:\\Users\\user\\do-it-python'          # 주소는 실습 환경에 따라 다릅니다
```

원하는 폴더로 이동했으니 이제 이 폴더에 어떤 파일이 있는지 알아볼까요? 현재 위치에 어떤 파일(또는 하위 폴더)이 있는지 알아보려면 **os.listdir()**를 쓰면 됩니다. 폴더에 있는 파일 이름이 모두 반환되는(return) 것을 확인할 수 있습니다.

▶ '반환'이란 용어가 낯설다면 94쪽을 참고하세요.

```
>>> os.listdir()
['alltext.py', 'car_route.py', 'enko3.txt', 'exec.py', 'exe_suc.py', 'kids2_allda-
ta_pickle.txt', 'kids_enko2.txt', 'koreanText.py', 'kor_data.txt', 'new_route.py',
'openpyxl_basic.py', 'pickles', 'rest_kids.txt', 'tables', 'tables_ver2', 'urlbasic.
py', '__pycache__']
```

여기서 한 가지 알아 둘 점은 **os.listdir()**의 결괏값 역시 객체로 저장할 수 있다는 사실입니다. 객체로 저장할 때 **os.listdir()**의 타입은 '리스트'가 됩니다. 백문이 불여일견이니 직접 한번 확인해 보겠습니다. **folderFile**이라는 객체를 만들어 **os.listdir()**의 결괏값을 저장하고 타입을 알아보겠습니다.

```
>>> folderFile = os.listdir()   # folderFile이라는 객체에 os.listdir()의 결괏값을 저장합니다
>>> type(folderFile)            # folderFile의 타입을 알아봅니다
<class 'list'>                  # 리스트 형태로 저장되었군요!
>>> print(folderFile)           # folderFile의 형태를 출력합니다
['alltext.py', 'car_route.py', 'enko3.txt', 'exec.py', 'exe_suc.py', 'kids2_allda-
ta_pickle.txt', 'kids_enko2.txt', 'koreanText.py', 'kor_data.txt', 'new_route.py',
'openpyxl_basic.py', 'pickles', 'rest_kids.txt', 'tables', 'tables_ver2', 'urlbasic.
py', '__pycache__']
```

▶ IDLE, 파이썬 실행 창 등 인터프리터에서는 **print()** 함수를 사용하지 않고 객체나 변수 이름만 입력해도 저장된 값을 확인할 수 있습니다. 여기서는 **folderFile**만 입력해도 내용을 출력합니다.

여기에서 os.listdir()의 결괏값이 리스트로 저장되었다는 사실은 매우 중요합니다. 리스트로 저장된 결괏값은 나중에 또 다른 방식으로 활용할 수 있기 때문입니다. 예를 들어 이 폴더에 있는 파일 중 TXT 파일만 몽땅 모아서 하나의 파일로 만들어 다른 곳으로 복사하거나 특정한 문자가 들어간 파일만 몽땅 모아서 다른 폴더에 옮기는 등 좀 더 복잡한 작업을 할 수 있습니다.

파일 열고 닫기

폴더 이동하기와 더불어 파일 입출력이 중요한 이유는 파이썬으로 작업한 결과물을 눈으로 곧바로 확인할 수 있기 때문입니다. 나중에는 HTML 파일과 같이 복잡한 형태의 파일을 다루겠지만, 처음 프로그래밍을 배울 때 만드는 파일은 주로 TXT, CSV 파일입니다. 여기에서는 가장 기본이 되는 텍스트 파일을 만들어 저장하고 불러오는 방법까지 알아보겠습니다.

윈도우에서는 파일 내용을 확인하려면 파일을 더블 클릭하기만 하면 됩니다. 너무 단순해서 복잡한 명령어가 필요 없어 보입니다. 하지만 그 바탕에는 특정 폴더에서 특정 파일을 특정한 목적으로 불러오는 여러 단계의 과정이 포함되어 있습니다.

파일 열기: open() 함수

파일을 열 때는 open() 함수를 사용합니다. 그 사용법은 다음과 같습니다.

open() 함수 사용법

```
파일 객체 = open('파일 이름', 파일 열기 모드)
```

앞에서 이동한 폴더에 오늘의 일기를 간단히 적어 보겠습니다. 먼저 a.txt라는 새 파일을 '쓰기' 모드로 만들겠습니다. 명령어는 다음과 같습니다.

```
>>> f = open('a.txt', 'w')
```

그런데 좀 이상하죠? 그냥 open() 함수로 파일을 열면 되지 그것을 꼭 f라는 객체(다른 객체 이름을 넣어도 됩니다)에 꼭 넣어야만 할까요? 사실 대부분의 파이썬 입문서에서는 파일 입출력에서 왜 객체 f가 필요한지 자세하게 설명하지 않습니다. 한 가지 확실한 사실은 특정 객체 이름을 지정하지 않고 그냥 open() 함수로 명령만 내려도 파일은 열린다는 겁니다.

```
>>> open('a.txt', 'w')              # 객체 이름을 지정하지 않아도 파일은 열립니다
<_io.TextIOWrapper name='a.txt' mode='w' encoding='cp949'>
```

파일 작업을 할 때는 폴더를 같이 띄워 놓고 폴더에 파일이 있는지 없는지를 수시로 확인하면 좋습니다. 다음 그림처럼 open('a.txt', 'w')를 실행하면 현재 위치한 폴더에 a.txt 파일이 생성됨을 확인할 수 있습니다.

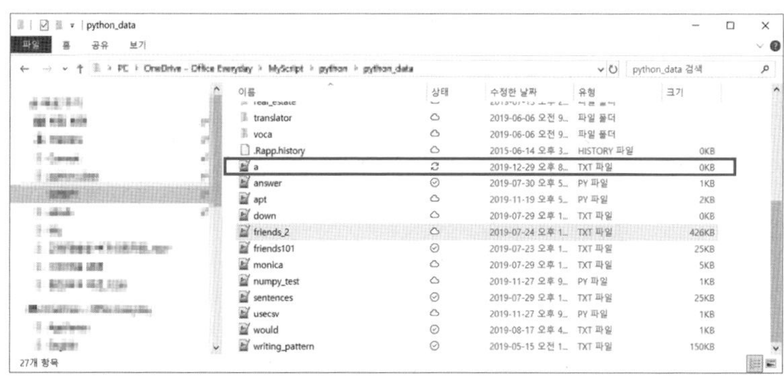

그림 3-4 | open() 함수를 실행하자마자 폴더에 a.txt 파일이 생성됩니다

그런데 이 상태에서 a.txt 파일에 또 다른 명령어를 넣으려면 open('a.txt', 'w').write('abc')와 같이 복잡한 코드를 만들어야 합니다.

```
>>> open('a.txt', 'w').write('abc')   # a.txt 파일에 abc라는 문자열을 썼습니다
3                                     # 입력한 문자의 개수가 출력됩니다
```

앞으로 이 파일(a.txt)을 사용해 여러 작업을 할 텐데 그때마다 긴 명령어로 파일을 여는 것은 불편합니다. 그래서 f와 같이 간단한 이름의 객체에 파일을 여는 명령을 미리 저장해 놓고 사용하는 것입니다. 거의 모든 파이썬 책에서는 별다른 설명 없이 f = open(파일 이름, 파일 열기 모드)를 공식처럼 알려 줍니다.

공식은 외우는 것이 좋겠죠? 파이썬 프로그래밍할 때 파일 입출력 공식은 매우 자주 사용하므로 외울 가치가 충분합니다.

파일 닫기: close()

파일을 열었다면 꼭 다시 닫아야 합니다. 파일을 닫지 않은 상태에서 연습했던 파일을 지우려고 시도하면 파일을 지울 수 없다는 메시지가 뜹니다.

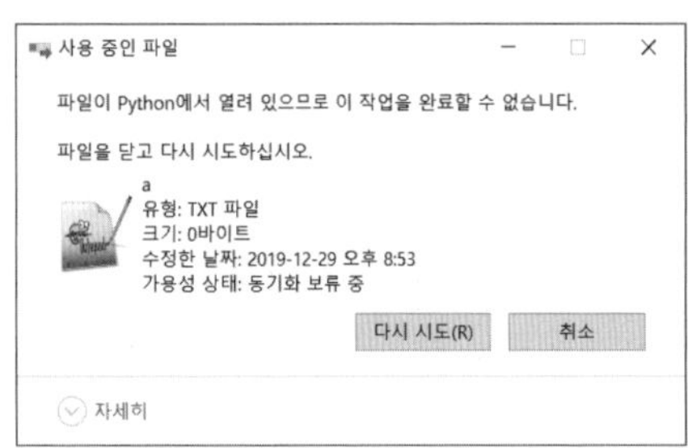

그림 3-5 | 파일을 열어 놓은 상태에서 강제로 지우려고 시도하면 지울 수 없다는 메시지가 뜹니다

또한 닫지 않은 상태에서 읽기 모드로 다시 여는 등 다른 작업을 하려고 하면 오류가 발생합니다. f.close()로 파일을 닫으면 다른 작업을 할 수 있습니다.

```
>>> f.close()
>>>
```

파일이 정상적으로 닫히면 >>>만 다시 나타납니다.

파일 열기 모드 알아보기

텍스트 파일을 열었다면 이제 일기를 써볼까요? 텍스트에 어떤 글이 있다면 그 글을 불러올 수도 있습니다. 즉, 파일 열기 모드에는 총 세 가지 모드가 있습니다.

표 3-1 | 파일 열기 모드의 3가지 명령어

파일 열기 모드	의미
'w'	파일에 내용을 새로 쓸 때 사용
'r'	파일 내용을 읽을 때 사용
'a'	파일에 내용을 추가할 때 사용

파일 쓰기 모드: 'w'

먼저 쓰기 모드로 파일 하나를 열어 보겠습니다. 좀 전에 만든 a.txt 파일을 열겠습니다.

```
>>> f = open('a.txt', 'w')
```

여기에 그냥 간단한 글을 써보겠습니다. 글을 쓸 때 가장 간단한 방법은 write() 함수를 이용하는 것입니다. 이미 a.txt 파일을 쓰기('w') 모드로 열어서 f라는 객체에 지정했으므로 f에 바로 명령어를 입력해 주면 아무 글이나 쓸 수 있습니다.

```
>>> f.write('나는 오늘 학교에 갔다.')
13                       # 정상적으로 입력되었다는 의미입니다. 13은 입력한 문자의 개수입니다
>>> f.close()            # 파일 닫기를 잊지 마세요
```

파일 읽기 모드: 'r'

이번에는 읽기 모드를 사용해 보겠습니다. 먼저 f = open('a.txt', 'r')을 입력해 앞에서 만든 a.txt 파일을 읽기 모드로 엽니다. 여기에서는 읽기 모드('r')일 때 내릴 수 있는 여러 명령 중 파일 내용을 읽어 주는 read()를 사용해 보겠습니다.

```
>>> f = open('a.txt', 'r')          # a.txt 파일을 읽기 모드로 엽니다
>>> f.read()                        # 파일을 읽으라는 의미입니다
'나는 오늘 학교에 갔다.'
>>> f.read()
''                                  # 커서 위치가 파일 가장 끝에 있어 더 읽을 내용이 없습니다
```

처음 f.read()를 입력하면 '나는 오늘 학교에 갔다.'는 내용이 나오는 것을 볼 수 있습니다. f.read()를 한 번 더 입력해 보면 내용이 다시 뜨지 않는 것을 확인할 수 있는데요, 이것은 이미 f.read()를 통해 내용을 다 읽어서 현재 커서의 위치가 파일 끝에 가 있으므로 더 읽을 내용이 없기 때문입니다.

커서의 위치를 찾기 위해서는 seek()을 사용하면 됩니다. 예를 들어 문서의 가장 처음으로 가고 싶다면 f.seek(0)이라고 명령하면 됩니다.

```
>>> f.seek(0)                # 커서를 파일 맨 앞으로 이동하라는 의미입니다
0
>>> f.read()                 # 다시 내용을 읽을 수 있습니다
'나는 오늘 학교에 갔다.'
>>> f.close()                # 파일을 다 쓴 후 꼭 닫아줍니다
```

파일 쓰기와 읽기에 다른 점이 하나 있습니다. 파일을 쓴다는 것은 파일을 새로 만들어서 쓴다는 의미이지만, 파일을 읽는다는 것은 '이미 그 파일이 있다'는 것을 전제로 합니다. 그러므로 해당 경로에 있는 파일 이름을 정확하게 입력해야 명령어가 작동하며, 파일 이름을 잘못 입력하면 오류가 발생합니다.

```
>>> f = open('b.txt', 'r')                 # 실행 폴더에 없는 파일을 읽기 모드로 열어 봅니다
Traceback (most recent call last):         # 오류가 발생합니다
  File "<pyshell#15>", line 1, in <module>
    f = open('b.txt', 'r')
FileNotFoundError: [Errno 2] No such file or directory: 'b.txt'
```

`f.read()`로 읽는 내용은 문자열(str) 형태로 저장됩니다. 즉, `f.read()`를 통해 읽은 내용을 다른 객체에 저장한다면 문자열을 가공할 때 쓰는 모든 기능을 편리하게 활용할 수 있습니다. 예를 들어 문자열 슬라이싱도 가능합니다.

```
>>> f = open('a.txt', 'r')          # 다시 a.txt 파일을 읽기 모드로 엽니다
>>> diary = f.read()                # f.read()의 결괏값을 diary에 저장합니다
>>> print(diary)                    # 저장한 값이 문자열이므로 출력할 수 있습니다
나는 오늘 학교에 갔다.
>>> print(diary[:5])                # 내용 일부만 슬라이싱을 해 출력할 수 있습니다
나는 오늘
>>> f.close()                       # 파일을 다 쓴 후 꼭 닫아줍니다
```

파일 내용 추가 모드: 'a'

파이썬에서 파일을 입출력하기 위한 모드에는 읽기('r'), 쓰기('w') 이외에도 추가('a') 모드가 있습니다. 모든 파일을 읽기와 쓰기로 불러내고 출력하는 것이 가능하니 추가('a')는 굳이 필요하지 않으리라 생각할 수도 있습니다. 그러나 파일 맨 마지막에 쉽게 원하는 내용을 추가할 때는 추가 모드를 사용하는 것이 편리합니다.

앞에서 만든 a.txt 파일에 문장을 추가해 보겠습니다.

```
>>> f = open('a.txt', 'a')                         # a.txt 파일을 추가 모드로 불러옵니다
>>> f.write(' 학교에 가지 않을 날이 올까?')          # 문장을 추가합니다
16
>>> f.close()                                      # 파일을 닫아 줍니다
>>> f = open('a.txt', 'r')                         # a.txt 파일을 읽기 모드로 불러옵니다
>>> f.read()
'나는 오늘 학교에 갔다. 학교에 가지 않을 날이 올까?'   # 문장이 제대로 추가되었네요!
>>> f.close()                                      # 파일을 닫아 줍니다
```

에디터로 파일을 열어 보면 다음과 같이 문장이 정상적으로 입력됨을 확인할 수 있습니다.

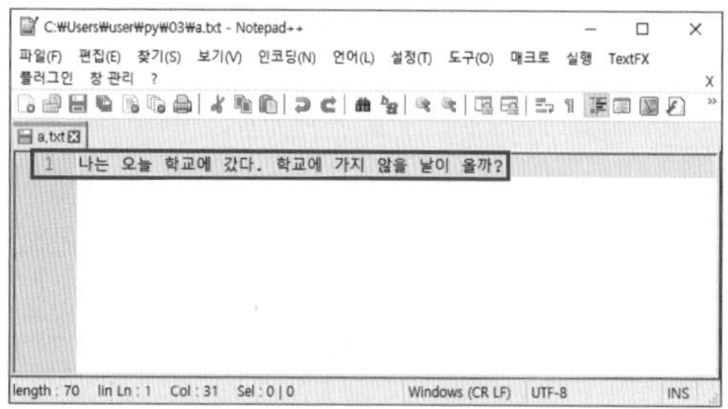

그림 3-6 | a.txt 파일에 문장이 잘 추가되었습니다

with 문으로 객체를 만들지 않고 파일 입출력하기

파일을 입출력할 때마다 객체 f를 만드는 것이 가끔은 문제를 일으키기도 합니다. 대표적으로 생기는 문제는 한꺼번에 여러 파일을 열어야 할 때 객체 이름을 기억해 내야만 하는 것이지요. 모든 객체에 f라는 이름을 붙일 수는 없으니까요. 또 다른 문제는 여러 파일을 열고 닫다 보면 f.open()으로 파일을 열어 놓고 f.close()로 닫지 않는 경우가 생긴다는 것입니다. 이럴 때 브라우저에서 파일을 열려고 하면 파일이 열리지 않는 문제가 발생합니다.

다음과 같이 파이썬 인터프리터로 파일을 열어서 'I went to school today.'라고 적어 보았습니다.

```
>>> f = open('abcde.txt', 'w')
>>> f.write('I went to school today.')
23                              # 총 23글자가 입력되었습니다
```

그다음 바로 abcde.txt 파일을 지우려고 하면 파일이 열려 있어서 지울 수 없다는 메시지가 나옵니다. open() 함수로 파일을 열면 꼭 close()로 파일을 닫아야 하기 때문입니다. 이런 번거로운 문제를 피하려면 with 문을 사용해 파일을 열면 됩니다. with 문의 사용법은 다음과 같습니다.

with 문 사용법

```
with open(파일 이름, 파일 열기 모드) as f:
    f에 수행할 명령
```

test.txt라는 파일을 열어 '오늘 나는 학교에 갔습니다.'라는 문장을 저장해 보겠습니다.

```
>>> with open('test.txt','w') as f:  # 먼저 with 문을 사용해 'test.txt'를 쓰기('w') 모드로 엽니다
        f.write('오늘 나는 학교에 갔습니다.')

15                                   # 총 15글자가 입력되었습니다
```

이렇게 하면 `f.close()`로 파일 객체를 매번 닫아야 하는 불편이 사라집니다. 그렇지만 이때도 `if` 문이나 `def` 문과 같이 들여쓰기 규칙을 엄밀히 지켜야 한다는 점은 꼭 기억해야겠네요.

한글 파일 오류 해결하기

파이썬에서 파일을 열 때, 특히 파일을 불러올 때 파일 인코딩(encoding)이 오류를 일으키는 경우가 있습니다. 사실 파일을 입출력할 때 매우 빈번하게 발생하는 문제로, 개발자들에게 꽤 골치 아픈 문제입니다. 특히 한글로 된 문서를 입출력할 때 이런 오류가 자주 발생합니다.

```
>>> import os, re                              # 필요한 명령어는 처음부터 임포트 합니다
>>> os.chdir(r'C:\Users\user\python_data')    # 여러분이 사용할 폴더를 입력하세요
>>> f = open('한글파일.txt', 'r')
>>> script101 = f.read()
Traceback (most recent call last):
  File "<pyshell#4>", line 1, in <module>
    script101 = f.read()
UnicodeDecodeError: 'cp949' codec can't decode byte 0xbf in position 2: illegal multi-
byte sequence
# 파일을 불러올 때 인코딩 문제로 이런 오류가 종종 발생합니다
```

이 문제가 발생하는 원인과 해결책은 설명하려면 조금 복잡합니다. 설명하기 전에 쉬운 해결책을 알아보겠습니다. 이 문제를 가장 쉽게 해결하는 방법은 `f = open('한글파일.txt', 'r')`에 `encoding='utf8'`을 추가하는 것입니다.

```
f = open('한글파일.txt', 'r', encoding='utf8')
```

이 과정이 단순해 보이지만, 향후 우리가 코딩할 수 있는 엄청난 가능성을 열어 줍니다. 텍스트 파일에 저장된 것을 파이썬으로 불러오면 파이썬의 강력한 검색, 찾기, 바꾸기, 가공하기 기능을 무궁무진하게 활용할 수 있다는 의미입니다. 여기서는 실습이라 불과 한 문장을 텍스트 파일에 넣었지만, 이 파일은 책 한 권이 될 수도 있습니다. 즉, 텍스트 파일이 일단 파이썬의 링 안으로 들어오면 파이썬 책에서 배웠던 기능을 활용해 볼 수 있습니다.

특히 다음 절에서 정규표현식을 배우면 텍스트 파일을 가공할 수 있는 수많은 무기를 장착할 수 있습니다. 그럼 다음 절로 넘어가 볼까요?

03-2 정규표현식으로 논문에서 인용구 추출하기

논문을 쓰다 보면 인용구가 자주 등장합니다. 파이썬을 모르던 시절, '이 문구를 누가 좀 모아 주면 얼마나 좋을까?'라고 생각한 적이 있었습니다.

예를 들어 '이동민 교수님은 다음과 같이 설명했습니다(이동민, 2019). 그런데 다른 학자는 이 문제에 대해서 다른 견해를 가지고 있었습니다(최재영, 2019). 또 다른 견해도 있었습니다(Lion, 2018).' 이런 문장이 있다면 다음과 같은 결괏값을 반환받고 싶은 것이지요.

```
['이동민, 2019', '최재영, 2019', 'Lion, 2018']
```

사실 이와 같은 결괏값은 굳이 파이썬을 알지 못하더라도 '정규표현식(regular expression)'을 알면 쉽게 만들 수 있습니다. 파이썬과 함께 우리에게 큰 힘이 되어 줄 정규표현식을 알아보겠습니다.

정규표현식이란

먼저 사용해 앞에서 원했던 결괏값을 정규표현식으로 받아 보겠습니다.

```
>>> import re
# 정규표현식 모듈 re를 호출합니다
>>> example = '이동민 교수님은 다음과 같이 설명했습니다(이동민, 2019). 그런데 다른 교수님은 이 문제에 대해서 다른 견해를 가지고 있었습니다(최재영, 2019). 또 다른 견해도 있었습니다(Lion, 2018)'
>>> result = re.findall(r'\((.+?)\)', example)
# 암호처럼 보이겠지만 일단 입력해 보세요
>>> result
['이동민, 2019', '최재영, 2019', 'Lion, 2018']
# result에 원하는 값이 저장됩니다
```

단 한 줄의 코드로 원하는 결괏값을 반환했습니다. 정규표현식의 강력함이 느껴지나요? 파이썬 명령어와 정규표현식을 함께 사용하면 어떤 문자로 작업을 하든 엄청나게 강력한 작업을 할 수 있습니다. 자, 정규표현식(정규식)을 더 자세히 알아볼까요?

챗GPT로 정규식 코드 만들기

정규식을 자세히 모르더라도 챗GPT로 정규식 코드를 만들 수 있습니다. 무엇이든 기초가 중요하지만, 결과가 급한 분은 이런 방법을 활용해 볼 수도 있습니다. 결과를 똑같이 만들려면 문장을 입력하고 원하는 작업을 지정합니다. 이때 원하는 언어도 함께 입력해야 합니다. 그렇지 않으면 파이썬이 아닌 다른 프로그래밍 언어로 코드를 생성할 수 있습니다.

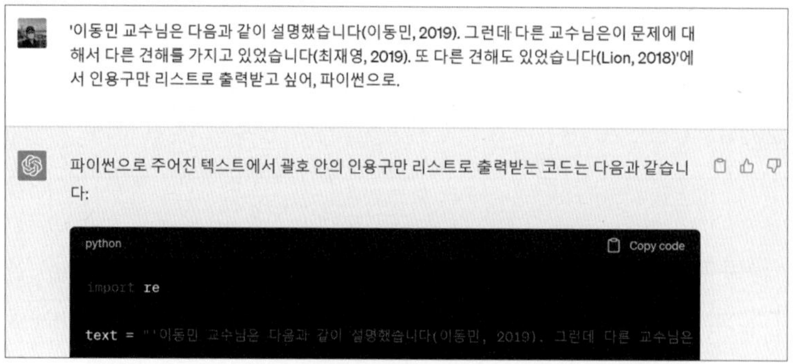

그림 3-7 | 챗GPT로 정규식 코드를 만들었습니다

챗GPT가 만든 코드는 다음과 같습니다.

```
import re

text = "'이동민 교수님은 다음과 같이 설명했습니다(이동민, 2019). 그런데 다른 교수님은 이 문제에 대해서 다른 견해를 가지고 있었습니다(최재영, 2019). 또 다른 견해도 있었습니다(Lion, 2018)'"

quotes = re.findall(r'\((.*?)\)', text)
print(quotes)
```

친절하게 설명도 함께 달아 주네요. 코드를 실행하는 것 이상으로 이 설명을 읽어보는 것이 필요합니다. 여러분의 코딩 문해력을 높여 주거든요.

 위의 코드는 정규식 모듈인 re를 사용하여 괄호 () 안의 내용을 추출합니다. re.findall() 함수를 사용하고, 정규식 패턴 r'₩((.*?)₩)'을 적용하여 괄호 안의 내용을 찾습니다. 그리고 추출된 결과를 리스트로 반환합니다.

이 코드를 그대로 붙이면 다음과 같은 값을 출력합니다.

```
['이동민, 2019', '최재영, 2019', 'Lion, 2018']
```

IDLE 환경에서 실행할 때 발생하는 오류 해결하기

이와 같은 코드를 IDLE 환경에서 한꺼번에 붙여 넣으면 오류가 발생할 수 있습니다. 왜냐하면 위 코드를 한 줄씩 실행하고 그 결과를 반환받아야 다음 코드가 실행되는데, IDLE 환경은 모든 코드를 하나의 문장으로 이해하는 특징이 있기 때문이죠.

```
IDLE Shell 3.11.3
File Edit Shell Debug Options Window Help
    Python 3.11.3 (tags/v3.11.3:f3909b8, Apr  4 2023, 23:49:59) [MSC v.1934 64 bit (
    AMD64)] on win32
    Type "help", "copyright", "credits" or "license()" for more information.
>>> import re
...
... text = "'이동민 교수님은 다음과 같이 설명했습니다(이동민, 2019). 그런데 다른 교
    수님은 이 문제에 대해서 다른 견해를 가지고 있었습니다(최재영, 2019). 또 다른 견
    해도 있었습니다(Lion, 2018)'"
...
... quotes = re.findall(r'₩((.*?)₩)', text)
... print(quotes)
...
    SyntaxError: multiple statements found while compiling a single statement
>>> 
```

그림 3-8 | IDLE 환경에서 오류가 발생했습니다

이럴 때는 한 문장씩 실행하면 정상으로 출력합니다.

```
>>> import re
>>> text = "'이동민 교수님은 다음과 같이 설명했습니다(이동민, 2019). 그런데 다른 교
    수님은 이 문제에 대해서 다른 견해를 가지고 있었습니다(최재영, 2019). 또 다른 견
    해도 있었습니다(Lion, 2018)'"
>>> quotes = re.findall(r'₩((.*?)₩)', text)
>>> print(quotes)
    ['이동민, 2019', '최재영, 2019', 'Lion, 2018']
>>> 
```

그림 3-9 | 이번엔 정상으로 출력했네요!

정규표현식의 정의와 필요성

정규표현식을 regular expression, regexp, regex, rational expression 등 다양하게 표현하기도 하는데, 아주 간단하게 표현하자면 **특정한 문자의 규칙을 찾고 가공하는 방법**입니다. 파이썬뿐만 아니라 C, C++, 자바 등에서 표준 라이브러리로 제공하고 있다는 점에서 굉장히 널리 사용되는 표현법입니다. 엄청나게 긴 문자열에서 특정 규칙을 가진 문자열을 찾거나 어

떤 패턴을 가진 문구를 찾는 데도 유용합니다. 예를 들면 어떤 글에서 이메일 주소만 추출한다거나 전화번호만 추출한다거나 혹은 인용된 학자의 이름을 추출하는 것 등이 가능합니다.

챗GPT로 정규표현식을 연습하자

정규표현식은 텍스트를 다루는 강력한 도구입니다. 보고서를 쓸 때, 코딩할 때, 대량의 텍스트를 대상으로 반복 작업할 때 등 정규표현식은 여러분의 수고를 크게 덜어줍니다.

그러나 지금은 정규표현식을 직접 연습하기보다는 챗GPT 등 언어 모델을 이용해서 정규식을 찾는 연습을 더 추천합니다. 어려운 정규식의 원리를 굳이 이해하지 않아도 원하는 수준의 결과를 얻을 수 있으니까요. 물론 정규식 원리까지 안다면 챗GPT에게 훨씬 더 일을 잘 시킬 수 있겠죠?

노트패드++와 한글에서 정규표현식 활용하기

텍스트 에디터의 검색 기능에서도 정규표현식을 사용할 수 있습니다. 이 책에서 사용하고 있는 노트패드++에서도 정규표현식을 사용한 검색을 할 수 있습니다. 과감하게 말하자면, 정규표현식 문법을 잘 익혀 두면 파이썬이 아닌 다른 곳에서도 얼마든지 창의적이고 생산적인 일을 할 수 있습니다.

노트패드++를 켜고 Ctrl+F를 누르면 '찾기'가 실행됩니다. [찾기]에서도 정규표현식으로 검색할 수 있음을 확인할 수 있습니다.

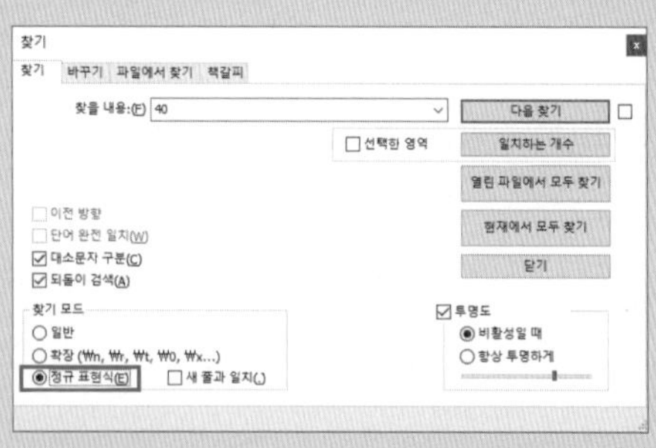

그림 3-10 | 노트패드++에서 정규표현식을 이용한 검색이 가능합니다

조금 더 놀라운 사실은 국산 문서 편집 프로그램인 '한글'에서도 정규표현식을 활용할 수 있다는 것입니다. 한글에서 Ctrl+F를 누르면 다음과 같이 [찾기] 메뉴가 나타나는데요, 이때 조건식을 사용하면 원하는 내용을 효과적으로 검색할 수 있습니다. 한글로 작업한 문서는 파이썬으로 불러오기가 쉽지 않으니 정규식 문법을 잘 익혀서 한글에 쓰면 편리하겠죠? 앞으로 다룰 이메일 주소 찾기, 전화번호 찾기, 인용문 찾기 모두 그대로 사용할 수 있습니다.

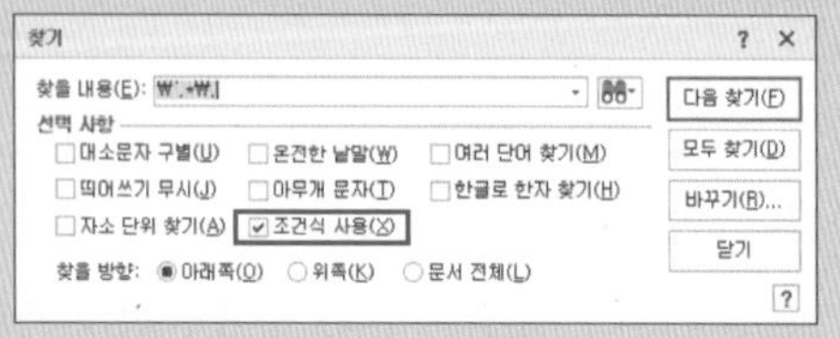

그림 3-11 | 한글에서도 정규표현식을 이용한 검색을 할 수 있습니다.

match 메서드 — 문자열 도입에서 패턴 찾기

자, 그럼 본격적으로 정규표현식을 알아보겠습니다. 먼저 문자열에서 원하는 텍스트를 찾는 일부터 해보겠습니다. 정규표현식 모듈인 re를 임포트 하세요.

```
>>> import re
```

어떤 문자열(string)에서 패턴(pattern)을 찾을 때는 **match**를 사용하면 됩니다. **match** 메서드는 해당 문자열의 가장 처음부터 원하는 패턴의 문자열을 찾는 명령입니다. 기본 사용법은 다음과 같습니다.

▶ 메서드란 클래스 안에 지정된 함수를 말합니다. 클래스란 객체 지향 프로그래밍의 기본 단위를 말합니다.

match 메서드 사용법

```
re.match(패턴, 문자열)
```

```
>>> pattern = 'life'                  # 패턴을 객체에 저장합니다.
>>> script = 'life'                   # 패턴과 같은 스크립트를 다른 객체에 저장합니다
>>> re.match(pattern, script)         # script에서 pattern을 찾으세요
<_sre.SRE_Match object; span = (0, 4), match = 'life'>
>>> re.match(pattern, script).group() # group() 메서드를 사용해 일치하는 내용을 반환합니다
'life'
```

물론 앞의 정규표현식 패턴 찾기는 다음과 같이 쓸 수 있습니다.

```
>>> re.match('life', 'life').group()    # 문자열 'life'에서 'life'라는 패턴을 찾아서 반환하세요
'life'
```

매칭이 되면 바로 일치하는 문자열(여기에서는 `'life'`)이 반환됩니다. 만약 매칭이 되지 않는다면 어떨까요? 찾아야 할 문자열을 `'animal'`로 바꿔서 매칭해 보겠습니다.

```
>>> re.match('life', 'animal').group()
Traceback (most recent call last):
  File "<pyshell#30>", line 1, in <module>
    re.match('life','animal').group()
AttributeError: 'NoneType' object has no attribute 'group'
```

매칭이 되지 않아 바로 오류 메시지가 뜨는 것을 확인할 수 있습니다. 조금 불편한 작업처럼 보이지만, 정규표현식에는 '매칭'을 찾는 것(match나 search)과 그것을 반환하는 것(group, groups 등)은 별개의 과정입니다. 그래서 정규표현식을 연습할 때 어떤 원고(script)에 특정 패턴(pattern)이 있는지 쉽게 확인할 수 있는 조건문을 만들기도 합니다. 다음과 같이 조건문을 함수로 정의해 보겠습니다.

```
>>> def refinder(pattern, script):      # refinder라는 함수를 정의합니다
        if re.match(pattern, script): # 원고(script)에서 패턴을 찾을 수 있다면
            print('Match!')           # 'Match!'를 출력하세요
        else:
            print('Not a match!')     # 패턴을 찾지 못했다면 'Not a match!'를 출력하세요
```

refinder() 함수가 잘 작동하는지 확인해 볼까요? pattern에는 'Life'를, script에는 'Life is so cool'을 입력하고 refinder() 함수를 실행해 보세요.

```
>>> pattern = 'Life'              # 패턴으로 'Life'를 입력합니다
>>> script = 'Life is so cool'  # 패턴을 찾을 문자열을 입력합니다
>>> refinder(pattern, script)   # 원고에서 패턴을 찾습니다
Match!                            # script에서 패턴에 맞는 문자열을 찾았습니다
```

'Match!'가 기분 좋게 뜨는군요. 찾는 패턴을 'life'로 바꾸면 어떻게 될까요?

```
>>> pattern = 'life'              # 패턴으로 'life'를 입력합니다
>>> script = 'Life is so cool'
>>> refinder(pattern, script)
Not a match!                      # script에서 패턴에 맞는 문자열을 찾지 못했습니다
```

안타깝게도 매칭이 되지 않는군요. 즉 match는 대문자와 소문자를 구분합니다. 혹시 match로 'is'를 찾을 수 있을까요? 한번 실험해 보겠습니다.

```
>>> pattern = 'is'                # 패턴으로 'is'를 입력합니다
>>> script = 'Life is so cool'
>>> refinder(pattern, script)
Not a match!                      # script에서 패턴에 맞는 문자열을 찾지 못했습니다
```

is도 찾을 수 없군요! 왜 이럴까요? match는 문자열의 시작부터 매칭되는지 찾는 함수이기 때문에 텍스트 중간에 있는 패턴을 찾지 못합니다.

search 메서드 — 문자열 전체에서 패턴 찾기

match와 비슷하지만 조금은 다른 search를 한번 이용해 보겠습니다. 사용 방법은 match와 같습니다.

search 메서드 사용법

```
re.search(패턴, 문자열)
```

IDLE 환경에서 패턴(pattern)과 원고(script)를 입력했다는 전제에서 다음과 같이 명령해 보겠습니다.

```
>>> re.search(pattern, script).group() # script에서 패턴('is')을 찾아 반환하세요
'is'
```

match는 문장 중간에 있는 'is'를 찾지 못하지만, search는 문장 중간에 있는 'is'를 찾는 것을 확인할 수 있습니다. match는 처음부터 패턴이 동일할 때만 그 값을 찾을 수 있지만, search는 텍스트 중간에 패턴이 있어도 찾아냄을 확인할 수 있습니다. match와 search를 번갈아 사용해 보면 그 차이를 알 수 있습니다.

```
>>> re.search('Life', script).group()        # search는 원고에 있는 패턴을 찾아냅니다
'Life'
>>> re.search('cool', script).group()        # search는 원고 중간에 있는 단어도 찾아냅니다
'cool'
```

꼭 알아야 할 정규표현식

앞에서는 찾을 패턴으로 'life'와 같이 특정한 문자열을 직접 입력했습니다. 이런 방법으로는 규칙성이 같으면서도 내용이 다른 문자를 여러 개 찾아낼 수 없겠죠. 그래서 정규표현식을 제대로 사용하려면 정규표현식으로 패턴을 표현할 수 있어야 합니다. 패턴을 찾을 때 자주 사용하는 정규표현식은 다음과 같습니다.

표 3-2 | 패턴을 찾는 정규표현식

정규표현식	설명
\d	숫자와 매치, [0-9]와 같습니다.
\D	숫자가 아닌 것과 매치, [^0-9]와 같습니다.
\s	whitespace 문자와 매치, [\t\n\r\f\v]와 같습니다. 맨 앞의 빈칸은 공백(space)을 의미합니다.
\S	whitespace 문자가 아닌 것과 매치, [^ \t\n\r\f\v]와 같습니다.
\w	문자+숫자와 매치, [a-zA-Z0-9_]와 같습니다.
\W	문자+숫자가 아닌 문자와 매치, [^a-zA-Z0-9_]와 같습니다.
\\	메타 문자가 아닌 일반 문자 역슬래시(\)와 매치, 메타 문자 앞에 \를 붙이면 일반 문자를 의미합니다.

이미 언급한 것처럼 무수히 많은 웹 사이트에서는 파이썬의 정규표현식을 다루고 있습니다.

findall 메서드 — 패턴을 모두 찾아 리스트로 반환하기

이 책에서 사용할 정규표현식 몇 가지를 이어서 알아보겠습니다. 간단한 것부터 한번 테스트해 보겠습니다. 이미 앞에서 문자열의 처음부터 검색하는 match와 search를 알아보았습니다. 이번엔 필자가 가장 자주 사용하는 명령인 findall 메서드를 사용해 보겠습니다. 기본 사용법은 다음과 같습니다.

findall 메서드 사용법

```
re.findall(패턴, 찾으려는 문자열)
```

findall의 특징은 특정 패턴을 문자열에서 모두 찾아서 리스트 형태로 반환한다는 점입니다. search 문이나 match 문은 제대로 찾았는지 확인하는 절차가 따로 필요하지만, findall로 찾으면 결괏값이 리스트([])로 나온다는 점에서 유용합니다.

그럼 두 사람의 주민등록번호 앞 여섯 자리만 추출하는 패턴을 적용해 보겠습니다.

```
>>> number = 'My number is 511223-1****** and yours is 521012-2******'
>>> re.findall(r'\d{6}', number)       # '\d{6}' 패턴은 숫자를 여섯 번 반복한 값을 의미합니다
['511223', '521012']                   # 결괏값으로 511223, 521012이 정상적으로 출력됩니다
```

문자열을 교체하는 메서드는 replace로, 이 메서드는 '찾을 문자열'을 찾아 '바꿀 문자열'로 바꿉니다.

replace 메서드 사용법

```
문자열.replace('찾을 문자열', '바꿀 문자열')
```

다음은 이름 뒤에 있는 '대학생' 문자열을 찾아 없애는 코드입니다.

```
>>> a_name = '오성실대학생, 김성수대학생'
>>> a_name.replace('대학생', '')  # '대학생'을 찾아 ''로 바꾸기, 즉 지웁니다
'오성실, 김성수'
```

이러한 특성을 이용하여 숫자 사이에 있는 쉼표도 다음과 같이 없앨 수 있습니다.

```
>>> a_number = '22,333,422'
>>> a_number.replace(',', '')
'22333422'
```

지금까지 살펴본 실습과 문법이 조금 어려운가요? 괜찮습니다. 지금은 정규표현식을 '정복'하기보다는 정규표현식이라는 '개념'이 있다는 것을 아는 것이 중요합니다. 코드는 챗GPT의 도움을 받으면 됩니다. 물론 더 높은 수준으로 검색하고 편집하려면 정규표현식 문법을 피아노 연습하듯 연습해야 합니다. 그러나 입문용으로는 챗GPT가 생성하는 코드도 훌륭하니 마음껏 활용해 보세요!

문자열 규칙에 r을 붙이면 좋은 이유

정규표현식에서 문자열을 사용할 때는 앞에 r을 붙이는 것을 추천합니다. 만약 문자열에 '\' 문자가 있다면 파이썬은 그다음에 나오는 문자를 그대로 인식하지 않고 컴퓨터에 명령하기 위한 명령어로 인식합니다. 이렇게 컴퓨터에 명령을 내리기 위해 \와 함께 사용하는 문자를 이스케이프(escape) 문자라고 합니다.

이스케이프 문자로 사용하고 싶지 않다면 \ 앞에 \를 하나 덧붙여 \를 일반 문자(raw string)로 인식시키면 됩니다. 이보다 더 쉬운 방법은 문자열 앞에 r을 입력하는 것입니다. r을 입력하면 그 뒤에 나오는 문자열에 들어 있는 문자를 모두 일반 문자로 인식합니다.

정규표현식의 탐욕 제어하기: 마침표(.)와 물음표(?)

정규표현식에 '탐욕스럽다(greedy)'라는 개념이 있습니다. 문자를 집어삼킨다는 뜻인데요, 예를 들어 마침표(.)는 모든 문자를 다 의미하기 때문에 반복하면 모든 문자를 집어삼키는 특성이 있습니다.

예를 들어 '저는 91년에 태어났습니다. 97년에는 IMF가 있었습니다. 지금은 2020년입니다.'라는 문장에서 연도만 따로 추출하는 정규표현식을 정의해 보겠습니다. 원하는 결과는 '91년', '97년', '2020년'이라는 세 개의 값을 가진 리스트를 반환받는 것입니다.

```
>>> example1 = '저는 91년에 태어났습니다. 97년에는 IMF가 있었습니다. 지금은 2020년입니다.'
# 먼저 example1이라는 객체에 간단한 문장을 입력합니다
>>> re.findall(r'\d.+년', example1)
# 숫자(\d)로 시작하고, 어떤 문자든(.) 반복(+)되며, '년'으로 끝나는 문자열을 반환하라고 명령합니다
['91년에 태어났습니다. 97년에는 IMF가 있었습니다. 지금은 2020년']
# 문장 맨 앞의 숫자부터 맨 뒤의 '년' 사이에 있는 모든 문자를 반환해 버립니다
```

탐욕을 멈추는 방법이 있습니다. 물음표(?)를 집어넣으면 됩니다.

```
>>> re.findall(r'\d.+?년', example1)  # '년'이라는 글자를 찾으면 패턴 찾기를 멈춥니다
['91년', '97년', '2020년']
>>> re.findall(r'\d+년', example1)    # 숫자를 반복시킨 후 '년'으로 끝나는 문자를 찾아도 됩니다
['91년', '97년', '2020년']
```

▶ 정규표현식에서 ?는 0번 또는 1번 일치를 뜻합니다.

'탐욕스럽다'라는 개념을 아는 것은 매우 중요합니다. 앞에서 설명했던 예시를 다시 가져와 보겠습니다.

```
>>> example = '이동민 교수는 다음과 같이 설명했습니다(이동민, 2019). 그런데 다른 학자는 이 문제
에 대해서 다른 견해를 가지고 있었습니다(최재영, 2019). 또 다른 견해도 있었습니다(Lion, 2018).'
>>> result = re.findall(r'\(.+\)', example)
# 앞에 \를 붙여야 문자로 인식된다는 점에 주의하세요
>>> result
['(이동민, 2019). 그런데 다른 학자는 이 문제에 대해서 다른 견해를 가지고 있었습니다(최재영,
2019). 또 다른 견해도 있었습니다(Lion, 2018)']
# 아까 보았던 것처럼 '.+' 명령어를 탐욕스럽게 인식했군요
```

```
>>> result = re.findall(r'\(.+?\)', example)          # 닫는 괄호 앞에 ?를 달아 줍니다.
>>> result
['(이동민, 2019)', '(최재영, 2019)', '(Lion, 2018)']  # 제대로 검색되었네요!
```

split 메서드 — 문장 나누는 패턴 만들기

split 메서드는 특정한 패턴이 등장할 때 문자열을 나눕니다. 가장 쉽게 생각할 수 있는 예는 마침표로 문장을 구분하는 것입니다. 대부분의 문장은 마침표(.), 느낌표(!), 혹은 물음표(?)로 끝납니다. 이런 특성을 이용해서 다음과 같이 문장 나누는 패턴을 생각해 볼 수 있습니다. 기본 사용법은 다음과 같습니다.

split 메서드 사용법

```
re.split(패턴, 문자열)
```

여기서 패턴은 r'[.!?]'로 쓰면 됩니다. r을 쓰면 마침표, 느낌표, 물음표마다 역슬래시(\)를 붙이지 않아도 됩니다. 앞에서 배운 팁이죠! 자, 그럼 간단한 문장을 몇 개 적어 볼까요?

```
>>> sentence = 'I have a lovely dog, really. I am not telling a lie. What a pretty dog!
I love this dog.'
>>> re.split(r'[.?!]', sentence)
['I have a lovely dog, really', ' I am not telling a lie', ' What a pretty dog', ' I
love this dog', '']
# 모두 다섯 개의 문장이 출력되었습니다. 마지막 마침표 다음까지 문장으로 인식했기 때문입니다
```

split 메서드는 문장을 나눌 때 유용합니다. 뿐만 아니라, 다음과 같이 되어 있는 파일이 있다면 유용하겠죠.

```
>>> data = 'a:3; b:4; c:5'
```

data는 다음과 같이 주어져 있습니다. 이 경우 먼저 a, b, c를 구분하고 있는 세미콜론(;)으로 한 번 쪼갠 뒤에 다시 콜론(:)을 기준으로 나누면 훌륭한 데이터셋(dataset)을 만들 수 있습니다.

```
>>> for i in re.split(r'; ', data):    # 먼저 세미콜론(;)으로 전체 데이터를 한 번 구분합니다
        print(re.split(r':', i))       # 나눠진 데이터를 다시 콜론(:)을 기준으로 구분합니다

['a', ' 3']
['b', ' 4']
['c', ' 5']
```

나중에 배우겠지만, 이와 같은 형태로 나눠진 데이터는 CSV 파일로 저장해 엑셀로 불러올 수 있습니다.

사실 이 과정은 정규표현식으로 풀지 않고 그냥 타이핑으로만 해도 금방 끝납니다. 그러나 같은 작업을 1,000번 해야 한다면 기분이 어떨까요? 파이썬을 이용하면 같은 형태로 수천 건의 데이터가 있어도 처리하는 데 고작 몇 초면 됩니다. '인생이 짧기 때문에 당신은 파이썬이 필요하다(Life is short, then you need python.)'라는 말이 실감 나지요?

sub 메서드 — 문자열 바꾸기

정규표현식는 정말 많은 문법과 메타 문자(문자가 아닌 패턴을 읽기 위한 [,], -, . 등의 문자)로 이뤄져 있지만, sub 메서드처럼 많이 쓰는 명령어도 드뭅니다. 그 사용법은 다음과 같습니다.

▶ sub는 대체하다(substitute)의 줄임말입니다.

sub 메서드 사용법

```
re.sub(찾을 패턴, 대체할 문자, 찾을 문자열)
```

명령어의 구조는 다음과 같습니다. 먼저 '찾을 패턴'을 넣고 그다음에 '대체할 문자'를 넣습니다. 그리고 가장 마지막에는 항상 그렇듯이 '찾을 문자열'을 넣습니다. 다시 표현하자면 '찾을 문자열'에서 '패턴'을 찾아서 '대체할 문자'로 바꾸라는 의미입니다.

역시 백문이 불여일견! 아까 만든 문장을 다시 한번 보겠습니다.

```
>>> sentence = 'I have a lovely dog, really. I am not telling a lie. What a pretty dog! I love this dog.'
```

앞 문장을 개(dog)가 아닌 고양이(cat)를 좋아한다고 고치고 싶네요. sub를 써서 dog를 cat으로 바꿔 보겠습니다.

```
>>> re.sub('dog', 'cat', sentence)     # sentence라는 문자열에서 'dog'을 'cat'으로 바꾸세요
'I have a lovely cat, really. I am not telling a lie. What a pretty cat! I love this cat.'
```

dog가 cat으로 성공적으로 바뀐 것을 확인할 수 있습니다. 아주 간단하지요? 조금 더 연습하면 이보다 더 강력한 기능을 수행할 수 있습니다. 예를 들어 불필요한 공백을 없애는 데 많이 활용됩니다. 인터넷에서 내려받은 텍스트 파일에는 불필요한 공백이 많습니다. 다음 코드를 볼까요?

```
>>> words = 'I am home now. \n\n\nI am with my cat.\n\n'    # '\n'은 줄 바꿈 문자입니다
>>> print(words)
I am home now.



I am with my cat.


```

\n은 줄 바꿈 문자입니다. 이 문자가 많아 문장 간격이 너무 넓네요. sub로 불필요한 공백을 삭제해 보겠습니다.

```
>>> re.sub(r'\n', '', words)
'I am home now. I am with my cat.'
```

sub 메서드는 이렇게 문자열에서 불필요한 내용을 깔끔하게 정리할 때 유용하게 사용할 수 있습니다.

변수 입력 순서를 쉽게 알아보는 법

개발자라고 해서 모든 명령어에서 필요한 변수의 입력 순서를 다 외우는 것은 아닙니다. 입력할 변수는 그때그때 확인하면 됩니다. IDLE 환경이라면 re.sub(까지만 입력하고 잠깐 기다리면 다음 그림과 같은 설명이 뜹니다. 찾을 패턴, 대체할 문자(repl), 찾을 문자열(string) 순서인 것을 확인할 수 있습니다(count와 flags는 설명을 생략합니다).

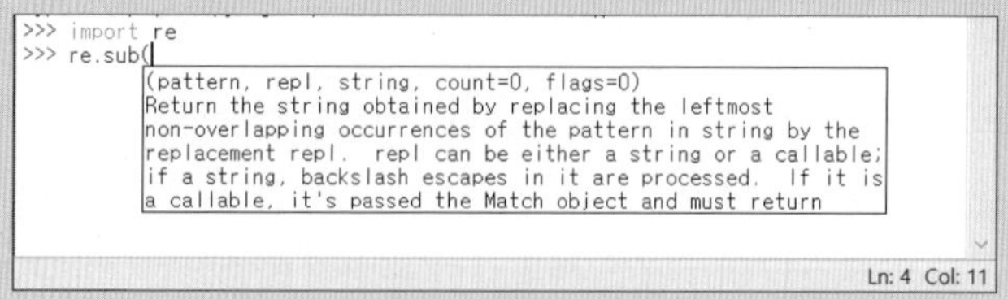

>>> import re
>>> re.sub(
(pattern, repl, string, count=0, flags=0)
Return the string obtained by replacing the leftmost
non-overlapping occurrences of the pattern in string by the
replacement repl. repl can be either a string or a callable;
if a string, backslash escapes in it are processed. If it is
a callable, it's passed the Match object and must return
Ln: 4 Col: 11

그림 3-12 | IDLE을 사용하면 어떤 변수가 필요한지 알려줍니다

Do it! 실습 ▸ ly로 끝나는 단어 추출하기

1 'ly'로 끝나는 단어만 추출하며 앞에서 알아본 명령어를 연습해 보겠습니다. 먼저 다음과 같은 문장을 적어 보겠습니다.

```
>>> sentence = 'I have a lovely dog, really. I am not telling a lie'
```

2 이 문장에서 'ly'로 끝나는 문자만 리스트로 반환하고 싶습니다. 여러 방법이 있지만, 여기에서는 문자나 숫자를 반복하고 마지막에 'ly'로 끝나는 패턴을 찾으라고 명령해 보겠습니다. 공백이 아닌 문자나 숫자는 `\w`입니다. 숫자에 상관없이 반복하는 문자는 `+`입니다. 그리고 마지막은 'ly'로 끝나야 하니 `ly`를 입력하면 됩니다. 정리하면 `'\w+ly'`라는 패턴을 찾으면 되겠습니다.

```
>>> re.findall(r'\w+ly', sentence)
# r'\w+ly'는 문자나 숫자(\w)가 몇 번 나와도 좋으니 반복하고(+) ly로 끝나는 패턴을 의미합니다
['lovely', 'really']
# lovely와 really가 정상적으로 리스트로 반환되었습니다
```

03-3 드라마 대사 추출해 영어 공부 자료 만들기

이제 본격적으로 대량의 텍스트에서 특정 패턴을 찾는 연습을 해 보겠습니다. 드라마 대본은 엄청나게 많은 문자열이 나름대로 규칙(대사, 지문 등)이 있어서 정규표현식을 연습하기에 매우 좋은 자료입니다.

이런 상황이라면?

난이도 ★★☆☆☆ | 완성 소스 03\friends.py

미드 〈프렌즈〉 대본으로 영어 공부 자료를 만들자

미국 드라마, 일명 '미드'로 영어 공부를 하는 분 많죠? 몇 년 전부터 대본을 구하기 쉬운 〈프렌즈〉나 〈굿 플레이스〉 등 미드로 영어 공부를 하는 분들이 부쩍 많아졌다고 해요. 그런데 대본을 그대로 보는 건 영어 공부를 하기에 효율적이지 않네요. 파이썬을 사용해 〈프렌즈〉에서 원하는 문장이나 대사만 모아 볼 수 있을까요?

이번엔 지금까지 배운 입출력과 정규표현식을 활용해 프렌즈 대본 텍스트 파일을 마음대로 가공해 보겠습니다. 구체적으로 해볼 실습 목록은 다음과 같습니다.

- 특정 등장인물의 대사만 모으기
- 등장인물 리스트 만들기
- 지문만 따로 모으기
- 특정 단어가 들어 있는 대사만 모으기

사실 대본 분량이 많지 않다면 컴퓨터의 도움을 받지 않아도 어렵지 않게 할 수 있는 일입니다. 그러나 시즌 1부터 10까지 〈프렌즈〉 대본 중에서 모니카의 대사를 전부 모으고 싶다면 어떨까요? 이 작업을 일일이 손으로 한다면 정말 오래 걸릴 겁니다. 하지만 우리에겐 파이썬이 있습니다. 자, 이제 작업을 시작해 볼까요?

Do it! 실습 ▶ 드라마 대본 파일 준비하기

1 〈프렌즈〉는 영어 공부 교재로 워낙 유명해서 구글에 'Friends script'라고 검색만 해도 모든 시즌의 대본을 쉽게 구할 수 있습니다. 'Friends Transcripts'라는 제목의 웹 사이트로 들어가 보겠습니다.

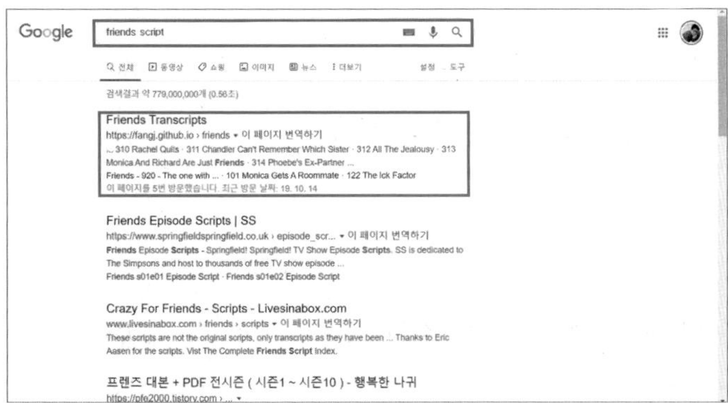

그림 3-13 | 〈프렌즈〉 대사를 구글에서 검색해 보세요

만약 웹 사이트가 검색되지 않으면 다음 URL 주소로 들어가세요.

프렌즈 시즌 1 - 에피소드 1 대본: https://fangj.github.io/friends/

2 다음과 같이 프렌즈 대본이 모여 있는 것을 확인할 수 있습니다. 첫 번째 에피소드를 클릭하세요.

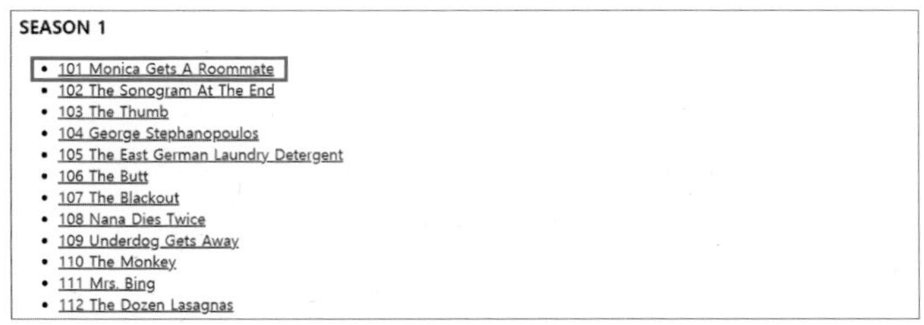

그림 3-14 | 모든 시즌 대본이 모여 있습니다

첫 번째 에피소드로 들어가면 대본 텍스트가 나타납니다. 모두 선택해 복사하세요.

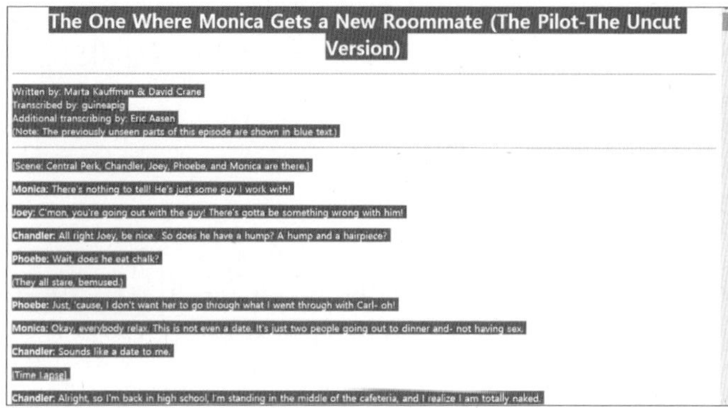

그림 3-15 | 대본 텍스트 전부를 복사하세요

3 노트패드++를 열어 복사한 내용을 붙여 넣고 자신이 원하는 작업 폴더에 friends101.txt 이름으로 저장하세요.

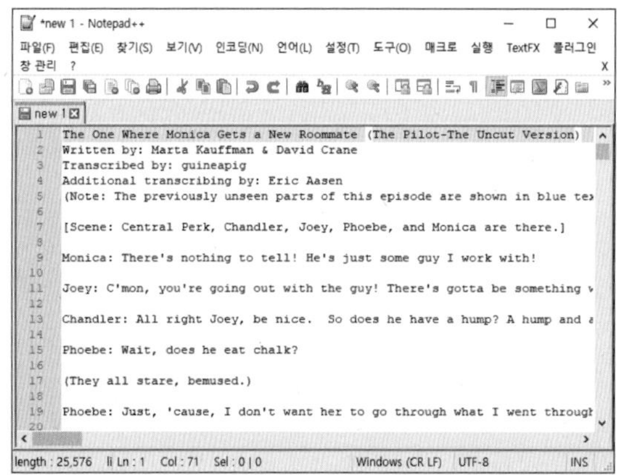

그림 3-16 | 복사한 대본 텍스트를 노트패드++에 붙여넣습니다

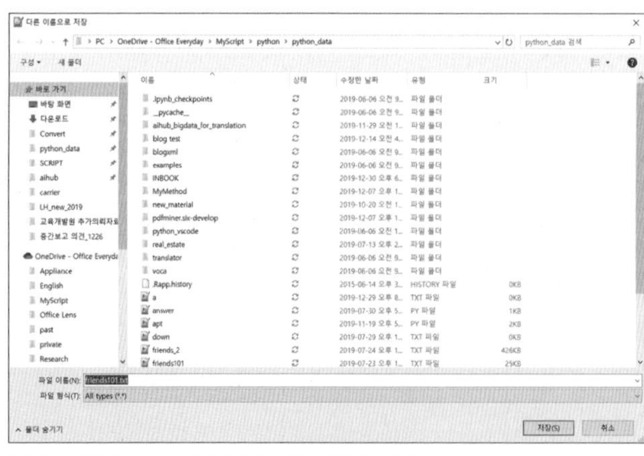
그림 3-17 | friends101.txt 파일로 저장합니다

▶ 03장 실습 파일 폴더에 들어 있는 friends101.txt 파일을 사용해도 됩니다.

4 이제 내려받은 텍스트 파일을 파이썬으로 불러와 보겠습니다. 먼저 사용할 모듈인 os, re(정규표현식)을 임포트 합니다.

```
>>> import os, re
```

파이썬 실행 위치를 텍스트 파일 저장 경로로 이동합니다. 이때 텍스트 파일 저장 경로로 다음 코드에 입력된 경로가 아닌 여러분이 friends101.txt 파일을 저장한 경로를 입력해야 합니다.

```
>>> os.chdir(r'C:\Users\user\do-it-python\03')
# friends101.txt 파일을 저장한 폴더로 이동합니다
```

텍스트 파일을 불러와 객체 f에 저장합니다. 인코딩 오류가 발생할 수 있으므로 불러오는 방식은 utf8로 지정합니다. 그리고 객체 f를 읽기 모드로 열어서 script101이라는 객체에 저장합니다. 이러면 객체 f를 일일이 불러오지 않고 script101을 바로 사용할 수 있어서 편리합니다.

▶ 영어로만 된 원고라면 encoding='utf8'은 필요하지 않을 수 있지만, 필자는 습관적으로 encoding='utf8'을 붙여 파일을 엽니다.

```
>>> f = open('friends101.txt', 'r', encoding='utf8')
>>> script101 = f.read()
```

저장한 텍스트 파일에 이상이 없는지 확인하기 위해 script101[:100]으로 슬라이싱 해서 출력해 보겠습니다.

```
>>> print(script101[:100])
The One Where Monica Gets a New Roommate (The Pilot-The Uncut Version)
Written by: Marta Kauffman &
```

이로써 텍스트 가공 실습을 위한 준비가 끝났습니다. 이제부터 하나씩 실습을 진행해 보겠습니다.

Do it! 실습 특정 등장인물의 대사만 모으기

첫 번째 실습으로 모니카의 대사만 모아 출력해 보겠습니다.

1 findall은 찾은 조건식을 모두 리스트로 만들어 준다는 점에서 쉽게 사용할 수 있습니다. 개인적으로 re.search나 re.match보다 re.findall을 선호하는 편입니다. 실제로 모니카의 대사를 모두 모으려면 결괏값을 리스트 형태로 저장하는 findall이 가장 편리하기 때문이죠. 다음 명령은 미리 컴파일해 놓은 검색 조건을 script101에서 모두 찾아 리스트로 반환해 Line이라는 변수에 저장하라는 의미입니다.

```
>>> Line = re.findall(r'Monica:.+', script101)
# 'Monica:' 다음 아무 문자나 반복되는(.+) 패턴을 script101에서 찾아 리스트로 반환합니다
```

명령어를 제대로 인식했는지 확인하기 위해서 세 문장만 출력해 보겠습니다. Line[:3]은 리스트 슬라이싱(list slicing) 표현법으로, Line 리스트 요소의 앞 세 개까지만 출력하라는 의미입니다.

```
>>> print(Line[:3])
["Monica: There's nothing to tell! He's just some guy I work with!\r", "Monica: Okay,
everybody relax. This is not even a date. It's just two people going out to dinner and-
not having sex.\r", "Monica: And they weren't looking at you before?!\r"]
```

첫 번째 요소인 Line[0]으로 "Monica: There's nothing to tell! He's just some guy I work with!\r"이란 문장이 출력되었네요. 엄청난 분량을 자랑하는 모니카의 첫 대사입니다!

2 실제로 결괏값을 보기 위해서 출력할 때는 이처럼 for 문을 사용하면 더 매끄럽게 출력할 수 있습니다.

```
>>> for item in Line[:3]:
        print(item)

Monica: There's nothing to tell! He's just some guy I work with!

Monica: Okay, everybody relax. This is not even a date. It's just two people going out
to dinner and- not having sex.
```

```
Monica: And they weren't looking at you before?!
>>> f.close()
```

3 자, 이제 리스트로 저장한 모니카의 대사를 텍스트 파일로 저장해 보겠습니다. 먼저 대사를 저장할 파일 monica.txt를 쓰기 모드로 만듭니다.

```
>>> f = open('monica.txt', 'w', encoding='utf8')
# 한국어가 포함되어 있을 경우에 발생할 수 있는 오류를 방지하기 위해 encoding='utf8'은 붙여 줍니다
```

텍스트 파일에 대사를 저장하기 위해서는 `Line` 리스트에 저장한 모니카 대사 텍스트를 문자열 형식으로 다시 저장해야 합니다. 이에 사용할 객체 `monica`를 만들겠습니다. 이때 `monica` 객체를 선언할 때 빈 문자열을 저장하면 문자열 형식으로 객체가 만들어집니다.

```
>>> monica = ''
```

이제 `Line` 리스트의 모든 원소를 가져와 `monica` 문자열에 추가하겠습니다. 리스트를 그대로 문자열로 바꿔 저장할 수도 있겠지만, 이렇게 하면 정돈된 문자열로 저장할 수 있어 훨씬 더 깔끔합니다.

```
>>> for i in Line:
        monica += i         # Line 리스트의 원소를 monica 문자열에 추가합니다
```

이제 객체 `f`를 사용해 monica.txt 파일에 `monica` 문자열을 써보겠습니다. 어떤 숫자가 나온다면 정상적으로 입력된 것입니다.

```
>>> f.write(monica)
4542                        # 파일에 쓴 문자 개수가 출력됩니다
>>> f.close()               # 작업이 끝났으면 파일을 닫는 것 잊지 마세요
```

4 자, 이 상태에서 파이썬을 실행한 저장 경로로 가면 monica.txt 파일이 보일 겁니다. 파일을 노트패드++로 열어 봅니다.

▶ 저장 경로는 실습 환경마다 다르다는 것 잊지 않았지요? 기억나지 않는다면 03-1절을 다시 살펴보세요.

이름	상태	수정한 날짜	유형	크기
MyMethod		2019-12-07 오후 1...	파일 폴더	
new_material		2019-10-20 오전 1...	파일 폴더	
pdfminer.six-develop		2019-12-07 오후 1...	파일 폴더	
python_vscode		2019-06-06 오전 1...	파일 폴더	
real_estate		2019-07-13 오후 2...	파일 폴더	
translator		2019-06-06 오전 9...	파일 폴더	
voca		2019-06-06 오전 9...	파일 폴더	
.Rapp.history		2015-06-14 오후 3...	HISTORY 파일	0KB
a		2019-12-29 오후 8...	TXT 파일	0KB
answer		2019-07-30 오후 5...	PY 파일	1KB
apt		2019-11-19 오후 5...	PY 파일	2KB
down		2019-07-29 오후 1...	TXT 파일	0KB
friends_2		2019-07-24 오후 1...	TXT 파일	426KB
friends101		2019-07-23 오후 1...	TXT 파일	25KB
monica		2019-12-31 오전 1...	TXT 파일	5KB
numpy_test		2019-11-27 오후 9...	PY 파일	1KB
sentences		2019-07-29 오후 1...	TXT 파일	25KB
usecsv		2019-11-27 오후 9...	PY 파일	1KB
would		2019-08-17 오후 4...	TXT 파일	1KB

그림 3-18 | monica.txt 파일을 찾아 열어 보세요

다음과 같이 모니카의 대사가 전부 저장된 것을 확인할 수 있습니다. 그런데 이건 우리가 원한 결과가 아닌 것 같네요. 한 줄씩 가지런히 저장해야 조금 더 보기 편할 것 같은데요. 이것을 바로잡는 여러 방법이 있습니다. 한번 시도해 보겠습니다.

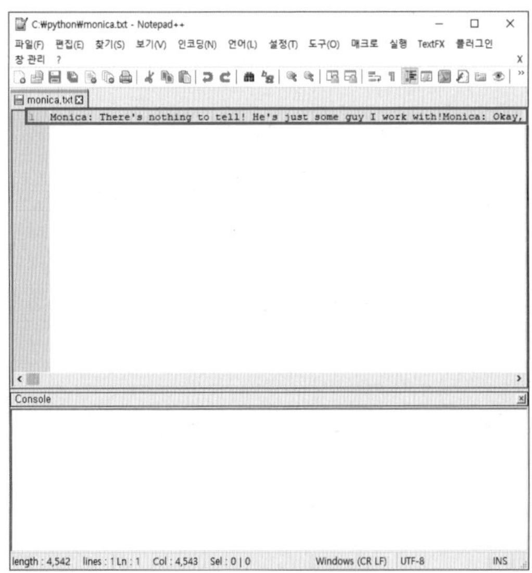

그림 3-19 | 우리가 원하는 결과가 맞나요?

5 잠시 생각해 보면, 모니카의 대사를 찾아서 저장할 때마다 줄을 바꾸라고 하면 됩니다. `print()` 함수에서 줄 바꿈 명령어는 `\n`입니다. 한번 사용해 볼까요?

```
>>> print('다음과 같은 표기로 줄을 바꿀 수 있습니다. \n이제 줄이 바뀌었군요!')
다음과 같은 표기로 줄을 바꿀 수 있습니다.
이제 줄이 바뀌었군요!
```

대사 파일을 만드는 과정을 다시 떠올려 볼까요? `Line` 리스트에 모여 있는 모니카의 대사 텍스트를 `monica` 문자열에 담고 이 문자열을 파일에 저장했습니다. 이제부터 리스트에서 문자열로 대사를 옮길 때 그냥 옮기는 것이 아니라 각 대사가 끝날 때마다 줄 바꿈 문자인 `'\n'`을 추가해야 합니다.

```
>>> monica = ''                # monica 객체를 다시 선언합니다. 다른 이름도 상관없습니다
>>> for i in Line:
        monica += i + '\n'  # monica에 저장하는 모든 i 값에 '\n'을 더해 monica에 저장합니다

>>> monica[:100]
"Monica: There's nothing to tell! He's just some guy I work with!\nMonica: Okay, eve-
rybody relax. This"
# 슬라이싱을 해서 100번째까지만 읽어 볼까요? \n이 추가된 것을 확인할 수 있습니다
>>> f = open('monica.txt', 'w', encoding='utf8')
>>> f.write(monica)
4615                           # '\n'을 추가해 파일에 쓴 문자 개수가 조금 늘어납니다
>>> f.close()
```

6 작업을 정상적으로 끝냈다면 monica.txt 파일을 닫았다가 다시 열어 보세요. 모니카의 대사가 한 줄씩 가지런히 모여 있는 것을 확인할 수 있습니다. 직접 했다면 끝없이 늘어날 작업이지만, 코딩으로 하니 너무 싱겁다 싶을 만큼 금방 끝나 버렸네요!

그림 3-20 | 모니카의 대사만 가지런히 모여 있네요

Do it! 실습 ▶ 등장인물 리스트 만들기

이번에는 1화에 등장하는 등장인물 이름을 모두 모아 보겠습니다. 이 작업을 하기 전에 먼저 '어떤 식으로 문자열을 추출하면 등장인물을 모을 수 있을까?'를 한번 생각해 보면 좋습니다. 그러기 위해서는 대본에 어떤 규칙이 있는지 꼼꼼하게 살펴보는 것이 좋겠습니다.

```
...
[Scene: Central Perk, Chandler, Joey, Phoebe, and Monica are there.]
Monica: There's nothing to tell! He's just some guy I work with!
Joey: C'mon, you're going out with the guy! There's gotta be something wrong with him!
Chandler: All right Joey, be nice.  So does he have a hump? A hump and a hairpiece?
Phoebe: Wait, does he eat chalk?
...
```

자세히 살펴보니 등장인물이 'Monica:'와 같이 표기되어 있네요. 패턴을 보면 '대문자로 시작 + 소문자 반복 + 콜론(:)'입니다. 이 패턴을 사용해 등장인물 이름을 모아 보겠습니다. 앞에서 설명한 대로 friends101.txt를 불러와서 `script101` 객체로 저장했다고 가정하고 시작해 보겠습니다.

1 등장인물 이름 모으기

가장 먼저 검색 조건을 컴파일 하겠습니다. '등장인물:' 패턴의 문자열을 모두 모으면 되겠네요. `char` 객체를 만들어 '대문자로 시작 + 소문자 반복 + 콜론(:)' 패턴을 찾는 검색 조건을 저장합니다.

```
>>> char = re.compile(r'[A-Z][a-z]+:')  # [A-Z]는 대문자 전체, [a-z]는 소문자 전체를 의미합니다
```

이제 `findall`을 사용해 '등장인물:' 형태로 된 패턴 문자열을 모두 모아 봅니다.

```
>>> re.findall(char, script101)
['Note:', 'Scene:', 'Monica:', 'Joey:', 'Chandler:', 'Phoebe:', 'Phoebe:', 'Moni-
ca:', 'Chandler:', 'Chandler:', 'All:', 'Chandler:', 'Joey:', 'Chandler:', 'Joey:',
'Phoebe:', 'Chandler:', 'Monica:', 'Chandler:', 'Ross:', 'Joey:', 'Monica:', 'Ross:',
'Chandler:', 'Monica:', 'Joey:', 'Monica:', 'Ross:', 'Phoebe:', 'Ross:', 'Phoebe:',
'Ross:', 'Monica:', 'Ross:', 'Joey:', 'Ross:', 'Chandler:', 'Ross:', 'Monica:',
'Ross:', 'Joey:', 'Joey:', (... 생략 ...)]
```

등장인물 이름이 리스트로 모여 출력됨을 확인할 수 있습니다. 그런데 Monica, Chandler 등 많은 인물의 이름이 중복되어 있네요.

한 술에 배부를 수는 없겠죠? 이제 중복된 값을 제거해 보겠습니다. 중복된 값을 제거하는 방법은 여러 가지가 있지만, 여기에서는 리스트를 '집합(set)'으로 만드는 방법을 사용하겠습니다. 리스트는와 달리 집합은 원소의 중복을 허용되지 않으므로 중복을 없앨 때 유용하게 쓸 수 있습니다.

2 set 키워드로 중복된 원소 지우기

집합 자료형은 리스트 자료형과 비슷하지만 동일한 원소가 두 개 있을 수 없다는 점이 다릅니다. 그래서 set 키워드에 리스트를 넣으면 리스트에 저장된 값이 집합으로 바뀌면서 중복이 사라진 채로 출력됩니다. 확인해 볼까요?

```
>>> a = [1, 2, 3, 4, 5, 2, 2]   # 중복된 원소가 있는 리스트를 만듭니다
>>> set(a)
{1, 2, 3, 4, 5}                  # a 리스트 값이 집합으로 바뀌어 중복 없이 출력됩니다
```

마찬가지 방법으로 앞에서 출력한 등장인물 리스트에서 중복값을 지울 수 있습니다.

```
>>> set(re.findall(char, script101))
{'Rachel:', 'Frannie:', 'Joey:', 'Monica:', 'Scene:', 'Waitress:', 'Paul:', 'Chan-
dler:', 'Ross:', 'Customer:', 'All:', 'Phoebe:', 'Note:'}
```

여기에서 두 가지 문제를 더 해결해야 합니다. Note와 All처럼 형식에는 맞지만 등장인물이 아니면 이것을 예외 조항으로 분리해야 합니다. 그리고 등장인물 뒤에 바로 이어 나오는 콜론(:)도 이제 지워야겠지요.

3 슬라이싱으로 특정 위치의 문자 지우기

먼저 콜론(:)을 지워 보겠습니다. 여기서 한 가지 가벼운 팁을 하나 알려 드리겠습니다. 여러 문자열에 정규표현식을 동시에 적용하고 싶을 때는 반복하기 전에 먼저 쉬운 문자열로 자신의 정규표현식 문법을 실험해 보는 것이 좋습니다. 정규표현식 문법이 제대로 작동하면 그때 반복하면 됩니다.

```
>>> rachel = 'Rachel:'                       # rachel 객체에 'Rachel:' 문자열을 저장합니다
>>> rachel = re.sub(':', '', rachel)  # rachel 문자열에서 ':'을 ''로 바꾸세요
>>> rachel
'Rachel'                                     # 콜론(:)이 삭제되었습니다
```

사실 콜론(:)을 더 쉽게 지우는 방법도 있습니다. 이미 콜론이 모든 원소의 맨 마지막에 있다는 것을 알고 있습니다. 그러므로 다음과 같이 문자열 슬라이싱 기능을 사용하면 원하는 위치의 문자를 제외하고 값을 출력할 수 있습니다.

```
>>> rachel[:-1]              # 슬라이싱으로 마지막 문자만 빼고 출력합니다
'Rachel'
```

이제 문자열 슬라이싱을 사용해 앞에서 만든 리스트 요소에서 맨 뒤의 콜론(:)을 전부 지워 보겠습니다.

```
>>> y = set(re.findall(char, script101))  # 등장인물 리스트를 집합으로 바꿔 y 객체에 저장합니다
>>> z = list(y)                            # for 문에 사용하기 위해 다시 리스트로 바꿉니다
>>> character = []                         # 등장인물 리스트를 새로 담을 객체 character를 만듭니다
>>> for i in z:
        character += [i[:-1]]              # 맨 뒤 콜론(:)을 지우고 character에 저장합니다

>>> character                              # character 리스트를 확인해 볼까요?
['Scene', 'Phoebe', 'Frannie', 'Joey', 'All', 'Ross', 'Waitress', 'Paul', 'Chandler',
'Rachel', 'Customer', 'Monica', 'Note']
```

4 모든 명령을 한 줄로 작성하기

파이썬에 익숙하다면 다음과 같이 단 한 줄의 코드로 `scipt101` 객체 안에 있는 복잡한 대사와 지문 사이에서 캐릭터의 이름만 모아 출력할 수 있습니다.

```
>>> character = [x[:-1] for x in list(set(re.findall(r'[A-Z][a-z]+:', script101)))]
>>> character
['Scene', 'Phoebe', 'Frannie', 'Joey', 'All', 'Ross', 'Waitress', 'Paul', 'Chandler',
'Rachel', 'Customer', 'Monica', 'Note']
# 단 한 줄의 명령으로 우리가 원하는 결과를 얻어냈네요
```

지금까지 실습한 복잡한 과정을 정리해 보겠습니다.

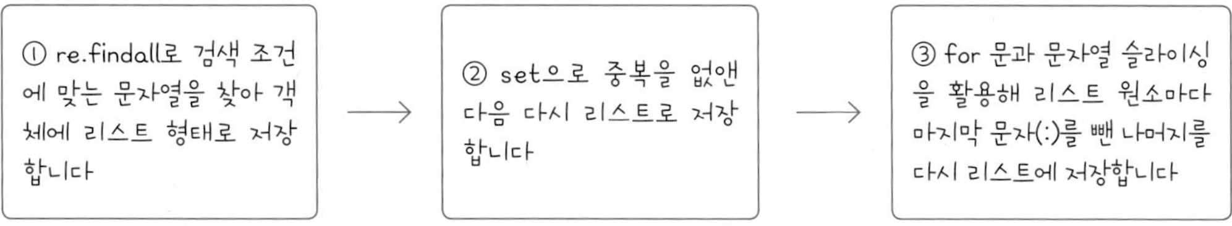

① re.findall로 검색 조건에 맞는 문자열을 찾아 객체에 리스트 형태로 저장합니다
② set으로 중복을 없앤 다음 다시 리스트로 저장합니다
③ for 문과 문자열 슬라이싱을 활용해 리스트 원소마다 마지막 문자(:)를 뺀 나머지를 다시 리스트에 저장합니다

한 가지 당부하고 싶은 말은, 처음부터 한 줄로 표현하려고 애쓰지 말라는 것입니다. 먼저 여러 줄로 된 코드를 반복해서 작성해 보는 것이 중요합니다. 처음부터 복잡한 코드를 만들려고 노력하는 것보다 간단한 패턴을 내 것이 될 때까지 완전히 익히고 이해되면 그다음 압축 코드로 나아가는 것이 좋습니다.

Do it! 실습 ▶ 지문만 출력하기

대본에는 대사와 지문이 모두 있습니다. 지문이란 등장인물이 어떻게 움직여야 하는지를 알려 주는 부분으로, 다음과 같이 괄호 안에 들었습니다.

```
...
Monica: (to Ross) Let me get you some coffee.
Ross: Thanks.
Phoebe: Ooh! Oh! (She starts to pluck at the air just in front of Ross.)
...
```

이번에는 대본에서 지문에 해당하는 내용만 추출해 보겠습니다.

1 먼저 정규표현식을 짜기 전에 찾을 규칙을 한번 생각해 볼까요? 규칙을 확실히 정해야 파이썬에게 '이런 규칙을 찾으라'고 명령할 수 있기 때문이죠.

지문을 잘 살펴보면 다음과 같이 여는 괄호 다음에 공백 없이 문자가 나오고, 마지막에는 소문자 혹은 마침표가 나온 후 닫는 괄호가 나오는 규칙으로 작성되어 있음을 알 수 있습니다.

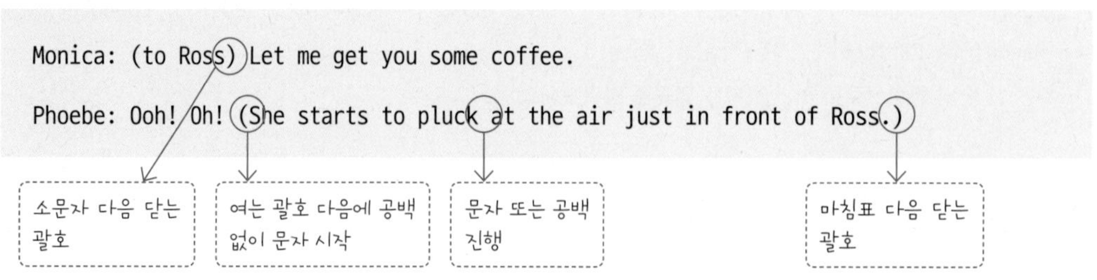

2 앞에서 알아낸 규칙을 정규표현식으로 표현하면 다음과 같습니다. 122쪽에서 배운 것처럼 탐욕을 제어하기 위해서 ?를 붙여 줍니다. ?가 없으면 지문과 지문 사이의 문장을 검색 결과로 인식합니다.

```
r'\([A-Za-z].+?[a-z¦\.]\)'
```

꽤 복잡하지요? 각 패턴을 잘게 나눠서 읽어보면 다음과 같습니다.

표 3-3 | 알아낸 규칙의 정규표현식

r'	문자열 앞에는 습관적으로 r을 붙여 줍니다
\(	(를 메타 문자로 인식하지 않도록 \를 붙여 줍니다
[A-Za-z]	괄호 다음에는 공백 없이 영문자가 옵니다
.+	문자/숫자/빈칸 등이 자유롭게 반복됩니다
?	탐욕을 제어하기 위해 ?를 붙여 줍니다
[a-z¦\.]	마지막 글자로 영어 소문자 또는 마침표가 옵니다
\)'	)로 괄호를 닫고 문자열 작성을 끝냅니다

3 앞의 과정을 제대로 따라왔다면 script101 객체에 대본이 이미 저장되어 있을 것입니다. 이제 위에서 만든 규칙을 사용해 script101 객체에서 지문을 추출해 보겠습니다. 지문만 제대로 추출되었는지 확인하기 위해 원소 6개만 슬라이싱 해서 결괏값을 확인해 보겠습니다.

```
>>> re.findall(r'\([A-Za-z].+?[a-z¦\.]\)', script101)[:6]
['(The Pilot-The Uncut Version)', '(Note: The previously unseen parts of this episode
are shown in blue text.)', '(They all stare, bemused.)', '(mortified)', '(explaining
to the others)', '(to Ross)']
```

명령어가 정상적으로 작동해 지문만 가져오는 것을 확인할 수 있습니다.

Do it! 실습 ▶ 특정 단어의 예문만 모아 파일로 저장하기

특정 단어를 사용한 대사만 추출해 보겠습니다. 먼저 이번에는 어떤 순서로 실습을 진행할지 한번 그려 보겠습니다.

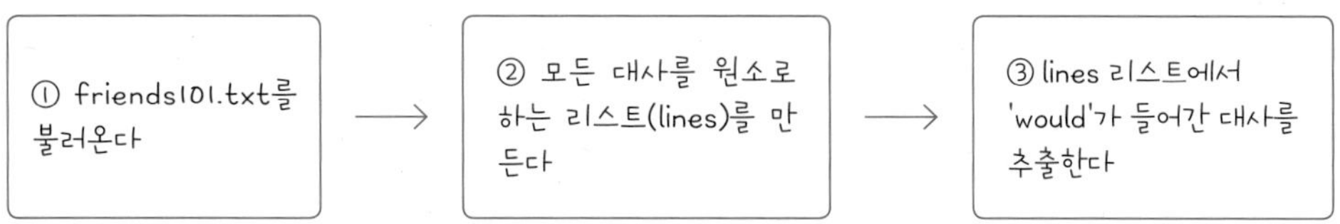

①과 ②는 앞의 실습과 중복되지만 연습한다고 생각하고 다시 한번 해보겠습니다.

1 먼저 파일을 불러오겠습니다.

▶ 파일을 열 때 반드시 자기가 저장한 파일 이름으로 불러와야 합니다.

```
>>> import os, re                              # os, re 모듈을 임포트 합니다
>>> os.chdir(r'C:\Users\user\do-it-python\03')
# 자신이 드라마 대사를 저장해 둔 폴더로 갑니다
>>> f = open('friends101.txt', 'r')   # friends.txt 파일을 읽기 모드로 열어 객체 f에 저장합니다
>>> f.read(100)                                # 100번째 글자까지만 읽어 봅니다
'The One Where Monica Gets a New Roommate (The Pilot-The Uncut Version)\nWritten by: 
Marta Kauffman & '
>>> f.seek(0)                                  # 읽은 다음에는 커서를 맨 앞으로 이동합니다
0
```

2 이제 객체 f 안에 저장한 모든 문장을 원소로 하는 리스트를 만들 차례입니다. 여기에서는 `readlines`를 사용하겠습니다. `readlines`는 해당 객체에서 한 줄에 들어간 문장을 하나의 원소로 하는 리스트를 만드는 명령어입니다.

```
>>> sentences = f.readlines()   # 객체 f 안의 모든 문장을 원소로 하는 리스트를 만듭니다
>>> sentences[:3]               # 각 문장이 원소로 잘 들어갔는지 확인해 봅니다
['The One Where Monica Gets a New Roommate (The Pilot-The Uncut Version)\n', 'Written 
by: Marta Kauffman & David Crane\n', 'Transcribed by: guineapig\n']
```

3 sentences 리스트에 모든 문장을 원소로 저장했습니다. 특정 단어가 들어간 대사를 찾고 있었지요? 먼저 sentences 리스트에서 대사만 추출해 보겠습니다. 여기에서 대사는 문장 맨 앞에 '사람 이름: 대사' 패턴의 문자열이 나오는 규칙을 가진 문장입니다.

```
>>> for i in sentences[:20]:                    # 먼저 문장 20개만 가져와 실험해 보겠습니다
        if re.match(r'[A-Z][a-z]+:', i):        # match 문으로 문장 맨 앞에서 패턴을 찾습니다
            print(i)

Monica: There's nothing to tell! He's just some guy I work with!

Joey: C'mon, you're going out with the guy! There's gotta be something wrong with him!

Chandler: All right Joey, be nice.  So does he have a hump? A hump and a hairpiece?

Phoebe: Wait, does he eat chalk?

Phoebe: Just, 'cause, I don't want her to go through what I went through with Carl- oh!
```

sentences 객체의 원소 20개 중 대사만 골라 출력한 것을 확인할 수 있습니다. 의도한 대로 정규표현식이 잘 작동하네요. 이제 이 정규표현식을 사용해 대사만 담긴 리스트를 만들어 보겠습니다.

```
>>> lines = [i for i in sentences if re.match(r'[A-Z][a-z]+:', i)]
# sentences 객체의 원소 i 중 if 문을 충족하는 것을 그대로 lines 리스트에 저장합니다
>>> lines[:10]
# 정상적으로 저장되었는지 확인하기 위해 열 줄만 출력합니다
["Monica: There's nothing to tell! He's just some guy I work with!\n", "Joey: C'mon,
you're going out with the guy! There's gotta be something wrong with him!\n", 'Chan-
dler: All right Joey, be nice.  So does he have a hump? A hump and a hairpiece?\n',
'Phoebe: Wait, does he eat chalk?\n', "Phoebe: Just, 'cause, I don't want her to
go through what I went through with Carl- oh!\n", "Monica: Okay, everybody relax.
This is not even a date. It's just two people going out to dinner and- not having
sex.\n", 'Chandler: Sounds like a date to me.\n', "Chandler: Alright, so I'm back in
high school, I'm standing in the middle of the cafeteria, and I realize I am totally
naked.\n", 'All: Oh, yeah. Had that dream.\n', "Chandler: Then I look down, and I real-
ize there's a phone... there.\n"]
```

4 여기까지 이해되었다면 would가 들어간 문장만 추출하는 것은 식은 죽 먹기입니다. 이미 다른 조건들을 모두 만들어 놓았기 때문이죠. would가 있으면 저장하라는 조건만 if 문에 추가하면 됩니다.

```
>>> would = [i for i in sentences if re.match(r'[A-Z][a-z]+:', i) and re.search('would', i)]
# if 문 조건에 and re.search('would', i)를 추가해 would 객체에 저장합니다
>>> would
["Rachel: Ooh, I was kinda hoping that wouldn't be an issue... [Scene: Monica's Apartment, everyone is there and watching a Spanish Soap on TV and are trying to figure out what is going on.]\n", "Chandler: I would have to say that is an 'L'-shaped bracket.\n", 'Monica: Why?! Why? Why, why would anybody do something like that?\n', 'Rachel: You would be too if you found John and David boots on sale, fifty percent off!\n', 'Ross: Oh. Listen, do you think- and try not to let my intense vulnerability become any kind of a factor here- but do you think it would be okay if I asked you out? Sometime? Maybe?\n', "Joey: Oh, you wouldn't know a great butt if it came up and bit ya.\n"]
# 모든 문장에 would가 들어가 있는지 확인해 봅니다
```

비슷하게 go, take, could가 들어간 문장을 추출할 수 있습니다. 여기에서는 take가 들어 있는 문장을 추가로 추출해 보겠습니다.

```
>>> take = [i for i in sentences if re.match(r'[A-Z][a-z]+:', i) and re.search('take', i)]
# take 객체에 take가 들어간 문장만 저장합니다
>>> take
['Ross: I told mom and dad last night, they seemed to take it pretty well.\n', "Paul: Well, ever-ev-... ever since she left me, um, I haven't been able to, uh, perform. (Monica takes a sip of her drink.) ...Sexually.\n", 'Joey: I will not take this abuse. (Walks to the door and opens it to leave.)\n', "Frannie: Are you kidding? I take credit for Paul. Y'know before me, there was no snap in his turtle for two years.\n"]
# 모든 문장에 take가 들어가 있는지 확인해 봅니다
```

이 작업을 워드나 엑셀로도 할 수 있을까요? 〈프렌즈〉 시즌 전체에서 would나 could, take가 들어간 문장을 모두 추출해야 한다면요? 상상만 해도 진이 빠집니다. 파이썬을 사용하면 코드 몇 줄만으로 이 작업을 쉽게 할 수 있습니다.

```
>>> for i in take:
        print(i)            # take 객체의 원소를 차례대로 출력해 볼까요?

Ross: I told mom and dad last night, they seemed to take it pretty well.

Paul: Well, ever-ev-... ever since she left me, um, I haven't been able to, uh, per-
form. (Monica takes a sip of her drink.) ...Sexually.

Joey: I will not take this abuse. (Walks to the door and opens it to leave.)

Frannie: Are you kidding? I take credit for Paul. Y'know before me, there was no snap
in his turtle for two years.
```

5 이제 추출한 문장을 파일로 만들어 저장할 차례입니다. 파일을 저장하기 전에 먼저 무엇을 할지 잠깐 생각해 보겠습니다.

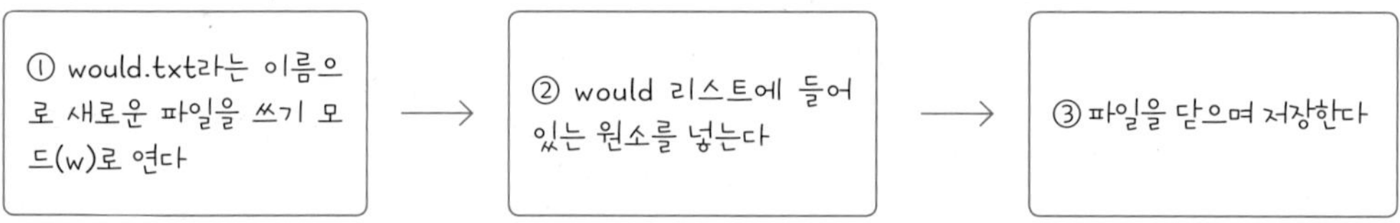

`would` 리스트에 들어 있는 원소를 would.txt 파일에 쓰려면 어떻게 해야 할까요? 여기에서는 `writelines`를 사용하면 됩니다. `readlines`를 기억하나요? `writelines`는 `readlines`와 정확하게 반대로 작동합니다. 리스트에 들어 있는 원소를 하나씩 꺼내서 한 줄씩 나열하는 것이지요. `would` 리스트에 would가 들어간 문장을 넣었으니 `writelines`에 `would` 리스트만 입력하면 됩니다.

```
>>> newf = open('would.txt', 'w')        # would.txt 파일을 쓰기 모드(w)로 생성합니다
>>> newf.writelines(would)               # would 리스트의 원소를 꺼내 한 줄씩 씁니다
>>> newf.close()                         # 파일을 닫습니다
```

6 입력을 끝내고 나면 파이썬 실행 폴더에서 would.txt 파일을 확인할 수 있습니다.

blogxml		2019-04-11 오전...	파일 폴더	
examples		2019-04-18 오전...	파일 폴더	
INBOOK		2019-11-26 오후...	파일 폴더	
MyMethod		2019-12-03 오후...	파일 폴더	
new_material		2019-10-15 오후...	파일 폴더	
pdfminer.six-develop		2019-12-03 오후...	파일 폴더	
python_vscode		2019-05-21 오후...	파일 폴더	
real_estate		2019-07-19 오전...	파일 폴더	
translator		2019-04-14 오후...	파일 폴더	
voca		2019-04-14 오후...	파일 폴더	
.Rapp.history		2015-06-14 오후...	HISTORY 파일	0KB
answer		2019-07-30 오후...	PY 파일	1KB
apt		2019-11-19 오후...	PY 파일	2KB
down		2019-07-29 오후...	TXT 파일	0KB
friends_2		2019-07-24 오후...	TXT 파일	426KB
friends101		2019-07-23 오후...	TXT 파일	25KB
monica		2019-07-29 오후...	TXT 파일	5KB
numpy_test		2019-11-27 오후...	PY 파일	1KB
sentences		2019-07-29 오후...	TXT 파일	25KB
usecsv		2019-11-27 오후...	PY 파일	1KB
would		2019-12-31 오전...	TXT 파일	1KB
writing_pattern		2019-05-15 오전...	TXT 파일	150KB

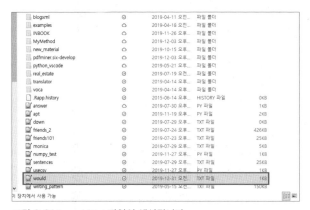

그림 3-21 | would.txt 파일이 생성됩니다

노트패드++에서 would.txt 파일을 열면 다음과 같이 would를 포함하는 문장만 가지런히 저장되어 있음을 확인할 수 있습니다.

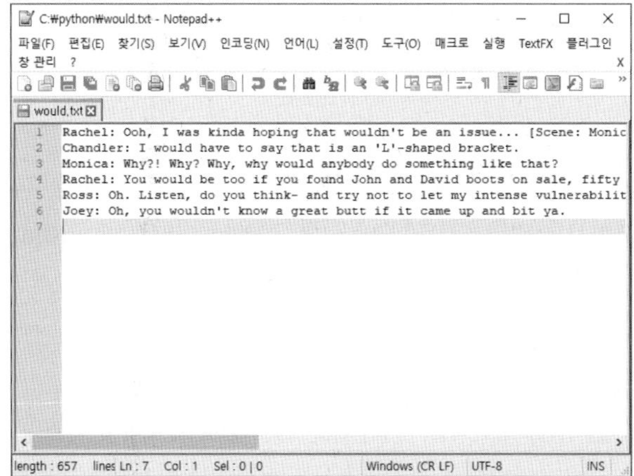

그림 3-22 | 'would'가 든 대사만 모여 있습니다.

되 | 새 | 김 | 문 | 제

Q1 words 리스트에 저장된 여러 단어 중 a로 시작하는 단어만 출력하려 합니다. 빈칸에 어떤 명령을 채워야 할까요?

```
>>> words = ['apple', 'cat', 'brave', 'drama', 'arise', 'blow', 'coat', 'above']
>>> for i in words:
        m = re.match(r'a\D+', i)
        if m:
            print(_________)                    # 빈칸을 채워 보세요

apple
arise
above
```

Q2 a에 저장한 문자열에서 이메일 주소만 추출해 리스트로 반환하려 합니다. 빈칸 ①에는 패턴에 해당되는 부분을 모아 리스트로 반환하는 명령어를 넣어야 하고, ②에는 어떤 식을 입력해 정규식을 완성해야 합니다. ①과 ②를 채워 주세요.

```
>>> a = '제 이메일 주소는 greatking@naver.com입니다. 오늘 저는 travel@daum.net 라는 주소로 메일을 보내려고 합니다. 저는 apple@gmail.com, life@abc.co.kr 라는 메일도 사용하고 있습니다.'
>>> b = re.①___________(r'[a-z]+@②____________+', a)
>>> b
['greatking@naver.com', 'travel@daum.net', 'apple@gmail.com', 'life@abc.co.kr']
```

Q3 exam에 저장한 문자열에서 연도만 추출해 리스트로 반환하기 위해 다음과 같이 명령했습니다. 그런데 원하는 대로 결과가 나오지 않네요. 원하는 결과를 얻기 위해서는 정규식이 탐욕스럽게 검색하는 것을 멈춰야 합니다. 밑줄 친 부분을 수정해 exam에서 연도만 추출해 리스트로 반환해 보세요.

```
>>> exam = '저는 92년에 태어났습니다. 88년에는 올림픽이 있었습니다. 지금은 2020년입니다.'
>>> re.findall(r'\d.+년', exam)
['92년에 태어났습니다. 88년에는 올림픽이 있었습니다. 지금은 2020년']
# [92년, 88년, 2020년]이 결괏값으로 나오도록 코드를 수정해 주세요
```

Q4 d에 다음과 같은 문자열이 저장되어 있습니다. 문장을 하나씩 추출해 하나의 리스트에 저장하려 합니다. 어떤 명령어를 사용해야 할까요? 또, 패턴을 어떻게 입력해야 할까요? ①과 ②를 채워 보세요.

```
>>> d = 'I have a dog. I am not a girl. You are not alone. I am happy.'
>>> re.①___________(②___________, d)
['I have a dog', ' I am not a girl', ' You are not alone', ' I am happy', '']
```

Q5 다음과 같이 e에 대사와 지문이 마구 섞인 문자열이 저장되어 있을 때 인물만 추출해 리스트에 저장하려 합니다. 이때 인물 이름이 중복될 수 있으므로 중복을 제거하기 위한 명령도 추가해야 합니다. 원하는 결과를 얻을 수 있도록 ①과 ②를 채워 보세요.

```
>>> e = "Chandler: All right Joey, be nice.  So does he have a hump? A hump and a
hairpiece? Phoebe: Wait, does he eat chalk? Phoebe: Just, because, I don't want
her to go through what I went through with Carl- oh!"
>>> m = re.findall('[①______]+:', e)
['Chandler:', 'Phoebe:', 'Phoebe:']
>>> M = list(②______(m))
['Phoebe:', 'Chandler:']
```

정답 1. m.group( ) 2. ① findall ② [a-z.] 3. r'\d.+?년' 또는 r'\d+년' 4. ① split ② r'\.' 5. ① A-Za-z ② set

코딩으로 논리력을 키워 보자

지금 당장 코딩을 시작해야 할 중요한 이유가 또 있습니다. 꼭 파이썬이 아니더라도 컴퓨터 프로그래밍 언어 하나 정도는 배워야 하는 이유는 '논리력' 때문입니다. 컴퓨터는 기계이기 때문에 잘못된 명령어에는 절대 반응하지 않습니다. 오류에는 반드시 이유가 있으며, 코딩하는 수많은 사람은 오류를 겪으면서 한 줄 한 줄 코딩해 나갑니다. 컴퓨터 언어의 세계에서 논리의 비약이란 있을 수 없으며, 논리의 비약을 막기 위해서 끊임없이 우리의 사고를 컴퓨터의 사고방식, 즉 논리에 맞춰야 합니다.

다음 코드를 한번 보겠습니다. 정규식으로 '컴퓨터다'라는 말을 찾아 출력하라는 코드입니다.

```
>>> a = '나는 컴퓨터다'
>>> m = re.search(r'컴\D+', a)
# '컴' 다음에 숫자가 아닌 것(\D)이 있으면 찾으라는 명령입니다
```

정규식을 연습했다면 아마도 눈치를 챘을 겁니다. m에는 '컴퓨터다'라는 문자열이 re 형태로 저장되어 있으니 이것을 출력하는 방법은 m.group()을 쓰는 것입니다.

다음과 같이 명령하면 아무런 결과도 출력하지 않는데 여러분은 무엇이 문제인지 감이 오나요? 잠깐 멈춰서 문제가 무엇인지 한번 생각해 볼까요?

```
>>> if m == True:
        print(m.group())
# m이 '사실'(True)이라면 m.group()값을 출력하라
>>>
# 아무런 값도 출력하지 않았네요
```

오류가 왜 나오는 걸까요? 눈치채셨나요? 사실 if 다음의 조건절에서는 '값이 존재하거나', 진릿값이 참(True)이면 조건을 '예'(Yes)로 인식합니다. 반면 '값이 없거나', 진릿값이 '거짓'

(False)이면 조건을 '아니오'(No)로 인식합니다. 그래서 당연히 이 조건문에서 컴퓨터가 '예'(yes)로 인식할 줄 알았습니다.

m에 저장된 값은 진릿값이 아니라 정규식의 결과물일 뿐입니다. 만약 m에 값이 있으면 참(True), 값이 없으면 거짓(False)을 도출하고 싶다면 진릿값을 결괏값으로 도출하는 `bool()` 함수를 사용해야 합니다. 다음 명령어를 보겠습니다.

```
>>> if bool(m) == True:          # m의 진릿값이 참이라면, 즉 값이 존재한다면
        print(m.group())         # m.group()값을 출력한다

컴퓨터다                          # 원하는 값이 정상적으로 출력됨을 확인할 수 있습니다
```

답을 알고 보면 쉽지만, 이런 문제는 하루에도 열 번 혹은 백 번씩 겪게 됩니다. 그럴 때마다 검색을 하고 코드를 보면서 코드의 문제가 무엇인지 골똘히 고민하게 됩니다. 대부분 우리가 컴퓨터의 논리를 정확하게 맞춰주지 못해서 생기는 결과입니다. 결국 이 오류는 다음 두 가지를 정확하게 구분하지 않아서 생겼던 문제였습니다.

m의 값	`<re.Match object; span=(3, 7), match='컴퓨터다'>`로 표현되는 `re.match`의 결괏값
m의 진릿값	참(True), 거짓(False)

사실 다음과 같이 입력하더라도 결괏값이 정상적으로 나옵니다. `if` 다음 절은 진릿값으로 참(True)이거나 결괏값이 `None`이 아니고 정상적으로 존재할 때 이 문장을 '예'(Yes)로 판단하기 때문입니다. 이처럼 오류를 극복하기 위해 고군분투하다 보면 자연스럽게 사고방식이 컴퓨터를 닮아 가게 됩니다. 즉, 논리력이 향상되는 것이지요.

```
>>> if m:
        print(m.group())

컴퓨터다
```

04

CSV 파일로 실생활 데이터 다루기

파이썬을 사용하는 가장 큰 이유는 데이터를 잘 다루기 위해서입니다. 대량의 데이터를 다양한 조건식으로 가공하거나 통계를 내어 분석해야 할 때 바로 파이썬이 진가를 발휘합니다.

04-1 CSV 데이터 알아보기

사람은 창의적인 일을 하고 컴퓨터는 반복적인 일을 한다지만, 직장에서 하는 일의 대부분은 반복적인 일입니다. 파이썬은 여러분이 반복적인 일을 할 때 그 진가를 발휘합니다. 특히 직장에서 하루 종일 만들고 수정하는 데이터의 대부분은 스프레드시트(spreadsheet) 형태인 엑셀 파일로 저장되어 있습니다.

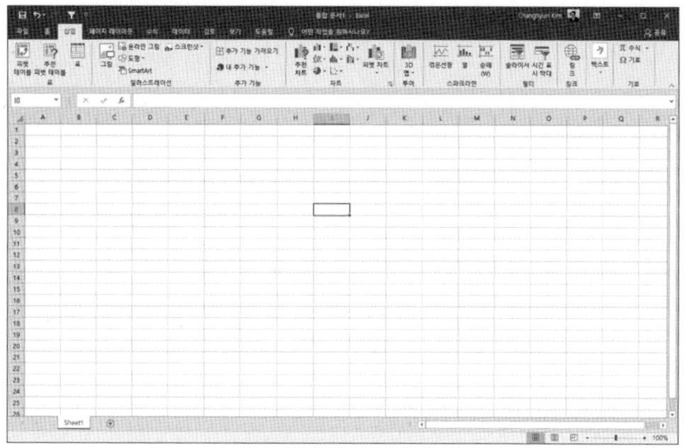

그림 4-1 | 사무직이라면 엑셀을 피해 갈 수 없지요

엑셀과 파이썬을 자유자재로 활용할 수 있다면 직장 생활에 날개를 달게 됩니다. 데이터 활용이 필수인 대학원생이나 리포트를 써야 하는 학부생 역시 마찬가지입니다. 그런데 조건식이 많아지고 처리해야 할 데이터의 양이 많아지면 엑셀(스프레드시트) 데이터가 아니라 다른 형태로 데이터를 다뤄야 합니다. 이때 가장 많이 쓰는 데이터 형식이 바로 CSV입니다.

CSV 파일이란

CSV(Comma Separated Value)는 쉼표로 나눠진 값을 저장한 데이터를 의미합니다. CSV는 엑셀에서도 활용할 수 있고, 글꼴과 같은 서식 정보가 없기 때문에 조금 더 원형 그대로 가공하기가 좋은 데이터 형식입니다. 텍스트 에디터 등으로도 쉽게 만들 수 있다는 것도 장점입니다. 예를 들어 급하게 숫자만 넣어서 엑셀 파일을 만들고 싶다면 텍스트 에디터를 열어서 CSV 파일로 만들어 나중에 엑셀에서 열어 편집할 수도 있습니다. 무엇보다도 파이썬으로 불러와 복잡한 연산을 수행할 수 있다는 것이 가장 큰 장점이죠.

파이썬으로 CSV를 본격적으로 활용하기에 앞서 CSV의 개념을 잡기 위한 예제를 한번 보겠습니다.

CSV 파일 만들고 읽기

먼저 간단히 값을 입력해 보겠습니다. 엑셀을 열어 1행에는 국어, 영어, 수학을 2행에는 90, 80, 100을 입력합니다.

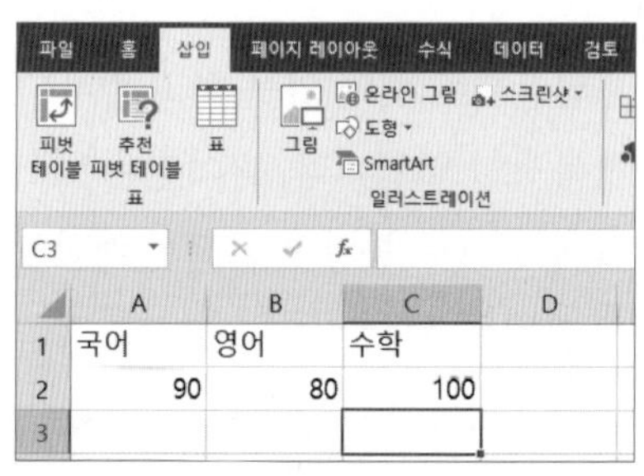

그림 4-2 | 이와 같이 값을 간단히 입력합니다

그런 다음 CSV 형식으로 파일을 저장합니다. 파일 이름은 a.csv로 하겠습니다. 다른 이름을 사용해도 상관없지만, 앞으로 실습에서 이 파일을 불러오므로 기억하기 쉬운 이름을 사용하는 것이 좋습니다. 파일 형식은 'CSV (쉼표로 분리) (*.csv)'를 선택하세요. CSV 파일 형식은 엑셀(xls, xlsx) 형식과 달리 텍스트 기반이므로 서식 정보 등이 저장되지 않습니다.

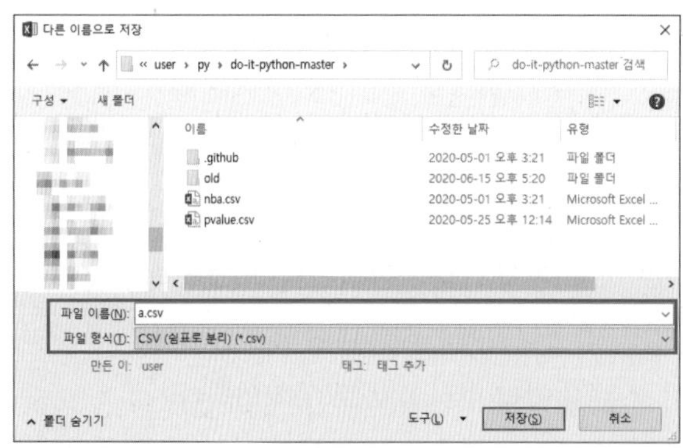

그림 4-3 | 파일 이름은 a.csv, 파일 형식은 'CSV (쉼표로 분리)'를 선택해 파일을 만드세요

[저장]을 누르면 'CSV(쉼표로 분리)로 저장하면 통합 문서의 기능이 일부 손실될 수 있습니다.'는 메시지가 뜹니다. 테두리 스타일이나 글꼴 등 서식 정보를 저장하지 않는다는 의미입니다. 이러한 서식은 자료를 가공한 이후 자료를 꾸밀 때 필요한 것이므로 무시하고 진행하겠습니다.

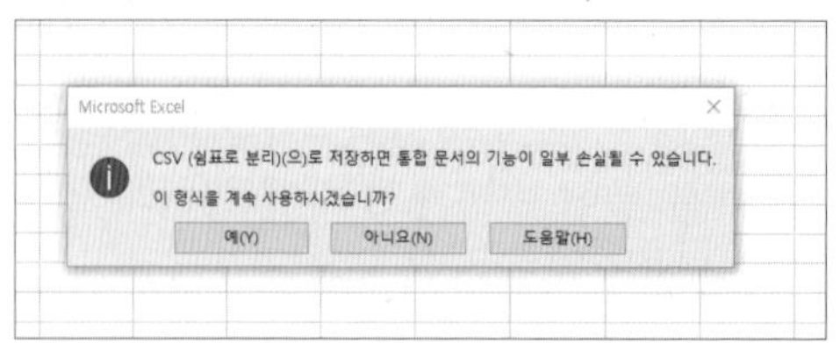

그림 4-4 | 경고 메시지가 뜨면 [예]를 누르세요

저장한 a.csv 파일을 노트패드++로 열어 보면 오른쪽 그림과 같이 텍스트가 쉼표(,)로 구분된 깔끔한 데이터를 확인할 수 있습니다.

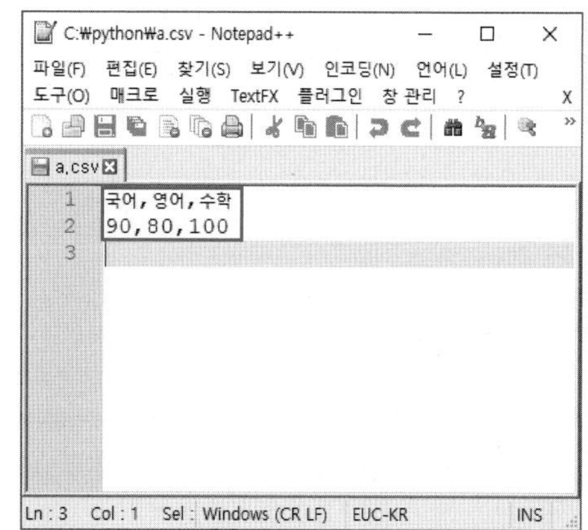

그림 4-5 | 노트패드++로 a.csv 파일을 열어 보세요.

많은 자료가 텍스트, PDF 등의 형식으로 되어 있어 이 자료를 엑셀에 넣거나 엑셀에 있는 자료를 다시 불러와서 복잡한 전산 작업을 해야 할 경우 CSV는 활용도가 넓은 형식입니다. 물론 PDF에 있는 자료를 마우스로 드래그해서 지정한 다음, 엑셀 파일로 바꾸는 방법도 있습니다. 하지만 PDF 안에 있는 숫자가 표 안에 있고 블록을 씌워 복사할 수 있다면 약간의 가공을 거쳐서 CSV 파일로 바꿀 수 있습니다.

거꾸로 이렇게도 할 수 있습니다. 텍스트에 그냥 쉼표를 넣어 구분한 뒤 CSV로 강제 저장하는 방법이죠. 이렇게 하면 굳이 엑셀을 열지 않아도 CSV 파일을 만들 수 있습니다. 한번 해 볼까요?

먼저 노트패드++에서 새 파일을 열고 첫 행에는 Tom, Jerry, Mike를 넣습니다. 다음 행에는 100, 80, 90을 입력합니다.

▶ 인코딩 문제를 예방하기 위해 변수 이름은 영어로 정하겠습니다.

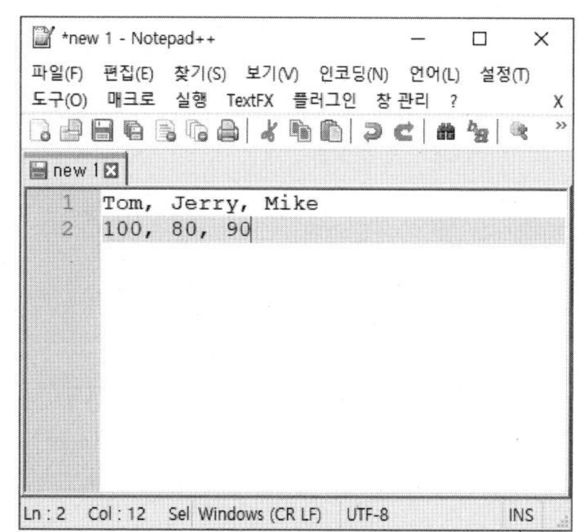

그림 4-6 | 텍스트 파일에 간단한 변수를 입력합니다

파일 이름을 new_1.csv라고 입력하고 저장합니다.

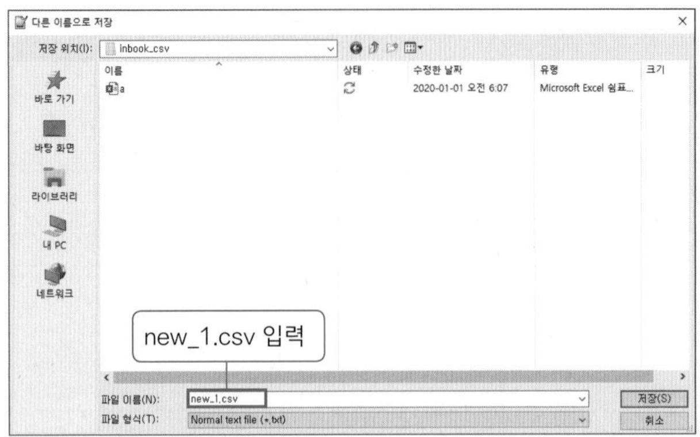

그림 4-7 | .csv 확장자를 붙여 저장합니다

저장한 new_1.csv 파일을 엑셀로 열어 보면 쉼표(,)를 기준으로 데이터가 잘 나뉘어 있음을 확인할 수 있습니다.

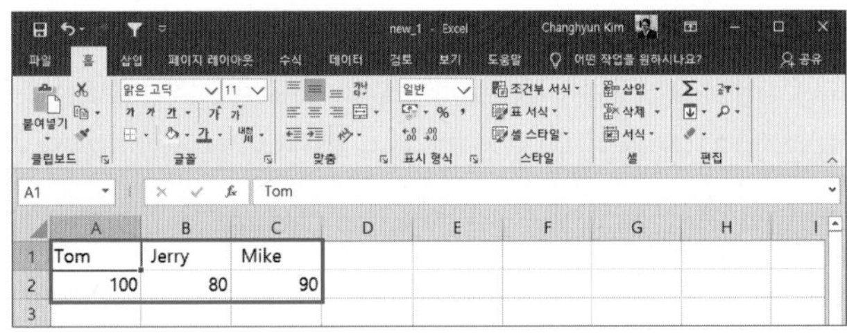
그림 4-8 | Tom, Jerry, Mike의 점수가 잘 저장되었네요

이와 같은 작업을 통해서 CSV 형식의 장점 하나를 확인할 수 있습니다. 텍스트 에디터에서도 쉽게 엑셀 파일을 만들 수 있고, 엑셀 파일의 자료를 다시 텍스트 파일로 옮기기도 수월하다는 점입니다. 사실 프로그램을 전혀 사용하지 않는 사람에게 이 작업은 다소 불필요해 보일 수 있습니다. 그러나 처리할 작업이 많아질수록 데이터를 텍스트 형태로 호환할 수 있다면 자료 처리의 효율성이 엄청나게 높아질 수 있습니다.

엑셀로 CSV 파일을 만들 때 'CSV (쉼표로 분리)'로 저장하기

엑셀에서 저장할 수 있는 CSV 파일 형식에는 ① CSV(쉼표로 분리)와 ② CSV UTF-8(쉼표로 분리)가 있습니다. ②를 사용하면 한글이 깨지는 문제를 쉽게 해결할 수 있지만, 일반적인 에디터나 인터프리터 환경에서 이 파일을 실행할 때 매번 인코딩되지 않는 문제가 발생합니다. 따라서 ②는 한글 자료를 엑셀로 옮길 때는 유용하지만, 프로그래밍을 위해서는 ①을 사용해야 합니다. 앞으로 나올 실습에서도 엑셀에서 CSV 파일을 만들 때는 ① CSV(쉼표로 분리)로 저장하겠습니다.

04-2 파이썬으로 CSV 파일 읽고 쓰기

이제 본격적으로 파이썬에서 CSV 파일을 인식하는 방법을 알아보겠습니다. 파이썬으로 CSV 파일을 읽으려면 csv 모듈을 사용하면 됩니다. 단, csv 모듈을 사용할 때는 자료를 csv 모듈에서 인식할 수 있는 형태로 바꿔야 합니다.

▶ 대문자 CSV는 데이터 형식 또는 파일 형식을, 소문자 csv는 파이썬에서 작동하는 모듈을 의미합니다. 단, 파일 이름일 때는 '파일 이름.csv'로 표기합니다.

노트패드++에서는 아무런 표식 없이 그냥 변수를 입력해도 엑셀이 알아서 변수를 입력받았습니다. 그러나 파이썬으로 CSV 파일을 읽기 위해서는 여러 개의 리스트로 구성된 형태의 자료로 바꿔야 합니다. 예를 들어 앞에서 만들었던 a.csv 파일을 csv 모듈을 이용해 가공하려면 다음과 같은 형태로 바꿉니다.

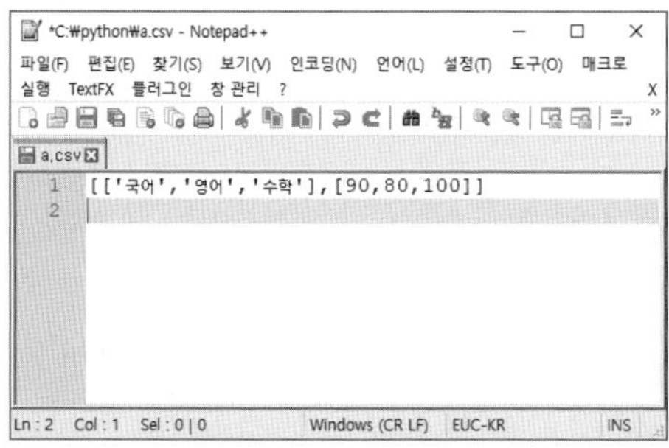

그림 4-9 | 파이썬에서 사용하기 위해서는 CSV 파일의 자료 형태를 바꿔야 합니다

리스트의 집합으로 이뤄진 이 자료형은 나중에 살펴보겠지만 넘파이(numpy) 모듈에서 배열(matrix)을 정의하는 방식과도 같아서 파이썬과 친해지려면 꼭 알아야 합니다. **편의를 위해서 이와 같은 리스트를 'CSV형'이라고 하겠습니다.** CSV형의 기본 형태는 다음과 같습니다.

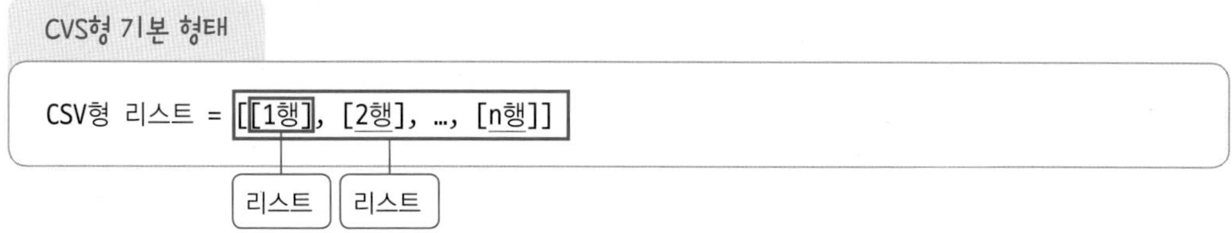

그림 4-10을 보면 CSV형이 CSV 파일로 어떻게 바뀌는지 확인할 수 있습니다. 이 자료형은 리스트 안에 리스트가 들어가 있는 형태로, 나중에 넘파이 모듈에서 행렬을 정의할 때도 사용하는 방식입니다. 첫 번째 리스트는 첫 번째 행으로, 두 번째 리스트는 두 번째 행으로 인식됩니다.

CSV 파일을 파이썬으로 불러오는 것을 '읽다(read)'라고 하고, 파이썬으로 가공한 파일을 CSV 파일로 저장하는 것을 '쓰다(write)'라고 표현합니다. 이 개념을 정확하게 이해해야 나중에 csv 모듈을 사용해 명령을 구현할 때 헷갈리지 않습니다.

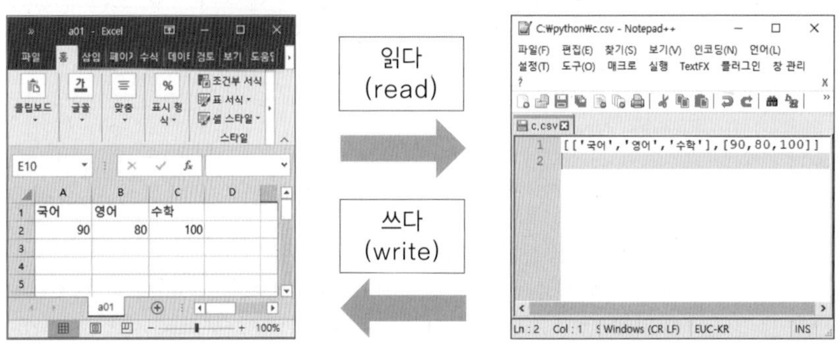

그림 4-10 | 파이썬에서 CSV 파일을 불러오는 것은 '읽다(read)', CSV 파일로 바꾸는 것은 '쓰다(write)'로 표현합니다

CSV 파일 읽기

그럼 CSV 파일 읽기부터 시작해 보겠습니다. 이미 만들어 놓은 CSV 파일 a.csv를 불러와서 한번 읽어 볼까요? 약간 지루해 보일 수 있는 다음 과정을 계속 연습하는 이유는 '불러오기'와 '읽기'를 손에 익혀야 파이썬과 친해질 수 있기 때문입니다. 친구들끼리 연락을 자주 해야 서로 관계가 가깝다고 느끼는 것처럼 파이썬에서도 역시 파일을 자주 불러오는 습관을 들여야 친해집니다.

```
>>> import csv, os                                  # csv와 os 모듈을 임포트 합니다
>>> os.chdir(r'C:\Users\user\do-it-python\04')     # a.csv 파일이 있는 폴더로 이동합니다
>>> f = open('a.csv', 'r')                          # 읽기 모드(r)로 a.csv 파일을 엽니다
```

만약 a.csv가 열리지 않는다면 인코딩 형식을 UTF-8로 바꿔야 합니다.

```
>>> f = open('a.csv', 'r', encoding='utf8')
```

CSV 파일을 저장한 객체를 파이썬에서 읽으려면 csv.reader를 사용해야 합니다.

```
>>> new = csv.reader(f)  # 객체 f를 csv.reader로 읽어 new라는 객체에 저장합니다
>>> new                  # new를 입력하면 csv 모듈의 객체임을 확인할 수 있습니다
<_csv.reader object at 0x000002A73C75BE80>
>>> for i in new:
        print(i)         # new를 출력합니다

['국어', '영어', '수학']
['90', '80', '100']      # a.csv의 내용이 잘 출력되네요
```

이제 a.csv 파일의 내용을 파이썬에서 사용할 수 있도록 CSV형 리스트로 바꿔 보겠습니다.

```
>>> a_list = []              # CSV형 리스트로 바꾸기 위해서 임의의 객체(a_list)를 하나 만듭니다
>>> for i in new:
        print(i)
        a_list.append(i) # a_list에 i를 한 행씩 차례대로 저장합니다

>>> a_list                   # a_list에 값이 잘 저장되었는지 확인합니다
[]
```

a_list 객체에 값이 텅 비어 있군요. 어떻게 된 걸까요? 처음 반복문(for i in new: print(i))을 수행하면서 커서가 맨 마지막으로 이동했기 때문입니다. 다시 파일을 처음부터 읽기 위해서는 seek() 함수를 사용해 보이지 않는 커서를 처음으로 옮겨야 합니다.

```
>>> f.seek(0)       # 커서를 처음으로 이동합니다
0                   # 0이 출력되면 커서가 처음으로 이동했다는 의미입니다
>>> for i in new:
        print(i)
        a_list.append(i)

['국어', '영어', '수학']
['90', '80', '100']
>>> a_list
[['국어', '영어', '수학'], ['90', '80', '100']]
# a_list 객체에 CSV형 리스트로 내용이 저장되었습니다
```

여기까지 이해가 되었다면 이런 의문이 들 것 같습니다. '엑셀에서 CSV 데이터를 그냥 불러서 사용하면 되는데, 왜 굳이 파이썬으로 CSV 파일의 내용을 불러와 CSV형 리스트로 바꾸지?' 그 이유는 파이썬으로 일단 불러들이면 리스트의 화려한 기능으로 할 수 있는 연산과 작업이 무궁무진하게 많아지기 때문입니다. 먼저 a.csv 파일을 csv 모듈로 가져와 파이썬에서 가장 가공하기 좋은 형태인 리스트형으로 만들었습니다. 이제 파이썬이 제공하는 리스트의 수많은 기능을 a.csv 파일에서 가져온 자료를 가공하는 데 쓸 수 있습니다. 예를 들어 조건문으로 특정한 숫자나 조건을 포함한 행만 출력할 수 있습니다.

CSV 파일을 불러올 때마다 매번 이렇게 번거로운 작업을 한다면 귀찮겠죠? 앞에서 배운 함수 만드는 방법을 활용해 이 작업을 함수로 만들어 두면 편하게 사용할 수 있습니다. 필자는 이 작업을 opencsv라는 이름의 함수로 저장해서 매번 사용합니다. 이렇게 함수로 저장하면 파일 이름만 입력해서 CSV 파일을 열 때 열 수 있습니다.

```
>>> def opencsv(filename):                    # 파일을 열 때는 opencsv('test.csv')라고 써야 합니다
        f = open(filename, 'r')
        reader = csv.reader(f)
        output = []
        for i in reader:
            output.append(i)
        return output
```

이제 opencsv() 함수에 파일 이름만 입력하면 CSV 파일 내용을 CSV형으로 쉽게 만들 수 있습니다. 다음과 같이 a.csv보다 살짝 복잡한 형태로 example2.csv를 만들어 확인해 보겠습니다.

그림 4-11 | example2.csv 파일을 이와 같이 간단히 입력합니다

```
>>> opencsv('example2.csv')
[['이름', '국어', '영어', '수학'], ['a', '90', '80', '100'], ['b', '80', '90', '90'],
['c', '100', '80', '60']]
# 함수에 CSV 파일 이름만 정확하게 입력하면 곧바로 CSV형 리스트를 도출합니다
```

지금까지 CSV 파일을 파이썬으로 읽어 오는 과정을 정리하면 다음과 같습니다.

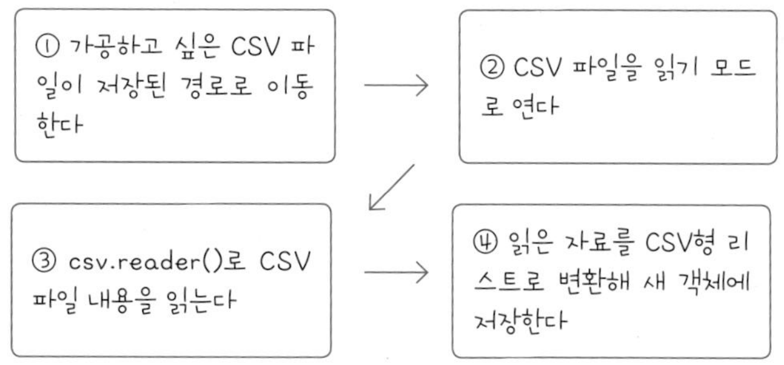
① 가공하고 싶은 CSV 파일이 저장된 경로로 이동한다
② CSV 파일을 읽기 모드로 연다
③ csv.reader()로 CSV 파일 내용을 읽는다
④ 읽은 자료를 CSV형 리스트로 변환해 새 객체에 저장한다

알아
두면
좋아요!

만든 함수는 저장해서 활용하세요

opencsv() 함수와 같이 여러 상황에서 자주 쓰는 코드는 따로 저장해 놓으세요. 이렇게 코드를 저장해 놓으면 일일이 입력하지 않아도 되고 코드를 짜는 법이 헷갈려도 함수를 사용하는 데 문제가 없습니다.

```
def opencsv(filename):
    f = open(filename, 'r')
    reader = csv.reader(f)
    output = []
    for i in reader:
        output.append(i)
    return output
    f.close()
```

이렇게 저장한 파일을 모듈로 만들면 작성한 코드를 더 쉽게 인터프리터에서 활용할 수 있습니다. 이 방법은 조금 뒤에 다루겠습니다.

CSV 파일 쓰기

이번에는 CSV 파일 쓰는 법을 연습해 보겠습니다. 쓰는 법도 읽는 법만큼이나 간단합니다.

먼저 CSV형 리스트를 만들어 보겠습니다. 여기에서는 조금 더 실습하는 실감이 나도록 서울시 인구 통계를 사용하겠습니다. 2019년 2/4분기 기준 서울시 4개 구의 인구를 살펴보니 다음과 같았습니다.

표 4-1 | 2019년 2/4분기 서울시 구별 인구(일부)

구	전체	내국인	외국인
관악구	519864	502089	17775
강남구	547602	542498	5104
송파구	686181	679247	6934
강동구	428547	424235	4312

이 자료를 CSV형 리스트로 노트패드++에 입력해 보겠습니다. 먼저 앞에 있는 표 내용을 그대로 노트패드++에 붙여 넣습니다. IDLE에서는 텍스트를 편집하기 번거로우므로 에디터에서 자료를 CSV형 리스트로 편집한 다음, 옮기는 것이 좋습니다.

▶ 바로 인터프리터에서 작업해도 괜찮습니다.

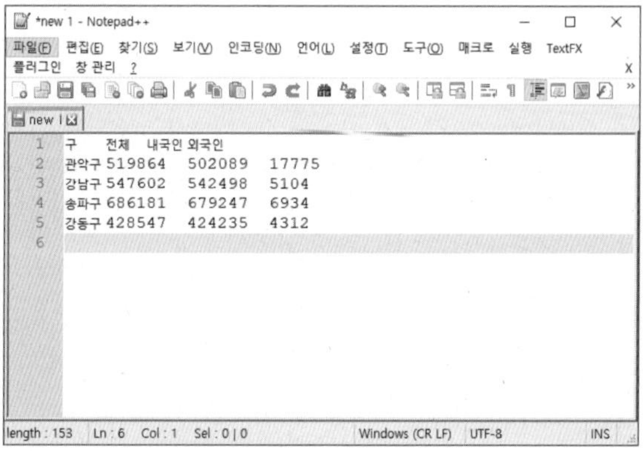

```
구	전체	내국인	외국인
관악구	519864	502089	17775
강남구	547602	542498	5104
송파구	686181	679247	6934
강동구	428547	424235	4312
```

그림 4-12 | CSV형 자료로 편집하기 좋게 표 내용을 에디터로 옮깁니다

CSV형 규칙에 맞게 다음과 같이 자료를 수정합니다. 이 규칙은 나중에 넘파이를 활용할 때도 유용하게 사용되니 한 번 더 확인하겠습니다. 꼭 기억하세요.

CVS형 기본 형태

```
CSV형 리스트 = [[1행], [2행], …, [n행]]
```

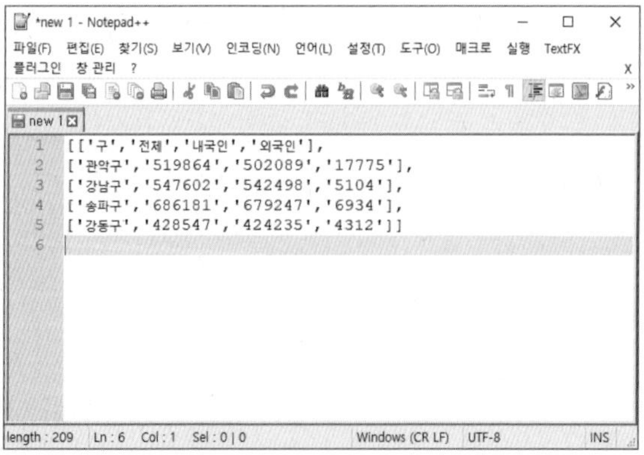

```
[['구','전체','내국인','외국인'],
['관악구','519864','502089','17775'],
['강남구','547602','542498','5104'],
['송파구','686181','679247','6934'],
['강동구','428547','424235','4312']]
```

그림 4-13 | CSV형 리스트 규칙에 맞게 자료를 편집합니다

이제 IDLE 인터프리터를 열어 앞에서 만든 CSV형 리스트를 a 객체에 저장합니다.

```
>>> a = [['구', '전체', '내국인', '외국인'],   # 앞에서 만든 CSV형 리스트를 a 객체에 저장합니다
        ['관악구', '519864', '502089', '17775'],
        ['강남구', '547602', '542498', '5104'],
        ['송파구', '686181', '679247', '6934'],
        ['강동구', '428547', '424235', '4312']]
```

이제 새 CSV 파일을 쓰기 모드로 만들어서 엽니다. 이때 newline=''을 open() 함수에 입력해야 합니다. 만약 입력하지 않으면 줄 바꿈이 한 번 더 일어나서 나중에 CSV 파일을 열었을 때 따로 편집해야 하기 때문입니다.

```
>>> f = open('abc.csv', 'w', newline='', encoding='utf-8-sig')
# 새 CSV 파일을 쓰기 모드(w)로 엽니다
```

csv.writer()는 CSV형 리스트를 파일에 쓸 수 있게 만들어 줍니다. csv.writer()에 객체 f를 입력한 값을 csvobject 객체에 저장합니다. 이때 delimiter=','로 지정합니다. 사용할 CSV형 리스트의 원소가 쉼표(,)로 구분되어 있을 때는 생략해도 명령이 작동합니다.

▶ 만약 CSV형 리스트의 원소가 세미콜론(;)으로 구분되어 있다면 delimiter=';'를 넣어줍니다.

```
>>> csvobject = csv.writer(f, delimiter=',')
>>>
```

CSV형 리스트가 저장된 객체를 파일에 쓸 때는 writerows()를 사용합니다. 한 줄씩 따로 입력할 때는 writerow()를 사용할 수도 있으나, 대부분 CSV 파일을 만들 때 완성된 리스트 형태로 자료를 만든 다음에 한 번에 입력하므로 writerows()를 주로 사용합니다.

마지막으로 csvobject.writerows(a)를 입력해 CSV 파일 안에 미리 준비한 CSV형 리스트 a를 저장합니다.

```
>>> csvobject.writerows(a)
>>> f.close()                    # 파일은 꼭 닫아 주세요
```

이제 파이썬 실행 폴더에 들어가면 새로 만든 abc.csv 파일이 있습니다. 엑셀로 열어 보면 다음과 같이 a 객체에 저장했던 CSV형 리스트 자료가 잘 정리되어 저장되었음을 확인할 수 있습니다.

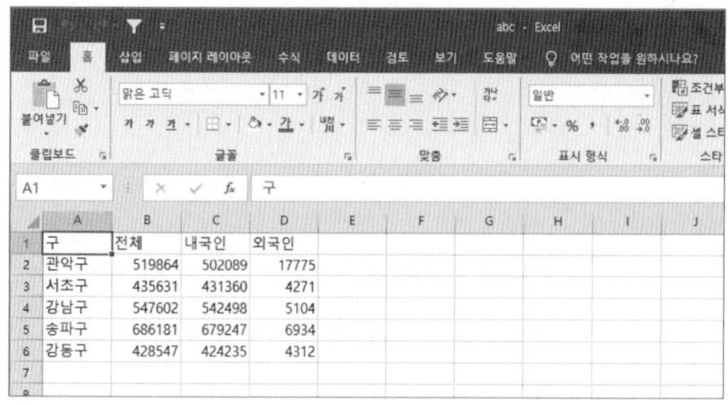

구	전체	내국인	외국인
관악구	519864	502089	17775
서초구	435631	431360	4271
강남구	547602	542498	5104
송파구	686181	679247	6934
강동구	428547	424235	4312

그림 4-14 | a 객체의 자료가 그대로 저장됩니다

파일을 읽을 때와 마찬가지로 쓰는 과정도 다음과 같이 함수로 저장할 수 있습니다. 여기에서는 writecsv() 함수로 정의하겠습니다. 소스 코드를 저장해 두고 필요할 때마다 opencsv()와 writecsv() 함수를 가져와 바로 사용해 보세요.

```
def writecsv(filename, the_list):
# 첫 번째 변수는 만들 파일 이름이고, 두 번째 변수는 CSV형 리스트를 저장한 객체입니다.
    with open(filename, 'w', newline='', encoding='utf-8-sig') as f:
    # 파일을 바로 닫기 위해 with 문을 사용합니다
    # 인코딩을 'utf-8-sig'로 지정하면 한글이 깨지는 문제를 예방합니다
        a = csv.writer(f, delimiter=',')
        a.writerows(the_list)
```

지금까지 CSV형 리스트를 CSV 파일로 저장하는 방법을 알아봤습니다. 그 과정을 정리하면 다음과 같습니다.

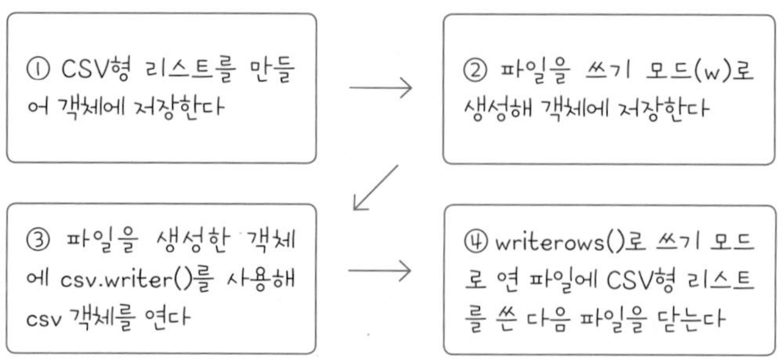

① CSV형 리스트를 만들어 객체에 저장한다
② 파일을 쓰기 모드(w)로 생성해 객체에 저장한다
③ 파일을 생성한 객체에 csv.writer()를 사용해 csv 객체를 연다
④ writerows()로 쓰기 모드로 연 파일에 CSV형 리스트를 쓴 다음 파일을 닫는다

Do it! 실습 나만의 모듈을 만들어 사용하기

opencsv() 함수와 writecsv() 함수는 쓰임새가 매우 많으니 이제부터 두 함수를 묶어 usecsv라는 별도의 모듈로 만들어 사용하겠습니다(usecsv라는 이름을 사용하지 않아도 됩니다). 이렇게 모듈로 만들면 언제 어디서든 필요한 폴더에서 usecsv.py를 바로 임포트 해서 사용할 수 있습니다. 그렇게 하려면 다음 몇 단계를 거쳐야 합니다.

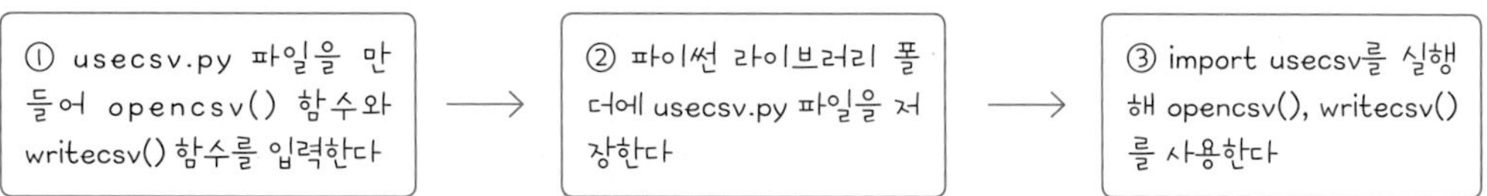

모듈을 직접 만드는 건 처음이니 차근차근 진행해 보겠습니다.

1 usecsv.py 파일에 opencsv(), writecsv() 함수 입력하기

파이썬 코드를 작성할 때 가장 먼저 파이썬 파일을 만들어야 합니다. 여러분의 컴퓨터에 파이썬을 설치했다면 확장자를 .py로 저장하기만 해도 컴퓨터는 이 파일을 파이썬 파일로 인식합니다. 필자는 test.py라는 식으로 먼저 파이썬 파일을 저장하고 코딩을 시작합니다. 이때 저장 경로를 꼭 확인하세요. 이번에는 usecsv 모듈을 만들 것이므로 usecsv.py라는 파일 이름으로 저장합니다.

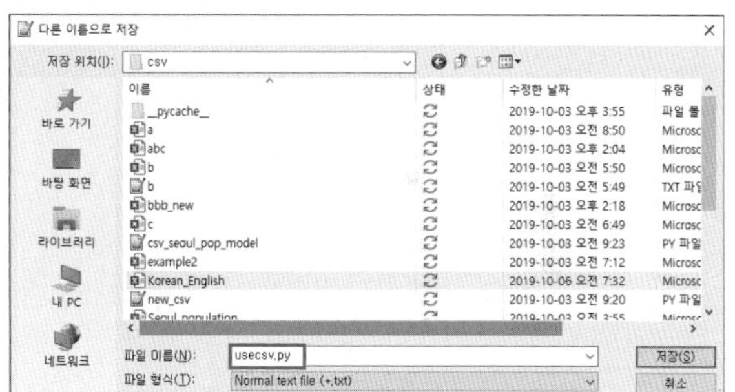

그림 4-15 | 먼저 usecsv.py라는 파이썬 파일을 만듭니다

왼쪽은 .py 확장자로 저장하기 전이고, 오른쪽은 usecsv.py로 저장한 것입니다. 오른쪽에서 에디터가 이 파일을 파이썬 프로그램이라고 인식해 변수 이름, 함수 이름 등에 다른 색을 입히고, 들여쓰기 수준도 나타냄을 확인할 수 있습니다. 이렇게 하면 코딩할 때 매우 편리합니다.

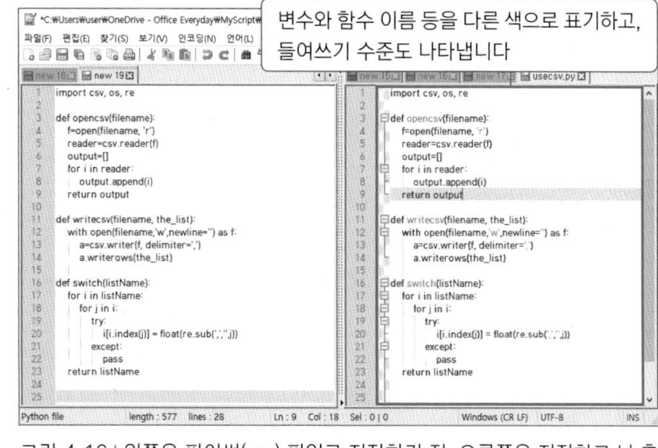

변수와 함수 이름 등을 다른 색으로 표기하고,
들여쓰기 수준도 나타냅니다

그림 4-16 | 왼쪽은 파이썬(.py) 파일로 저장하기 전, 오른쪽은 저장하고 난 후입니다

이 상태에서 노트패드++에 다음과 같이 지금까지 배운 함수를 입력해 봅니다. opencsv() 함수와 writecsv() 함수를 복습하는 기분으로 다시 코딩해 볼까요?

▶ 04장 실습 파일 폴더에 들어 있는 usecsv.py를 사용해도 됩니다.

```
import csv, os
# 새롭게 시작할 때 csv 모듈을 먼저 임포트 합니다
def opencsv(filename):
    f = open(filename, 'r', encoding='utf8')
    # 이후 한글을 포함한 파일을 불러올 일이 잦으므로 utf8로 저장했다고 가정합니다
    reader = csv.reader(f)
    output = []
    for i in reader:
        output.append(i)
    f.close()
    return output
# opencsv() 함수에서는 f를 파일 객체로 해 직접 open 하는 방식을 사용했습니다

def writecsv(filename, the_list):
    with open(filename, 'w', newline = '', encoding='utf-8-sig') as f:
        a = csv.writer(f, delimiter=',')
        a.writerows(the_list)
# writecsv() 함수에서는 with 문을 사용해 코드 길이가 조금 더 짧습니다
```

2 노트패드++에서 writecsv()를 사용해 test.csv 파일 만들기

지금까지 입력한 것은 '함수'입니다. 어떤 결과물을 출력하려면 지금까지 입력한 함수를 사용하는 명령어도 입력해야겠죠. 앞에 이어서 간단한 CSV형 리스트를 CSV 파일로 저장하는 코드를 입력하겠습니다.

```
import usecsv                                   # 앞에서 만든 usecsv 모듈을 임포트 합니다
os.chdir(r'C:\Users\user\do-it-python\04') # CSV 파일을 저장할 경로로 이동합니다
a = [['국어', '영어', '수학'], [99, 88, 77]] # CSV형 리스트 a를 만듭니다
usecsv.writecsv('test.csv', a)                  # test.csv 파일을 만들어 a 객체의 내용을 씁니다
```

모듈이 제대로 만들어졌는지 파이썬 프로그램을 실행해 확인해 보겠습니다. 파일을 다시 저장한 다음, F6을 누르면 파이썬 프로그램이 실행됩니다.

▶ NppExec 플러그인이 설치되어 있어야 합니다. 없다면 01장을 참고해 설치 후 진행하세요.

```
    output = []
    for i in reader:
        output.append(i)
    return output
## opencsv() 함수에서는 f를 파일 객체로 하여 직접 open하는 방식을 사용했습니다

def writecsv(filename, the_list):
    with open(filename, 'w', newline = '') as f:
        a = csv.writer(f, delimiter = ',')
        a.writerows(the_list)
## writecsv() 함수에서는 with 문을 사용해 조금 더 코드 길이가 짧습니다

import usecsv
os.chdir(r'C:\python\csv')
a = [['국어','영어','수학'],[99,88,77]]
writecsv('test.csv', a)
```

```
python "C:₩python₩usecsv.py"
Process started (PID=4488) >>>
<<< Process finished (PID=4488). (Exit code 0)
================ READY ================
```

메시지를 확인하세요

그림 4-17 | 콘솔 창에 메시지가 뜨면 정상적으로 실행된 것입니다

실행했으면 파일을 저장한 폴더로 가보세요. test.csv가 생성되었을 겁니다. 열어 보면 엑셀 파일에 a 객체에 들어 있던 CSV형 리스트가 제대로 입력되었음을 확인할 수 있습니다.

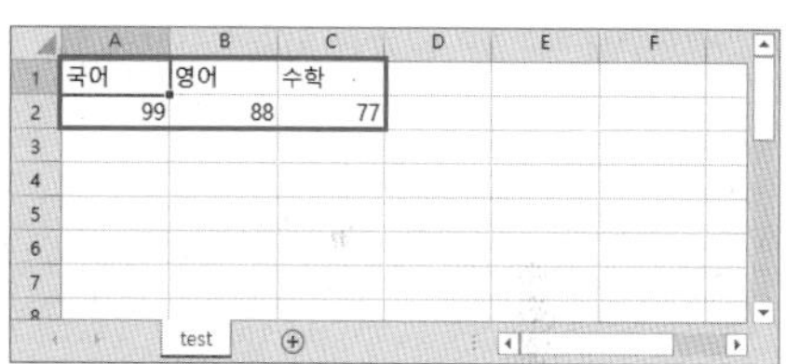

그림 4-18 | 파이썬 프로그램으로 CSV 파일을 써 봤습니다

3 파이썬 라이브러리에 usecsv 모듈 저장하기

자, 이제 usecsv 모듈을 사용하는 건 문제없을 겁니다. 작업 경로에 usecsv.py 파일을 복사해 놓고 필요할 때 임포트 하면 되니까요. 그런데 os 모듈이나 re 모듈처럼 어떤 폴더에서나 실행할 수 있다면 훨씬 편하겠지요?

이 책의 구성을 따라왔다면 모든 폴더에서 파이썬을 사용할 수 있도록 설정했을 것입니다. 여기에서 목적은 설치 폴더 안에 있는 라이브러리 폴더(Lib)를 찾는 것입니다. 기본 설정이라면 다음 폴더에 파이썬을 설치합니다.

```
C:₩Users₩user₩AppData₩Local₩Programs₩Python₩Python3xx
```

▶ 라이브러리(library)란 다른 프로그램의 구성 요소로 사용하고자 미리 만들어 둔 프로그램 조각을 의미합니다.

파이썬 설치 폴더에서 Lib 폴더를 찾았다면 이 폴더 안으로 들어갑니다. 이 폴더는 사용할 모듈을 저장하는 곳으로, os, re, json 등의 기본 모듈이 있습니다. 이 폴더에 자신이 만든 모듈을 저장하면 다른 모듈과 마찬가지로 어디서든 임포트 해서 활용할 수 있습니다.

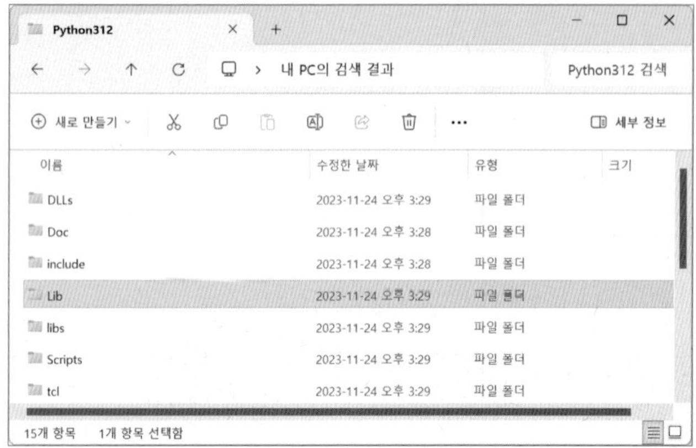

그림 4-19 | [Python3xx 폴더 → Lib]으로 들어갑니다

이 폴더에 앞에서 만든 usecsv.py를 복사합니다. 이제 usecsv 모듈을 os, re 모듈처럼 사용할 수 있습니다.

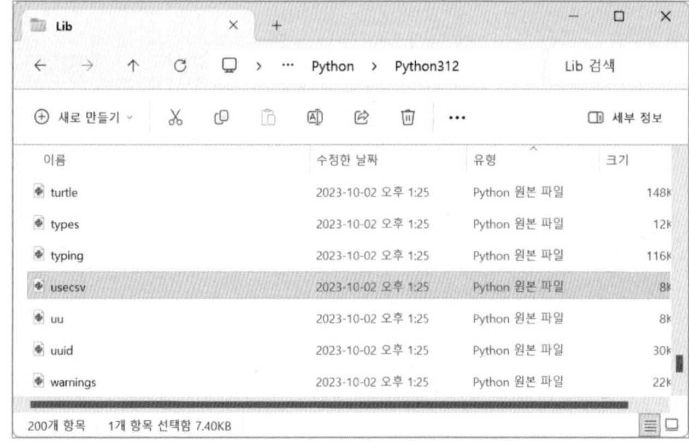

그림 4-20 | usecsv.py 파일을 Lib 폴더에 복사합니다

usecsv 모듈을 정상으로 설치했는지 확인해 볼까요? IDLE을 다시 시작한 다음, 작업 경로로 이동하지 말고 바로 usecsv 모듈을 임포트 해보세요. 오류 메시지가 나오지 않는다면 이제 어떤 경로에서나 usecsv 모듈을 사용할 수 있습니다.

```
>>> import usecsv
```

같은 방법으로 다양한 함수를 모듈로 만들 수 있습니다. 그리고 만든 모듈을 Lib 폴더에 저장하면 어떤 폴더에서든 직접 만든 모듈을 사용할 수 있습니다.

4 IDLE 인터프리터에서 usecsv 모듈 임포트 하고 사용하기

파이썬이 작동하는 방식을 확인하고자 명령 프롬프트나 터미널 환경에서 usecsv 모듈을 사용해 보겠습니다. 윈도우 키를 누르고 'cmd'를 입력하면 명령 프롬프트로 이동합니다. 앞서 파이썬 경로 설정이 올바르다면 이곳에 'python'만 입력하면 바로 파이썬 프롬프트를 시작합니다.

▶ test.csv 파일을 연 채로 usecsv 모듈로 파일을 수정하면 오류가 발생합니다.

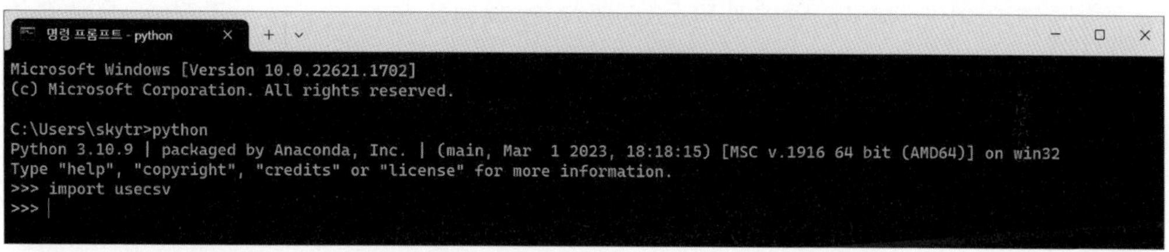

그림 4-21 | 명령 프롬프트로 파이썬 프롬프트를 시작했습니다

```
>>> import os, usecsv                                # os 모듈과 usecsv 모듈을 임포트 합니다
>>> os.chdir(r'C:\Users\user\do-it-python\04')       # 파일을 저장할 경로로 이동하세요
>>> a = [['물리', '화학', '생물'], [70, 99, 100]]    # 새롭게 CSV형 리스트를 작성했습니다
>>> usecsv.writecsv('test.csv', a)                   # usecsv 모듈에 있는 writecsv() 함수를
                                                       사용합니다
```

모듈을 정상으로 실행했다면 오류 메시지가 나타나지 않습니다. 이제 test.csv 파일을 다시 열면 내용이 바뀌었음을 확인할 수 있습니다.

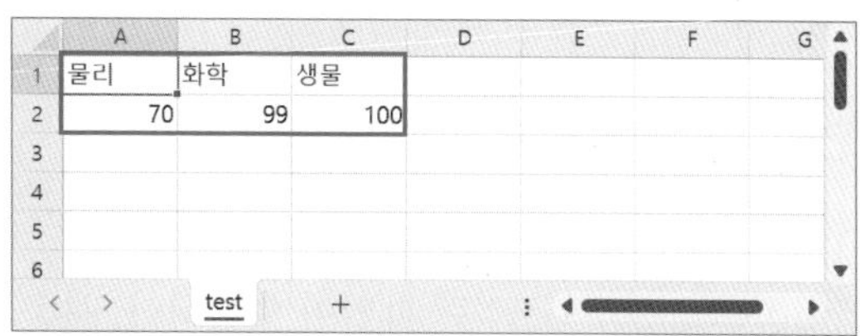

그림 4-22 | usecsv 모듈을 사용해 test.csv 파일의 내용을 변경했습니다

직접 만든 usecsv 모듈을 명령 프롬프트 환경에서 임포트 하고 사용했습니다. 이렇게 모듈을 직접 만들어 임포트 해 사용하는 것은 매우 큰 의미가 있습니다. **원하는 대로 파이썬 프로그램을 모듈로 만들어 공부나 업무에 자유롭게 사용할 수 있기 때문입니다.**

04-3 CSV 파일 안의 문자를 숫자로 전환하기

이제 CSV 형식을 다루는 것에는 큰 문제가 없어 보입니다. 이제 CSV 파일에서 불러온 내용을 파이썬 리스트형의 여러 기능을 이용해 마음대로 가공하면 됩니다. 하지만 큰 문제가 아직 하나 남아 있습니다. 숫자 데이터를 받아 연산을 하고 싶은 경우에 자료형이 정수(int), 혹은 실수형(float)이어야 하는데, 앞에서 만든 usecsv.py 모듈은 모든 자료를 문자형(str)으로 불러온다는 것입니다.

이런 단점은 코드 몇 줄로 보완할 수 있습니다. 이번에는 usecsv 모듈로 불러온 파일의 자료형을 숫자로 바꾸는 방법을 알아보겠습니다.

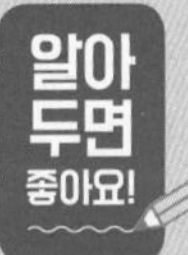

통계 자료를 다루는 방법은 많습니다

여기서 다룰 CSV 파일 가공 방법은 통계 자료를 처리하는 가장 적합한 방법이 아닐 수 있으며, 사용 목적에 따라서 넘파이(numpy)와 판다스(pandas) 등 다른 모듈이 더욱 효율적일 수 있습니다. 여기서 다루는 방식은 CSV 파일을 다루는 연습 과정이며, 이 과정은 물론 넘파이 등으로 수치를 다루는 데에도 도움이 됩니다. 행여 앞으로 사용할 방법이 통계 자료를 처리하는 '유일한' 방법이라고 오해하지 않았으면 합니다.

CSV 파일 불러와서 형식 확인하기

먼저 서울시 구별 주민등록인구 통계를 한번 살펴보겠습니다. 04장 실습 파일을 살펴보면 'popSeoul2023.csv'란 파일이 있습니다. 서울시열린데이터광장(https://data.seoul.go.kr/)에서 서울시 구별 주민등록인구 통계(2023년)를 내려받아 실습을 위해 조금 수정한 파일입니다. popSeoul2023.csv 파일을 열어 보세요.

구	계	한국인	등록외국인	고령자
종로구	152,212	141,060	10,952	28,265
중구	131,390	120,963	10,613	25,353
용산구	232,482	217,756	14,781	39,478
성동구	287,240	280,240	7,190	48,238
광진구	350,925	336,801	14,651	54,854
동대문구	354,884	337,574	17,552	65,154
중랑구	389,928	385,003	5,044	76,116
성북구	441,855	430,100	11,923	78,427
강북구	296,934	292,762	4,389	67,056
도봉구	312,858	310,509	2,400	68,114
노원구	506,989	502,515	4,537	93,279
은평구	468,766	464,871	3,997	90,556
서대문구	321,966	308,437	13,604	56,785
마포구	376,542	365,570	11,174	56,582
양천구	442,345	439,219	3,164	73,522
강서구	573,711	568,287	5,543	98,659
구로구	417,983	395,183	22,941	77,259
금천구	242,467	229,307	13,332	43,772
영등포구	398,999	376,614	22,703	66,014
동작구	390,377	380,201	10,221	68,766
관악구	502,628	487,815	15,238	83,420
서초구	408,979	404,831	4,269	63,328
강남구	537,817	532,798	5,188	83,097
송파구	663,704	658,006	5,771	105,161
강동구	464,027	459,982	4,052	79,706

그림 4-23 | popSeoul2023.csv을 열면 서울시 구별 주민등록인구 통계(2023)가 저장되어 있습니다

자, 이제 본격적으로 파일을 가공하기 위한 절차를 밟아 보겠습니다.

```
>>> import os       # os 모듈을 먼저 임포트 합니다
>>> import usecsv   # usecsv 모듈을 임포트 합니다
>>> total = usecsv.opencsv(r'C:\Users\user\do-it-python\04\popSeoul2023.csv')
    # 한 번에 원하는 폴더의 파일을 찾아 이동했습니다
>>> for i in total [:5]:
        print(i)  # total에 어떤 자료가 들어왔는지 확인합니다

['구 ', ' 계   ', ' 한국인   ', ' 등록 외국인  ', ' 고령자  ']
['종로구', ' 152,212 ', ' 141,060 ', ' 10,952 ', ' 28,265 ']
['중구', ' 131,390 ', ' 120,963 ', '10,613', ' 25,353 ']
['용산구', ' 232,482 ', ' 217,756 ', ' 14,781 ', ' 39,478 ']
['성동구', ' 287,240 ', ' 280,240 ', ' 7,190 ', ' 48,238 ']
```

여기서부터는 고민을 좀 해야 합니다. CSV형 리스트에는 한 리스트 안에 여러 리스트가 있고, 그 리스트 안에 있는 원소를 원하는 형태의 새로운 원소로 바꿔야 합니다.

이처럼 복잡한 문제를 겪을 때는 단순하게 시작해 보는 것이 좋습니다. 예를 들어 두 번째 행은

['종로구', ' 152,212 ', ' 141,060 ', ' 10,952 ', ' 28,265 ']인데 이 중에서 ' 152,212 ', ' 141,060 ', ' 10,952 ', ' 28,265 '를 152212, 141060, 10952, 28265로 바꿔야겠네요. 아주 작은 것부터 시작해 봅니다.

Do it! 실습 문자형 자료를 숫자형으로 바꾸기

1 float() 함수로 바로 바꾸기

먼저 문자형으로 만들어진 자료를 숫자형으로 바꾸는 것부터 시작해 볼까요? 숫자형에는 정수형(int)와 실수형(float)이 있는데, 문자형에 **int()** 함수를 사용하면 정수형으로, **float()** 함수를 사용하면 실수형으로 바뀝니다.

```
>>> i = '123'
>>> float(i)        # float() 함수는 입력된 변수를 실수형으로 바꿉니다
123.0
>>> int(i)          # int() 함수는 입력된 변수를 정수형으로 바꿉니다
123
```

여기에서는 문자형을 실수형으로 바꿔 보겠습니다. 그런데 문제가 있습니다. '152,212'는 숫자형으로 직접 바꿀 수가 없습니다. 바로 세 자리마다 있는 쉼표(,) 때문입니다.

```
>>> float('152,212')
Traceback (most recent call last):
  File "<pyshell#34>", line 1, in <module>
    float('152,212')
ValueError: could not convert string to float: '152,212' # 쉼표(,) 때문에 오류가 발생합니다
```

먼저 문자열(str)에 내장된 **replace** 메서드를 사용해 쉼표(,)를 제거한 다음 **float()** 함수를 사용하면 실수형으로 바꿀 수 있겠네요.

```
>>> float(' 152,212 '.replace(',', ''))
# 먼저 replace(찾을 문자, 바꿀 문자)로 쉼표 삭제 후 실수형으로 변형합니다
152212.0
>>> type(float(' 152,212 '.replace(',', '')))
# type 명령어로 유형이 잘 바뀌었는지 확인합니다
<class 'float'>                          # 실수형으로 바뀌었습니다
```

이제 ['종로구', '152,212', '141,060', '10,952', '28,265']와 같은 리스트에서 두 번째, 세 번째, 네 번째, 다섯 번째(i[1], i[2], i[3], i[4]) 원소만 원하는 형태로 바꾸면 될 것 같습니다.

2 숫자 원소만 골라서 쉼표(,) 제거하기

먼저 파이썬에게 '합계', '서울', '강남구', '123', '334,344' 중에서 숫자형으로 바꿀 원소를 어떻게 구분하는지 알려 줘야 합니다. 여기서 한 가지 조건은 usecsv 모듈로 바꾼 모든 자료는 문자형(str)으로 되어 있다는 점입니다. 이를 바탕으로 할 일의 순서를 곰곰이 생각해 보겠습니다.

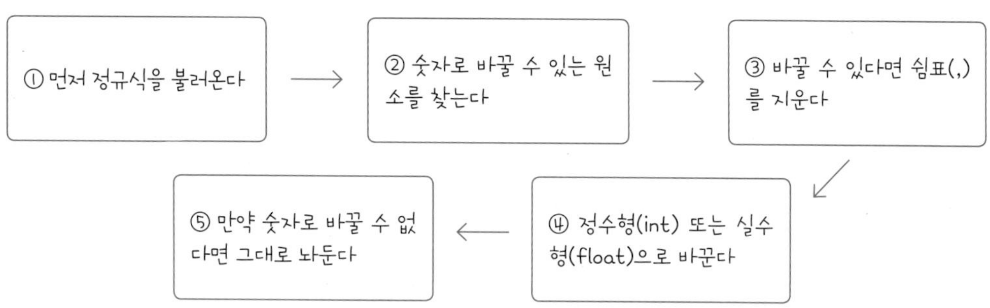

이와 같은 작업을 할 때는 아주 작은 단위에서부터 차근차근 프로그램을 짜는 것이 좋습니다. 처음부터 많은 작업을 한꺼번에 하려고 하면 오히려 시간을 낭비하게 됩니다. 시간을 낭비하지 않기 위해서라도 차근차근히 한 단계 한 단계 밟는 것이 좋습니다.

```
>>> import re              # 먼저 정규식을 불러옵니다
>>> i = total[1]           # 먼저 total[2]에 있는 자료 하나를 불러옵니다
>>> i
['종로구', '152,212', '141,060', '10,952', '28,265']     # 확인해 보니 '종로구'의 데이터네요
>>> k = []                                               # 새로운 빈 리스트를 하나 만듭니다
>>> for j in i:
        if re.search(r'\d', j):                          # j에 숫자가 들어 있다면
            k.append(float(re.sub(',', '', j)))          # 쉼표(,)를 삭제하고 실수형으로
                                                           바꿔 k에 저장합니다
        else:                                            # j에 숫자가 들어 있지 않다면
            k.append(j)                                  # 그대로 k에 저장합니다

>>> k
['종로구', 152212.0, 141060.0, 10952.0, 28265.0]         # 실수형으로 바뀌었습니다
```

3 문자와 숫자가 섞인 원소 골라내기

사실 앞에서 사용한 방법은 두 가지 문제가 있습니다. 먼저, **'123강남'**이라는 원소가 있다면 이것을 파이썬은 '숫자가 포함되었으니 숫자형으로 바꿔야겠구나'라고 인식해 바꾸거나 여의치 않으면 오류 메시지를 냅니다.

```
>>> p = ['123강남', '151,767', '11,093', '27,394']  # '123강남' 원소를 추가했습니다
>>> k = [ ]
>>> for j in p:
        if re.search(r'\d', j):
            k.append(float(j.replace(',', '')))
        else:
            k.append(j)

Traceback (most recent call last):
  File "<pyshell#104>", line 3, in <module>
    k.append(float(j.replace(',', '')))
ValueError: could not convert string to float: '123강남'
# '123강남'은 문자를 포함하므로 float() 함수를 쓸 수 없어 오류가 납니다
```

이와 같은 오류를 피하려면 일단 다음과 같은 방식을 시도해 볼 수 있습니다. 알파벳 또는 한글이 있는 원소를 제외한 원소만 실수형으로 바꾸는 것입니다. for 문을 다음과 같이 수정하고 k를 확인해 보면 **'123강남'**을 숫자로 인식하지 않았네요. 조건이 훨씬 더 강력해졌습니다.

```
>>> for j in p:
        if re.search('[a-z가-힣]', j):  # 알파벳 또는 한글이 있다면 그대로 k에 저장합니다
            k.append(j)
        else:
            k.append(float(j.replace(',', '')))

>>> k
['123강남', 151767.0, 11093.0, 27394.0]
```

4 특수 문자와 숫자가 섞인 원소 골라내기

그런데 이 방식 역시 완벽한 것은 아닙니다. 이번엔 특수 문자(!)와 숫자만 포함한 경우를 생각해 봅시다.

```
>>> i = ['123!!', '151,767', '11,093', '27,394']   # '123!!'이란 원소를 추가했습니다
>>> k = []
>>> for j in i:
        if re.search('[a-z가-힣]', j):
            k.append(j)
        else:
            k.append(float(j.replace(',', '')))

Traceback (most recent call last):
  File "<pyshell#183>", line 5, in <module>
    k.append(float(re.sub(',','',j)))
ValueError: could not convert string to float: '123!!'
# '123!!'에는 한글이나 알파벳이 없지만 느낌표(!)가 있어서 숫자형으로 바뀌지 않아 오류가 발생합니다
>>> for j in i:
        if re.search('[a-z가-힣!]', j):        # search() 함수에 느낌표(!)를 추가했습니다
            k.append(j)
        else:
            k.append(float(j.replace(',', '')))

>>> k
['123!!', 151767.0, 11093.0, 27394.0]          # '123!!'을 제외한 나머지만 실수로 바꿨습니다
```

지금까지는 기존의 i라는 리스트를 놔두고 별도의 k라는 리스트를 새로 만들어 해결했는데, i에서 해당하는 원소만 바꾸는 방법도 있습니다. 다음과 같은 방법을 쓰면 됩니다.

예를 들어 j = '123!!'이라면 j값에 느낌표(!)가 있으므로 if 문이 실행됩니다. i.index(j)는 j가 들어 있는 인덱스 번호를 의미합니다. '123!!'은 i 리스트의 첫 번째 원소이므로 i.index(j) = 0이 됩니다. 즉, i[0] = '123!!'이 되므로 i 리스트의 첫 번째 원소에 '123!!'이 그대로 저장됩니다. j = '151,767'이라면 else 문이 실행되며, i 리스트의 두 번째 원소에 '151,767'에서 쉼표를 제거하고 실수형으로 만든 값이 저장됩니다.

```
>>> for j in i:
        if re.search('[a-z가-힣!]', j):
            i[i.index(j)] = j   # j가 있던 자리에 그대로 j를 저장합니다
        else:
            i[i.index(j)] = float(j.replace(',', ''))
            # j가 있던 자리에 j를 실수형으로 바꿔 저장합니다

>>> i
['123!!', 151767.0, 11093.0, 27394.0]
```

이제 굳이 k라는 리스트를 따로 만들지 않고서도 기존의 i라는 리스트 안의 변수를 새로 바꿀 수 있게 되었습니다. 이렇게 조건문을 만들 때는 가장 본질적으로 변수를 구분하는 것이 무엇인지 항상 생각해야 합니다.

예외 처리로 오류 넘어가기

지금까지 하나의 리스트에서 숫자 또는 숫자와 쉼표로 이루어진 원소만 골라내 실수형으로 바꾸고 기존 원소를 그 원소로 대체하는 것까지 성공했습니다. 물론 여전히 완벽한 코드는 아닙니다. 문자형을 숫자형으로 바꿀 때 조건식이 완전하지 않은데, 그 이유는 조건문을 피하는 경우의 수가 여전히 존재하기 때문입니다. 예를 들어 ''(빈 문자열)을 원소로 집어넣으면 바로 또 오류가 납니다.

```
>>> i = ['123!!', '151,767', '11,093', '27394', ''] # i에 ''(빈 문자열)을 추가했습니다
>>> for j in i:                                     # 앞에서 썼던 for 문을 그대로 사용합니다
        if re.search('[a-z가-힣!]', j):
            i[i.index(j)] = j
        else:
            i[i.index(j)] = float(j.replace(',', ''))

Traceback (most recent call last):
  File "<pyshell#205>", line 5, in <module>
    i[i.index(j)] = (float(j.replace(',', '')))
ValueError: could not convert string to float:
# 빈 문자열을 숫자형으로 바꾸려 하니 오류가 발생하네요
```

오류가 발생하는 이유는 float() 함수, 즉 실수로 바꾸는 명령어가 숫자형으로 정확하게 바꿀 수 있는 값만 인수로 받고 나머지는 오류를 일으키기 때문입니다. '123,455'나 '123g'와 마찬가지로 ''도 정확하게 숫자로 바꿀 수 없는 값이라고 판단해 오류를 발생시키는 것입니다. 이처럼 오류로 고민할 때 필요한 것이 바로 예외 처리입니다. 예외 처리를 할 때는 try 문과 except 문을 사용합니다.

예외 처리 사용법

```
try:
    실행할 명령문
except:
    예외 처리 규정
```

원리는 단순합니다. 먼저 어떤 명령어를 실행해 보고 '명령이 작동하지 않는다면', 즉 오류가 발생한다면 작성한 예외 처리 규정을 실행하라는 명령입니다. try 문 뒤에 except 문으로 예외 처리 규정을 정해 주지 않으면 오류가 발생하니 주의하세요.

지금까지 만든 코드에 예외 처리를 적용하면 어떻게 될까요? 앞에서는 조건에 따라 숫자형으로 바꿀지 말지를 결정했지만, 예외 처리를 적용하면 훨씬 간단해집니다. float() 함수가 오류를 일으키면 예외로 처리해 넘어가고 오류를 일으키지 않는 경우에만 float() 함수를 사용해 실수형으로 바꾸라고 명령할 수 있습니다. 나중에 복잡한 프로그래밍을 할 때도 이러한 예외 처리는 상당히 유용합니다.

```
>>> i = ['123!!', '151,767', '11,093', '27,394', '', '!!!$%']
# i에 특수문자와 빈 문자열로 된 원소를 추가합니다
>>> for j in i:
        try:
            i[i.index(j)] = float(j.replace(',', ''))    # 모든 j를 실수형으로 바꿔 봅니다
        except:                                          # 오류가 발생하면
            pass                                         # pass를 실행해 넘어갑니다

>>> i
['123!!', 151767.0, 11093.0, 27394.0, '', '!!!$%']      # 숫자만 골라 실수형으로 바꿨습니다
```

예외 처리는 왜 편리한가요?

필자는 학교에서 정식으로 프로그래밍을 배우지 않아 파이썬에서 이런 예외 처리를 처음 접했을 때 이 기능이 왜 필요한지 제대로 이해하지 못했습니다. 그런데 프로그래밍을 하다 보니 바로 지금 이야기하고 있는 문제와 비슷한 문제들을 숱하게 접하면서 '이럴 때 예외 처리를 하면 편리하구나'라는 생각을 하게 되었고, 지금은 예외 처리를 아주 많이 사용하고 있습니다.

예를 들어 파이썬으로 수천 줄의 데이터를 분석할 때 오류가 발생할 때마다 프로그램이 멈추면 어떻게 해야 할까요? 개발자는 그 오류가 무엇인지 밝혀 낼 때까지 다시 코딩해야겠죠. 사실 이것이 개발자들이 하는 일이기는 합니다. 하지만 우리는 **'오류가 발생하면 그냥 넘어가라'** 또는 **'이 오류에는 이 경고를 보내라'** 라고 예외 처리 규정을 만들어 처리하지 못한 데이터는 놔두고 나머지 데이터만 가지고 할 일을 하면 됩니다. 실행해 보고(try) 안 되면(except) 돌아가라는 일종의 출구 전략인 셈이지요. 대용량 데이터를 처리하면서 오류가 발생할 때마다 프로그램이 멈추지 않기를 바란다면 이 방법을 사용할 수 있습니다.

Do it! 실습 ▶ 예외 처리로 숫자만 골라서 숫자형으로 바꾸기

여기까지 이해했다면 CSV형 리스트에서 숫자형만 골라서 바꿀 수 있습니다. 앞서 불러왔던 '2023년 서울시 구별 주민등록인구 통계'는 `total` 객체에 CSV형 리스트로 저장해 놓았지요? 여기에서 숫자형으로 바꿀 수 있는 원소만 골라서 바꿔 보겠습니다.

```
>>> i = total[1]
>>> k = []
>>> for j in i:
        if re.search(r'\d', j):   # j에 숫자가 들어 있다면
            k.append(float(j.replace(',', '')))
                                  # 쉼표(,)를 삭제하고 실수형으로 바꿔 k에 저장합니다
        else:                     # j에 숫자가 들어 있지 않다면
            k.append(j)           # 그대로 k에 저장합니다

>>> k
['종로구', 152212.0, 141060.0, 10952.0, 28265.0]
# 숫자가 모두 실수형으로 바뀌었습니다
```

이 코드는 상당히 유용합니다. 그리고 나중에 CSV형 리스트를 다룰 때 꼭 필요합니다. 다음과 같은 함수를 모듈로 만들어 놓으면 CSV형 리스트에서 숫자형으로 변환할 수 있는 자료만 숫자형으로 빠르게 바꿀 수 있겠네요. 앞에서 직접 만든 usecsv 모듈에 다음과 같이 함수를 추가하겠습니다. 함수 이름은 `switch()`로 하겠습니다.

```
import csv, os
def opencsv(filename):
    f = open(filename, 'r', encoding='utf8')
    reader = csv.reader(f)
    output = []
    for i in reader:
        output.append(i)
    return output

def writecsv(filename, the_list):
    with open(filename, 'w', newline='', encoding='utf-8-sig') as f:
        a = csv.writer(f, delimiter=',')
        a.writerows(the_list)

def switch(listName):
    for i in listName:
        for j in i:
            try:
                i[i.index(j)] = float(j.replace(',', ''))
            except:
                pass
    return listName
```

usecsv.py에 `switch()` 함수를 추가합니다

04-4 CSV 파일 분석하여 실생활에 활용하기

이제 CSV 파일에서 가져온 자료를 가공해 데이터를 분석해 보겠습니다. 이 과정은 요즘 세상에 계산기를 두드리는 일처럼 다소 구태의연한 방법입니다. 대부분 뒤에 나올 넘파이나 판다스로 더 쉽게 구현할 수 있기 때문입니다.

그런데도 여기서 '구태의연한' CSV형 리스트 활용법을 다루는 이유는 첫째, 반복문과 조건문을 연습하는 데 큰 도움이 됩니다. CSV형 리스트를 다루려면 최소 두 가지 이상의 반복문을 사용해야 하는데, 이 과정에서 파이썬의 연산 과정을 더 명확하게 이해할 수 있습니다. 둘째, 파이썬의 리스트 기능을 사용할 수 있습니다. 파이썬 리스트는 인덱스(index), 슬라이싱(slicing), 원소 꺼내기(pop) 등 기능이 다양해서 CSV형 리스트를 가공할 때 자료의 형태가 명확하게 정해져 있는 넘파이나 판다스보다 훨씬 더 창의적인 실험을 할 수 있습니다.

이와 같은 이유로 CSV형 리스트를 가공해 데이터를 분석하는 일은 마치 쉬운 문제를 어렵게 푸는 바보 같은 작업처럼 보이지만, 실제로는 파이썬을 넘어서 논리적인 사고를 하는 데 큰 도움이 됩니다.

Do it! 실습 외국인 비율이 3%가 넘는 구 정보만 CSV 파일로 저장하기

먼저 간단한 작업을 하나 진행해 보려고 합니다.

이런 상황이라면?

난이도 ★★☆☆☆ | 완성 소스 04\foreign.py

등록 외국인 비율이 3%가 넘는 지역만 추출해 별도의 CSV 파일로 저장하자

학교 과제로 서울 내 외국인 인구의 비율을 조사해야 합니다. 먼저 어떤 지역에 외국인이 많이 사는지를 알아보기로 합니다. 서울의 각 구에서 외국인 비율이 3% 넘는 구의 리스트를 CSV형으로 추출해 CSV 파일로 만들어 보겠습니다. CSV 파일을 만들 때는 계산한 외국인 비율도 같이 표기해 보겠습니다.

사실 엑셀을 사용할 줄 아는 사람이라면 이런 작업은 식은 죽 먹기입니다. 수식을 조금만 적용하면 순식간에 등록 외국인의 비율을 계산할 수 있고, 필터를 걸어서 등록 외국인의 비율이 3% 이상인 구를 추출하는 것도 어렵지 않습니다. 그런데 1,000개의 엑셀 파일을 열어서 같은 작업을 반복해야 한다면 엑셀과 파이썬 중 어떤 것이 더 빠를까요? 당연히 엑셀이 파이썬을 따라갈 수 없을 것입니다.

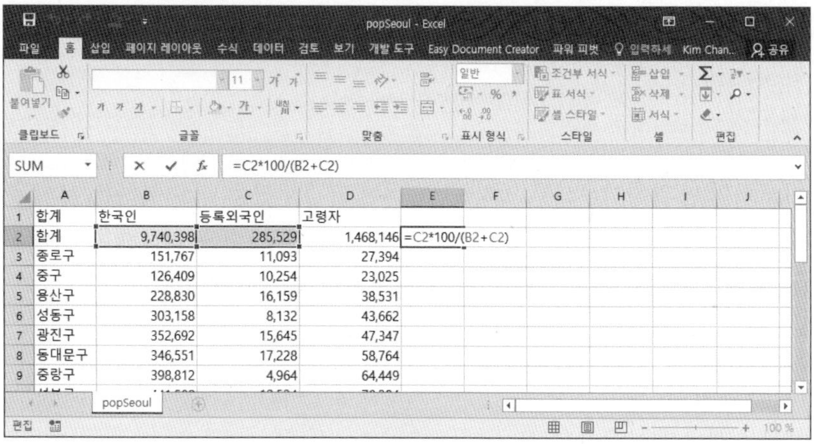

그림 4-24 | 만약 엑셀 파일이 1,000개라면 이렇게 할 수 있을까요?

하지만 모든 셀이 GUI 형태인 엑셀과 달리 파이썬을 활용하려면 코딩 방법에 조금은 익숙해져야 합니다. 엑셀에서 조금 복잡하고 반복적인 일을 할 때 비주얼 베이직(Visual Basic)으로 매크로를 만드는 것과 비슷한 논리이지요.

자, 그럼 본격적으로 등록 외국인 비율이 3%가 넘는 구의 정보를 추출해 CSV 파일로 저장하는 미션을 수행해 보겠습니다.

1 CSV형 리스트로 바꾸기

04-3절에서 사용한 popSeoul2023.csv 파일의 자료를 다시 사용하겠습니다. popSeoul2023.csv에서 가져온 서울의 인구 통계 자료를 CSV형 리스트로 만들어 `total`에 저장합니다. 그리고 앞에서 usecsv 모듈에 저장한 `switch()` 함수로 `total`에 있는 문자열 중 숫자로 된 원소를 숫자형으로 바꿔 `newPop`에 저장합니다.

```
>>> import os, re, usecsv
>>> os.chdir(r'C:\Users\user\do-it-python\04')
>>> total = usecsv.opencsv('popSeoul2023.csv')
>>> newPop = usecsv.switch(total)      # newPop이라는 새 객체를 만들어 분석에 사용하겠습니다
>>> print(newPop[:4])                  # 확인을 위해 앞 원소 4개만 출력해 봅니다
[['구 ', ' 계   ', ' 한국인  ', ' 등록 외국인  ', ' 고령자  '], ['종로구', 152212.0,
141060.0, 11152.0, 28265.0], ['중구', 131390.0, 120963.0, 10427.0, 25353.0], ['용산구',
232482.0, 217756.0, 14726.0, 39478.0]]
```

코딩할 때는 가장 기본적인 단위에서부터 시작하고, 그것이 확실해졌을 때 반복하는 것이 중요합니다. 처음부터 'CSV 파일을 어떻게 만들지?', '등록 외국인을 어떻게 새로운 셀로 집어넣지?', '계산을 어떻게 하지?' 등을 모두 고민하지 말고 한 번에 하나씩 해결해 봅시다.

2 등록 외국인 비율 계산하기

먼저 등록 외국인 비율을 계산해 보겠습니다.

```
>>> i = newPop[1]                                   # newPop의 2번째 원소를 i에 저장합니다
>>> i
['종로구', 152212.0, 141060.0, 11152.0, 28265.0]    # 종로구 기준으로 내국인 15만 명,
                                                      외국인 1만 명 정도 거주하네요.
>>> i[3] / (i[2] + i[3]) * 100                      # 인구 대비 외국인 비율을 계산합니다
7.3266233936877505                                  # 약 7.3%가 나옵니다
>>> foreign = round(i[3] / (i[2] + i[3]) * 100, 1)
# 소수점 첫째 자리까지만 foreign 객체에 저장하겠습니다
>>> foreign
7.3  # 값이 정상으로 나오는 것을 확인할 수 있습니다
```

3 각 구의 외국인 비율 출력하기

여기까지 진행했으면 newPop에 있는 각 행의 등록 외국인 비율을 출력할 수 있습니다.

```
>>> for i in newPop:
        try:
            foreigner_rate = round(i[3] / (i[2] + i[3]) * 100, 1)
```

```
            print(i[0], foreigner_rate)
# i[0]에는 구 이름이 저장되었고 foreigner_rate는 공식대로 계산한 외국인 비율입니다
        except:
            pass
# 오류가 생길 때를 대비해 그냥 지나가라는 예외 조항을 만들어 둡니다

종로구 7.3
중구 7.9
용산구 6.3
(... 생략 ...)
강남구 0.9
송파구 0.9
강동구 0.9   # 모든 구의 외국인 비율이 출력됩니다
```

4 첫 행 지정하기

원하는 CSV 파일의 첫 번째 행은 다음과 같이 구, 한국인, 외국인, 외국인 비율(%) 항목을 포함합니다. 다음과 같이 지정해 줍니다.

```
>>> new = [['구', '한국인', '외국인', '외국인 비율(%)']]
# new라는 리스트를 새로 만들어서 4개의 항목을 먼저 지정해 줍니다
```

이제 첫 행의 내용을 지정했고 CSV형 리스트를 만들었으니 다음 행부터는 계산한 값을 '구, 한국인, 외국인, 외국인 비율' 순서로 넣어 주기만 하면 됩니다. 리스트에서 원소를 하나씩 추가하는 명령어는 append()입니다. 직접 만든 new라는 새로운 CSV형 리스트에 새 리스트를 추가하기 위해 다음과 같이 명령하겠습니다.

```
>>> i = newPop[1]
>>> i
['종로구', 152212.0, 141060.0, 11152.0, 28265.0]
# i에는 newPop의 두 번째 리스트가 저장되어 있습니다
>>> new.append([i[0], i[2], i[3], foreign])
# new에 i의 1, 3, 4번째 원소와 foreign을 저장합니다
>>> new
[['구', '한국인', '외국인', '외국인 비율(%)'], ['종로구', 141060.0, 11152.0, 7.3]]
# new에 합계 자료가 추가되었습니다
```

5 외국인 비율이 3%를 초과할 때만 출력해 보기

이제 지금까지 만든 코드를 조합해 외국인 비율이 3%를 초과하는 구만 한 번에 출력해 보겠습니다. 먼저 화면에 출력해 결괏값을 확인해 볼까요? 제대로 추출했는지 눈으로 확인하고 그다음에 CSV 파일로 바꿔야 합니다.

```
>>> for i in newPop:
        try:
            foreign = round(i[3] / (i[2] + i[3]) * 100, 1)
            if foreign > 3: # 외국인 비율이 3%를 초과할 때만 출력합니다
                print([i[0], i[2], i[3], foreign])
        except:
            pass

['종로구', 141060.0, 11152.0, 7.3]
['중구', 120963.0, 10427.0, 7.9]
['용산구', 217756.0, 14726.0, 6.3]
['광진구', 336801.0, 14124.0, 4.0]
['동대문구', 337574.0, 17310.0, 4.9]
['서대문구', 308437.0, 13529.0, 4.2]
['구로구', 395183.0, 22800.0, 5.5]
['금천구', 229307.0, 13160.0, 5.4]
['영등포구', 376614.0, 22385.0, 5.6]

>>> new = [['구', '한국인', '외국인', '외국인 비율(%)']]  # new를 초기화합니다
>>> for i in newPop:
        try:
            foreign = round(i[3] / (i[2] + i[3]) * 100, 1)
            if foreign > 3:
                new.append([i[0], i[2], i[3], foreign])
                # 앞에서 출력한 값을 그대로 new에 저장합니다
        except:
            pass
```

지금까지 usecsv 모듈을 이용해서 CSV 파일을 열고 저장하는 방법을 배웠습니다. 여러 번 테스트를 거쳐 코드를 검증했으나 여러분의 컴퓨터 환경에 따라서 오류가 생길 수도 있습니다. 가장 흔한 오류는 한글 데이터를 저장할 때 파일을 읽거나 쓸 수 없다는 오류입니다.

`opencsv()` 함수는 원본 데이터가 UTF-8 방식으로 저장됐는지가 중요합니다. 제대로 출력되지 않는다면 `encoding='utf8'`이나 `encoding='cp949'` 중 하나로 설정해 보세요. 실제로 이 책에 나오는 코드도 수많은 시행착오를 거쳐서 나온 것이랍니다.

```
def opencsv(filename):
    f = open(filename, 'r', encoding='utf8')
    # encoding='cp949'로 바꿔야 실행될 때도 있습니다
    reader=csv.reader(f)
    output=[]
    for i in reader:
        output.append(i)
    return output
```

6 newPop2023.csv 파일로 저장하기

이제 결과물을 CSV 파일로 저장하는 일만 남았습니다. usecsv 모듈의 `writecsv()` 함수를 활용해 CSV 파일을 저장하겠습니다.

```
>>> usecsv.writecsv('newPop2023.csv', new)
# new 객체가 제대로 생성되었다면 코드 한 줄로 CSV 파일을 저장할 수 있습니다
```

구	한국인	외국인	외국인 비율(%)
종로구	141060	11152	7.3
중구	120963	10427	7.9
용산구	217756	14726	6.3
광진구	336801	14124	4
동대문구	337574	17310	4.9
서대문구	308437	13529	4.2
구로구	395183	22800	5.5
금천구	229307	13160	5.4
영등포구	376614	22385	5.6

newPop2023

그림 4-25 | 외국인 비율이 3%가 넘는 구만 파일에 저장했습니다

Do it! 실습 ▶ 부동산 실거래가 살펴보기

CSV 파일을 다루는 것은 흥미진진하지만, 다른 한편으로 인내심이 약간 필요한 일이기도 합니다. 반복문을 여러 번 사용해야 하므로 제법 머리를 써야 할 경우가 많이 생기기 때문입니다. 물론 오류도 생기고요.

이번에는 주택 실거래가 자료를 국토교통부 웹 사이트에서 내려받아 활용해 보겠습니다.

이런 상황이라면?

난이도 ★★★☆☆ | 완성 소스 04\apt.py

120m² 이상 3억 원 이하인 강원도의 아파트를 찾아보자

직장이 강원도로 발령나서 아파트를 구해야 합니다. 예산에 맞게 아파트를 알아봐야 하는데, 부동산 중개소에 가기 전에 먼저 인터넷에서 자료를 살펴보고 싶습니다. 마침 국토교통부 홈페이지에서 실거래가를 무료로 제공한다고 하네요. 이 자료를 활용해 부동산 정보를 쉽게 알아보겠습니다.

1 CSV 파일 준비하기

먼저 국토교통부 실거래가 공개시스템(http://rtmobile.molit.go.kr/)에 접속합니다. 화면 오른쪽 위에 있는 [실거래가 자료제공]을 클릭합니다.

그림 4-26 | 국토교통부 실거래가 공개시스템에 가면 전국의 모든 부동산 실거래가 정보를 활용할 수 있습니다

[파일 구분]에서 [CSV]를 선택하고 [다운로드]를 클릭합니다. 보안번호 입력 창이 나타나면 입력란 위에 있는 보안번호를 그대로 입력합니다.

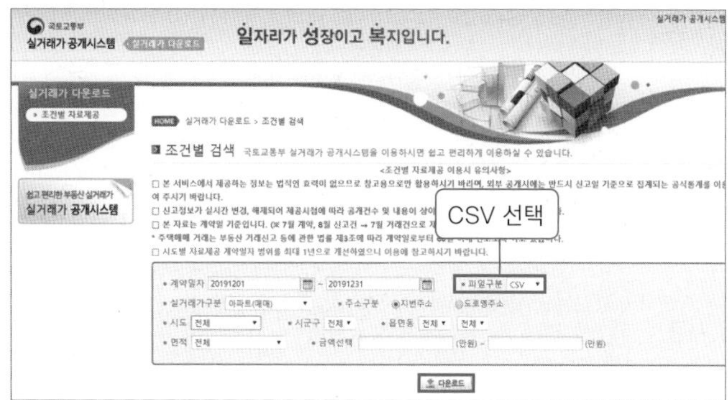

그림 4-27 | [파일구분]을 [Excel]에서 [CSV]로 바꾸고 [다운로드]를 클릭합니다

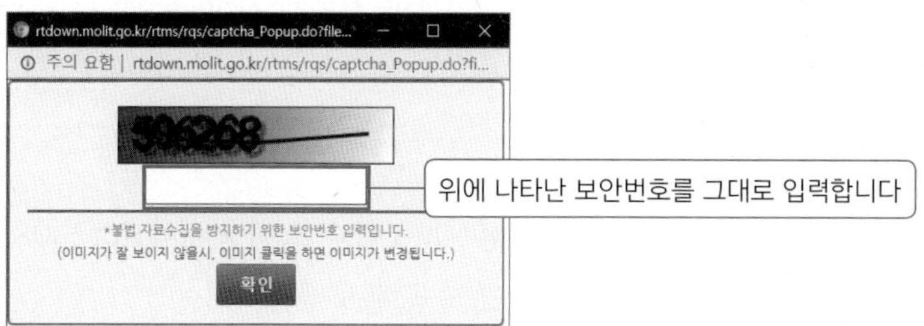

그림 4-28 | 불법 자료수집을 방지하기 위해 보안번호를 입력합니다

다 내려받았으면 파일을 열어 확인해 봅니다.

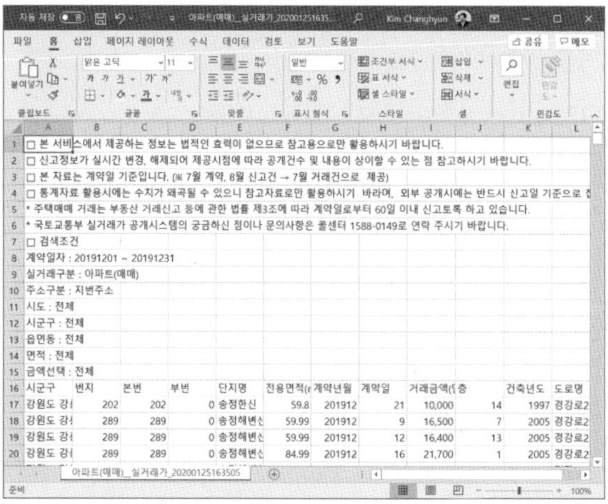

□ 본 서비스에서 제공하는 정보는 법적인 효력이 없으므로 참고용으로만 활용하시기 바랍니다.
□ 신고정보가 실시간 변경, 해제되어 제공시점에 따라 공개건수 및 내용이 상이할 수 있는 점 참고하시기 바랍니다.
□ 본 자료는 계약일 기준입니다. (※ 7월 계약, 8월 신고건 → 7월 거래건으로 제공)
□ 통계자료 활용시에는 수치가 왜곡될 수 있으니 참고자료로만 활용하시기 바라며, 외부 공개시에는 반드시 신고일 기준으로 집
* 주택매매 거래는 부동산 거래신고 등에 관한 법률 제3조에 따라 계약일로부터 60일 이내 신고토록 하고 있습니다.
* 국토교통부 실거래가 공개시스템의 궁금하신 점이나 문의사항은 콜센터 1588-0149로 연락 주시기 바랍니다.
□ 검색조건
계약일자 : 20191201 ~ 20191231
실거래구분 : 아파트(매매)
주소구분 : 지번주소
시도 : 전체
시군구 : 전체
읍면동 : 전체
면적 : 전체
금액선택 : 전체

시군구	번지	본번	부번	단지명	전용면적(	계약년월	계약일	거래금액(	층	건축년도	도로명
강원도 강	202	202	0	송정한신	59.8	201912	21	10,000	14	1997	경강로2
강원도 강	289	289	0	송정해변신	59.99	201912	9	16,500	7	2005	경강로2
강원도 강	289	289	0	송정해변신	59.99	201912	12	16,400	13	2005	경강로2
강원도 강	289	289	0	송정해변신	84.99	201912	16	21,700	1	2005	경강로2

그림 4-29 | 파일을 열어 확인해 보세요

파일을 열면 15행까지 자료에 대한 설명, 즉 메타데이터가 포함되어 있는 것을 확인할 수 있습니다. 15행 [금액선택: 전체]까지는 필요 없는 정보이므로 '행 삭제'를 하고 작업을 하고 싶은 폴더에 저장합니다. 파일 이름을 간단하게 저장하는 것도 방법입니다. 그러나 이 분석에 사용하는 자료는 2023년 8월 거래 자료이니 구분하기 위해서 apt2308.csv 라는 이름으로 작업 폴더에 저장하겠습니다.

▶ 04장 실습 파일에 든 apt2308.csv 파일을 사용해도 됩니다.

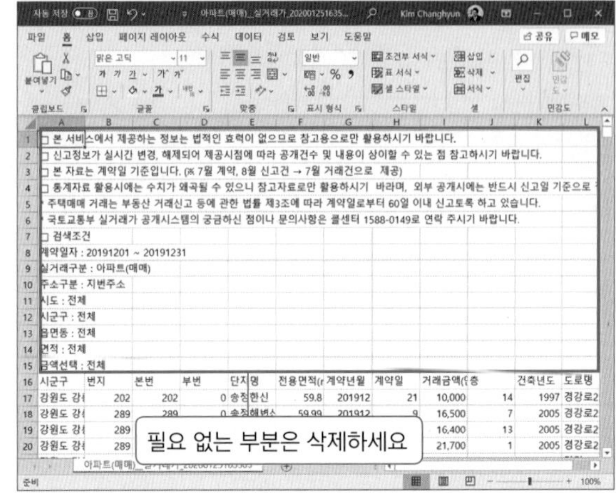

그림 4-30 | 1행부터 15행까지는 삭제하고 자신이 작업하고 싶은 폴더에 이 파일을 저장합니다

2 CSV형 리스트로 만들고 자료 가공하기

지금까지 만들어 본 `opencsv()` 함수, `writecsv()` 함수, `switch()` 함수를 이용해서 apt2308.csv 파일 내용을 CSV형 리스트로 만든 다음, 분석하기 쉽게 가공해 보겠습니다.

```
>>> import os, re
>>> os.chdir(r'C:\Users\user\do-it-python\04')  # 실거래가 정보 파일을 저장한 폴더로 이동합니다
>>> import usecsv                                # 앞에서 만든 usecsv를 불러옵니다
>>> apt = usecsv.switch(usecsv.opencsv('apt2308.csv'))
# 먼저 opencsv() 함수로 CSV형 리스트를 불러오고 switch() 함수를 사용합니다
>>> apt[:3]
[['시군구', '번지', '본번', '부번', '단지명', '전용면적(㎡)', '계약년월', '계약일', '거래금액(만원)', '층', '건축년도', '도로명', '해제사유발생일', '등기신청일자', '거래유형', '중개사소재지'], ['강원특별자치도 강릉시 견소동', 202.0, 202.0, 0.0, '송정한신', 59.8, 202308.0, 8.0, 23000.0, 9.0, 1997.0, '경강로2539번길 8', '', ' ', '중개거래', '강릉시'], ['강원특별자치도 강릉시 견소동', 202.0, 202.0, 0.0, '송정한신', 84.945, 202308.0, 14.0, 31000.0, 13.0, 1997.0, '경강로2539번길 8', '', ' ', '중개거래', '강릉시']]
>>> len(apt)
26510
# 아파트 거래가 약 2만 6천 건 발생했음을 알 수 있습니다
```

3 슬라이싱으로 원하는 자료 출력하기

아파트 실거래가 자료를 저장한 CSV형 리스트 apt를 슬라이싱으로 간단히 살펴보겠습니다. 먼저 첫 번째 원소를 살펴볼까요?

```
>>> apt[0]
['시군구', '번지', '본번', '부번', '단지명', '전용면적(㎡)', '계약년월', '계약일', '거래금액(만원)', '층', '건축년도', '도로명', '해제사유발생일', '등기신청일자', '거래유형', '중개사소재지']
```

이제 CSV형 리스트에 어느 정도 익숙해졌겠지만, 다시 한번 간단히 살펴보겠습니다. apt는 리스트를 품은 리스트라고 할 수 있습니다. 따라서 apt[0]은 apt 리스트의 첫 번째 요소, 즉 각 지표가 무엇인지를 알려 주는 헤더(header)인 셈이죠. 인덱스 개념을 잡기 위해 몇 가지만 실험해 보겠습니다.

처음 5개 데이터의 '시군구'만 출력해 보고 싶다면 다음과 같이 입력합니다.

```
>>> for i in apt[:6]:          # 처음 6개 원소에 대해서 반복합니다
        print(i[0])            # 각 리스트의 첫 번째 원소인 '시군구'에 해당하는 값을 출력합니다

시군구
강원특별자치도 강릉시 견소동
강원특별자치도 강릉시 견소동
강원특별자치도 강릉시 견소동
강원특별자치도 강릉시 견소동
강원특별자치도 강릉시 견소동
```

이번엔 시군구, 아파트 단지명, 그리고 가장 중요한 '거래금액(만원)'을 출력해 보겠습니다. 시군구는 1번째 원소였으므로 i[0], 단지명은 5번째 원소이므로 i[4], '거래금액(만원)'은 9번째 원소이니 i[8]이 되겠습니다.

```
>>> for i in apt[:6]:
        print(i[0], i[4], i[8])
# i 리스트의 1번째, 5번째, 9번째 원소를 출력합니다
```

```
시군구 단지명 거래금액(만원)
강원특별자치도 강릉시 견소동 **** 23000.0
강원특별자치도 강릉시 견소동 **** 31000.0
강원특별자치도 강릉시 견소동 **** 16400.0
강원특별자치도 강릉시 견소동 **** 24500.0
강원특별자치도 강릉시 견소동 **** 28500.0
```

4 강원도에 120㎡ 이상 3억 원 이하인 아파트 검색하기

이제 CSV형 리스트에서 필요한 자료만 추출해 보겠습니다. 예를 들어 특정 지역에서 120㎡ 이상, 3억 원 이하인 아파트를 구하고 싶다면 몇 가지 조건만 걸어 검색하면 됩니다. 층수와 건축년도 등의 자료도 유용하게 쓰일 수 있겠네요.

```
>>> for i in apt:
        try:
        # 오류가 날 경우를 대비해 예외 처리를 사용하겠습니다
            if i[5] >= 120 and i[8] <= 30000 and re.match('강원', i[0]):
        # 면적(i[5]) 120㎡ 이상, 거래금액(i[8]) 3억 원 이하, 시군구(i[0])에는
          '강원'을 포함하는 조건입니다
                print(i[0], i[4], i[8])
        # 시군구, 아파트 단지명, 거래금액을 출력합니다
        except: pass

강원특별자치도 동해시 동회동 현대5차 22500.0
(... 생략 ...)
강원특별자치도 춘천시 후평동 동아 24800.0
강원특별자치도 춘천시 후평동 한신 18600.0
```

5 분석 결과를 CSV 파일로 저장하기

조사한 결과를 CSV 파일로 자동으로 저장하는 기술이야말로 여러분이 업무를 할 때 매우 유용하게 써먹을 수 있는 기술입니다. 각 지역의 조건별 아파트를 검색하는 데 어느 정도 익숙해졌다면 이 내용을 CSV 파일로 저장할 수 있습니다. CSV 파일을 만들려면 CSV형 리스트 자료를 만들면 됩니다. 가장 먼저 빈 리스트를 하나 만들고 시작합니다.

```
>>> new_list = []
# 어떤 이름으로든 빈 리스트를 만드는 것이 CSV형 리스트를 만드는 첫걸음입니다
>>> for i in apt:
        try:
            if i[5] >= 120 and i[8] <= 30000 and re.match('강원', i[0]):
            # 앞에서 만든 조건을 그대로 입력합니다
                new_list.append([i[0], i[4], i[8]])
            # 앞에서 출력한 시군구, 아파트 단지명, 거래금액을 new_list에 저장합니다
        except: pass

>>> usecsv.writecsv('over120_lower30000.csv', new_list)
# writecsv() 함수로 new_list 객체에 저장된 CSV형 리스트를 CSV 파일로 저장합니다
```

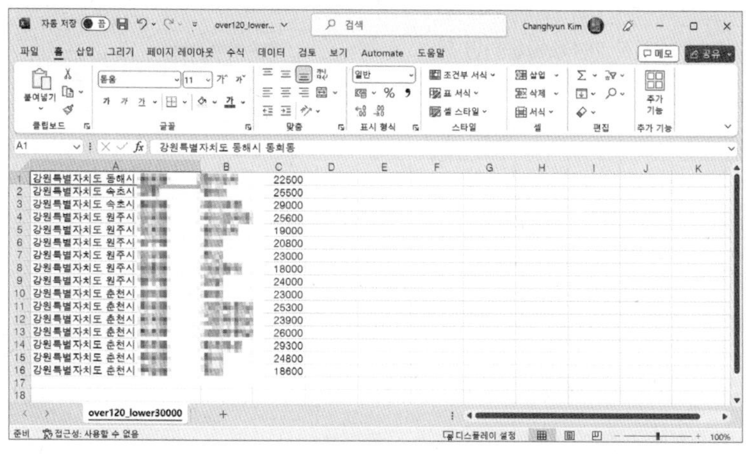

그림 4-31 | 검색한 조건의 결과가 CSV 파일로 올바르게 저장된 것을 확인할 수 있습니다

이제 이와 같은 방법으로 여러분은 어느 시기의 자료를 내려받더라도 조건에 따라 결괏값을 출력할 수 있습니다. 마음만 먹으면 같은 자료로도 몇십, 혹은 몇백 가지 조건을 바꿔가며 CSV 형식으로 데이터를 출력할 수 있습니다. 물론 이와 같은 작업은 엑셀이나 SPSS, R 등 다른 프로그램으로도 할 수 있지만, 스크립트로도 결과물을 뽑아낼 수 있다는 점은 여러분의 큰 무기가 될 것입니다.

Do it! 실습 ▶ 번역한 예문을 표로 저장하기

이제 usecsv 모듈을 활용해 CSV 파일을 쉽게 읽고 쓸 수 있게 되었습니다. 이런 기술을 또 어디에 활용할 수 있을까요? 이번에는 조금 다른 상황에서 파이썬을 활용해 보겠습니다.

이런 상황이라면?

난이도 ★★★☆☆ | 완성 소스 04\trans.py

영어 문장과 번역문을 자동으로 정렬해 보자

인터넷에서 읽은 글이 마음에 들어서 한 문장씩 번역한 문장과 함께 정리해 보고 싶습니다. 문장을 자동으로 나눠서 한 셀에 한 문장씩 들어가도록 편집하면 되겠네요. 그런데 정리하고 싶은 글이 너무 길어서 하루 종일 걸릴 것 같다면 어떡할까요? 바로 이럴 때 파이썬 프로그램이 필요합니다. 이와 같이 단순 반복이 많아 오래 걸리는 업무에 파이썬 프로그램을 사용하면 훨씬 편하고 빠르게 일을 해결할 수 있습니다.

정리해야 할 문장이 한두 개가 아니라 수백, 혹은 수천 개라고 가정해 봅시다. 파이썬을 배우기 전이라면 1박 2일 동안 손가락이 끊어지는 듯한 고통을 느끼면서 클릭해야 했을지 모릅니다. 이제 그런 걱정은 하지 마세요. 인생은 짧고 여러분은 이미 파이썬을 배웠으니까요.

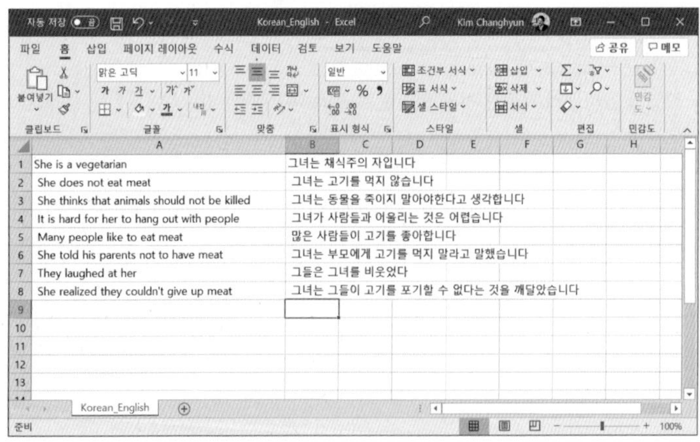

	A	B
1	She is a vegetarian	그녀는 채식주의 자입니다
2	She does not eat meat	그녀는 고기를 먹지 않습니다
3	She thinks that animals should not be killed	그녀는 동물을 죽이지 말아야한다고 생각합니다
4	It is hard for her to hang out with people	그녀가 사람들과 어울리는 것은 어렵습니다
5	Many people like to eat meat	많은 사람들이 고기를 좋아합니다
6	She told his parents not to have meat	그녀는 부모에게 고기를 먹지 말라고 말했습니다
7	They laughed at her	그들은 그녀를 비웃었다
8	She realized they couldn't give up meat	그녀는 그들이 고기를 포기할 수 없다는 것을 깨달았습니다

그림 4-32 | 이런 결과물을 수백 개, 혹은 수천 개 만들어야 한다면 그때는 파이썬이 필요합니다

먼저 다음 문장이 있다고 합시다.

```
'She is a vegetarian. She does not eat meat. She thinks that animals should not be killed. It is hard for her to hang out with people. Many people like to eat meat. She told his parents not to have meat. They laughed at her. She realized they could not give up meat.'
```

이 문장을 구글 번역기(translate.google.com)로 번역하면 다음과 같은 결과가 나옵니다.

```
'그녀는 채식주의자입니다. 그녀는 고기를 먹지 않습니다. 그녀는 동물을 죽이지 말아야 한다고 생각합니다. 그녀가 사람들과 어울리는 것은 어렵습니다. 많은 사람들이 고기를 좋아합니다. 그녀는 부모에게 고기를 먹지 말라고 말했습니다. 그들은 그녀를 비웃었다. 그녀는 그들이 고기를 포기할 수 없다는 것을 깨달았습니다. '
```

목표는 그림 4-32처럼 첫 번째 열에는 영어 문장, 두 번째 열에는 한국어 문장이 나오도록 저장하는 것입니다. 만약 저장하는 데 성공한다면 이런 파일을 100개 혹은 1,000개도 금방 만들 수 있습니다. 항상 기억하세요. 반복은 컴퓨터가 더 잘합니다.

pip를 이용해 구글 번역 설치하기

명령 프롬프트에서 바로 언어를 번역할 수도 있습니다. 먼저 검색 창에서 '명령 프롬프트'를 검색해 실행합니다.

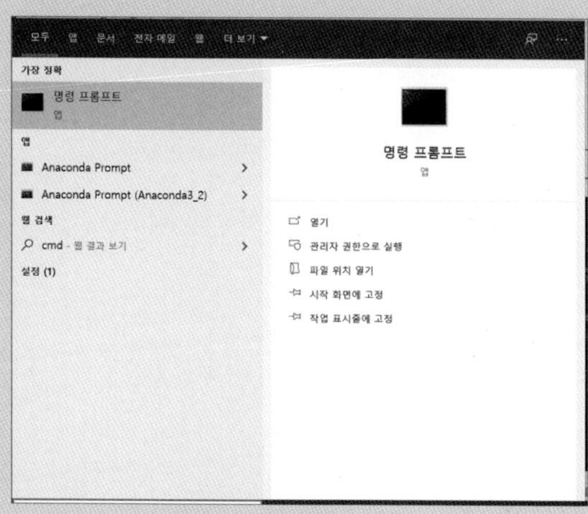

그림 4-33 | 명령 프롬프트를 실행합니다

누군가 만들어 놓은 파이썬 프로그램을 설치하는 가장 쉬운 방법은 pip를 이용하는 것입니다. pip는 파이썬 라이브러리를 쉽게 설치할 수 있는 프로그램으로, 파이썬 3.4버전부터 파이썬을 설치할 때 함께 설치됩니다.

pip로 구글 번역(googletrans)을 설치하는 방법은 간단합니다. 다음과 같이 입력하세요.

```
C:\Users\user>pip install googletrans
```

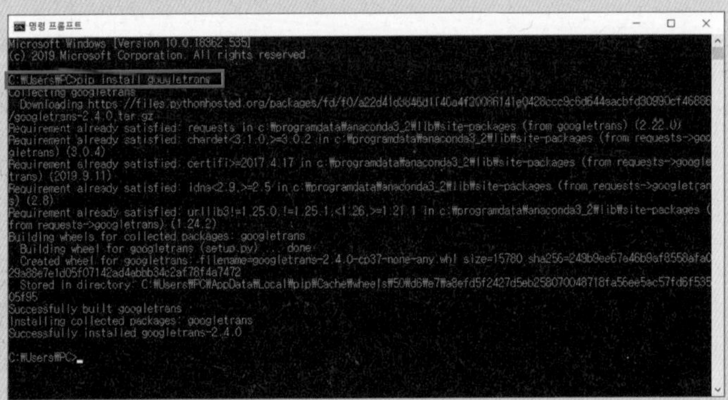

그림 4-34 | 구글 번역을 설치합니다

명령 프롬프트에서 구글 번역을 설치하는 방법을 간단히 알아봤지만, 여기에서는 웹 사이트에서 구글 번역기로 번역하는 방법을 선택하겠습니다. 구글 번역은 일정 숫자 이상이 되면 더 이상 번역을 해주지 않기 때문입니다. 조금 번거롭더라도 웹 사이트 구글 번역기를 이용해 번역한다고 가정하고 코딩해 보겠습니다.

1 프로그램 작동 순서 그려 보기

자, 그러면 프로그램을 짜기 전에 먼저 간단히 순서를 떠올려 볼까요?

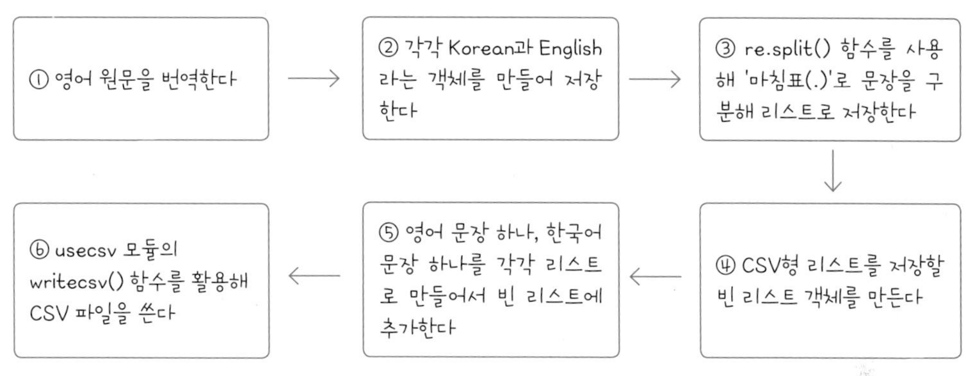

2 프로그램 작성하고 저장하기

순서대로 차근차근히 코딩해서 trans.py 파일까지 만들어 보겠습니다. 이번에는 노트패드++에서 한 번에 파일로 만들어 볼게요.

▶ 파이썬에서는 couldn't 등에 쓰는 '(apostrophe)도 작은따옴표와 똑같이 인식합니다. 이러면 바로 오류가 발생하기 때문에 ' 앞에 역슬래시(\)를 붙입니다.

```
import re, usecsv, os      # 사용할 모듈을 임포트 합니다

English = 'She is a vegetarian. She does not eat meat. She thinks that animals
should not be killed. It is hard for her to hang out with people. Many people
like to eat meat. She told his parents not to have meat. They laughed at her.
She realized they couldn\'t give up meat.'
# 영문을 English 객체에 저장합니다

Korean = '그녀는 채식주의자입니다. 그녀는 고기를 먹지 않습니다. 그녀는 동물을 죽이지 말아야
한다고 생각합니다. 그녀가 사람들과 어울리는 것은 어렵습니다. 많은 사람들이 고기를 좋아합니다.
그녀는 부모에게 고기를 먹지 말라고 말했습니다. 그들은 그녀를 비웃었다. 그녀는 그들이 고기를 포
기할 수 없다는 것을 깨달았습니다.'
# 영문을 구글 번역기로 번역해 Korean 객체에 저장합니다

os.chdir(r'C:\Users\user\do-it-python\04')
# CSV 파일을 저장하고 싶은 폴더로 이동합니다

```

```
Korean_list = re.split(r'\.', Korean)
# split() 함수로 한글 문장을 나눠서 Korean_list에 저장합니다
English_list = re.split(r'\.', English)
# 영문도 마침표를 기준으로 나눠서 English_list에 저장합니다
print(Korean_list)
# 중간 점검으로 Korean_list를 출력해 봅니다

total = []
# CSV형 리스트를 저장할 빈 리스트를 하나 만듭니다
for i in range(len(English_list)):
# for 문을 English_list 객체에 들어 있는 문장 수만큼 반복합니다
    total.append([English_list[i], Korean_list[i]])
# 첫 번째 열에 영어 문장, 두 번째 열에 한국어 문장이 들어 있는 리스트를 total에 추가합니다

usecsv.writecsv('Korean_English.csv', total)
# usecsv 모듈의 writecsv() 함수를 사용해 CSV 파일을 만들어 total 객체에 저장된 CSV형 리
스트를 씁니다
```

3 에디터에서 프로그램 바로 실행하기

여기까지 따라왔다면 이제 F6을 눌러서 실행해 보겠습니다. 오류 메시지가 뜨지 않는다면 정상적으로 작동하는 것입니다. 저장 경로에는 Korean_English.csv가 생성되었습니다. 파일을 열면 다음과 같이 영문과 번역 문장이 나란히 저장된 것을 볼 수 있습니다. 간단한 서식까지 입히면 멋진 공부 자료가 되겠네요!

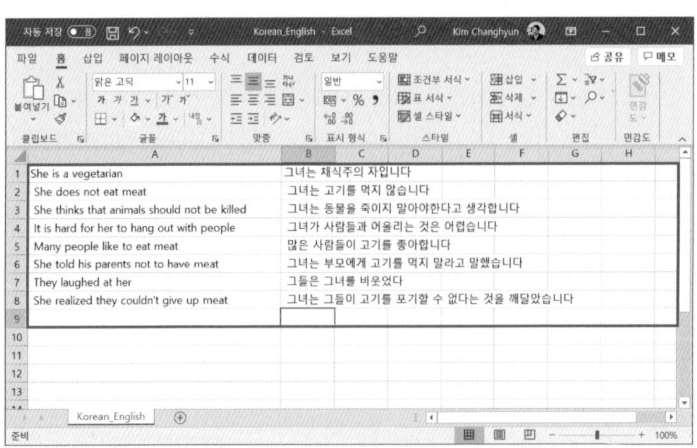

그림 4-35 | 정상적으로 CSV 파일이 생성되었습니다

되 | 새 | 김 | 문 | 제

Q1 os를 임포트 한 후 'C:\Users\python'으로 이동하려고 다음과 같이 폴더 주소를 입력했습니다. 그런데 오류가 발생하네요. 어떻게 수정하면 원하는 경로로 이동할 수 있을까요?

```
>>> import os
>>> os.chdir('C:\Users\python')
SyntaxError: (unicode error) 'unicodeescape' codec can't decode bytes in position
2-3: truncated \UXXXXXXXX escape
```

Q2 첫 번째 행에 컴퓨터, 노트북, 태블릿이 두 번째 행에 100, 80, 60이란 값이 포함된 자료를 CSV형 리스트로 표현해 보세요.

Q3 CSV형 리스트로 활용하려고 total의 원소 중 문자형으로 저장된 숫자를 정수형로 바꾸려고 합니다. ①과 ②에 들어갈 함수는 각각 무엇일까요?

```
>>> total = ['종로구', '151,767', '11,093', '27,394']
>>> for i in total:
        if re.search(',', i):
            total[total.①__________(i)] = ②__________(re.sub(',', '', i))

>>> total
['종로구', 151767, 11093, 27394]
```

Q4 CSV형 리스트 pop을 다음과 같이 정의합니다. 이 중 30만 명보다 인구가 적은 지역의 이름을 출력하려고 다음과 같이 명령하니 오류가 발생했습니다. 조건식을 어떻게 바꿔야 우리가 원하는 결과가 나올까요?

```
>>> pop = [['종로구', 151767.0], ['중구', 126409.0], ['용산구', 228830.0], ['광진
구', 352692.0], ['동대문구', 346551.0]]
>>> for i in pop:                        # for 문을 수정해 원하는 결과를 출력하세요
        if pop[1] < 300000:
            print(i[0])

Traceback (most recent call last):
  File "<pyshell#293>", line 2, in <module>
    if pop[1] < 300000:
TypeError: '<' not supported between instances of 'list' and 'int'
```

정답 1. 'C:\Users\python'을 r'C:\Users\python' 또는 'C:\\Users\\python'으로 수정

2. [['컴퓨터', '노트북', '태블릿'], [100, 80, 60]]

3. ① index ② int

4. i[1] < 300000:

05

통계 패키지와 API로 데이터 분석과 시각화하기

파이썬이 최근 주목받는 이유는 바로 데이터 분석을 위한 다양한 패키지를 제공한다는 점 때문입니다. 데이터 분석을 위해 정교하게 만들어진 통계 패키지를 사용하면 사업 계획서를 작성할 때 필요한 재무 자료 분석부터 경제적 자유를 이루기 위한 주식 및 부동산 자료 분석까지 직접 해볼 수 있습니다. 이 장에서는 대표적인 파이썬 패키지인 넘파이, 판다스, 맷플롯립을 활용해 데이터를 분석해 보겠습니다. 이어서 공공 데이터 포탈 API를 활용한 데이터 분석 방법까지 살펴보겠습니다.

05-1 데이터 분석 패키지 준비하기

파이썬의 다양한 패키지를 사용하면 다른 데이터 분석 프로그램 못지않게 분석을 잘할 수 있습니다. 하지만 파이썬 자체가 데이터 분석 프로그램은 아닙니다. 그래서 목적에 맞는 패키지를 따로 설치해야 합니다. 다음은 대표적인 파이썬 데이터 분석 패키지입니다.

▶ 파이썬에서 패키지란 하나의 디렉터리에 모아 놓은 여러 모듈의 집합을 말합니다.

표 5-1 | 대표적인 파이썬 데이터 분석 패키지

패키지	기능	주요 함수
넘파이(numpy)	배열 계산 기능, 반올림, 버리기 기능	floor, ceil, power
판다스(pandas)	데이터프레임으로 데이터 입력, 가공	describe, groupby
맷플롯립(matplotlib)	그래프 그리기	plot, hist, bar

이들 패키지 말고도 math(수학), scipy(통계 분석), statsmodels(통계 모델 작성 및 분석) 등 데이터 분석을 위한 파이썬 패키지는 많습니다. 그리고 이런 패키지의 사용 방법은 하나의 책으로 담기 어려울 정도로 다양합니다. 따라서 이 책에서는 여러분이 실제로 맞닥뜨릴 수 있는 상황을 중심으로 간단히 알아보겠습니다.

데이터 분석 패키지 설치하기

패키지가 설치되어 있지 않다면 다음과 같이 입력하세요. 명령 프롬프트에서 pip 명령을 입력하면 패키지가 설치됩니다.

```
C:\Users\user>pip install numpy
```

이처럼 필요한 패키지를 직접 pip로
설치하는 방법도 있습니다

마찬가지로 판다스, 맷플롯립과 같은 다른 패키지를 설치하고 싶다면 다음과 같이 입력합니다.

```
C:\Users\user>pip install pandas
# 판다스를 설치합니다
C:\Users\user>pip install matplotlib
# 맷플롯립을 설치합니다
```

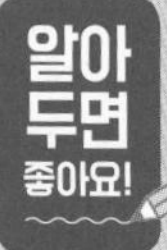

목적에 맞는 도구를 선택하세요

통계 분석을 할 수 있는 도구는 파이썬 말고도 엑셀, SPSS, R 등 많습니다. 엑셀은 가장 익숙한 프로그램이지요. SPSS는 GUI를 기본으로 하고 있어 초보자도 상대적으로 쉽게 접할 수 있습니다. 하지만 통계를 어느 정도 이해하고 여러 가지 표를 동시에 출력하고 싶다면 스크립트 기반의 프로그램인 R이나 파이썬 패키지를 사용하는 것을 추천합니다. R은 전 세계 경제학자들이 애용하는 프로그램으로, 스크립트 기반의 다양한 분석 패키지가 들어 있는 것으로 유명합니다. 도구는 도구일 뿐이므로 목적에 가장 잘 맞는 도구를 선택하길 바랍니다.

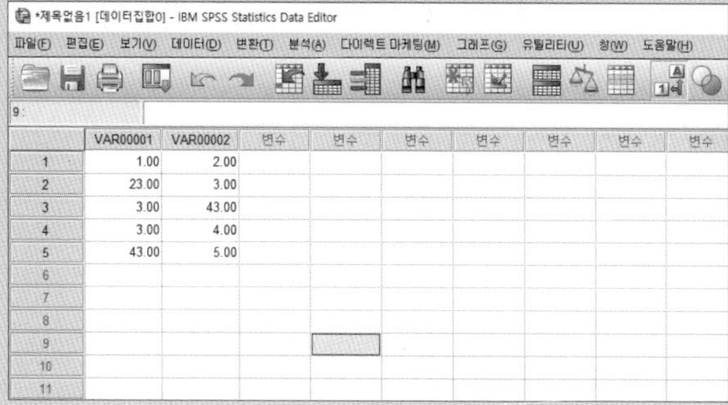

그림 5-1 | 설문 조사 결과를 처리하는 작업에는 SPSS가 더 나을 수 있습니다

05-2 넘파이로 배열 다루기

넘파이(numpy)는 배열(array)을 다루는 도구이며 숫자로 된 큰 배열 데이터를 다룰 때 진가를 발휘합니다. 예를 들어 엄청나게 많은 데이터 중에서 700이 넘는 숫자만 찾아서 참(True)으로 반환하거나, 특정한 행이나 열에 있는 정보만 반올림하거나 버림하기도 쉽습니다. 또한 복잡한 배열 연산도 가능합니다.

이 절의 목적은 다른 절과 마찬가지로 넘파이의 기능을 정복하는 데 있지 않습니다. 넘파이의 기능을 설명하는 포스팅이나 책은 무궁무진하게 많습니다. 당장 구글에 'python numpy'라고만 검색해도 수많은 컴퓨터 전공자, 프로그래머가 운영하는 블로그들이 엄청나게 많다는 것을 확인할 수 있습니다. 특정 기능이 생각나지 않을 때 이런 블로그를 검색하는 것도 큰 도움이 됩니다. 따라서 이 책의 역할은 넘파이의 기능 모두를 설명하는 것이 아니라 주변에서 흔히 접하는 문제를 넘파이로 어떻게 해결할 수 있는지 보여 주는 것입니다.

자, 그럼 시작해 보겠습니다.

넘파이로 배열 정의하기

배열을 표현하기 위해 먼저 넘파이를 임포트 합니다.

[예제] 05\numpy_test.py

```
>>> import numpy as np            # 넘파이를 불러올 때 보통 np로 줄여서 표현합니다
```

넘파이를 불러올 때 np로 줄여서 표현했습니다. 이렇게 표현하지 않아도 상관없지만, 정말 많은 책과 포스팅에서 넘파이를 np라고 줄여서 사용하기 때문에 이렇게 사용하는 것을 추천합니다.

넘파이는 기본적으로 '배열'을 표현하기 위한 패키지입니다. 이를 사용해 2차원 배열을 만들어 보겠습니다.

```
>>> a = np.array([[2, 3], [5, 2]])
# np.array는 배열을 정의하는 명령입니다. 첫 번째 행부터 리스트로 입력합니다
>>> a
array([[2, 3],
       [5, 2]])
# 배열이 정상적으로 입력되었습니다
```

넘파이의 배열은 지금까지 다뤘던 CSV형 리스트와 아주 비슷한 형태입니다. 오른쪽 그림은 앞에서 만든 2차원 배열을 표현한 것입니다.

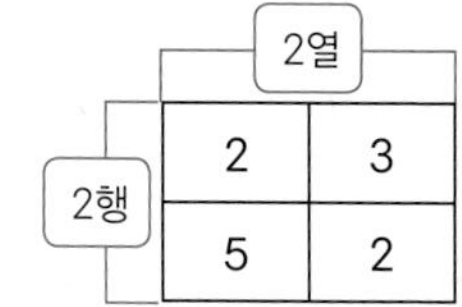

그림 5-2 | 2차원 배열의 구조

배열 슬라이싱 하기

넘파이의 슬라이싱 기능은 리스트의 슬라이싱 기능과 유사하지만 숫자를 다루는 데 더 특화되어 있습니다. 2차원 배열을 새로 만들겠습니다.

```
>>> d = np.array([[1, 2, 3, 4, 5], [2, 4, 5, 6, 7], [5, 7, 8, 9, 9]])
# 3×5 배열을 만들어 d에 저장합니다
>>> d
array([[1, 2, 3, 4, 5],
       [2, 4, 5, 6, 7],
       [5, 7, 8, 9, 9]])
```

슬라이싱 기능을 사용하려면 각 원소의 인덱스를 알아야 합니다. 이 다차원 배열의 인덱스는 오른쪽 그림과 같습니다. 앞서 다뤘던 CSV형 자료의 인덱스가 넘파이에서 동일하게 매겨집니다.

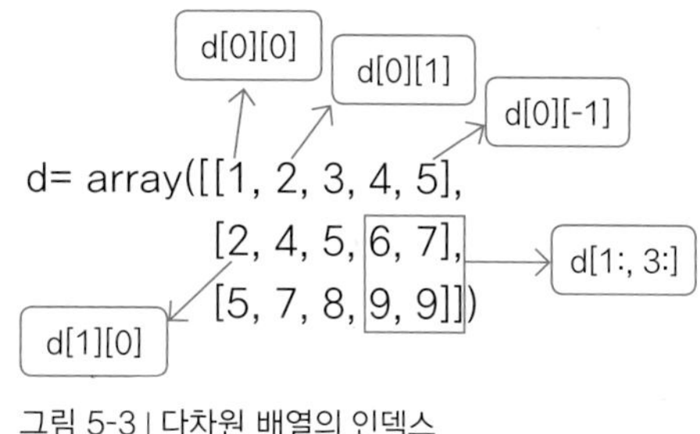

그림 5-3 | 다차원 배열의 인덱스

즉, 넘파이로 배열을 표현할 때 첫 번째 인덱스는 행, 두 번째 인덱스는 열을 가리킵니다. 예를 들어 앞 그림에서 볼 때 `d[2][4]`라고 한다면 3번째 행, 5번째 열을 가리키는 셈입니다.

```
>>> d[1][2]
5                          # d[1][2]를 행렬식으로 표현하면 d23에 해당하는 수입니다
>>> d[1, 2]
5                          # 이처럼 표현할 수도 있습니다
>>> d[1:, 3:]
array([[6, 7],             # 1행 다음, 3열 다음 수만 슬라이싱 했습니다
       [9, 9]])
```

배열의 크기 알아내기: shape

배열의 크기는 배열의 행과 열이 몇 개인지를 의미합니다. 앞에서 보았던 배열 d는 3×5 배열이라고 표현합니다. 파이썬에서는 3×5를 (3, 5)라고 표현하고요. `d.shape`라고 입력하면 배열 d의 크기를 알 수 있습니다.

```
>>> d = np.array([2, 3, 4, 5, 6])                  # 1×5 배열을 만듭니다
>>> d
array([2, 3, 4, 5, 6])
>>> d.shape
(5,)                                    # d에는 한 개 리스트에 각 다섯 개의 원소가 있습니다
>>> e = np.array([[1, 2, 3, 4], [3, 4, 5, 6]])     # 2×4 배열을 만듭니다
>>> e
array([[1, 2, 3, 4],
       [3, 4, 5, 6]])
>>> e.shape
(2, 4)                                  # e에는 두 개 리스트에 각 네 개의 원소가 있습니다
```

배열의 원소 유형 확인하기: dtype

배열에서 원소의 유형(type)이 무엇인지 아는 것은 매우 중요합니다. 예를 들어 배열이 숫자로 되어 있으면 연산을 할 수 있고, 배열이 문자형으로 되어 있다면 정규식을 사용할 수 있습니다. `d.dtype`을 입력하면 배열 d의 자료형을 알 수 있습니다.

```
>>> d.dtype                    # 배열 d의 자료형을 확인합니다
dtype('int32')                 # 정수로 이뤄졌다는 의미입니다
```

d.dtype의 결괏값으로 dtype('int32')가 출력되었습니다. 이는 배열 d가 정수 원소로 이루어져 있다는 뜻입니다. 배열의 원소 유형에 따른 표기는 다음 표와 같습니다.

▶ 여기서 16, 32, 64는 용량을 의미합니다. 숫자가 작을수록 작은 숫자만 담을 수 있고, 숫자가 클수록 큰 수를 담을 수 있습니다.

표 5-2 | 배열의 원소 유형에 따른 표기법

원소 유형	표기법
부호가 있는 정수	int(32, 64)
부호가 없는 정수	unit(32, 64)
실수	float(32, 64)
복소수	complex
불(참 거짓을 가지는 자료)	bool
문자열	string
파이썬 오브젝트	object
유니코드	unicode

배열 유형 바꾸기: astype()

04장에서는 usecsv 모듈에 저장한 switch() 함수를 사용해 바꿀 수 있는 모든 숫자 원소를 숫자형으로 바꿨습니다. 넘파이를 사용하면 유형을 더 쉽게 변경할 수 있습니다. 넘파이에 들어 있는 astype()을 사용하면 됩니다. astype()은 배열의 원소가 가지는 유형을 바꾸는 함수입니다.

```
>>> data = np.arange(1, 5)          # 1부터 4까지로 이루어진 배열을 생성합니다
>>> data.dtype
dtype('int32')                      # 유형을 확인하니 정수입니다
>>> data.astype('float64')
array([1., 2., 3., 4.])             # data 배열의 원소를 모두 실수로 바꿨습니다
>>> data.astype('int32')
array([1, 2, 3, 4])                 # 다시 정수로 바꿀 수도 있습니다
```

넘파이 함수 알아보기

앞으로 자주 쓸 넘파이의 여러 함수를 알아보겠습니다.

0으로 이뤄진 배열 만들기: np.zeros()

np.zeros() 함수는 0으로 이뤄진 배열을 만듭니다.

```
>>> np.zeros((2, 10))            # 행이 2이고 열이 10이며 각 원소가 0인 배열을 만듭니다
array([[0., 0., 0., 0., 0., 0., 0., 0., 0., 0.],
       [0., 0., 0., 0., 0., 0., 0., 0., 0., 0.]])
```

1로 이뤄진 배열 만들기: np.ones()

np.ones() 함수는 1로 이뤄진 배열을 만듭니다.

```
>>> np.ones((2, 10))             # 행이 2이고 열이 10이며 각 원소가 1인 배열을 만듭니다
array([[1., 1., 1., 1., 1., 1., 1., 1., 1., 1.],
       [1., 1., 1., 1., 1., 1., 1., 1., 1., 1.]])
```

연속형 정수 생성하기: np.arange()

np.arange() 함수는 특정 범위에 있는 원소를 자동으로 만듭니다.

```
>>> np.arange(2, 10)             # 2 이상 10 미만인 원소로 이루어진 1차원 배열을 만듭니다
array([2, 3, 4, 5, 6, 7, 8, 9])
```

행과 열 바꾸기: np.transpose()

배열을 다루다 보면 행과 열을 바꿔야 하는 상황이 종종 발생하지요. 이때는 transpose() 함수를 쓰면 됩니다.

```
>>> a = np.ones((2, 3))          # 원소가 전부 1인 2X3 배열을 만듭니다
>>> a
array([[1., 1., 1.],
       [1., 1., 1.]])
>>> b = np.transpose(a)          # a에 저장된 배열의 행과 열을 바꿔 b에 저장합니다
```

```
>>> b
array([[1., 1.],
       [1., 1.],
       [1., 1.]])
```

배열의 사칙 연산

배열끼리도 사칙 연산을 할 수 있습니다. 그런데 곱셈과 나눗셈은 행렬의 연산 방식과 다르므로 꼭 알아 두어야 합니다. 사칙 연산에 사용할 크기가 (2, 3)인 서로 다른 배열 `arr1`, `arr2`를 정의하겠습니다.

```
>>> arr1 = np.array([[2, 3, 4], [6, 7, 8]])
>>> arr2 = np.array([[12, 23, 14], [36, 47, 58]])
```

배열의 덧셈

`arr1`과 `arr2`를 더하면 같은 자리의 원소끼리 더합니다. 예를 들어 새로운 배열의 `[0][0]` 자리에는 `arr1[0][0]`인 2와 `arr2[0][0]`인 12를 더한 값인 14가 저장됩니다.

```
>>> arr1 + arr2
array([[14, 26, 18],
       [42, 54, 66]])
```

배열의 곱셈

배열끼리 곱하면 행렬처럼 곱셈이 진행되는 것이 아니라 같은 자리의 원소끼리 곱합니다.

```
>>> arr1 * arr2
array([[24, 69, 56],              # 행렬의 곱셈과 다릅니다
       [216, 329, 464]])
```

배열의 나눗셈

배열을 배열로 나누면 같은 자리의 원소끼리 나눕니다.

```
>>> arr1 / arr2
array([[0.16666667, 0.13043478, 0.28571429],
       [0.16666667, 0.14893617, 0.13793103]])      # array[0][0] = 2/16 = 0.16666667
```

크기가 서로 다른 배열끼리 더하기

(3,) 크기의 배열 arr3을 다음과 같이 정의합니다.

```
>>> arr3 = np.array([100, 200, 300])
```

아까 만들었던 arr1과 arr3를 더할 수 있을까요? 넘파이에서는 가능합니다. 이처럼 크기가 서로 다른 배열을 연산하는 기능을 브로드캐스팅(broadcasting)이라고 합니다. 브로드캐스팅은 인공지능에서 많이 쓰이는 유용한 기능이라고 하니 알아 둘 필요가 있겠네요.

```
>>> arr1.shape
(2, 3)
>>> arr3.shape
(3,)                          # arr1과 arr3는 크기가 다릅니다
>>> arr1 + arr3
array([[102, 203, 304],
       [106, 207, 308]])
```

계산된 결과를 보면 arr3의 값이 arr1[0]과 arr1[1]에 각각 더해졌음을 확인할 수 있습니다.

브로드캐스팅이 되지 않는 경우도 있습니다. 예를 들어 보겠습니다. (10,) 크기의 배열 arr4를 만들어 (2, 3) 크기의 배열 arr1과 더하면 어떻게 될까요?

```
>>> arr4 = np.array([1, 2, 3, 4, 5, 6, 7, 8, 9, 10])
>>> arr4.shape
(10,)
>>> arr1.shape
(2, 3)
>>> arr1 + arr4
```

```
Traceback (most recent call last):
  File "<pyshell#71>", line 1, in <module>
    arr1 + arr4
ValueError: operands could not be broadcast together with shapes (2,3) (10,)
# 행과 열의 크기가 모두 다른 배열은 더할 수 없네요
```

즉, 특정 조건을 만족해야 두 배열을 더할 수 있습니다. (2, 1) 크기의 arr5 배열을 만들어서 arr1 배열에 더해 보겠습니다.

```
>>> arr5 = np.array([[9], [3]])
>>> arr5.shape
(2, 1)
>>> arr1
array([[2, 3, 4],
       [6, 7, 8]])
>>> arr5 + arr1
array([[11, 12, 13],       # arr1[0,:](1행)에 arr5[0][0]인 9를 각각 더합니다
       [ 9, 10, 11]])
# 크기가 (2, 3)인 arr1과 더하니 브로드캐스팅이 됩니다
```

파이썬 리스트와 배열의 차이점

넘파이로 만든 배열과 04장에서 배운 CSV형 리스트는 생김새가 비슷하지만 같은 자료형은 아닙니다. 둘의 차이점을 간단히 알아보겠습니다.

```
>>> d = np.array([[1, 2, 3, 4, 5], [2, 4, 5, 6, 7], [5, 7, 8, 9, 9]])
# 3×5 배열 d를 정의합니다
>>> d_list = [[1, 2, 3, 4, 5],
              [2, 4, 5, 6, 7],
              [5, 7, 8, 9, 9]]
# 배열 d와 똑같이 생긴 CSV형 리스트를 만들어 d_list 객체에 저장합니다
>>> d_list
[[1, 2, 3, 4, 5], [2, 4, 5, 6, 7], [5, 7, 8, 9, 9]]
# array가 붙어 있지 않다는 점을 빼면 d와 거의 같습니다
>>> type(d_list)
```

```
<class 'list'>
# CSV형 객체의 자료형은 리스트입니다
>>> d_list[:2] = 0
Traceback (most recent call last):
  File "<pyshell#77>", line 1, in <module>
    d_list[:2] = 0
TypeError: can only assign an iterable
# d_list의 두 번째 원소까지 슬라이싱을 해 0을 저장하라고 명령하면 오류가 발생합니다
>>> d[:2] = 0
# 배열 d의 두 번째 원소까지 슬라이싱을 해 0을 저장하라고 명령합니다
>>> d
array([[0, 0, 0, 0, 0],
       [0, 0, 0, 0, 0],
       [5, 7, 8, 9, 9]])
# 두 번째 리스트까지 모든 원소에 0을 저장합니다
```

이러한 기능은 대량의 데이터를 한꺼번에 처리할 때 리스트보다 배열이 경쟁력 있음을 보여줍니다.

인덱싱과 슬라이싱 연습하기

배열을 활용할 때 인덱싱과 슬라이싱을 자유자재로 할 수 있으면 자료를 마음껏 활용할 수 있습니다. 먼저 원소가 0부터 9까지인 배열을 만들어 봅니다.

```
>>> arr4 = np.arange(10)
>>> arr4
array([0, 1, 2, 3, 4, 5, 6, 7, 8, 9])
```

배열에서 슬라이싱을 하는 방법은 기본적으로 리스트에서 슬라이싱을 하는 방식과 유사합니다. 예를 들어 `arr4[:5]`라고 하면 `arr4[0]`부터 `arr4[4]`까지 원소를 총 다섯 개 슬라이싱합니다.

```
>>> arr4[:5]
array([0, 1, 2, 3, 4])    # 0부터 4까지 원소 5개를 슬라이싱 합니다
```

arr4[-3:]을 입력하면 뒤에서 세 번째 원소부터 마지막 원소까지 슬라이싱을 합니다.

```
>>> arr4[-3:]
array([7, 8, 9])
```

리스트가 여러 개 있으면 어떻게 할까요? 앞에서 만든 arr1 배열을 사용해 보겠습니다.

```
>>> arr1
array([[2, 3, 4],
       [6, 7, 8]])
>>> arr1[1, 2]
8
# arr1에서 두 번째 리스트의 세 번째 원소를 선택합니다
>>> arr1[:, 2]
array([4, 8])
# 모든 리스트의 세 번째 원소를 슬라이싱 합니다
```

Do it! 실습 설문지 데이터 전처리하기

지금까지 배운 넘파이 사용 방법을 연습하기 위해 CSV 파일에 저장된 데이터를 전처리하는 간단한 실습을 진행하겠습니다. 실습을 위해 5점 만점으로 된 설문 조사 결과가 quest.csv라는 파일에 저장되어 있다고 가정하겠습니다.

▶ 데이터 전처리(data preprocessing)란 데이터를 분석하기 좋게 미리 가공하는 일을 말합니다.

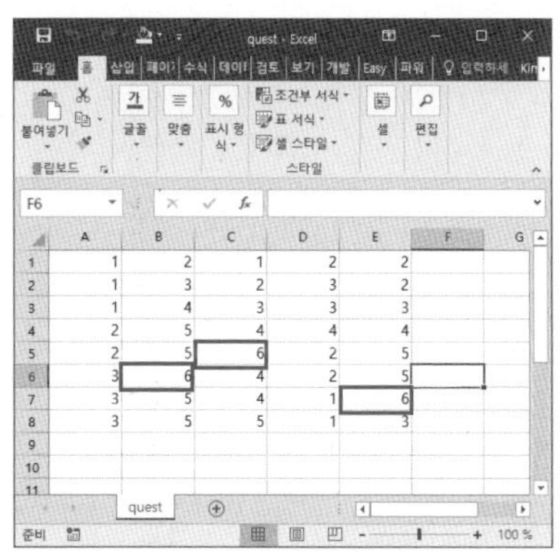

	A	B	C	D	E	F
1	1	2	1	2	2	
2	1	3	2	3	2	
3	1	4	3	3	3	
4	2	5	4	4	4	
5	2	5	6	2	5	
6	3	6	4	2	5	
7	3	5	4	1	6	
8	3	5	5	1	3	

그림 5-4 | quest.csv에 가상의 설문 데이터가 저장되어 있습니다

설문 조사의 항목은 1점부터 5점까지입니다. 그런데 살펴보면 6이라는 숫자가 보이는군요. 이 자료를 파이썬으로 불러온 다음, 잘못 입력된 점수를 수정해 보겠습니다.

```
>>> import os, usecsv
>>> import numpy as np
>>> os.chdir(r'C:\Users\user\do-it-python\05')  # quest.csv를 저장한 경로로 이동합니다
>>> quest = np.array(usecsv.switch(usecsv.opencsv('quest.csv')))
# quest.csv 파일을 열어 숫자 원소를 실수형으로 바꾼 다음, 배열 형태로 quest 객체에 저장합니다
>>> quest
array([[1., 2., 1., 2., 2.],                    # quest.csv 파일의 값이 배열로 잘 저장되었네요
       [1., 3., 2., 3., 2.],
       [1., 4., 3., 3., 3.],
       [2., 5., 4., 4., 4.],
       [2., 5., 6., 2., 5.],
       [3., 6., 4., 2., 5.],
       [3., 5., 4., 1., 6.],
       [3., 5., 5., 1., 3.]])
>>> quest > 5                                   # 간단한 조건문을 입력해 볼까요?
array([[False, False, False, False, False],     # 5보다 크면 True, 작거나 같으면 False입니다
       [False, False, False, False, False],
       [False, False, False, False, False],
       [False, False, False, False, False],
       [False, False, True, False, False],
       [False, True, False, False, False],
       [False, False, False, False, True],
       [False, False, False, False, False]])
>>> quest[quest > 5]                            # 인덱싱을 활용해 5보다 큰 수만 가져옵니다
array([6., 6., 6.])
>>> quest[quest > 5] = 5                        # 5보다 큰 점수를 만점인 5점으로 바꿉니다
>>> quest
```

```
array([[1., 2., 1., 2., 2.],
       [1., 3., 2., 3., 2.],
       [1., 4., 3., 3., 3.],
       [2., 5., 4., 4., 4.],
       [2., 5., 5., 2., 5.],
       [3., 5., 4., 2., 5.],
       [3., 5., 4., 1., 5.],
       [3., 5., 5., 1., 3.]])
>>> usecsv.writecsv('resultcsv.csv', list(quest))
# 결과물을 다시 'resultcsv.csv'라는 이름으로 저장합니다
```

5보다 큰 숫자가 전부 5로 바뀌었네요

저장 경로로 가서 resultcsv.csv 파일을 열면 다음과 같이 5보다 큰 수가 모두 5로 바뀌어 저장되었음을 확인할 수 있습니다.

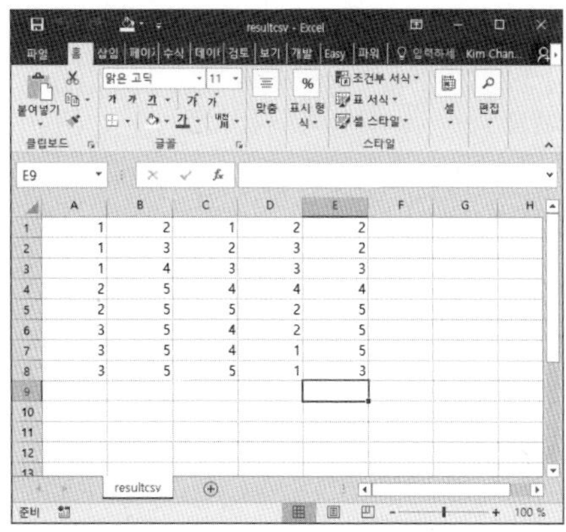

	A	B	C	D	E
1	1	2	1	2	2
2	1	3	2	3	2
3	1	4	3	3	3
4	2	5	4	4	4
5	2	5	5	2	5
6	3	5	4	2	5
7	3	5	4	1	5
8	3	5	5	1	3

그림 5-5 | 5보다 큰 점수가 모두 5점으로 바뀌었습니다

엑셀로 CSV 파일을 열었을 때 한글이 깨진다면?

usecsv.writecsv()를 이용하여 저장한 CSV 파일을 엑셀에서 열었더니 다음처럼 한글이 깨질 때가 있습니다.

	A	B	C	D	E	F
1	??	??????	??????	?????? ????(%)		
2	??????	152212	11152	6.8		
3	????	131390	10427	7.4		
4	??????	232482	14726	6		
5	??????	350925	14124	3.9		
6	????????	354884	17310	4.7		
7	????????	321966	13529	4		
8	??????	417983	22800	5.2		
9	??????	242467	13160	5.1		
10	????????	398999	22385	5.3		

그림 5-6 | 저장한 CSV 파일을 엑셀에서 열었더니 한글이 깨진다면 직접 가져옵니다

이럴 때는 CSV 파일에서 데이터를 직접 가져와 다시 저장합니다. [데이터] 탭에서 [데이터 가져오기 → 파일에서 → 텍스트/CSV에서]를 클릭하고 가져올 newPop2023.csv 파일을 선택합니다.

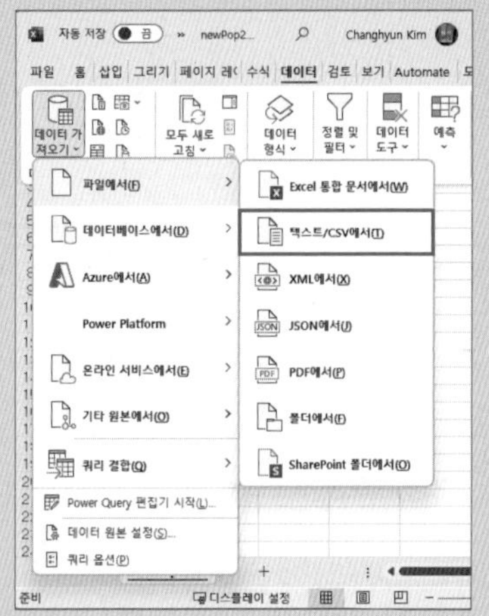

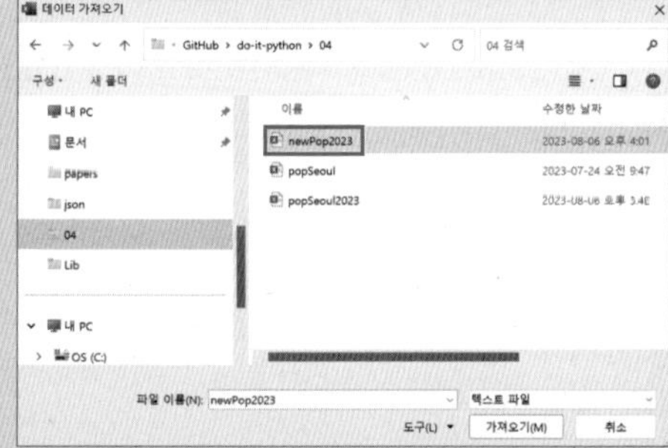

그림 5-7 | 불러올 CSV 파일을 선택합니다

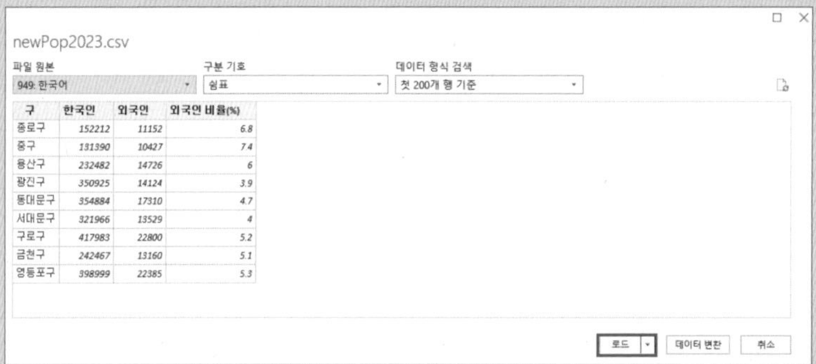

그림 5-8 | 가져올 내용을 확인하고 [로드] 버튼을 클릭합니다

마지막으로 [CSV UTF-8(쉼표로 분리(*.csv)] 형식을 선택하여 저장합니다.

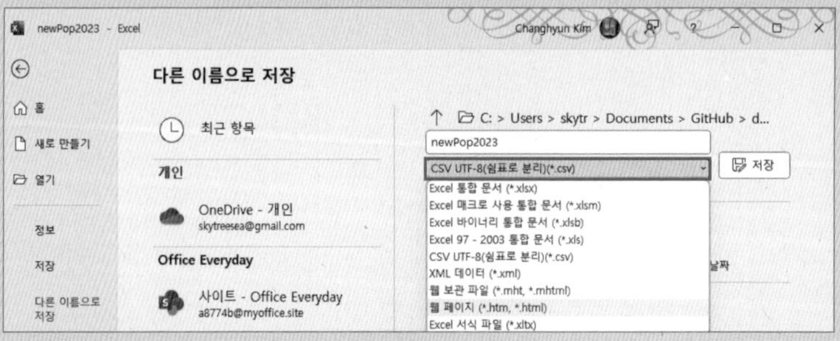

그림 5-9 | 형식을 지정하여 다시 저장합니다.

05-3 넘파이로 사업성 분석하기

넘파이는 주로 어디에서 유용하게 사용할까요? 특히 숫자를 많이 다루는 전문 분야, 연구와 관련된 분야일수록 대규모 데이터를 다뤄야 할 일이 많기 때문에 넘파이를 유용하게 사용합니다. 이번에는 우리가 검토해야 할 사업이 있다고 가정하고, 사업성을 분석하며 넘파이를 제대로 사용하는 방법을 알아보겠습니다.

사업성 분석이란

사업성 분석이란 간단히 말해 어떤 사업을 했을 때 이익이나 손해가 어느 정도 나올지 따져보는 것입니다.

경제적 타당성의 개념

경제적 타당성은 간단히 말해 어떤 사업이 우리에게 비용 대비 얼마나 많은 효용을 가져다줄 수 있는지를 나타내는 개념입니다. 이를 분석하는 핵심 지표는 순현재가치(NPV)와 내부수익률(IRR)입니다.

- **순현재가치**(Net Present Value, NPV): 할인된 현금 흐름의 값을 모두 더한 값을 말합니다.
- **내부수익률**(Internal Rate of Return, IRR): 순현재가치를 0으로 만드는 할인율을 말합니다.

개념이 쉽지 않죠? 걱정하지 마세요. 다음에 나오는 세부 지표의 값을 구하면 핵심 지표의 값은 넘파이에 내장된 함수로 쉽게 구할 수 있습니다. 값을 구해야 할 세부 지표는 다음과 같습니다.

표 5-3 | 재무적 타당성의 세부 지표

지표 이름	공식	설명
비용(C)	$\sum C$	사업을 만드는 데 들어가는 모든 비용입니다.
수입(B)	$\sum B$	사업을 하면서 발생하는 수입입니다.
현금 흐름(CF)	$CF = B - C$	수입에서 비용을 제외한 금액입니다.
연차(n)	-	총 사업 기간입니다.
할인율(r)	-	미래의 현금 흐름을 현재 기준으로 환산할 때 적용하는 비율입니다. 여기에서는 사회적 할인율을 적용합니다.
현금 흐름의 현재가치(PV)	$PV = \frac{CF_k}{(1+r)^k}$	할인율을 적용한 k년차 현금 흐름의 현재가치를 의미합니다.
순현재가치(NPV)	$NPV = \sum_{k=1}^{n} \frac{CF_k}{(1+r)^k}$	투자 안의 매년 현재가치(PV)를 다 더한 값입니다. 이 값이 0보다 크면 해당 투자 안에 사업성이 있다고 해석할 수 있습니다.

▶ 사회적 할인율이란 공공사업을 분석할 때 사용하는 미래 가치의 할인율을 말하며 2024년 1월 기준 4.5%를 사용할 수 있습니다.

여기서 비용, 수입, 현금 흐름, 연차는 개념이 단순합니다. 그런데 '할인율'과 '자본의 현재가치'는 처음 이 개념을 접한 사람에게는 어렵게 느껴지겠네요. 자본의 현재가치를 가상으로 구해 보면서 이해해 보겠습니다.

Do it! 실습 ▶ 자본의 현재가치 구하기

1 언제나 사용할 모듈을 먼저 임포트 합니다. numpy 모듈을 np로 임포트 하겠습니다.

```
>>> import numpy as np                    # 먼저 넘파이를 임포트 합니다
```

2 할인율과 현금 흐름을 설정합니다. 현금 흐름은 100억 원(단위: 억 원), 할인율을 5%라고 가정하겠습니다. discount에는 할인율, cashflow에는 현금 흐름을 저장합니다.

```
>>> discount = .05                        # 할인율은 5%입니다
>>> cashflow = 100                        # 현금 흐름은 100(억 원)입니다
```

3 현재가치(PV)를 구하는 공식($PV = CF_k / (1 + r)^k$)을 다음과 같은 함수로 만들겠습니다. 연차를 입력하면 그에 해당하는 현금 흐름의 현재가치를 계산할 수 있습니다.

```
>>> def presentvalue(n):
        return (cashflow / ((1 + discount ) ** n))
# 자본의 현재가치를 구하는 공식을 함수로 만듭니다
>>>
```

3 공식을 사용해 보겠습니다. 완공 후 1, 2년 차일 때 현재가치는 다음과 같습니다.

```
>>> print(presentvalue(1))
95.23809523809524                # 1년이 지났을 때 자본의 현재가치입니다
>>> print(presentvalue(2))
90.70294784580499                # 2년이 지났을 때 자본의 현재가치입니다
```

4 20년 동안 발생할 현재가치를 모두 한 번에 구할 수도 있습니다.

```
>>> for i in range(20):
        print(presentvalue(i))

100.0
95.23809523809524
90.70294784580499
86.3837598531476
(... 생략 ...)
43.62966876108571
41.5520654867483
39.57339570166504
```

이처럼 할인율 개념을 파이썬으로 간단하게 확인해 보는 것도 재미있는 방법입니다. 이제 조금 과감하게 진도를 나가 보겠습니다.

용어가 익숙하지 않아도 괜찮아요

이 책에서는 사업이나 재무에 관련된 전문 지식을 자세히 설명하지 않습니다. 이 분야가 생소한 분이라면 어색할 수 있겠지만, 정의를 잘 기억하고 실습을 잘 따라온다면 어렵지 않게 분석에 성공할 수 있을 겁니다. 복잡한 분석 실습을 해봐야 나중에 실제 상황에 수월하게 적용할 수 있을 테니 끝까지 힘내세요!

Do it! 실습 ▶ 놀이공원 사업의 사업성 분석하기

이제 더 구체적인 상황을 가정하고 넘파이를 활용해 실습해 보겠습니다.

이런 상황이라면?

난이도 ★☆☆☆☆ | 완성 소스 05\park.py

놀이공원 사업의 사업성을 분석하자

건설회사 사장님은 놀이공원을 여는 것이 꿈입니다. 건설사업으로 돈을 많이 벌어 성공한 사장님은 놀이공원에 도전해도 괜찮을 것 같다고 생각했습니다. 그래서 건설회사 사장님은 지금까지 모은 돈과 신용으로 첫째 놀이공원을 지을 수 있을지, 둘째 지었을 때 이익이 날지 손해가 날지 알고 싶습니다. 여기저기 물어보니 사업의 예비 타당성을 조사하는 방법이 있다고 합니다. 자, 그럼 한번 같이 배워 볼까요?

사업성을 분석하기에 앞서 다음 표를 살펴보세요. 가상의 사업 지표를 만들어 놓았습니다. 이번 실습에서는 여기 있는 수치를 바탕으로 사업성을 분석하겠습니다.

▶ 여기서는 실습의 편의를 위해 공사를 시작하는 시점을 0년 차로 가정했습니다. 일반적으로 운영 수입이 발생하는 시점을 기준 연도로 봅니다.

▶ 가상의 사업을 분석하는 과정에서 분석 기간은 사업에 따라서 달라질 수 있습니다. 이 책에서 제시하는 분석 기간과 실제 분석 기간이 다를 수 있으니 유의하세요.

표 5-4 | 놀이공원 사업의 현금 흐름 자료(단위: 억 원)

항목	Y0	Y1	Y2	…	Y8	Y9	Y10
총비용(a+b+c)	750	50	50		50	50	50
부지비(a)	500						
공사비(b)	250			…			
운영비(c)		50	50		50	50	50
운영 수익		150	150		150	150	150
현금 흐름	-750	100	100		100	100	100

0년 차 1년 차 2년 차 10년 차

현금 흐름(cash flow) = [-750, 100, 100, 100, 100, 100, 100, 100, 100, 100, 100]

1 세부 지폿값 구하기

제대로 현금 흐름을 계산하려면 지출과 수입이 어떻게 발생하는지를 심도 있게 조사해야 합니다. 이 실습의 목적은 최종 타당성 지수를 구하는 방법을 이해하는 데 있으니, 최종 현금 흐름 자료는 간단하게 도출하겠습니다.

먼저 첫 번째 해(Y0)를 살펴보면 750억 원의 비용만 발생합니다. 그리고 두 번째 해부터 10년 동안 매년 운영 수익 150억 원과 운영비 50억 원이 발생해 총 100억 원의 이익이 발생한다고 가정합니다.

```
>>> loss = [-750]   # 1, 2년 차에 발생한 비용입니다
>>> profit = [100] * 10
>>> profit
[100, 100, 100, 100, 100, 100, 100, 100, 100, 100]  # 3년 차부터 발생한 이익입니다
>>> cf = loss + profit
>>> cf
[-750, 100, 100, 100, 100, 100, 100, 100, 100, 100, 100]
# 총 10년 동안의 현금 흐름을 리스트로 만들어 cf에 저장했습니다
>>> len(cf)
11  # 총 11개의 정보가 있음을 확인했습니다
>>> cashflow = np.array(cf)  # 이제 cf를 배열로 만들어 cashflow에 저장합니다
```

2 순현재가치와 내부수익률 함수의 독립(numpy_financial)

최근 넘파이에서 금융 관련 함수만 numpy_financial라는 별도의 패키지로 분리했습니다. 이전에는 np.npv()나 np.irr()로 간단하게 사용했지만 이제는 새로운 라이브러리를 사용해야 합니다. 그러나 사용법은 여전히 간편하니 겁먹지 마세요.

```
>>> import numpy_financial as npf  # 먼저 넘파이 파이낸셜을 임포트 합니다
```

▶ 만약 numpy_financial을 바로 불어올 수 없다면 터미널에서 pip install numpy_financial로 넘파이 파이낸셜 패키지를 설치하세요.

먼저 순현재가치는 할인율을 입력해야 하고 내부수익률은 별도의 할인율 없이도 구할 수 있습니다. 할인율은 조금 복잡한 개념이지만 2023년 현재 예비 타당성 조사에서 사용하는 4.5%를 사용하겠습니다. 내부수익률이란 순현재가치를 0으로 만드는 수익률로, 내부수익률이 사회적 할인율보다 높을 때 공공사업은 수익성이 있다고 말할 수 있습니다.

npv() 함수와 irr() 함수 사용법

```
npf.npv(할인율, 현금 흐름)          # 순현재가치
npf.irr(현금 흐름)                  # 내부수익률
```

두 핵심 지표를 구하는 데 필요한 값은 앞에서 거의 다 구했네요. 할인율은 4.5%로 가정하겠습니다. 이제 npf.npv(할인율, 현금 흐름)과 npf.irr(현금 흐름) 함수를 사용하면 순현재가치와 내부수익률을 아주 손쉽게 구할 수 있습니다.

```
>>> npv = npf.npv(0.045, cashflow)
>>> npv
41.27181771101688    # 순현재가치를 출력합니다
>>> irr = npf.irr(cashflow)
>>> irr
0.05604463645158875  # 내부수익률을 출력합니다
```

순현재가치는 약 41.3억 원이고, 내부수익률은 5.6% 정도 나왔습니다. 과연 이 사업은 수익성이 있다고 해석할 수 있을까요?

3 핵심 지푯값 해석하기

사실 재무적 타당성은 순현재가치나 내부수익률의 수치를 구하는 일보다 그 수치를 해석하는 일이 훨씬 더 중요합니다. 먼저 내부수익률부터 해석해 보겠습니다. 약 5.6%였지요.

```
>>> irr
0.05604463645158875                    # 내부수익률입니다
```

이때는 할인율에 따라 그 사업이 수익성이 있는지 없는지 결정됩니다. 가정한 할인율은 4.5%였고, 5.6%는 4.5%보다 높기 때문에 수익성이 있다고 할 수 있습니다. 하지만 이자를 해마다 10%씩 내야 한다고 가정하면 다시 생각해야 합니다. 10년 동안 운영한다고 가정했을 때 내부수익률이 5.6%이므로 10%보다 더 작습니다. 즉, 현실에서는 할인율뿐만 아니라 여러 요소를 고려해 사업의 수익성을 분석해야 합니다.

이번에는 순현재가치를 해석해 보겠습니다. 이 사업의 순현재가치는 약 41.3억 원입니다.

```
>>> npv
41.27181771101688               # 순현재가치입니다
```

일단 여기에서는 할인율을 4.5%로 지정했으므로 이 자료만으로도 사업성이 있는지 판단할 수 있습니다. 현재 이 프로젝트의 가치는 41.3억 원으로, 이 정도 수익을 올릴 수 있다면 이 사업은 순현재가치를 봤을 때도 사업성이 있다고 판단할 수 있습니다.

참고로 엑셀에서 npv 함수, irr 함수를 사용해도 이 값들을 쉽게 구할 수 있습니다. 함수와 관련해서 엑셀과 파이썬은 모두 계산기 역할만 할 뿐이므로 어떤 프로그램을 사용할지는 여러분의 몫입니다. 이미 말씀드린 것처럼 데이터를 눈으로 확인하면서 가공할 때는 엑셀과 같은 스프레드시트 프로그램이 파이썬보다 훨씬 유용합니다. 하지만 비슷한 자료를 몇백 개 만들어서 사업수익률을 한꺼번에 구해야 한다면 파이썬에서 넘파이를 활용하는 것이 훨씬 유용합니다.

사업수익률 계산법은 재무나 회계를 전공하지 않았더라도 알아두면 유용합니다. 공공이든 민간이든 모든 사업을 할 때 들어가는 돈(비용)과 사업으로 벌어들일 돈(수입)에 대한 계산은 필수이기 때문입니다. 그러므로 직장인이나 취업준비생이라면 이 계산법을 꼭 기억하세요.

05-4 판다스로 아파트 실거래가 분석하기

판다스(pandas)는 파이썬 환경에서 많이 사용하는 패키지입니다. 데이터를 다루려면 넘파이, 판다스, 맷플롯립 등 이 세 가지 패키지의 사용법은 반드시 익혀야 합니다. 앞에서 알아본 넘파이가 수치 계산에 최적화된 패키지라면, 판다스는 데이터 처리에 최적화된 패키지라고 할 수 있습니다.

데이터프레임이란

데이터프레임(dataframe)이란 앞에서 다룬 배열과는 또 다른 형태로 데이터를 쉽게 가공하기 위한 일종의 틀을 의미합니다. 데이터프레임에 데이터를 넣으면 향후 살펴볼 것처럼 매우 다양한 방법으로 가공할 수 있습니다.

DataFrame() 함수를 사용하면 딕셔너리형 자료를 판다스로 가공할 수 있는 데이터프레임으로 만들 수 있습니다. 데이터프레임을 간단히 만들어 보겠습니다. 먼저 딕셔너리형 자료를 만들고 DataFrame() 함수를 사용합니다.

```
>>> import pandas as pd
# 넘파이를 임포트 할 때와 마찬가지로 pd라는 줄임말로 판다스를 임포트 합니다
>>> data = {'name' : ['Mark', 'Jane', 'Chris', 'Ryan'],
            'age' : [33, 32, 44, 42],
            'score' : [91.3, 83.4, 77.5, 87.7]}
# 임의의 딕셔너리형 자료를 data 객체에 저장합니다
>>> df = pd.DataFrame(data)
# DataFrame() 함수로 data 객체를 데이터프레임으로 만들어 df 객체에 저장합니다
```

df에 값이 어떻게 들어갔는지 구경해 볼까요? df를 한번 출력해 보겠습니다.

```
>>> df
    name   age  score
0   Mark   33   91.3
1   Jane   32   83.4
2   Chris  44   77.5
3   Ryan   42   87.7
# 데이터프레임 형태의 자료가 df에 저장되어 있습니다
```

마치 엑셀에 넣은 것처럼 가지런하게 정리된 형태로 출력된 것을 확인할 수 있습니다. 이처럼 데이터프레임이 정상적으로 형성되었다면 이제 판다스에 들어 있는 수많은 기능을 사용할 수 있게 됩니다. 아주 간단한 연산 몇 가지를 해보겠습니다.

sum(): 합계

sum()으로 특정 값들의 합계를 구할 수 있습니다. 여기에서는 별다른 가공을 하지 않고 그냥 sum() 함수를 사용하겠습니다.

```
>>> df.sum()
name     MarkJaneChrisRyan
age                    151
score                339.9
dtype: object
# 'name'은 문자열이므로 연산을 진행할 수 없고, age와 score만 자동으로 연산을 진행했습니다
```

mean(): 평균

판다스에서도 넘파이와 마찬가지로 mean() 함수로 평균을 쉽게 구할 수 있습니다.

```
>>> df.mean(numeric_only=True)
age      37.750
score    84.975
dtype: float64
# 마찬가지로 age와 score에 대해서만 평균을 구했습니다
```

데이터 선택하기

특정 데이터를 선택하는 방법을 알아보겠습니다. 데이터를 선택하는 방법은 df[key값] 혹은 df.key값입니다. 예를 들어 age를 선택하고 싶다면 df['age']나 df.age를 입력하면 됩니다. df.age와 같이 입력할 경우 속성 이름과 겹치는 오류가 발생할 수 있어 가급적 df['age']와 같이 사용하는 것을 추천합니다.

```
>>> df.age
0    33
1    32
2    44
3    42
Name: age, dtype: int64   # dtype: int64는 이 열의 유형이 정수라는 의미입니다
>>> df['age']
0    33
1    32
2    44
3    42
Name: age, dtype: int64   # 앞선 경우와 같이 똑같이 인식하는 것을 알 수 있습니다.
```

Do it! 실습 ▶ CSV 파일을 불러와 데이터프레임으로 만들기

이제 CSV 파일을 불러와 판다스로 가공하는 실습을 진행해 보겠습니다.

이런 상황이라면?

난이도 ★★★★☆ | 완성 소스 05\apt2.py

아파트 실거래가 정보를 내 마음대로 살펴보자

국토교통부는 아파트 실거래가를 매월 공개하고 있습니다. 누구나 연구 목적 등으로 이 자료를 내려받아서 사용할 수 있습니다. 그런데 일단 자료를 받고 나면 엄청나게 많은 데이터 앞에서 입이 떡 벌어지게 됩니다. 엑셀로 다뤄 보고 싶지만, 데이터가 많아서 어디서부터 어떻게 다뤄야 할지 감이 잡히지 않습니다. 예를 들어 전국에 10억 원이 넘는 아파트는 몇 개가 있을까요? 특정 도시에서 1억 원 미만인 아파트를 쉽게 찾을 수 있을까요? CSV 파일을 내려받아서 한번 같이 살펴볼까요?

1 05장 실습 파일 폴더에서 apt2308.csv 파일을 찾으세요. 5억 원 미만 아파트 정보가 저장되어 있습니다. 이번에는 국토교통부 웹 사이트에서 내려받은 실제 데이터를 실습하기 쉬운 형태로 미리 가공해 놓았습니다. 이 파일을 실습을 진행할 경로로 옮깁니다.

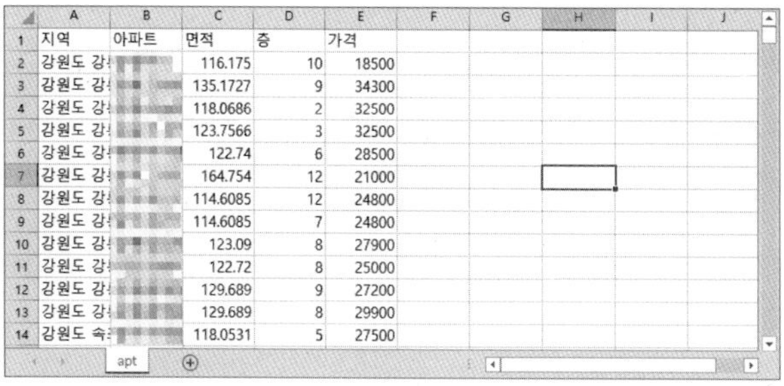

지역	아파트	면적	층	가격
강원도 강		116.175	10	18500
강원도 강		135.1727	9	34300
강원도 강		118.0686	2	32500
강원도 강		123.7566	3	32500
강원도 강		122.74	6	28500
강원도 강		164.754	12	21000
강원도 강		114.6085	12	24800
강원도 강		114.6085	7	24800
강원도 강		123.09	8	27900
강원도 강		122.72	8	25000
강원도 강		129.689	9	27200
강원도 강		129.689	8	29900
강원도 속		118.0531	5	27500

그림 5-10 | apt2308.csv 파일에 데이터프레임을 만들기 쉬운 형태로 자료를 저장했습니다

2 pandas를 pd라는 줄임말로 임포트 합니다.

```
>>> import pandas as pd
>>> import re, os                                   # 정규식과 os는 항상 먼저 임포트 합니다
>>> os.chdir(r'C:\Users\user\do-it-python\05')
# apt2308.csv를 저장한 저장 경로로 이동합니다
```

3 판다스로 CSV 파일을 불러올 때는 `read_csv()` 함수를 사용합니다. `pd.read_csv('apt2308.csv')`를 입력하면 apt2308.csv의 자료가 자동으로 데이터프레임으로 변환됩니다. 변환한 값을 저장할 객체 이름은 바로 데이터프레임임을 파악할 수 있게 약자인 `df`로 정의하겠습니다. `thousands=','`를 추가하면 셋째 자리마다 쉼표를 찍은 숫자를 정수형으로 인식합니다.

```
>>> df = pd.read_csv('apt2308.csv', thousands=',')
Traceback (most recent call last):
  File "<pyshell#58>", line 1, in <module>
    pd.read_csv('apt2308.csv')
UnicodeDecodeError: 'utf-8' codec can't decode byte 0xc1 in position 0: invalid start
byte
# 정확하게 입력했는데 왜 이런 오류 메시지가 나타날까요?
```

CSV 파일의 저장 형태에 따라서 오류가 발생하기도 합니다. 사실 이 문제는 한글을 쓰는 우리가 파이썬을 비롯해 컴퓨터 프로그램을 사용할 때 항상 골머리를 앓는 문제입니다. 바로 인코딩 방식 때문에 가끔 이런 문제가 나타나는데요, 이때는 인코딩을 cp949로 하면 문제가 해결됩니다. 엑셀에서 저장할 때 UTF-8로 저장했다면 `encoding='utf8'`로 지정해 주세요.

▶ 인코딩 오류는 자주 발생하므로 이를 해결해 주는 다음 코드는 외워 두는 것을 추천합니다.

```
>>> df = pd.read_csv('apt2308.csv', encoding='cp949', thousands=',')
>>>
```

`df`에 몇 개의 자료가 들어갔는지 확인해 볼까요?

```
>>> len(df)
26509                    # 26,509개의 자료가 들어 있습니다
```

Do it! 실습 데이터프레임 살펴보기

이제 데이터프레임으로 가져온 자료를 여러 가지 방법으로 살펴보겠습니다.

1 처음이나 마지막 자료 일부만 출력하기

이렇게 많은 자료를 다룰 때는 먼저 `df`에 자료가 어떻게 들어가 있는지 한번 보고 싶어집니다. 이럴 때 사용하는 명령어가 `head()` 함수와 `tail()` 함수입니다.

▶ 면적의 단위는 1제곱미터(㎡), 가격의 단위는 1만 원입니다.

```
>>> df.head()   # 파이썬 파일에서는 print() 함수를 써야 값을 출력합니다
                          시군구   번지  본번  부번          단지명        ...
0  강원특별자치도 강릉시 견소동   202   202    0          송정한신        ...
1  강원특별자치도 강릉시 견소동   202   202    0          송정한신        ...
2  강원특별자치도 강릉시 견소동   202   202    0          송정한신        ...
3  강원특별자치도 강릉시 견소동   289   289    0  송정해변신도브래뉴아파트  ...
4  강원특별자치도 강릉시 견소동   289   289    0  송정해변신도브래뉴아파트  ...
# df.head()는 df에서 처음 5개 행만 출력합니다
```

```
>>> df.tail()
                        시군구    번지  본번  부번           단지명         ...
26504  충청북도 충주시 호암동   1063  1063    0  충주호암두진하트리움아파트  ...
26505  충청북도 충주시 호암동   1063  1063    0  충주호암두진하트리움아파트  ...
26506  충청북도 충주시 호암동  547-6   547    6          호반현대          ...
26507  충청북도 충주시 호암동  221-1   221    1       호암리버빌(2단지)      ...
26508  충청북도 충주시 호암동   1191  1191    0        호암힐데스하임       ...
# df.tail()는 df에서 마지막 5개 행만 출력합니다
```

▶ 책에서는 보기 좋게 출력 결과를 정렬했습니다.

2 열 전체 자료 출력하기

데이터프레임에서 원하는 열의 전체 자료를 보려면 간단하게 다음과 같이 입력하면 됩니다. df['시군구']와 df.시군구 두 가지 형태 모두 같은 뜻이지만 이 책에서는 df['시군구'] 표기를 기본으로 합니다.

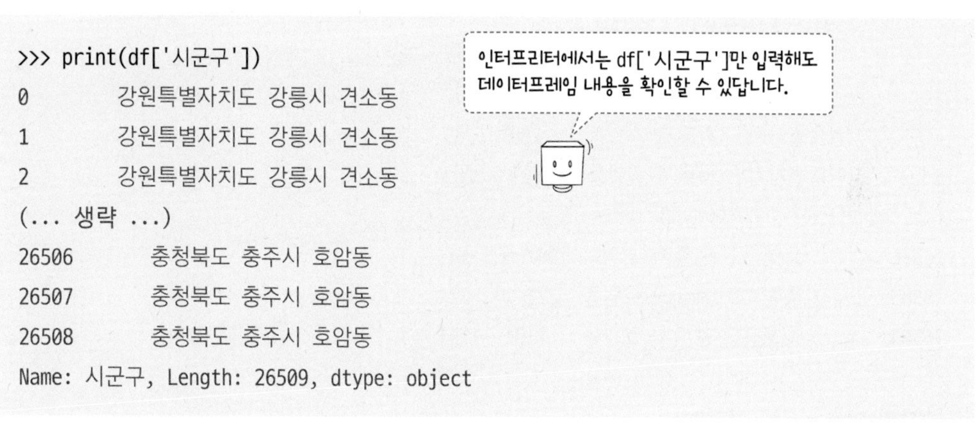

인터프리터에서는 df['시군구']만 입력해도
데이터프레임 내용을 확인할 수 있답니다.


```
>>> print(df['시군구'])
0          강원특별자치도 강릉시 견소동
1          강원특별자치도 강릉시 견소동
2          강원특별자치도 강릉시 견소동
(... 생략 ...)
26506          충청북도 충주시 호암동
26507          충청북도 충주시 호암동
26508          충청북도 충주시 호암동
Name: 시군구, Length: 26509, dtype: object
```

3 조건별로 출력하기

자료가 너무 많아서 어떤 조건에 해당하는 것만 보고 싶다면 다음과 같이 조건문을 추가하면 됩니다. 이렇게 판다스는 넘파이와 마찬가지로 매우 직관적인 해법을 제시합니다. $80m^2$가 넘는 아파트를 찾는 방법을 먼저 알아봅니다. df에서 특정 조건을 바로 적용해 볼까요? 명령어는 다음과 같습니다.

```
>>> print(df['전용면적'] > 80)  # 면적이 80을 넘으면 True, 아니라면 False를 출력합니다
0        False
1         True
2        False
(... 생략 ...)
26506     True
26507     True
26508     True
Name: 전용면적, Length: 26509, dtype: bool
```

이렇게 해서는 면적이 $80m^2$를 넘는 아파트가 어딘지 알 수는 없네요. 면적이 $80m^2$를 넘는 아파트의 자료 전부를 보고 싶다면 다음과 같이 조건식을 리스트로 감싼 다음 리스트 앞에 df를 붙입니다.

```
>>> print(df[df['전용면적'] > 80] )  # 면적이 80을 넘는 데이터프레임만 출력합니다
                      시군구     번지   본번  부번  ...  해제사유발생일    ...
1       강원특별자치도 강릉시 견소동    202   202   0  ...          NaN    ...
4       강원특별자치도 강릉시 견소동    289   289   0  ...          NaN    ...
5       강원특별자치도 강릉시 견소동    289   289   0  ...          NaN    ...
(... 생략 ...)
26506          충청북도 충주시 호암동  547-6   547   6  ...          NaN    ...
26507          충청북도 충주시 호암동  221-1   221   1  ...          NaN    ...
26508          충청북도 충주시 호암동   1191  1191   0  ...          NaN    ...

[12306 rows x 16 columns]
```

면적이 $80m^2$를 넘는 아파트의 단지명만 보고 싶은 경우에는 다음과 같이 명령합니다.

```
>>> print(df['단지명'][df['전용면적'] > 80] )
1                    송정한신
4           송정해변신도브래뉴아파트
5           송정해변신도브래뉴아파트
6             강릉교동롯데캐슬1단지
7             강릉교동롯데캐슬2단지
                ...
26502      충주호암두진하트리움아파트
26505      충주호암두진하트리움아파트
26506                호반현대
26507          호암리버빌(2단지)
26508              호암힐데스하임
Name: 단지명, Length: 12306, dtype: object
```

조금 더 조건을 추가해 볼까요? 면적은 130m²가 넘고 가격은 3억 원 미만만 출력하라는 명령을 할 수 있습니다. 이때 조건을 괄호로 묶고 기호 &(and)를 써줍니다.

```
>>> print(df['단지명'][(df['전용면적'] > 130 ) & (df['거래금액'] < 30000)])
140         현대5차
256         레이크뷰
370        라이프타운
392         현대3차
407           두산
           ...
25655         건영
25657         건영
25840         신라
25891       세원홍실
26016         동아
Name: 단지명, Length: 74, dtype: object
```

두 가지 조건을 모두 충족시키는 경우는 74개임을 확인할 수 있습니다.

두 가지 조건 중 하나라도 만족하면 결괏값을 반환하라는 명령을 할 수 있습니다. 이럴 때는 기호 |(or)를 써줍니다.

```
>>> print(df['단지명'][(df['전용면적'] > 130 ) | (df['거래금액'] < 30000) ])
0                    송정한신
2                    송정한신
3            송정해변신도브래뉴아파트
4            송정해변신도브래뉴아파트
6             강릉교동롯데캐슬1단지
                ...
26499                  진도
26500                  진도
26503       충주호암두진하트리움아파트
26506                  호반현대
26507            호암리버빌(2단지)
Name: 단지명, Length: 14054, dtype: object
```

출력 결과의 Length값을 보면 면적이 130m^{2}보다 넓거나 가격이 3억 원 미만인 아파트는 14,054개라는 것을 알 수 있습니다.

4 원하는 자료만 살펴보기

데이터프레임에서 값을 선택할 때 조건을 더 정교하게 추가하고 싶다면 loc을 사용합니다.

loc 사용법

```
df.loc[원하는 행의 조건, 원하는 열의 조건]
```

예를 들어 데이터프레임이 df로 정의되어 있고 '단지명', '거래금액'만 10번까지만 출력하고 싶다면 다음과 같이 명령할 수 있습니다. 실습 과정을 그대로 따라왔다면 다음과 같이 출력합니다.

```
>>> print(df.loc[:10, ['단지명', '거래금액']])  # '단지명'과 '거래금액'만 10개 출력합니다
          단지명       거래금액
0        송정한신       23000
1        송정한신       31000
```

```
2           송정한신        16400
3   송정해변신도브래뉴아파트  24500
4   송정해변신도브래뉴아파트  28500
5   송정해변신도브래뉴아파트  32500
6    강릉교동롯데캐슬1단지    60000
7    강릉교동롯데캐슬2단지    37500
8   강릉교동풍림아이원아파트  35400
9   강릉교동풍림아이원아파트  31000
10         교동3주공        27500
```

이번에는 10억 원을 초과하는 가격으로 거래된 아파트만 한번 출력해 보겠습니다.

```
>>> print(df.loc[:, ['단지명', '거래금액']][df['거래금액'] > 100000])
# [df.가격 > 100000]와 같이 조건문을 추가하면 조건을 만족하는 내용만 출력됩니다
                      단지명           거래금액
1191              DMC디에트르한강        129000
1192             DMC한강에일린의뜰        130000
1193             DMC한강에일린의뜰        115000
1446               일산요진와이시티        155000
1449               일산요진와이시티        102000
...                     ...             ...
20912           송도센트럴파크푸르지오       101000
20913          송도아메리칸타운아이파크      121000
20933             송도자이하버뷰2단지      160000
24887   천안 불당 지웰시티푸르지오 2단지    105000
24895              천안불당지웰더샵       110000

[1229 rows x 2 columns]   # 1,229행을 출력했습니다
```

이처럼 loc까지 사용하면 자신이 원하는 조건에 맞는 데이터를 마음껏 불러낼 수 있습니다. 계속 연습하다 보면 아무리 큰 데이터가 있어도 입맛에 맞는 데이터만 뽑아 볼 수 있겠죠?

5 새로운 값 추가하기

이번에는 새로운 열과 값을 추가하는 방법을 알아보겠습니다. 먼저 새로운 열을 추가하는 방법은 매우 간단합니다.

```
df['새로운 열 이름'] = 넣고 싶은 값
```

여기에서는 전용면적 대비 거래금액을 알아보겠습니다. 이 값을 흔히 제곱미터(㎡)당 가격이라고 일컫는데, 쉽게 표현하기 위해서 '단가'라고 이름을 정하겠습니다.

```
>>> df['단가'] = df['거래금액'] / df['전용면적']
# 전용면적 대비 거래금을 '단가'라는 이름으로 저장합니다
>>> print(df.loc[:10, ('거래금액', '전용면적', '단가')])
# loc 문으로 '거래금액', '전용면적', '단가'라는 세 가지 변수의 값을 10번까지 출력합니다
   거래금액    전용면적        단가
0   23000    59.8000  384.615385
1   31000    84.9450  364.942021
2   16400    43.3800  378.054403
3   24500    59.9900  408.401400
4   28500    84.9900  335.333569
5   32500    84.9900  382.397929
6   60000   163.9852  365.886678
7   37500    84.9855  441.251743
8   35400    66.0388  536.048505
9   31000    66.0388  469.421007
10  27500    59.8400  459.558824
```

6 데이터 정렬하기

이번에는 데이터를 정렬하는 방법에 대해서 알아보겠습니다. 숫자가 작은 것부터 큰 것으로 정렬하는 방법을 오름차순, 반대의 경우를 내림차순이라고 합니다. 엑셀에서 데이터를 오름차순 혹은 내림차순으로 정렬해 본 적 있지요? 엑셀에서도 가장 많이 쓰는 기능일 텐데요. 파이썬에서는 별다른 조건을 주지 않으면 오름차순으로 정렬합니다.

인덱스에 따라서 정렬하는 명령어는 sort_values입니다. 특정한 열을 조건에 맞춰서 정렬하고 싶다면 다음과 같이 명령어를 써주면 됩니다.

sort_values 메서드 사용법

```
df.sort_values(by='열 이름')                      # 오름차순 정렬
df.sort_values(by='열 이름', ascending=False)     # 내림차순 정렬
```

먼저 가격을 기준으로 오름차순으로 정렬해 보겠습니다.

```
>>> print(df.sort_values(by='거래금액').loc[:, ('거래금액', '시군구')])
# 가격이 가장 싼 아파트부터 거래금액과 시군구만 출력합니다
        거래금액                  시군구
22613      630  전라북도 익산시 낭산면 용기리
22610      630  전라북도 익산시 낭산면 용기리
22605      630  전라북도 익산시 낭산면 용기리
22612      630  전라북도 익산시 낭산면 용기리
22614      630  전라북도 익산시 낭산면 용기리
...        ...                    ...
17619   650000      서울특별시 서초구 반포동
16297   670000      서울특별시 강남구 도곡동
17622   700000      서울특별시 서초구 반포동
16292   745000      서울특별시 강남구 도곡동
17714   900000    서울특별시 성동구 성수동1가

[26509 rows x 2 columns
```

```
>>> print(df.sort_values(by='거래금액', ascending=False).loc[:, ('거래금액', '시군구')])
# 내림차순으로 다시 정렬합니다
        거래금액                 시군구
17714   900000    서울특별시 성동구 성수동1가
16292   745000      서울특별시 강남구 도곡동
17622   700000      서울특별시 서초구 반포동
16297   670000      서울특별시 강남구 도곡동
17619   650000      서울특별시 서초구 반포동
...        ...                    ...
22605      630  전라북도 익산시 낭산면 용기리
22606      630  전라북도 익산시 낭산면 용기리
22610      630  전라북도 익산시 낭산면 용기리
22607      630  전라북도 익산시 낭산면 용기리
22611      630  전라북도 익산시 낭산면 용기리

[26509 rows x 2 columns]]
```

조금 응용해 볼까요? 4억 원이 넘는 아파트를 전용 면적이 넓어지는 순서, 즉 '전용면적'을 추가하고 이를 오름차순으로 정렬해 보겠습니다. 이렇게 단순한 조건을 복잡하게 바꿔가면서 연습해 보는 것이 코딩 실력을 향상하는 데 도움이 됩니다.

```
>>> print(df[df['거래금액'] > 40000].sort_values(by='전용면적').loc[:, ('거래금액', '전용면적', '시군구')])
# df.거래금액 > 40000: 4억이 넘는 집만 먼저 추출합니다.
# df[df.거래금액 > 40000].sort_values(by='전용면적'): 전용면적 기준으로 정렬합니다
# 정렬한 데이터프레임에서 ('거래금액', '전용면적', '시군구') 정보만 추출합니다.
        거래금액    전용면적              시군구
17949    51000   25.6500    서울특별시 송파구 눈성동
17992    93000   27.6800    서울특별시 송파구 잠실동
17646    50500   28.8500    서울특별시 서초구 서초동
18280    47600   30.1355  서울특별시 영등포구 영등포동
18281    44000   30.2372  서울특별시 영등포구 영등포동
...        ...       ...              ...
16297   670000  244.2240    서울특별시 강남구 도곡동
16292   745000  244.6600    서울특별시 강남구 도곡동
14988   200000  244.8647     부산광역시 남구 용호동
17619   650000  244.9720    서울특별시 서초구 반포동
17638   262000  257.1200    서울특별시 서초구 방배동

[8711 rows x 3 columns]
```

7 문자열 다루기

판다스에서도 문자열을 다루는 방법이 있습니다. 바로 문자열 객체 str에 있는 메서드를 사용하는 것입니다. 여기에서는 그중 간단한 방법 하나만 살펴보고 넘어가겠습니다.

str.contains()를 사용하면 특정한 문자를 포함하는 열을 추출할 수 있습니다. contains 메서드 사용법은 다음과 같습니다.

contains 메서드 사용법

```
df['검색할 열'].str.contains('찾는 문자열')
```

이 명령은 찾아야 하는 문자열의 유무를 확인합니다.

예를 들어 df에 저장된 아파트 실거래가에서 '강릉'을 포함한 시군구 거래만 찾도록 합니다. 먼저 이 작업을 하기 전에 데이터가 어떻게 생겼는지 head()를 통해서 다시 한번 확인해 보겠습니다.

```
>>> print(df.head())
              시군구            번지  본번  부번              단지명      전용면적  ...
0  강원특별자치도 강릉시 견소동  202  202   0             송정한신      59.800  ...
1  강원특별자치도 강릉시 견소동  202  202   0             송정한신      84.945  ...
2  강원특별자치도 강릉시 견소동  202  202   0             송정한신      43.380  ...
3  강원특별자치도 강릉시 견소동  289  289   0  송정해변신도브래뉴아파트      59.990  ...
4  강원특별자치도 강릉시 견소동  289  289   0  송정해변신도브래뉴아파트      84.990  ...
```

강릉시 자료만 골라내려면 '시군구' 열에서 '강릉'이라는 단어가 있는 열을 찾으면 되겠네요. 다음과 같이 입력해 보겠습니다.

```
>>> print(df['시군구'].str.contains('강릉'))
0         True    # '시군구'에서 '강릉'을 포함한 거래는 True를 반환합니다
1         True
2         True
3         True
4         True
         ...
26504    False   # 없다면 False를 출력합니다
26505    False
26506    False
26507    False
26508    False
Name: 시군구, Length: 26509, dtype: bool
```

찾는 문자열이 있을 때 True를 반환하는 점을 활용하면 다음과 같이 원하는 자료만 골라 새 데이터프레임을 만들 수 있습니다.

```
>>> print(df[df['시군구'].str.contains('강릉')])
# 지역에 '강릉'이 들어간 자료만 따로 모아 데이터프레임으로 출력합니다
              시군구        번지  본번  부번          단지명      전용면적  ...
0   강원특별자치도 강릉시 견소동   202   202   0         송정한신   59.8000  ...
1   강원특별자치도 강릉시 견소동   202   202   0         송정한신   84.9450  ...
2   강원특별자치도 강릉시 견소동   202   202   0         송정한신   43.3800  ...
..                      ...   ...   ...  ..          ...       ...  ...
129 강원특별자치도 강릉시 홍제동  1037  1037   0       우미린아파트   84.9819  ...
130 강원특별자치도 강릉시 회산동   610   610   0    강릉회산한신더휴   84.9610  ...
131 강원특별자치도 강릉시 회산동   130   130   0      힐스테이트강릉   84.9925  ...
[132 rows x 17 columns]
```

이렇게 따로 추출한 값을 자주 사용할 것 같으면 별도의 객체로 저장합니다. dfF라는 새 객체에 앞에서 만든 데이터프레임을 저장해 보겠습니다. 그리고 강릉시 거래금액 평균을 확인하고자 mean 메서드를 사용합니다.

```
>>> dfF = df[df['시군구'].str.contains('강릉')]
>>> print(dfF['거래금액'].mean())
21161.257575757576   # 거래금액의 평균이 2억 1천만 원가량임을 알 수 있습니다
# dfF 또한 데이터프레임이므로 앞에서 살펴본 여러 가지 함수를 사용할 수 있습니다
```

05-5 판다스로 통계 데이터 다루기

지금까지 판다스가 무엇이고 데이터프레임을 어떻게 살펴보는지 알아봤습니다. 이제 판다스로 통계 데이터 분석을 어떻게 하는지 실습을 통해 알아보겠습니다.

Do it! 실습 기초 통계량 살펴보기

데이터프레임으로 데이터를 가공하는 이유는 결국 통계 데이터를 분석하기 위해서입니다. 데이터의 분석이 이 책의 주제 전부는 아니지만, 통계 데이터를 다루는 것은 파이썬을 하는 중요한 이유이므로 간단히 다뤄 보겠습니다.

가상의 설문 데이터를 저장해 놓은 survey.csv 파일을 05장 실습 파일에서 찾아 파이썬 실행 경로에 넣으세요. 그리고 survey.csv 파일을 read_csv() 함수로 불러오세요.

```
>>> import os, re
>>> import pandas as pd
>>> os.chdir(r'C:\Users\user\do-it-python\05')
>>> df2 = pd.read_csv('survey.csv')          # df2 객체에 저장하겠습니다
```

먼저 이 데이터프레임에 어떤 자료가 들어 있는지 확인해 봐야겠지요? head() 함수를 사용해 앞부분만 간단히 출력해 보겠습니다.

```
>>> df2.head()
  sex  income  English  jobSatisfaction  stress
0   m    3000      500                5       5
1   f    4000      600                4       4
2   f    5000      700                3       2
3   m    6000      800                2       2
4   m    4000      700                2       5
```

성별(sex), 수입(income), 영어 점수(English), 직업만족도(jobSatisfaction), 스트레스(stress)까지 총 5개의 열에 대한 지표가 저장되어 있네요. 이제 이 자료로 간단한 분석을 진행해 보겠습니다.

1 기초 통계량 구하기

먼저 해당 자료의 평균, 빈도 등 기초 통계량을 구해 보겠습니다. 모든 지표의 기초 통계량을 한 번에 알고 싶다면 describe 메서드를 사용합니다.

```
>>> print(df2.describe())
            income     English  jobSatisfaction     stress
count    23.000000   23.000000        23.000000  23.000000
mean   4304.217391  608.695652         3.304348   3.347826
std    1019.478341   99.603959         1.258960   1.433644
min    3000.000000  500.000000         1.000000   1.000000
25%    3000.000000  500.000000         2.500000   2.000000
50%    4999.000000  600.000000         3.000000   4.000000
75%    5000.000000  700.000000         4.000000   5.000000
max    6000.000000  800.000000         5.000000   5.000000
```

수입의 기초 통계량만 구하고 싶다면 다음과 같이 입력합니다.

```
>>> print(df2['income'].describe())
count      23.000000
mean     4304.217391
std      1019.478341
min      3000.000000
25%      3000.000000
50%      4999.000000
75%      5000.000000
max      6000.000000
Name: income, dtype: float64
```

수입의 합계는 다음과 같이 sum() 함수로 구합니다.

```
>>> print(df2['income'].sum())
98997
```

2 중앙값 구하기

중앙값(median)은 말 그대로 중앙에 위치한 값입니다. 중앙값을 출력하는 함수는 median()입니다. df2에서 수입의 중앙값을 구하면 다음과 같습니다.

```
>>> print(df2['income'].median())
4999.0
```

Do it! 실습 기초 통계량 추가 분석하기

1 빈도 분석하기: value_counts()

빈도(frequency) 분석은 통계를 분석할 때 매우 많이 사용하는 기법입니다. 빈도 분석이란 말 그대로 빈도, 즉 그 변수가 몇 번 나타났는지 횟수를 세는 분석입니다. 판다스에서 빈도 분석을 하는 함수는 value_counts()입니다. 사용법은 다음과 같습니다.

value_counts() 함수 사용법

```
df['변수'].value_counts()
```

앞에서 만든 데이터프레임 df2를 활용해 빈도 분석을 해보겠습니다. 먼저 m(남성)과 f(여성)의 빈도를 알아보겠습니다.

```
>>> print(df2['sex'].value_counts())
m    14
f     9
Name: sex, dtype: int64
```

m의 빈도는 14, f의 빈도는 9가 나옵니다. 여기에서는 14명의 남성과 9명의 여성이 설문에 답변했다는 의미겠네요.

2 두 집단 평균 구하기: groupby()

이번에는 남성과 여성으로 집단을 나눠서 데이터를 살펴보겠습니다. 먼저 다시 한번 df2의 기초 통계량을 살펴보겠습니다.

```
>>> df2.describe()
            income     English  jobSatisfaction     stress
count    23.000000   23.000000        23.000000  23.000000
mean   4304.217391  608.695652         3.304348   3.347826
std    1019.478341   99.603959         1.258960   1.433644
min    3000.000000  500.000000         1.000000   1.000000
25%    3000.000000  500.000000         2.500000   2.000000
50%    4999.000000  600.000000         3.000000   4.000000
75%    5000.000000  700.000000         4.000000   5.000000
max    6000.000000  800.000000         5.000000   5.000000
```

이 설문 조사의 모집단은 직업만족도(3.30)보다 스트레스(3.34)가 조금은 더 높네요. 남성과 여성의 직업만족도와 스트레스는 각각 어떻게 나타날까요?

다음과 같이 입력된 데이터프레임에서 groupby() 함수로 이런 문제의 해답을 구할 수 있습니다. 사용법은 다음과 같습니다.

groupby() 함수 사용법

```
df.groupby(그룹을 나누는 변수).연산
```

예를 들어 데이터프레임에서 데이터(df2.sex)를 남성(m)과 여성(f)으로 구분한 다음(groupby), 평균(mean)을 구하고 싶다면 다음과 같이 입력하면 됩니다.

```
>>> print(df2.groupby('sex').mean())
# df2.groupby(by ='sex').mean()으로 명령해도 됩니다
          income     English  jobSatisfaction    stress
sex
f    4333.111111  633.333333         3.666667  3.111111
m    4285.642857  592.857143         3.071429  3.500000
```

여성의 평균 수입은 4,333만 원, 남성의 평균 수입은 4,285만 원으로 나옵니다. 마찬가지로 영어 점수, 직업만족도, 스트레스에 대해서도 평균을 비교해 볼 수 있습니다.

그런데 통계 지식이 있다면 곧바로 '여성이 남성보다 임금이 높다'고 말하기 어렵다는 것을 알 것입니다. 두 집단이 유의한(significant) 평균 차이가 나는지 검증해야 하기 때문입니다. 그럼 유의한 평균 차이를 어떻게 검증하는지 다음 절에서 알아보도록 하겠습니다.

05-6 실전 통계 분석 맛보기

조금 더 의미 있는 통계 분석을 하고 싶을 때는 어떻게 해야 할까요? 필자는 대학원에 다닐 때 사회과학 계열 논문을 읽으면서 수많은 설문 데이터를 분석한 결과물을 이해해야 할 필요를 느꼈습니다. 또한 요즘은 여러 분야에 빅데이터가 쌓이면서 분야와 직군을 가리지 않고 데이터 분석 능력이 필요한 시대가 왔지요.

사회과학 방법론 등을 전문적으로 공부해 보지 않은 사람이 처음부터 통계 이론을 공부하고 이해해서 수식을 함수로 직접 만들려면 너무 오랜 시간이 걸립니다. 이럴 때 가장 좋은 방법은 간단한 데이터 분석을 실제로 해보는 것입니다. t검정, 유의 수준, 상관 분석, 회귀 분석 등 기초 개념만 알고 직접 데이터 분석을 하다 보면 나중에 복잡한 데이터 분석 자료를 읽을 때 큰 도움이 됩니다.

이제부터는 넘파이나 판다스 말고 다른 패키지도 필요합니다. 다른 패키지의 함수를 사용하면 복잡한 데이터 지표도 쉽게 계산할 수 있습니다. 복잡한 계산은 컴퓨터에 맡기고 우리는 결괏값을 해석하는 능력을 키우면 됩니다.

Do it! 실습 싸이파이 패키지로 t검정 하기

먼저 앞에서 사용한 설문 조사 결과를 둘로 나눠 각각의 평균을 비교하고, 차이가 있다면 그 차이가 유의한지 알아보겠습니다. 독립된 두 집단의 평균을 비교하는 가장 간편한 데이터 분석 방법은 t검정입니다.

▶ t검정 등 통계 분석 방법의 기본 원리를 이해하려면 여러 기초 통계 개념을 알아야 하지만, 이 장에서는 파이썬 패키지로 데이터 분석을 어떻게 하는지만 간단히 알아봅니다.

t검정이란?

t검정이란 모집단의 분산을 알 수 없을 때 검정통계량 t값이 t분포를 따른다고 가정하고 평균 등을 비교하는 통계 검정 방법을 의미합니다. 실제로 두 집단의 평균을 비교할 때 많이 사용하는 방법입니다.

1 싸이파이(SciPy)라는 패키지의 모듈를 사용하면 t검정을 쉽게 할 수 있습니다. 싸이파이 패키지는 파이썬을 기반으로 한 수치 분석, 연산, 엔지니어링 등에 사용됩니다. 넘파이, 판다스, 맷플롯립 등과 함께 빠지지 않고 사용되는 패키지가 바로 이 싸이파이입니다. 싸이파이에서 가장 많이 사용되는 모듈은 통계 관련 함수를 많이 포함한 stats 모듈입니다. 여기에서는 싸이파이 패키지에서 stats 모듈만 임포트 해 사용하겠습니다.

```
>>> from scipy import stats
# scipy 패키지에서 stats 모듈만 임포트 합니다
```

설문 조사 결과를 남성의 수입과 여성의 수입, 이렇게 두 집단으로 나눠 각각 다른 객체에 저장하겠습니다.

```
>>> male = df2.income[df2.sex == 'm']        # 남성의 수입
>>> female = df2.income[df2.sex == 'f']      # 여성의 수입
```

stats 모듈의 `ttest_ind()` 함수를 사용하면 t검정을 쉽게 할 수 있습니다. 변수를 여러 개 넣을 수 있지만 여기에서는 다음과 같이 앞에서 만든 두 객체만 넣어 보겠습니다.

```
>>> print(stats.ttest_ind(male, female))
Ttest_indResult(statistic=-0.10650308143428425, pvalue=0.9161940781163369, df=21.0)
```

두 가지 값이 출력됩니다. 여기에서는 세 값 중 `pvalue`에 대해서만 알아보겠습니다.

2 `pvalue`는 유의확률(p-value)을 의미합니다. 유의확률을 간단하게 말하자면, **유의확률값이 작을수록 유의한 차이가 있다고 해석하면 됩니다.** 일반적으로 95% 또는 99%를 유의한 확률의 기준으로 삼기 때문에 유의확률값이 0.05 미만이거나 0.01 미만이면 유의한 차이가 나타난다고 말할 수 있습니다. 이 결과에서 `pvalue`는 0.916으로 1에 가까울 정도로 높습니다. 즉, 남성과 여성의 수입 평균을 비교한 t검정의 결과에 유의한 차이가 있다고 보기는 어렵습니다.

유의확률, 즉 `pvalue`가 0.05보다 작은 경우에만 유의하다고 판정하겠습니다. 이와 같은 조건문을 다음과 같이 넣을 수도 있습니다.

```
>>> ttest_result = stats.ttest_ind(male, female)  # ttest_result에 결괏값을 저장합니다
>>> if ttest_result[1] > .05:
        print('p-value는 %f로 95%% 수준에서 유의하지 않음' % ttest_result[1])
    else:
        print('p-value는 %f로 95%% 수준에서 유의함' % ttest_result[1])
# 유의확률이 0.05보다 작거나 같으면 95% 수준에서 유의한 것으로 판정합니다
p-value는 0.91619로 95% 수준에서 유의하지 않음
# 이 결과는 이미 확인한 것처럼 유의하지 않습니다
```

피어슨과 스피어만 상관관계 분석 알아보기

상관관계(correlation) 분석은 두 변수가 어떤 관계인지를 알아보는 방법입니다. 두 수치가 모두 숫자로 이뤄졌을 때 두 변수 사이에 여러 관계가 관찰될 수 있습니다. 상관관계를 분석하는 방법은 크게 피어슨(Pearson), 스피어만(Spearman)으로 나눌 수 있습니다. 상관관계 분석 결과로 도출되는 값을 '상관계수(r)'라고 합니다. 상관계수(r)의 범위는 -1부터 1까지입니다.

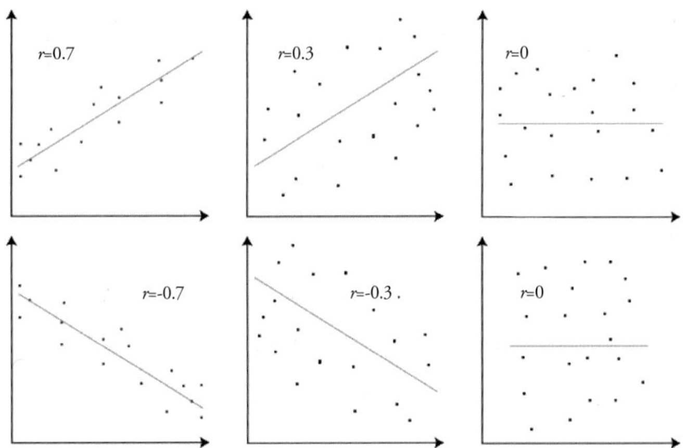

그림 5-11 | 두 변수의 분포와 상관계수(r)의 값

스피어만 상관계수는 변수가 순위 척도(ordinal scale)일 때 사용합니다. 변수가 각각 어떤 값을 가지는 경우가 아니라 어떤 순위로 이뤄졌을 수도 있습니다. 예를 들어 어떤 고등학교의 3학년 모의고사 성적을 과목별로 등수를 매겼을 때 국어 영역의 등수와 수리 영역의 등수가 어떤 상관관계가 있는지 스피어만의 상관관계로 알아볼 수 있습니다. 이때 '점수'가 아니라 '순위'라는 점이 스피어만 상관계수의 특징이라고 말할 수 있습니다.

보통 상관계수라고 하면, 피어슨의 상관관계를 의미하는 경우가 대부분입니다. 피어슨의 상관계수는 순위가 아니라 연속형 자료(continuous data: 점수, 키, 성적 따위에서 연속된 숫자로 이루어진 자료)의 상관관계를 다룹니다.

예를 들어 기온과 아이스크림 판매량이라는 두 개의 변수가 있다고 가정해 보겠습니다. 아마도 기온이 올라갈수록 아이스크림이 잘 팔릴 가능성도 커지겠지요? 두 변수의 분포가 다음과 같이 우상향하는 곡선이 그려진다면 두 변수의 상관계숫값은 1에 가까워집니다.

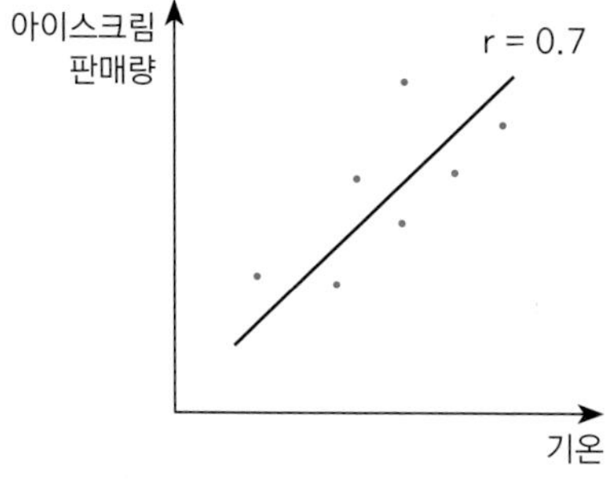

그림 5-12 | 기온과 아이스크림 판매량의 상관관계

이와 반대로, 사과가 많이 팔리면 귤이 안 팔리고, 귤이 많이 팔리면 사과가 안 팔리는 관계가 성립할 수 있습니다. 이렇게 두 변수의 방향이 거꾸로 움직일 때 상관계숫값은 -1에 가까워집니다.

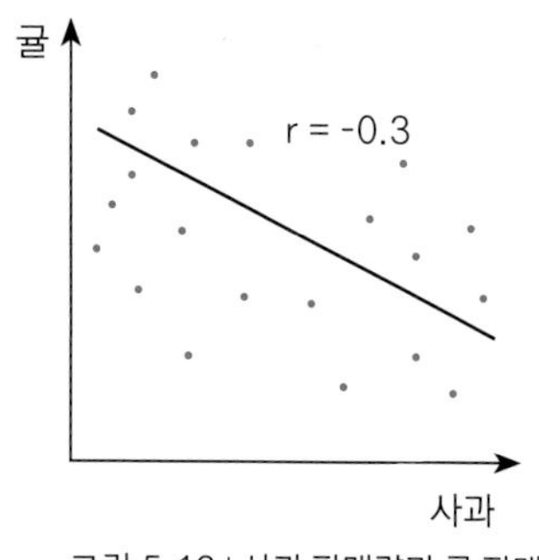

그림 5-13 | 사과 판매량과 귤 판매량의 상관관계

마지막으로 신발 판매량과 우산 판매량의 관계를 생각해 볼까요? 아마 큰 관계가 없을 것 같네요. 정말 두 변수 사이에 관계가 없다면 두 변수는 '임의(random)' 분포한다고 표현하고, 상관계숫값은 0에 가깝게 나옵니다.

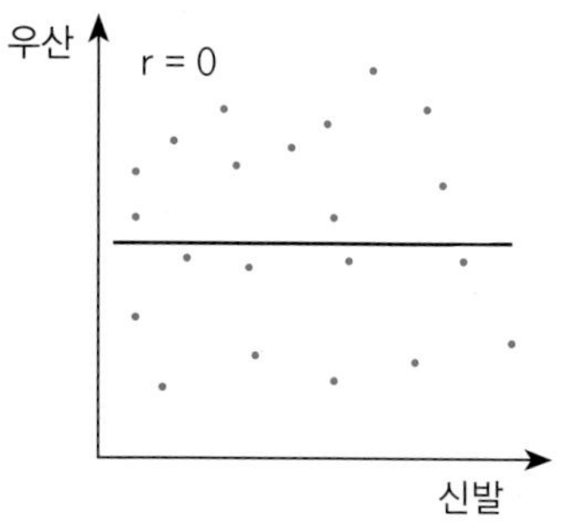

그림 5-14 | 신발 판매량과 우산 판매량의 상관관계

상관관계 역시 계수만 보면 되는 것이 아니라 실제 통계 분석에서는 유의확률(p-value, 파이썬 출력에서는 pvalue)을 보아야 합니다. t검정에서와 마찬가지로 유의확률이 0.05보다 작을 때는 95% 수준에서 유의하고, 0.01보다 작으면 99% 수준에서 유의하다고 말할 수 있습니다.

자, 이제 설문 조사에서 여러 변수 사이의 상관관계를 분석해 보겠습니다. 앞에서처럼 일일이 점을 찍어서 그래프를 그리려면 오랜 시간이 걸리겠지요? 걱정하지 마세요. 상관관계 분석도 앞에서 했던 t검정과 마찬가지로 파이썬 패키지의 함수를 사용하면 쉽게 구할 수 있습니다.

Do it! 실습 ▶ 두 변수의 상관관계 분석하기

1 판다스 패키지에 있는 `corr()` 함수를 사용하면 상관관계를 쉽게 분석할 수 있습니다. `corr()` 함수의 사용 방법은 다음과 같습니다. 기본 분석 방법은 피어슨의 상관관계 분석이며, 스피어만 분석을 실행하고 싶다면 다음과 같이 `method='spearman'`을 추가하면 됩니다.

corr() 함수 사용법

```
df2[['변수1', '변수2']].corr()                      # 피어슨 상관관계 분석 결과를 출력합니다
df2[['변수1', '변수2']].corr(method="spearman")     # 스피어만 상관관계 분석 결과를 출력합니다
```

사용 방법이 아주 간단하지요? 이제 앞에서 설문 조사 결과를 데이터프레임으로 저장한 `df2` 객체로 수입(income)과 직업만족도(jobSatisfaction)의 상관관계를 알아봅니다.

[예제] 05\pandas_survey.py

```
>>> print(df2[['income', 'jobSatisfaction']].corr())
                   income  jobSatisfaction
income           1.000000        -0.040108
jobSatisfaction -0.040108         1.000000
# 수입(income)과 직업만족도(jobSatisfaction) 사이의 상관관계를 구했습니다
```

이번에는 비모수 기법인 스피어만 상관계수로 수입, 직업만족도, 스트레스의 상관관계를 알아봅니다.

```
>>> print(df2[['income', 'jobSatisfaction', 'stress']].corr(method="spearman"))
# 스피어만의 순서형 상관관계의 방법을 채택하려면 'spearman'을 지정합니다
                   income  jobSatisfaction    stress
income           1.000000        -0.100683 -0.170584
jobSatisfaction -0.100683         1.000000  0.154982
stress          -0.170584         0.154982  1.000000
```

2 이와 같은 방법으로 상관관계를 구할 수 있습니다. 그런데 특정 두 변수의 관계만 보고 싶을 수 있습니다. 예를 들어 수입(income)과 스트레스(stress)의 상관관계만 보고 싶다면 다음과 같이 명령하면 됩니다. 별다른 방법을 지정하지 않을 경우 피어슨의 상관계수를 적용하니 조심하세요.

```
>>> print(df2[['income', 'stress']].corr())
         income   stress
income  1.00000 -0.13792
stress -0.13792  1.00000
```

자, 그러면 income과 stress의 상관계수인 -0.13792가 반환됨을 확인할 수 있습니다. 참고로 음의 상관관계라는 것은 두 변수의 변화 방향이 반대라는 뜻입니다. 즉, 이 자료만 보면 조심스럽게 스트레스와 수입이 반비례 관계라고 볼 수도 있다는 것입니다. 하지만 이 자료는 실제 데이터가 아니라 가공한 자료이므로 특별한 의미는 부여하지 마세요.

3 데이터프레임으로 된 분석 결과를 CSV 파일로 저장하려면 to_csv() 함수를 사용합니다. 방법은 다음과 같습니다.

to_csv() 함수 사용법

```
df.to_csv('파일 이름')
```

앞에서 구한 상관계수를 CSV 파일로 저장하겠습니다.

```
>>> df2[['income', 'stress']].corr().to_csv('파일 이름.csv')
# 분석 결괏값을 자신이 원하는 파일 이름으로 저장할 수 있습니다
```

여기까지 내용을 살펴보면 상관관계는 매우 쉽게 구할 수 있습니다.

▶ 눈치가 빠른 사람이라면 중요한 값이 빠졌다는 걸 알 수 있습니다. 바로 유의확률입니다. 유의확률이 0.05나 0.01보다 낮아야 상관계수도 의미가 있습니다. 안타깝게도 판다스의 corr 메서드로는 유의확률을 구할 수 없습니다. 유의확률을 구하려면 앞에서 다뤘던 싸이파이(scipy) 함수를 참고하세요.

회귀 분석 알아보기

이번에는 회귀 분석에 대해 알아보겠습니다. 회귀 분석(regression)은 통계학의 '꽃'이라고 할 수 있을 만큼 중요한 분석입니다. 회귀 분석을 사용하면 상관관계 분석과 달리 두 변수 사이의 관계를 파악할 수 있습니다.

회귀 분석의 기본식은 1차 방정식으로 다음과 같이 표현됩니다.

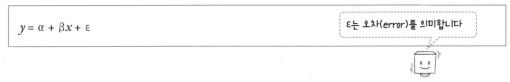

$$y = \alpha + \beta x + \varepsilon$$

ε는 오차(error)를 의미합니다

조금 쉽게 이야기하자면, 회귀 분석은 y라는 결과는 x라는 변수로 설명될 수 있다는 것입니다. 예를 들어 영어 성적과 직업만족도의 관계에서는 직업만족도(jobSatisfaction)가 결과(y)가 되고, 영어 성적(English)이 원인이 됩니다. 이렇게 원인이 되는 독립 변수와 결과가 되는 종속 변수가 각각 하나인 회귀 분석을 단순 회귀 모델(simple regression model), 종속 변수는 하나인데 독립 변수가 여러 개인 회귀 분석을 다중 회귀 모델(multiple regession model)이라고 합니다.

Do it! 실습 ▶ statsmodels 패키지로 회귀 분석하기

이번에는 다음 상황을 가정하고 회귀 분석을 실습해 보겠습니다.

이런 상황이라면?

난이도 ★★★★★ | 완성 소스 05\regression.py

영어 점수와 직업만족도 사이에 관계가 있을지 분석해 보자

영어를 잘하면 회사에서 일을 더 수월하게 할 수 있으니 직업만족도가 높을 것 같습니다. 그런데 정말 그럴까요? 가상의 설문 데이터를 활용해 영어 점수와 직업만족도 사이에 관계가 있을지 회귀 분석을 통해 알아보겠습니다.

1 statsmodels 패키지 임포트 하기

먼저 회귀 분석을 하기 위해 필요한 statsmodels(스태츠모델즈) 패키지를 임포트 하겠습니다. statsmodels 패키지에는 여러 함수가 있고, 그중에서 회귀 분석 모델을 적용할 수 있는 `formula.api`만 임포트 해서 사용할 것입니다.

▶ 임포트가 되지 않는다면 pip를 이용해서 statsmodels를 따로 설치하면 됩니다.

```
>>> import statsmodels.formula.api as smf
# 패키지를 편하게 쓰기 위해 smf로 줄여서 임포트 합니다
```

패키지 안에 있는 `ols()` 함수를 사용하면 회귀 분석을 사용할 수 있습니다. `ols()` 함수의 사용 방법은 다음과 같습니다.

▶ ols는 회귀 방정식을 푸는 방법인 ordinary least squares(최소 제곱법)의 줄임말입니다.

ols() 함수 사용법

```
ols(formula='종속 변수 ~ 독립 변수', data=데이터프레임)
# 따옴표 위치('종속 변수 ~ 독립 변수')에 유의하세요.
```

데이터프레임 `df2`에 회귀 분석 모델을 적용해 `model` 객체에 저장합니다. 그리고 회귀 분석 모델의 결괏값을 편하게 출력하기 위해 `fit()` 함수를 사용해 `model` 객체에서 결괏값을 가져와 `result` 객체에 저장합니다.

```
>>> model = smf.ols(formula='jobSatisfaction~English', data = df2)
# 종속 변수로 직업만족도, 독립 변수로 영어 성적을 입력했습니다
>>> result = model.fit()
# 이렇게 결괏값을 따로 저장하는 것이 좋습니다
```

2 회귀 분석 결과 확인하기

`result` 객체에 저장한 회귀 분석 모델의 결괏값을 출력하려면 다음과 같이 `print(result.summary())`라고 명령하면 됩니다.

```
>>> print(result.summary())
                            OLS Regression Results
==============================================================================
Dep. Variable:        jobSatisfaction   R-squared:                       0.097
Model:                            OLS   Adj. R-squared:                  0.054
Method:                 Least Squares   F-statistic:                     2.266

Date:                Sun, 10 Sep 2023   Prob (F-statistic):              0.147
Time:                        20:11:41   Log-Likelihood:                -36.243
No. Observations:                  23   AIC:                             76.49
Df Residuals:                      21   BIC:                             78.76
Df Model:                           1
Covariance Type:            nonrobust
==============================================================================
                 coef    std err          t      P>|t|      [0.025      0.975]
------------------------------------------------------------------------------
Intercept      5.7052      1.615      3.532      0.002       2.346       9.065
English       -0.0039      0.003     -1.505      0.147      -0.009       0.002
==============================================================================
Omnibus:                        0.120   Durbin-Watson:                   0.777
Prob(Omnibus):                  0.942   Jarque-Bera (JB):                0.306
Skew:                          -0.126   Prob(JB):                        0.858
Kurtosis:                       2.495   Cond. No.                     3.90e+03
==============================================================================

Notes:
[1] Standard Errors assume that the covariance matrix of the errors is correctly speci-
fied.
[2] The condition number is large, 3.9e+03. This might indicate that there are
strong multicollinearity or other numerical problems.
```

중요한 값은 테두리로 표시해 두었습니다. 위에서부터 R-squared(R^2)는 설명력, Prob(F-statistic)는 유의확률, coef(coefficient)는 계숫값입니다. 이제 지표별로 하나씩 그 의미를 알아보겠습니다. 참고로 Prob(Omnibus)는 총괄 검정 유의확률로서, 전체 모델의 유의확률이 아니라 오차가 정규 분포하는지 검증하는 수치입니다. 간단히 말해 이 값이 1에 가까울수록 오차가 정규 분포하므로 좋은 회귀 모델이라는 것을 의미합니다.

3 설명력 지표로 모델 해석하기

설명력 또는 결정 계수(R^2)란 해당 모델이 관측치에 얼마나 잘 맞는지를 알려 주는 지표입니다. 설명력은 0부터 1까지 값을 가지는데, 모델이 완전히 관측치에 들어맞을수록 1에 가까워집니다. 쉽게 말해 회귀 분석으로 만든 모델이 실제 측정한 값에 얼마나 들어맞는지를 알려 주는 지표입니다. 데이터마다 다르지만, 경험적 관찰에 따르면 0.3에서 0.7 사이에 그 값이 분포합니다.

이 모델에서는 R-squared의 값이 0.097로 너무 낮습니다. 이 값은 직업만족도라는 변수가 영어 점수 하나만으로는 설명되지 않는다는 의미로 해석할 수 있습니다. 반대로 1에 너무 가깝다면 이론이 실제와 너무 잘 맞아떨어져 연구 가치가 없는 것으로 해석될 여지가 있습니다.

4 유의확률 지표로 모델 해석하기

유의확률인 Prob(F-statistic)의 값은 0.147입니다. 이 값은 0.01보다도 크고 0.05보다도 큽니다. 즉, 이 값은 전체 모형이 유의하지 않다는 것을 의미합니다. 다시 말해서 영어 점수가 직업만족도에 직접 영향을 준다고 말할 근거가 부족하다는 것으로도 해석됩니다.

5 계숫값 지표로 모델 해석하기

English의 coef 값은 -0.0039입니다. 영어 점수가 높을수록 직업만족도가 낮거나, 영어 점수가 낮을수록 직업만족도가 높다든가 하는 방향으로 의미가 있을 수 있다는 것입니다. 하지만 모델 자체가 유의하지 않아서 이 값 또한 큰 의미가 없습니다.

여기서 회귀 분석 모델이 유의하지 않은 이유는 정상적으로 수집된 데이터를 분석한 것이 아니라, 임의로 넣은 숫자로 모델을 만들었기 때문입니다. 실제로 있는 표본을 많이 수집할수록 회귀 분석 모델은 점점 더 유의해집니다.

6 다중 회귀 분석 연습

다중 회귀 분석이란 단순 회귀 분석과 달리 독립 변수를 두 개 이상 사용한다는 의미입니다. 다중 회기 분석 방법은 단순 회귀 분석과 거의 유사합니다.

다중 회귀 분석 사용법

```
smf.ols(formula='종속 변수 ~ 독립 변수1 + ... + 독립 변수n', data=데이터프레임)
```

다중 회귀 분석은 단순 회귀 분석에서 독립 변수만 여러 개 입력하면 됩니다. 다음은 **영어**, **스트레스**, **수입**으로 직업만족도를 설명할 수 있다는 가설로 다중 회귀 분석을 한 것입니다.

```
>>> model2 = smf.ols(formula='jobSatisfaction~English + stress + income', data=df2)
>>> result = model2.fit()
>>> print(result.summary())
# 모델을 세우고 나면 다음 절차는 단순 회귀 분석방법과 같습니다
                            OLS Regression Results
==============================================================================
Dep. Variable:        jobSatisfaction   R-squared:                       0.187
Model:                            OLS   Adj. R-squared:                  0.059
Method:                 Least Squares   F-statistic:                     1.458
Date:                Wed, 04 Dec 2019   Prob (F-statistic):              0.258
Time:                        22:56:05   Log-Likelihood:                -35.038
No. Observations:                  23   AIC:                             78.08
Df Residuals:                      19   BIC:                             82.62
Df Model:                           3
Covariance Type:            nonrobust
==============================================================================
                 coef    std err          t      P>|t|      [0.025      0.975]
------------------------------------------------------------------------------
Intercept      4.9159      1.712      2.871      0.010       1.333       8.499
English       -0.0064      0.003     -1.931      0.069      -0.013       0.001
stress         0.2141      0.187      1.145      0.266      -0.177       0.606
income         0.0004      0.000      1.125      0.275      -0.000       0.001
==============================================================================
Omnibus:                        0.278   Durbin-Watson:                   0.989
Prob(Omnibus):                  0.870   Jarque-Bera (JB):                0.457
Skew:                          -0.036   Prob(JB):                        0.796
Kurtosis:                       2.313   Cond. No.                     3.00e+04
==============================================================================

Warnings:
[1] Standard Errors assume that the covariance matrix of the errors is correctly speci-
fied.
[2] The condition number is large, 3e+04. This might indicate that there are
strong multicollinearity or other numerical problems.
```

다중 회귀 분석 모델의 결과도 썩 좋지는 않습니다. 일단 R-squared값은 0.187로 이전 모델보다 조금 높아졌지만 여전히 0.3도 되지 않습니다. 유의확률도 0.258로 유의 수준을 90%로 잡더라도 유의하지 않음을 확인할 수 있습니다. 전체 모델 역시 0.870으로 유의하지 않음을 확인할 수 있습니다. 직업만족도는 영어 점수, 스트레스, 소득 등으로는 설명하기 어려운 변수인 것 같습니다.

05-7 맷플롯립으로 데이터 시각화하기

데이터 분석과 떼려야 뗄 수 없는 맷플롯립(matplotlib)에 대해서 알아보겠습니다. 맷플롯립은 데이터로 시각화 자료를 만드는 패키지입니다. 데이터를 선택하기만 하면 여러 템플릿이 있어 그래프를 쉽게 그릴 수 있다는 것이 장점입니다.

그래프는 엑셀로만 그리면 안 될까

맷플롯립에는 다음과 같은 장점이 있습니다. 먼저 엑셀로는 구현할 수 없는 복잡하고 아름다운 형태의 그래프를 만들 수 있습니다. 많은 사람이 엑셀만으로 그래프 작업을 할 때, 맷플롯립으로 나만의 개성 있는 그래프를 만들어 보고서에 넣을 수 있습니다.

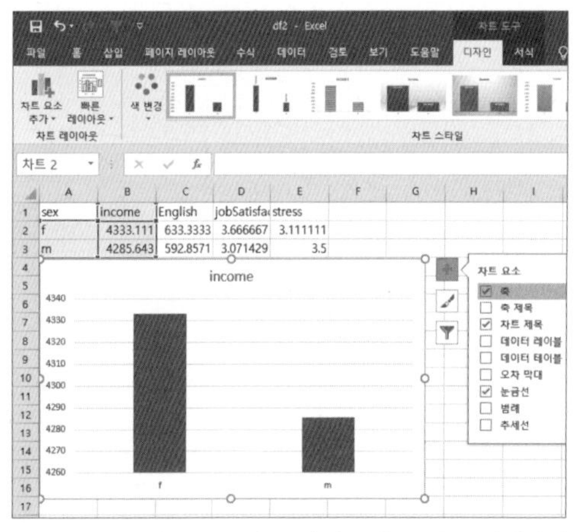

그림 5-15 | 엑셀로 그린 그래프는 매우 쉽고 직관적입니다

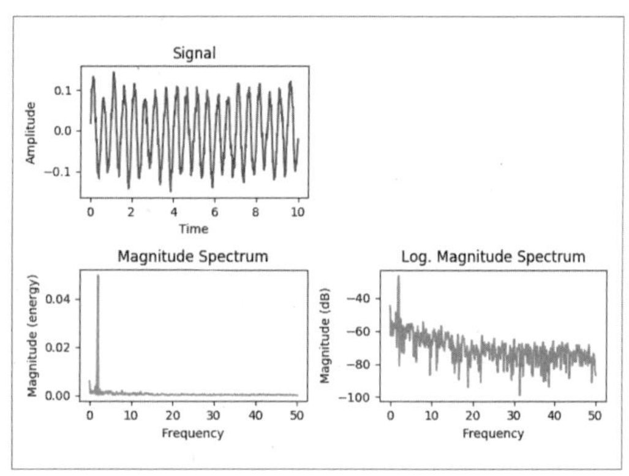

그림 5-16 | 맷플롯립으로 좀 더 복잡한 형태의 그래프를 그릴 수 있습니다

사실 이런 장점만으로는 맷플롯립이 엑셀보다 매력적이라고 보기 어렵겠죠? 엑셀은 직관적이고 원하는 그래프를 빨리 만드는 데 최적화되어 있으니까요. 그런데 그래프를 100개나 만들어야 한다면 어떨까요? 만약 그래프가 10,000개가 필요하다면 어떻게 해야 할까요? 그럴 때는 엑셀이 맷플롯립을 따라올 수 없습니다.

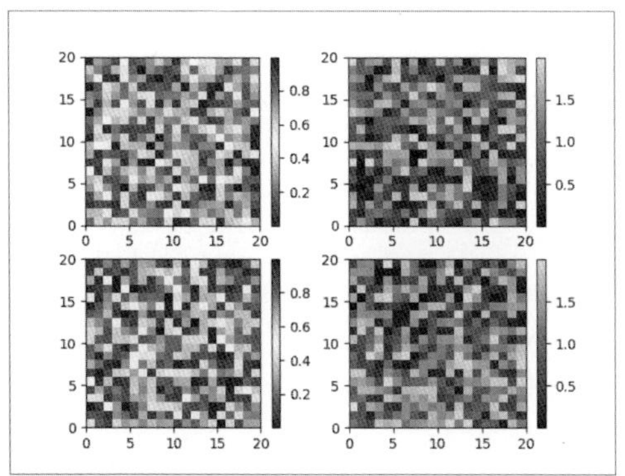

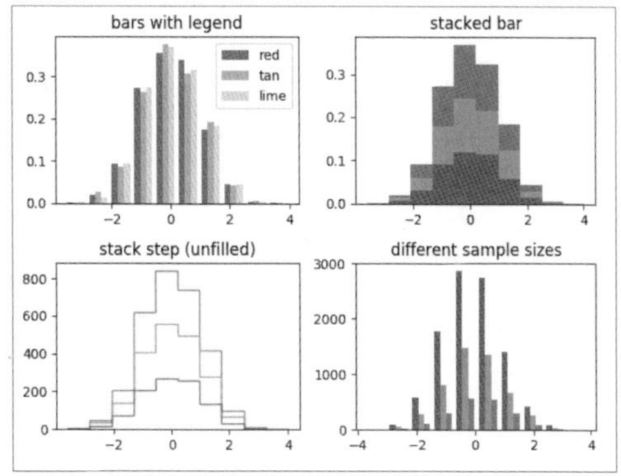

그림 5-17 | 맷플롯립은 여러 가지 그래프를 빠르게 만들 수 있습니다

데이터를 다룰 때는 가급적 여러 그래프를 그려 그 관계를 따져 보는 것이 좋습니다. 특히 맷플롯립은 다뤄야 할 데이터가 많을수록, 또 여러 그래프를 한 번에 만들어야 할 때나 자신만의 특화된 방식으로 그래프를 그려야 할 때 유용합니다. 맷플롯립은 데이터를 다루거나 사회과학 분야를 공부하거나 자신만의 그래프로 보고서를 작성할 때 유용한 도구입니다.

맷플롯립 공식 웹 사이트(https://matplotlib.org/)에서는 만들 수 있는 그래프 형태와 데이터 소스를 무료로 제공합니다.

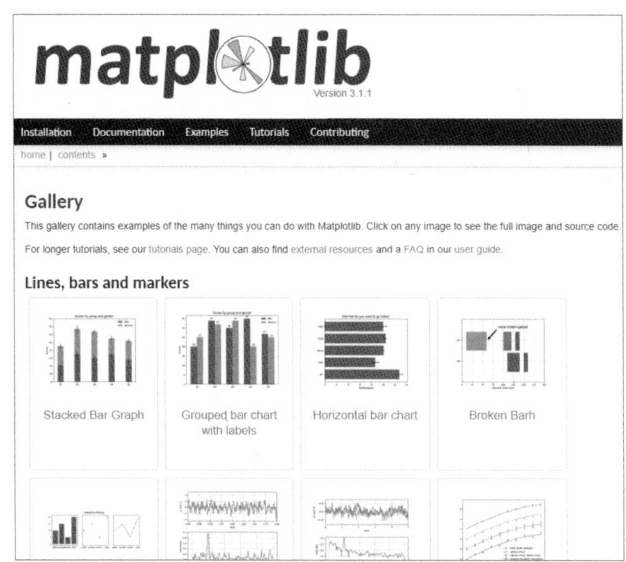

그림 5-18 | 맷플롯립 홈페이지에서 관련 예제를 무료로 내려받아 학습할 수 있습니다

그래프 만들고 출력하기

맷플롯립으로 간단한 그래프를 그려 보겠습니다. 먼저 맷플롯립을 불러오는 방법은 다음과 같습니다.

```
❶ from matplotlib import pyplot as plt
❷ import matplotlib.pyplot as plt
```

두 코드 모두 맷플롯립 패키지에서 가장 많이 사용하는 pyplot 모듈만 한꺼번에 불러오는 방법입니다. 주로 `plt`로 줄여서 불러오므로 여기에서도 `plt`라고 줄여서 불러오겠습니다.

이제 가장 기본적인 그래프 하나를 그려 보겠습니다.

[예제] 05\plt_sample.py

```
>>> import matplotlib.pyplot as plt
>>> x = [1, 4, 9, 16, 25, 36, 49, 64]
```

눈치챘겠지만, `x`에 들어간 값은 정수의 제곱입니다. 1은 1의 제곱, 4은 2의 제곱, 9은 3의 제곱이지요. 간단한 수열인데, 이 수열에 그냥 `plot` 명령을 사용해 보겠습니다.

```
>>> plt.plot(x)
 [<matplotlib.lines.Line2D object at 0x000002213BA83D30>]
# 이와 같은 메시지가 나타나면 그래프가 정상적으로 생성되었음을 의미합니다.
```

그런데 그래프는 어디 있는 걸까요? 맷플롯립에서는 그래프를 그리는 행위(plot)와 보여 주는 행위(show)는 별개입니다. 그래프를 그렸으니 이제 볼 차례입니다. 다음과 같이 명령하면 새로운 창이 열리면서 그래프가 나타납니다. 창을 닫으면 명령도 종료됩니다.

```
>>> plt.show()                    # 그래프를 보여 줍니다
```

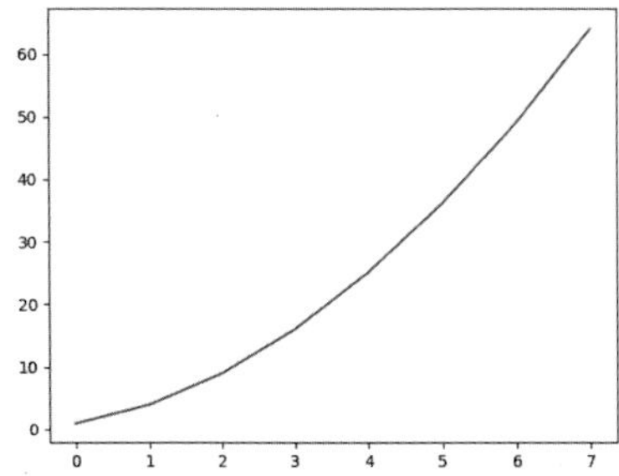

그림 5-19 | 자연수의 제곱으로 만든 간단한 리스트를 그래프로 그렸습니다

아무런 작업을 하지 않아서 매우 단순해 보이지만, 스크립트(script) 명령어로 이런 그래프가 나왔다는 것이 처음에는 매우 신선했습니다. 그래프는 엑셀로만 그리는 줄 알았거든요.

그래프 모양과 색 지정하기

간단한 조작법 몇 가지만 더 알아보겠습니다. 그래프 모양과 색을 지정하는 명령은 다음과 같습니다.

plot() 함수 사용법

```
plt.plot(그래프 자료, 모양 + 색)
```

먼저 그래프 색을 바꿔 보겠습니다.

```
>>> plt.plot(x, color='r')
[<matplotlib.lines.Line2D object at 0x0000017891899400>]
>>> plt.show()
```

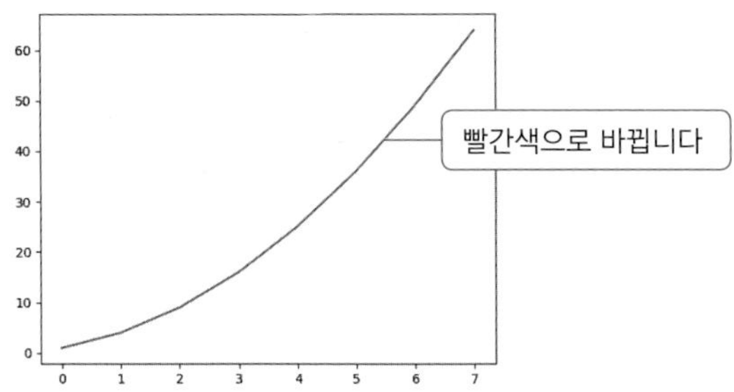

그림 5-20 | 그래프 색이 바뀌는 것을 직접 확인해 보세요

그래프 모양은 다음과 같이 바꿀 수 있습니다. 이때 그래프 모양을 나타내는 문자와 그래프 색을 나타내는 문자를 동시에 쓰면 편리합니다. 예를 들어 파란색 점으로 자료를 표시하고 싶으면 다음과 같이 명령합니다.

```
>>> plt.plot(x, 'ob')              # 파란색 점으로 그리고 싶다면 'ob'를 입력합니다
[<matplotlib.lines.Line2D object at 0x000001788F76A9E8>]
>>> plt.show()
```

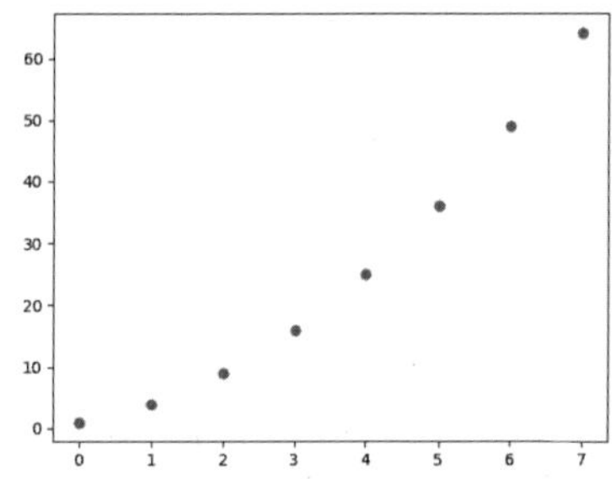

그림 5-21 | 그래프 모양과 색을 쉽게 바꿀 수 있습니다

그래프 모양과 색을 지정하는 문자는 다음과 같습니다. 여러 색과 모양을 지정해 출력해 보세요.

표 5-5 | 맷플롯립 그래프의 색 지정 문자

문자	색
'b'	파랑
'g'	초록
'r'	빨강
'c'	청록
'm'	자홍
'y'	노랑
'k'	검정
'w'	하양

표 5-6 | 맷플롯립 그래프의 모양 지정 문자

문자	모양	문자	모양
'-'	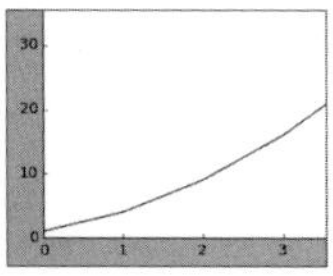	'3'	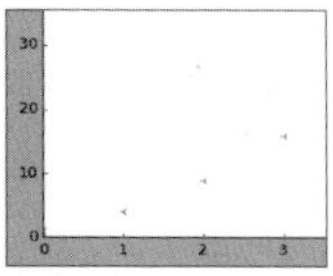
'--'	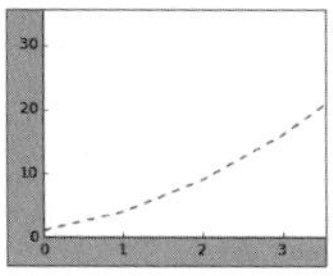	'4'	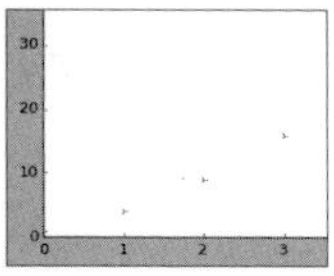
'-.'	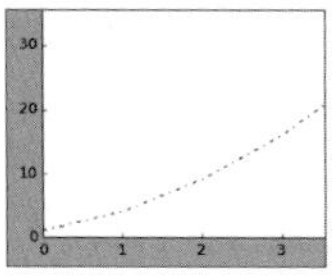	's'	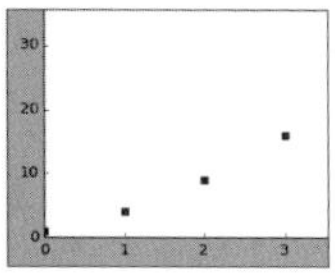
':'	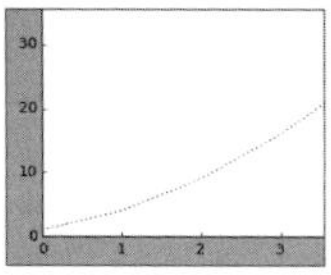	'p'	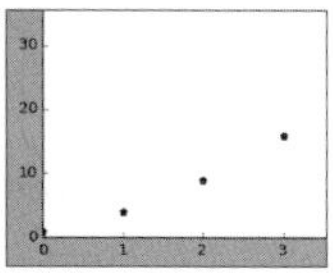
'.'	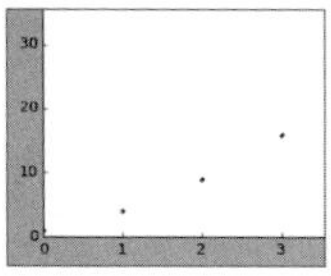	'*'	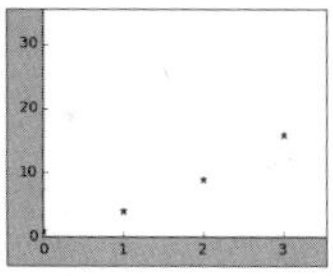
'o'	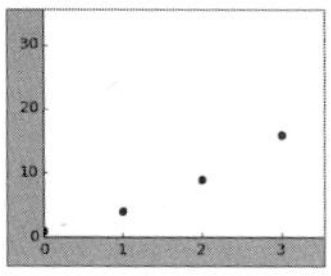	'h'	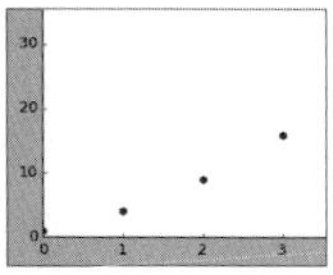
'v'	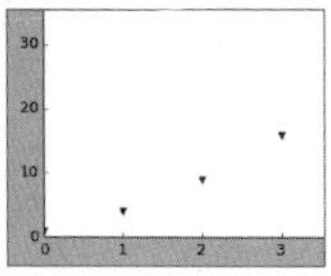	'H'	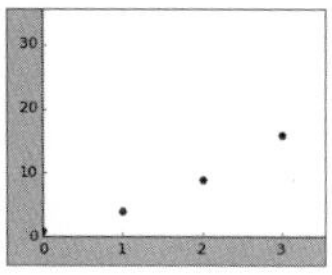
'^'	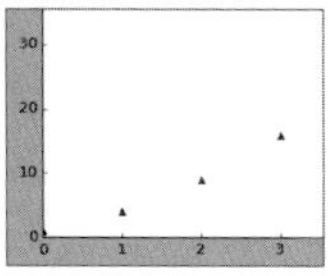	'+'	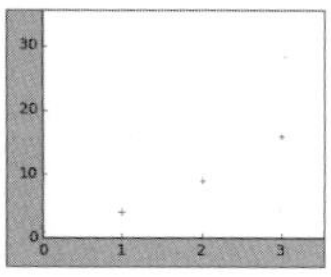
'<'	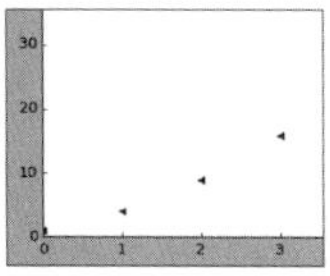	'x'	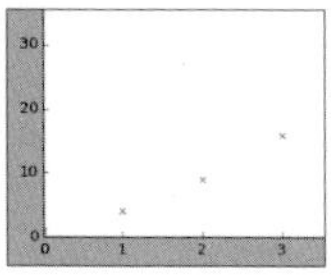

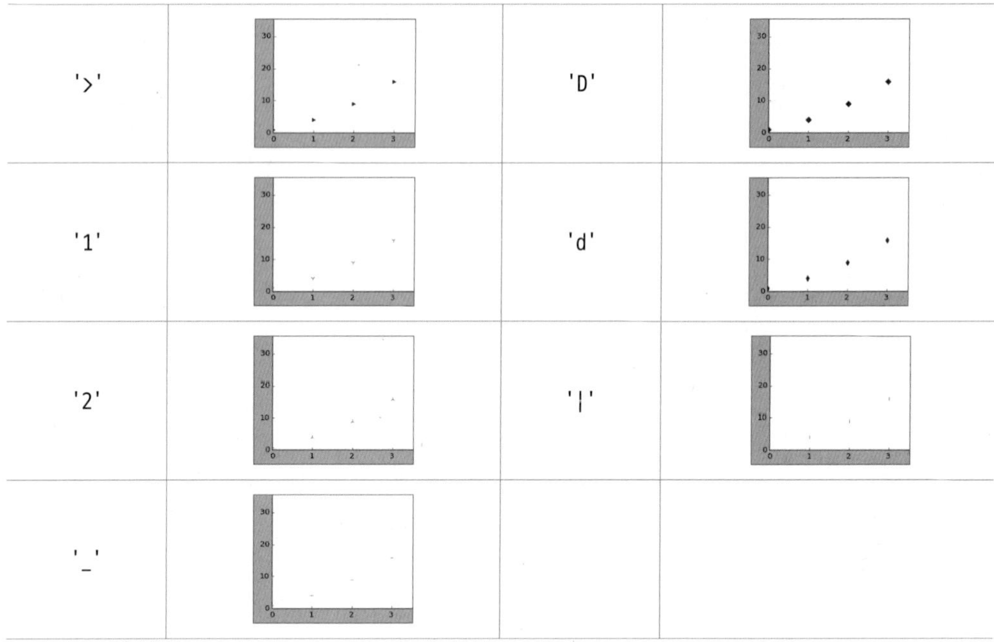

'>'		'D'	
'1'		'd'	
'2'		'|'	
'_'			

축 이름 지정하기

그래프의 이름과 축 이름을 직접 정할 수 있습니다. 다음과 같이 명령해 보세요.

```
>>> x
[1, 4, 9, 16, 25, 36, 49, 64]
>>> y = [i for i in range(1, 9)]        # y축도 값을 지정합니다
>>> y
[1, 2, 3, 4, 5, 6, 7, 8]                # y에 1부터 8까지 숫자가 들어가 있음을 확인할 수 있습니다
>>> plt.plot(x, y)                      # x, y를 그립니다
>>> plt.xlabel('x')                     # x축의 이름을 정합니다
>>> plt.ylabel('y')                     # y축의 이름을 정합니다
>>> plt.title('matplotlib sample')     # 그래프 이름을 정합니다
>>> plt.show()
```

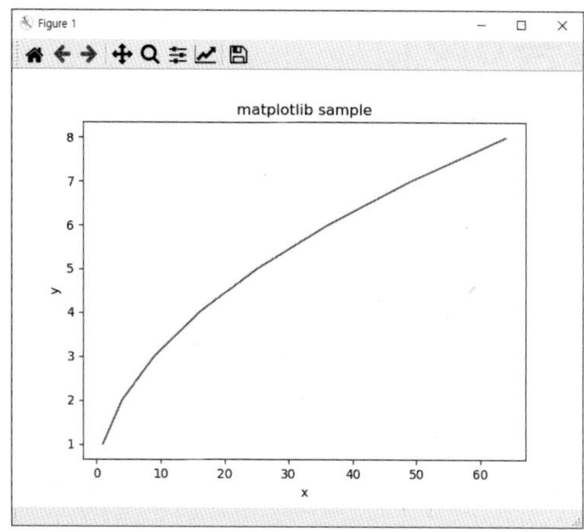

그림 5-22 | 그래프의 이름과 축 이름을 지정할 수 있습니다

그래프의 x축과 y축에 이름이 붙은 것을 확인할 수 있습니다.

그래프를 이미지 파일로 저장하기

그래프 출력 창에서 저장 아이콘을 누르면 그래프를 이미지 파일로 저장할 수 있습니다.

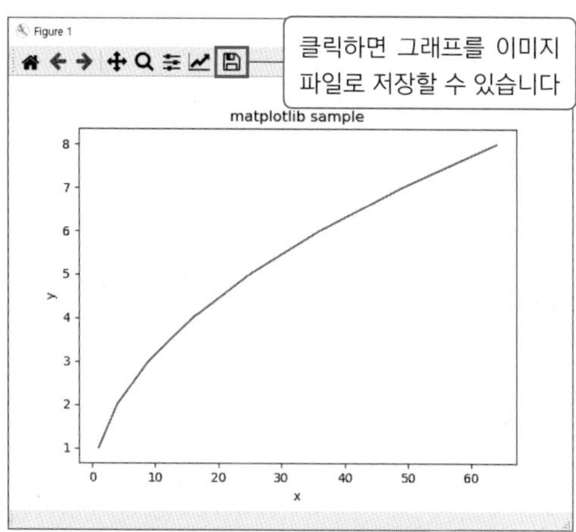

그림 5-23 | 그래프를 이미지 파일로 저장하세요

05-8 공공 데이터 API 활용하기

미세 먼지, 전국 특정 선거 당선자 정보, 부동산 실거래가, 국회도서관 소장 자료 등 다양한 데이터가 있는데, 누군가 이런 데이터를 실시간으로 업데이트하면 좋겠네요. 이미 이런 데이터는 '공공 데이터 포털'(www.data.go.kr)을 통해서 모든 사람에게 공개되고 있습니다.

단, API라는 말 때문에 이용하기가 조금 망설여지죠? 어떻게 이 용해야 하는지도 막막하고요. CSV 파일을 직접 내려받아 쓰는 방법도 있지만, 내려받은 CSV 파일에는 실시간으로 바뀌는 정보를 반영하지 못합니다.

이런 상황이라면?

난이도 ★★★★☆ | 완성 소스 05\api_test_author.py

API로 공공 데이터를 이용해 보자

미세 먼지, 전국 특정 선거 당선자 정보, 부동산 실거래가, 국회도서관 소장 자료 등 다양한 데이터를 실시간으로 제공하는 공공 데이터 포털의 API를 이용하여 데이터 활용 방법을 알아봅니다.

데이터를 활용하는 방법은 다양한데, API를 이용하는 방법이 가장 대표적입니다. API는 Application Programming Interface의 줄임말로, 애플리케이션 간의 상호작용을 위한 인터페이스입니다. 소프트웨어 개발에서 API는 다른 소프트웨어의 기능을 활용하거나 데이터를 교환할 수 있도록 정의한 메서드와 프로토콜 집합입니다. 서버에 데이터를 요청(request)하면 서버는 데이터베이스에서 질의(query)를 작성하여 사용자에게 그 결과(result)를 응답(response)합니다. 이 과정은 조금 복잡하긴 해도 API를 이용하면 가능합니다. 어떤 점에서 API는 사용자가 데이터를 이용하는 규약 같은 것이라고 이해해도 좋습니다.

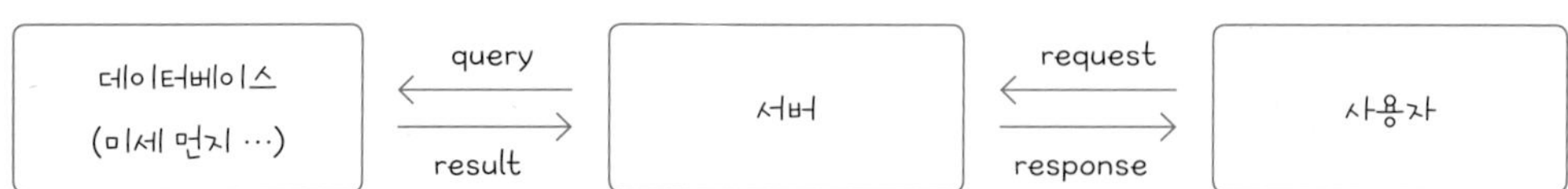

그림 5-24 | API로 데이터를 얻는 과정입니다

공공 데이터 포털은 대한민국 정부의 공식 사이트로, 다양한 데이터를 제공합니다. 서울특별시도 '서울 열린 데이터 광장'(data.seoul.go.kr)을 운영합니다. 여기서는 공공 데이터 포털을 기준으로 설명합니다.

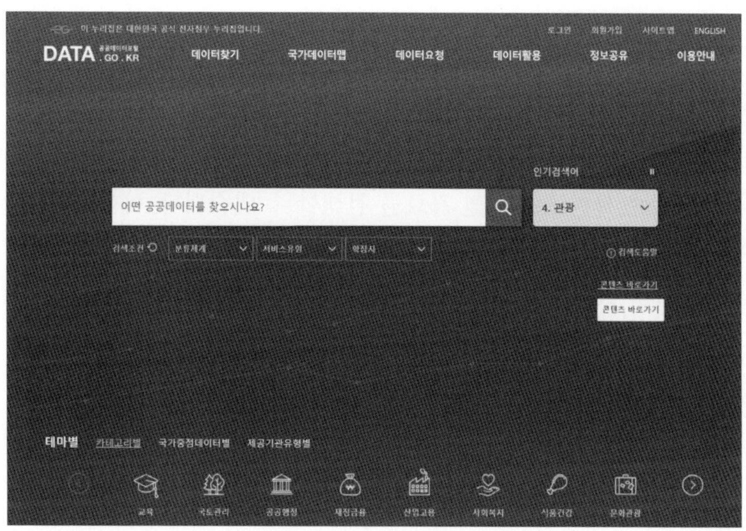

그림 5-25 | 대한민국 정부가 운영하는 공공 데이터 포털 사이트입니다

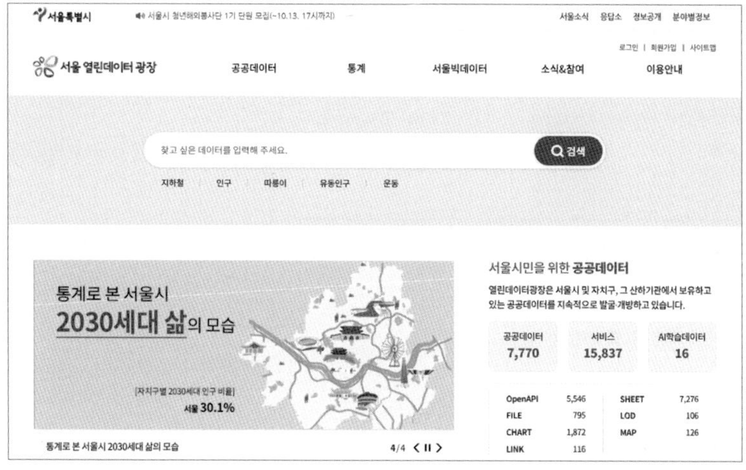

그림 5-26 | 서울 열린 데이터 광장에도 활용할 수 있는 다양한 데이터가 있습니다

Do it! 실습 ▶ 국회 도서관 사이트 정보 활용하기

여기서는 국회 도서관 API를 파이썬으로 어떻게 활용하는지, 그리고 이를 통해 어떤 정보와 자료를 가져올 수 있는지를 실습합니다. 또한 이 과정에서 API를 활용한 데이터 검색 기술뿐만 아니라 이를 활용하여 검색 시스템을 어떻게 효율적으로 구축할 수 있는지의 통찰력도 제공할 예정입니다.

공공 데이터 포털이 제공하는 API를 이용하여 실습을 진행합니다. 먼저 사이트에서 원하는 키워드나 카테고리를 통해 데이터셋을 검색합니다. 찾았다면 데이터 형식(API, 파일 내려받기 등)과 사용할 수 있는 형식(JSON, XML 등)을 확인합니다. 여기서는 국회 도서관 자료 검색 서비스로 실습하고자 합니다.

API를 이용하는 까닭은?

그런데 이런 생각을 하는 분도 있겠네요. '국회 도서관 사이트에서 검색할 수 있는데 왜 API를 이용해야 해?' 사실 국회 도서관 사이트에 가면 자료를 검색할 수 있습니다. 예를 들어 이 자료 중 '제목'과 '저자' 필드에 해당하는 것만 필요로 합니다. 즉, 제목과 저자만 출력하고 싶습니다. 하지만 검색하면 이미 사이트에서 만든 규칙에 따라 자료를 출력합니다.

그렇다면 국회 도서관 DB에 직접 접속해서 필요한 자료를 얻는 방법이 있지 않을까요? 이것이 바로 API입니다.

그림 5-27 | 국회 도서관 사이트에서도 자료를 검색할 수 있습니다

공공 데이터 포털의 국회 도서관 자료 검색 서비스를 한번 살펴봅시다. '국회도서관'으로 검색하면 검색 API를 제공한다는 것을 확인할 수 있습니다. 이 API를 통하면 국회 도서관 DB를 직접 열람할 수 있습니다. 그러려면 공공 데이터 포털에 가입하고 자료 활용을 신청하는 등 몇 가지 절차를 거쳐야 합니다.

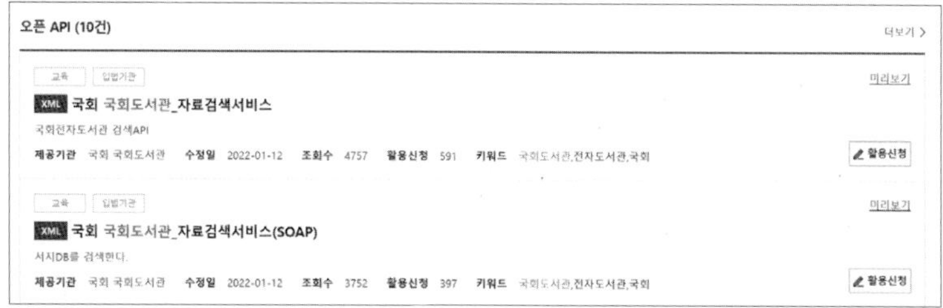

그림 5-28 | 공공 데이터 포털에서 '국회도서관'으로 검색한 결과입니다

1 계정 생성하고 로그인하기

국회도서관 DB를 열람하고자 먼저 data.go.kr 사이트에 접속하여 회원 가입을 합니다. 과정은 그다지 어렵지 않으므로 생략합니다. 로그인한 후 필요한 데이터셋을 찾습니다.

그림 5-29 | 공공 데이터 포털에 로그인합니다

2 API 키 발급하기

'국회도서관 자료검색 서비스' 데이터셋의 상세 페이지로 들어가서 [활용신청]을 클릭합니다. 그리고 신청 과정을 거쳐 API 키를 발급받습니다. 승인이 이뤄지면 API 키를 사용할 수 있습니다. 이 API 키는 고윳값이므로 절대 누출해서는 안 됩니다.

그림 5-30 | API 활용 신청을 합니다

활용 목적을 입력합니다. '기타'나 '참고 자료'를 선택해도 좋습니다.

공공데이터 제공제도

* 공공데이터중 위치정보를 포함한 서비스를 사용하고자 하는 사업자는 '**위치정보의 보호 및 이용 등에 관한 법률**'에 따라 방송통신위원회에 '**위치정보서비스 허가**'를 받거나 '**위치기반 서비스사업 신고**'를 하여야 합니다.
* 이에 해당하는 사업자인 경우에는 첨부파일에 '**위치기반서비스사업신고필증**'을 첨부해 주시기 바랍니다.
* 활용신청 시 '**위치기반서비스사업신고필증**'이 등록되지 않으면 반려가 될 수 있으니 참고 하시기 바랍니다.

활용목적 선택 *표시는 필수 입력항목입니다.

*활용목적 ◉ 웹 사이트 개발 ○ 앱개발 (모바일,솔루션등) ○ 기타 ○ 참고자료 ○ 연구(논문 등)

0/250

활용목적 입력

첨부파일 파일 선택

Drag & Drop으로 파일을 선택 가능합니다.

그림 5-31 | 활용 목적을 선택하거나 입력합니다

이용 범위를 확인하고 [동의합니다.]에 체크하고 [활용 신청]을 클릭합니다

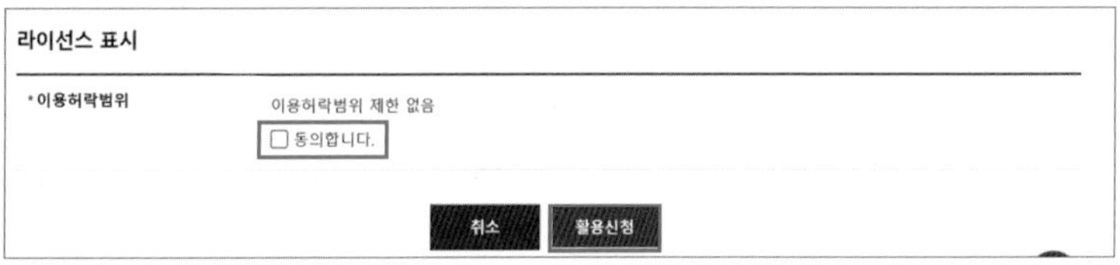

라이선스 표시

*이용허락범위 이용허락범위 제한 없음

☐ 동의합니다.

취소 활용신청

그림 5-32 | 라이선스를 확인하고 활용을 신청합니다

[마이 페이지]로 이동하면 공공 데이터 인증키(Encoding)를 복사할 수 있습니다.

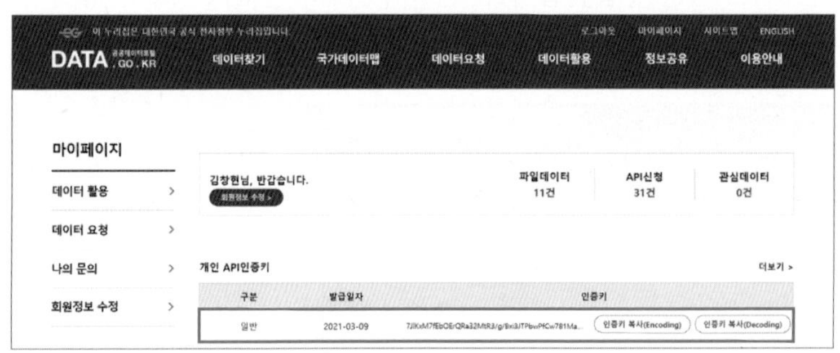

그림 5-33 | 마이 페이지에서 인증키를 확인합니다

[데이터 활용 → Open API → 활용 신청 현황]으로 이동하여 조금 전에 신청한 정보를 확인합니다.

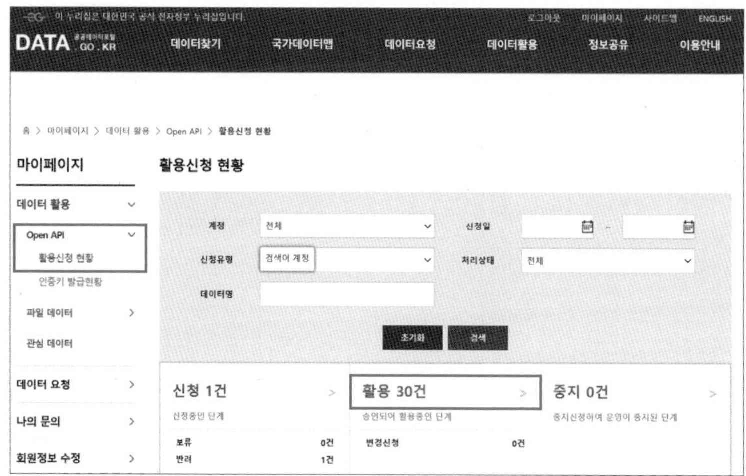

그림 5-34 | 신청 내용을 확인합니다

[활용 00건]을 클릭하면 인증키가 정상 발급된 것을 확인할 수 있습니다. '국회도서관_참고기술문서양식 -자료검색서비스_20230502.hwp'는 매우 중요한 정보이니 활용하기 전에 꼭 열어 보세요. 두 가지 인증키 중에서 암호화에 사용하는 '일반 인증키(Encoding)'를 이용하세요.

그림 5-35 | 신청 내용의 자세한 정보를 확인합니다

3 API 문서 확인하기

API를 사용하려면 해당 API 문서를 확인하여 어떤 파라미터가 필요한지, 어떤 형식으로 데이터를 가져올 수 있는지를 확인합니다.

가. API 서비스 개요

API 서비스 정보	API 명(영문)	searchservice		
	API 명(국문)	자료 검색 서비스		
	API 설명	국회도서관에서 제공하는 도서자료, 학위논문, 국내외 기사 등의 목록 DB 를 키워드와 검색대상, 검색조건 등을 사용하여 검색하는 서비스		
API 서비스 보안적용 기술 수준	서비스 인증/권한	[O] serviceKey [ ] 인증서 (GPKI/NPKI) [ ] Basic (ID/PW) [ ] 없음		
	메시지 레벨 암호화	[ ] 전자서명 [ ] 암호화 [O] 없음		
	전송 레벨 암호화	[ ] SSL [O] 없음		
	인터페이스 표준	[ ] SOAP 1.2 (RPC-Encoded, Document Literal, Document Literal Wrapped) [O] REST (GET) [ ] RSS 1.0 [ ] RSS 2.0 [ ] Atom 1.0 [ ] 기타		
	교환 데이터 표준 (중복선택가능)	[O] XML [ ] JSON [ ] MIME [ ] MTOM		
API 서비스 배포정보	서비스 URL	http://apis.data.go.kr/9720000/searchservice		
	서비스 명세 URL (WSDL 또는 WADL)	n/a		
	서비스 버전	1.1		
	서비스 시작일	2021-12-20	서비스 배포일	2021-12-17
	서비스 이력	2021-12-17 : 서비스 시작		
	메시지 교환유형	[O] Request-Response [ ] Publish-Subscribe [ ] Fire-and-Forgot [ ] Notification		
	서비스 제공자	유란영 / 정보기술개발과 / 02-6788-4150		
	데이터 갱신주기	일 1 회		

그림 5-36 | <국회도서관_참고기술문서양식 -자료검색서비스_20230502.hwp>는 파싱에 필요한 정보를 담은 문서입니다

4 데이터 요청 양식 확인하기

처음에는 조금 낯설겠지만 이 파일을 조금 살펴볼까요? 이미 이 파일에서는 기본 URL을 제공합니다. 여기에서 '인증키' 부분에 자신의 인증키를 붙여 넣고 그대로 웹 브라우저 주소창에 입력합니다.

```
http://apis.data.go.kr/9720000/searchservice/basic?serviceKey=인증키&pageno=1
&displaylines=10&search=자료명,미국
```

▶ 원래 기술 문서는 search 키워드가 '전체,코로나자료명,미국' 형태였으나 오류가 발생하여 분석의 편의를 위해서 '전체,코로나' 부분은 삭제했습니다.

결괏값은 다음과 같습니다. 파이썬을 시작하기 전에 먼저 이 원리를 생각해 보세요. 특정 URL로 어떤 정보를 요청하고 이 API는 데이터베이스로 질의문을 보내서 받은 결과를 응답합니다. 이 과정을 파이썬으로 수행합니다.

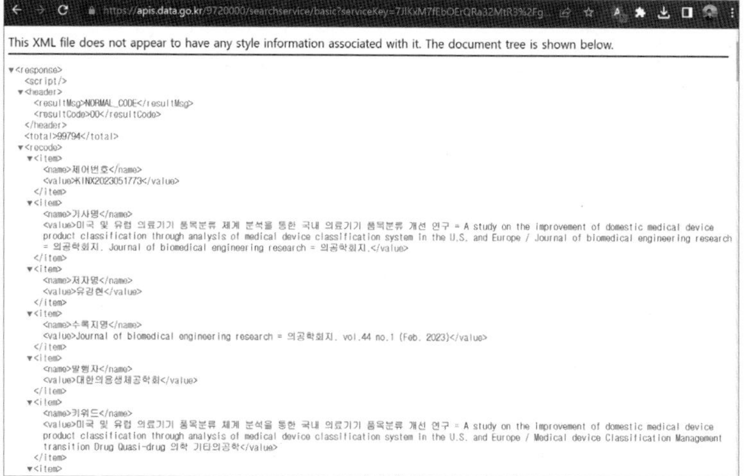

그림 5-37 | URL을 호출해 얻은 결과입니다

5 파이썬 코드 작성하기

파이썬에서는 requests 라이브러리로 API에 요청을 보냅니다. 이때 json 라이브러리로 응답을 처리할 수도 있습니다. 먼저 requests 모듈을 설치합니다.

```
C:\Users\user>pip install requests
```

이번에는 파이썬으로 이 자료를 불러와 판다스로 저장하는 것까지 실습해 보겠습니다. 웹 크롤링에 사용하는 BeautifulSoup으로 XML 파일을 파싱할 수 있습니다.

▶ 뷰티풀수프는 6장에서 자세히 다룹니다.

```
>>> import requests
>>> from bs4 import BeautifulSoup  # 파싱하려면 BeautifulSoup를 임포트 합니다
```

6 API URL과 키 설정

api_key라는 변수를 만들어 자신의 키를 입력합니다. 필자의 API 키를 공개할 수는 없으므로 여기에는 여러분이 발급받은 인증키를 입력합니다. API 키가 유출되지 않도록 조심하세요.

```
>>> api_key = "YOUR_API_KEY_HERE"  # 발급받은 API 키로 변경해야 합니다
>>> base_url = f'http://apis.data.go.kr/9720000/searchservice/basic?serviceKey={api_key}&pageno=1&displaylines=10&search=자료명,미국'  # f 문자열 형식으로 api_key를 붙여 넣습니다
```

▶ f 문자열 형식은 01-2절의 'f 문자열 이용하기' 항을 참고하세요.

7 API 요청

이후 처리 방식은 그동안 배웠던 크롤링 방식과 거의 같습니다. 즉, URL에서 XML 형태로 정보를 가져와 출력합니다.

▶ lxml이 없어 오류가 발생한다면 pip install lxml 명령으로 설치하세요.

```
# 일반 크롤링 코드와 비슷합니다
>>> response = requests.get(base_url)
>>> soup = BeautifulSoup(response.text, 'lxml')

# soup를 출력합니다
>>> print(soup)

<?xml version="1.0" encoding="UTF-8" standalone="yes"?><html><body><response><header>
<resultmsg>NORMAL_CODE</resultmsg><resultcode>00</resultcode></header><total>99794</
total><recode><item><name>제어번호</name><value>KINX2023051773</value></
item><item><name>기사명</name><value>미국 및 유럽 의료기기 품목분류 체계 분석을 통
한 국내 의료기기 품목분류 개선 연구 = A study on the improvement of domestic medical
device product classification through analysis of medical device classification sys-
tem in the U.S. and Europe / Journal of biomedical engineering research = 의공학회지.
Journal of biomedical engineering research = 의공학회지.</value></item><item><name>
저자명</name><value>유강현</value></item><item><name>수록지명</name><value>Journal
of biomedical engineering research = 의공학회지. vol.44 no.1 (Feb. 2023)</value></
item><item><name>발행자</name><value>대  한의용생체공학회</value></item><item><name>
키워드</name><value>미국 및 유럽 의료기기 품목분류 체계 분석을 통한 국내 의료기기 품
목분류 개선 연구 = A study on the improvement of domestic medical device product clas-
sification through analysis of medical device classification system in the U.S. and
Europe / Medical device Classification Management transition Drug Quasi-drug 의학 기타
의공학</value></item><item><name>목차</name><value>N</value></item><item><name>본문
언어</name><value>kor</value></item><item><name>저작권허락</name><value>Y</value></
item>…(중략)…name>자료실</name><value>[본관] 정기간행물실(524호)</value></item></re-
code></response></body></html>
```

8 응답 내용 확인하기

출력 내용만으로는 전체 구조가 어떻게 생겼는지 감을 잡기 어렵죠? 응답(response) 형태 역시 출력 결과 문서에 나와 있습니다. 아직 익숙하지 않겠지만, 이 응답 결과는 XML 문서입니다. 구조를 파악하고자 item 항목을 찾아볼까요?

표 5-6 | 응답 메시지 명세

항목(영문)	항목(국문)	항목 크기	항목 구분	샘플 데이터	항목 설명
resultCode	결과 코드	2	1	00	결과 코드
resultMsg	결과 메시지	50	1	OK	결과 메시지
total	전체 결과 수	5	1	4464	전체 결과(record) 수
record			1		
item			1..n		
name	디스플레이 카테고리명	300	0..n	자료명/저자 사항	디스플레이 카테고리명
value	디스플레이 데이터	1000	0..n	기초생명과학 실험서	디스플레이 데이터

Do it! 실습 응답받은 데이터 처리하기

1 데이터 처리하기

데이터 구조를 파악하고자 find_all 명령어로 'item'을 모두 찾습니다.

```
# soup를 출력합니다
>>> print(soup.find_all('item'))
[<item><name>제어번호</name><value>KINX2023051773</value></item>, <item><name>기사명</
name><value>미국 및 유럽 의료기기 품목분류 체계 분석을 통한 국내 의료기기 품목분류 개선 연구 =
A study on the improvement of domestic medical device product classification through
analysis of medical device classification system in the U.S. and Europe / Journal of
biomedical engineering research = 의공학회지. Journal of biomedical engineering re-
search = 의공학회지.</value></item>, <item><name>저자명</name><value>유강현</value></
item>, <item><name>수록지명</name><value>Journal of biomedical engineering research …
(... 생략 ...)
```

자세히 보면 <item></item> 안에 <name></name>과 <value></value>가 계속 이어진 것을 볼 수 있습니다. 출력 결과가 바로 이 부분을 보여 줍니다. 그러므로 item 안에서 name과 value를 찾을 수 있습니다.

item				1..n		
	name	디스플레이 카테고리명	300	0..n	자료명/저자 사항	디스플레이 카테고리명
	value	디스플레이 데이터	1000	0..n	기초생명과학 실험서	디스플레이 데이터

이미 배운 것처럼 find_all은 각 item의 리스트를 반환합니다. 그러니까 하나의 자료에 있는 item, 즉 개별 정보를 모두 모아 줍니다.

```
# 각 item에서 name과 value를 각각 찾아봅니다
>>> for item in soup.find_all('item'):
        print(item.find('name'), item.find('value'))

(... 생략 ...)
<name>본문언어</name> <value>kor</value>
<name>저작권허락</name> <value>N</value>
<name>초록유무</name> <value></value>
<name>발행년도</name> <value>2023</value>
<name>원본DB유무</name> <value>Y</value>
<name>자료실</name> <value>[본관] 정기간행물실(524호)</value>
```

2 text 명령으로 텍스트만 추출하기

그렇다면 name과 value 태그를 없애고 텍스트만 추출하는 명령어를 기억하나요? 바로 text 입니다.

```
# 각 item에서 name과 value를 각각 찾아봅니다
>>> for item in soup.find_all('item'):
        print(item.find('name').text, item.find('value').text)

(... 생략 ...)
```

```
수록지명 서양사연구 = (The)Journal of western history. 제68집 (2023년 5월)
발행자 한국서양사연구회
키워드 미국 재단의 제3세계 대학 개발과 아프리카의 기회 = American foundations' university
development in the third world and chances for African universities / 미국재단 아프리
카대학 영제국 탈식민화 냉전 Cold War American Foundation African Universities British
Empire Decolonization Development 유럽역사 기타서양사
목차 N
본문언어 kor
저작권허락 N
초록유무
발행년도 2023
원본DB유무 Y
자료실 [본관] 정기간행물실(524호)
```

3 '기사명'만 추출하기

구조가 조금 익숙해졌다면 다양하게 연습해 볼까요? 먼저 검색한 자료의 '기사명'만 추출하려면 어떻게 해야 할까요?

▶ 참고로 '기사명'은 학술 논문 기사를 의미하기도 합니다. 그러므로 학술 논문만 추출할 때는 '기사명' 필드가 매우 편리합니다.

```
<name>자료실</name> <value>[본관] 정기간행물실(524호)</value>
<name>제어번호</name> <value>KINX2023158599</value>
<name>기사명</name> <value>미국 재단의 제3세계 대학 개발과 아프리카의 기회 = American foun-
dations' university development in the third world and chances for African univer-
sities / 서양사연구 = (The)Journal of western history. 서양사연구 = (The)Journal of
western history.</value>
<name>저자명</name> <value>신**</value>
```

명세서를 보면 각 자료에는 item이 있고 그 item 안에는 name과 value가 있습니다. name에는 '자료실', '기사명' 등이 있고 해당 value값이 있는 것을 알 수 있습니다. 그렇다면 '기사명' name이 있을 때만 그 값(value)을 출력하라고 명령할 수 있겠네요.

```
# 각 item에서 name과 value를 각각 찾아봅니다
>>> for item in soup.find_all('item'):
        if item.find('name').text == '기사명':
            print(item.find('value').text)

미국 정치적 양극화 논의가 한국정치에 주는 시사점 = Implications of discussion on polarization in US politics for Korean politics / 인문사회 21 = The journal of humanities and social sciences 21. 인문사회 21 = The journal of humanities and social sciences 21.
미국 교육리더십의 연구경향 분석 : EAQ를 중심으로(2017~2021) = Analysis on educational leadership research trend in U.S. : focusing on educational administration quarterly(2017~2021) / 한국교원교육연구 = (The)Journal of Korean teacher education. 한국교원교육연구 = (The)Journal of Korean teacher education.
미국 공동사용자 법리의 현황과 시사점 : 브라우닝 펠리스 결정과 그 이후의 전개를 중심으로 = The status and imploications of joint employer jurisprudence in the U.S. : focusing on the Browning-Ferris decision and subsequent developments / 노동법학 = Journal of labour law. 노동법학 = Journal of labour law.
미국 재단의 제3세계 대학 개발과 아프리카의 기회 = American foundations' university development in the third world and chances for African universities / 서양사연구 = (The)Journal of western history. 서양사연구 = (The)Journal of western history.
```

4 '저자명' 만 추출하기

마찬가지로 저자명만 출력해서 볼 수도 있습니다. '기사명'을 '저자명'으로만 바꾸면 됩니다.

```
# 각 item의 name과 value에서 각각 '저자명'을 찾아봅니다
>>> for item in soup.find_all('item'):
        if item.find('name').text == '저자명':
            print(item.find('value').text)
```

5 기사명과 저자명 한꺼번에 출력하기

다음과 같은 코드로 기사명과 저자명을 한꺼번에 출력할 수도 있습니다.

```
# 저자명과 기사명
>>> for item in soup.find_all('item'):
        if item.find('name').text == '기사명':
            print(item.find('value').text)
        if item.find('name').text == '저자명':
            print(item.find('value').text)
```

6 판다스 형태로 출력하기

이번에는 이 정보를 판다스로 저장해 봅니다. 먼저 each_item에는 ['기사명', '저자명'] 형태로 정보를 저장하고 total이라는 리스트에 each_item을 넣어서 CSV 파일 형식 자료로 만듭니다. 그리고 이 total 자료를 판다스 데이터프레임 형태로 출력합니다.

▶ 이 명령을 실행하려면 먼저 앞의 실습을 모두 진행해야 합니다.

```
# 빈 리스트 초기화: 데이터를 저장할 준비하기
>>> total = []
>>> each_item = []  # each_item을 반복문 밖에 써야 조건문을 지날 때
                      초기화되는 것을 막을 수 있습니다

# soup에서 'item' 태그를 모두 찾아서 순회하기
>>> for item in soup.find_all('item'):
        # 'name' 태그의 텍스트가 '기사명' 또는 '자료명'일 때
        if item.find('name').text in ['기사명', '자료명']:
            # 해당 'item'에서 'value' 태그의 텍스트를 each_item에 추가하기
            each_item.append(item.find('value').text)
        # 'name' 태그의 텍스트가 '저자명'일 때
        elif item.find('name').text == '저자명':
            # 해당 'item'에서 'value' 태그의 텍스트를 each_item에 추가하기
            each_item.append(item.find('value').text)

        # each_item에 '기사명'과 '저자명' 둘 다 있을 때
        if len(each_item) == 2:
            # total 리스트에 each_item 추가하기
            total.append(each_item)
            # each_item을 초기화하여 다음 '기사명'과 '저자명'을 저장할 준비 하기
            each_item = []
```

```
# pandas 라이브러리를 사용하여 total 리스트를 데이터프레임으로 변환하기
>>> import pandas as pd
>>> df = pd.DataFrame(total, columns=['기사명', '저자명'])

# 변환한 데이터프레임 출력하기
>>> print(df)

                                              기사명   저자명
0 미국 및 유럽 의료기기 품목분류 체계 분석을 통한 국내 의료기기 품     ...   유**
1 미국 edTPA 평가에서 요구하는 예비 수학 교사의 전문적 역량 분석 =  ...   권**
2 미국 정치양극화에서 정당간 혐오감정 현상의 이론적 시사점 = Theor  ...   채**
3 미국 사이버 안보전략, 정책, 그리고 법률의 발전 동향 및 시사점 =     ...   윤**
4 미국 연방항소법원의 실질적 유사성 판단기준과 시사점 = An implica ...   신**
5 미국 연방노동법의 건설산업 단체교섭 특례 = The collective bargai...   김**
6 미국 정치적 양극화 논의가 한국정치에 주는 시사점 = Implications  ...   채**
7 미국 교육리더십의 연구경향 분석 : EAQ를 중심으로(2017~2021) = An...   박**
8 미국 공동사용자 법리의 현황과 시사점 : 브라우닝 펠리스 결정과 그    ...   이**
9 미국 재단의 제3세계 대학 개발과 아프리카의 기회 = American found ...   신**
```

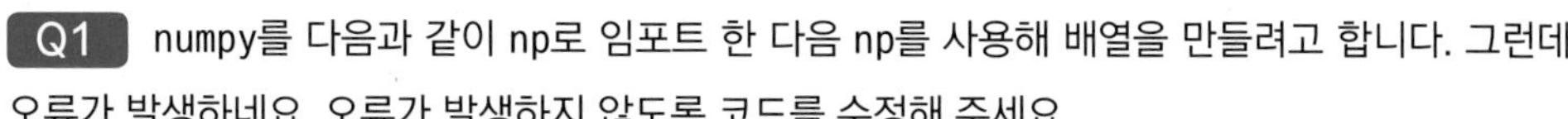

되새김문제

Q1 numpy를 다음과 같이 np로 임포트 한 다음 np를 사용해 배열을 만들려고 합니다. 그런데 오류가 발생하네요. 오류가 발생하지 않도록 코드를 수정해 주세요.

```
>>> import numpy as np
>>> e = np.array([1, 2, 3, 4], [3, 4, 5, 6])                    # 코드를 수정해 주세요
Traceback (most recent call last):
  File "<pyshell#1>", line 1, in <module>
    e = np.array([1, 2, 3, 4], [3, 4, 5, 6])
TypeError: data type not understood
```

Q2 다음 설명에 해당하는 함수는 무엇일까요? 2 × 3 배열을 만들어 보세요.

① 0으로만 이루어진 배열을 만드는 함수: np.___________

② 1로만 이루어진 배열을 만드는 함수: np.___________

Q3 다음과 같이 배열 두 개를 곱할 때 밑줄 친 빈칸에 나올 숫자를 채워 주세요.

```
>>> a = np.array([[1, 2], [4, 5]])
>>> b = np.array([[1, 2], [1, 3]])
>>> a * b
array([[ 1,  4],
       [ 4, __]])                    # 빈칸을 채워주세요
```

Q4 넘파이에서 행과 열을 바꾸는 함수의 이름은?

Q5 어떤 사업의 6년 동안 현금 흐름이 cf에 저장되어 있습니다. 다음처럼 npf를 계산했다고 가정할 때 이 사업의 내부수익률을 계산하려면 명령어를 어떻게 작성해야 할까요?

```
>>> import numpy_financial as npf
```

```
>>> cf
array([[-400, -200, 300, 300, 300, 300]])
>>> ____________                          # 내부수익률을 구하는 명령어를 입력하세요
0.255135117484941
```

Q6 5번 문제에서 살펴본 사업의 순현재가치를 구하고자 합니다. 사회적 할인율이 5.5%라고 가정할 때, 순현재가치를 구하는 명령어를 어떻게 작성해야 할까요?

```
>>> cf
array([[-400, -200, 300, 300, 300, 300]])
>>> ____________                          # 순현재가치를 구하는 명령어를 입력하세요
407.151693396632
```

[7~11] 다음과 같이 데이터프레임을 만들었습니다.

```
>>> import pandas as pd
>>> data = { 'name' : ['Mark', 'Jane', 'Chris', 'Ryan'],
             'age' : [33, 32, 44, 42],
             'score' : [91.3, 83.4, 77.5, 87.7] }
>>> df = pd.DataFrame(data)
>>> df['age'].①____________()                    # 나이의 평균 구하기
37.75
>>> df['score'].②____________()                  # 점수의 합 구하기
339.9
>>> df['score'].③____________()                  # 기초 통계량 구하기
count     4.000000
mean     84.975000
std       5.938224
min      77.500000
25%      81.925000
50%      85.550000
75%      88.600000
max      91.300000
Name: score, dtype: float64
```

Q7 ①평균, ②합, ③기초 통계량을 구하는 함수는 각각 무엇일까요?

Q8 df에서 나이가 40보다 많고, 점수가 80보다 높은 사람의 이름만 출력하려 합니다. 빈칸에 알맞은 명령어를 입력하세요.

```
>>> df①__________[(df②__________ > 40) & (df③__________ > 80)]
3    Ryan
Name: name, dtype: object
```

Q9 df를 점수 기준 내림차순으로 정렬하기 위해 다음과 같이 명령할 수 있습니다. 빈칸을 채워 코드를 완성하세요.

```
>>> df.sort_values(__________, ascending=False)
   age   name  score
0   33   Mark   91.3
3   42   Ryan   87.7
1   32   Jane   83.4
2   44  Chris   77.5
```

Q10 판다스의 str() 함수를 이용해 df에서 이름에 a가 들어간 사람의 이름만 출력하고 싶습니다. ①, ②에 들어갈 함수는 각각 무엇일까요?

```
>>> df[df['name'].①__________.②__________('a')]
   age  name  score
0   33  Mark   91.3
1   32  Jane   83.4
3   42  Ryan   87.7
```

Q11 데이터프레임 df에는 숫자로 된 변수가 나이(age)와 점수(score)밖에 없습니다. 이 두 변수 사이의 상관관계를 구하려면 다음 빈칸에 어떤 명령어를 써야 할까요?

```
>>> df__________.corr()
            age     score
age    1.000000 -0.513903
score -0.513903  1.000000
```

정답
1. e = np.array([[1, 2, 3, 4], [3, 4, 5, 6]])
2. ① zeros((2, 3)) ② ones((2, 3))
3. 15
4. transpose
5. npf.irr(cf)
6. npf.npv(0.055, cf)
7. ① mean ② sum ③ describe
8. ① ['name'] ② ['age'] ③ ['score']
9. by='score'
10. ① str ② contains
11. [['age', 'score']]

통계 분석을 할 때 어떤 도구를 골라야 할까?

통계 처리 및 분석이라는 목적에 맞는 다양한 프로그램이 있습니다. 예전에 전통적인 강자인 SAS가 있다면, 최근에는 무료 도구로 주목받는 R, 설문 조사에 많이 사용되는 SPSS, 그리고 엑셀조차 여러분이 아는 대부분의 함수를 모두 제공합니다. 이런 프로그램에 조금도 돈을 쓸 생각이 없다면 그냥 구글에서 무료로 제공하는 구글 스프레드시트를 써도 충분히 통계 분석을 할 수 있습니다.

분석의 목적이 무엇인가

중요한 것은 어떤 도구를 쓰느냐가 아니라 '어떤 목적으로 분석하느냐'입니다. 그리고 그 분석 목적에 맞는 도구를 사용해야 합니다. 당연히 엑셀은 훌륭한 도구지만 설문 조사 때 필요한 자료를 정리하고 곧장 여러 변수의 회귀 분석을 다양하게 돌리는 용도로는 최적화되어 있지 않습니다. 물론 엑셀로도 SPSS에서 제공하는 기본적인 통계 분석을 할 수 있지만, SPSS에 비교하면 조금은 더 번거롭습니다.

그런 목적이라면 SPSS가 더 어울립니다. 관점을 달리해 보면서 여러 계산을 하고 수십 개의 변수를 넣었다 뺐다 하면서 모델링을 하고 싶다면 SPSS보다 R이 더 적합합니다. 웹에서 얻은 정보를 빠르게 수집하여 곧장 통계 처리를 하고 이 정보를 웹에 자동으로 올리고 싶다면 파이썬이 가장 적합합니다. 파이썬에서도 R의 강력한 기능인 데이터프레임을 판다스로 사용할 수 있다는 점에서는 의미가 있지만, 통계 분석에 특화된 것은 역시 R이라고 할 수 있습니다.

도구들을 목적에 맞게 능수능란하게 다룰 수만 있다면 최소 1000×1000 이상의 행렬 자료에서는 엄청난 생산성을 얻을 수 있습니다. 그런데 이마저도 새로운 자료를 가공해야 하는 어려움이나 언제 발생할지 모르는 여러 가지 오류들을 생각하면 마냥 생산성이 높다고만 단정할 수도 없습니다. 그러나 이미 여러 차례 강조했듯이 데이터를 다룰 수 있는 도구는 무궁무진합니다. 파이썬은 그런 도구 중 하나일 뿐이고, 각자 목적과 역할에 맞는 도구를 찾는 것이 자신 앞에 놓인 일을 효율적으로 하는 데 최선의 길임을 다시 한번 강조합니다.

06

웹 크롤링으로 정보 모으기

여러분이 프로그래밍 관련 일을 하지 않는다면 웹 크롤링만큼 여러분의 실생활에 직접 도움을 줄 수 있는 기술도 드뭅니다. 이 장에서는 어떻게 웹 크롤링을 활용하는지 알아보겠습니다.

06-1 웹 크롤링 알아보기

웹은 끊임없이 커지는 도서관과 같습니다. 새로운 정보가 끊임없이 생겨나죠. 구글 같은 회사가 하는 일 중 하나가 새로 생기는 정보를 구글 검색에 바로 '걸리게' 하는 것입니다. 이때 전 세계에서 끊임없이 생산되는 새로운 정보를 모으기 위해 필요한 일이 바로 웹 크롤링(web crawling)입니다.

웹 크롤링이란

웹 크롤링이란 웹의 정보를 자동으로 수집하는 것을 의미하며, 이런 목적을 위해 만든 프로그램을 웹 크롤러라고 합니다. 검색 엔진의 아주 원시적인 형태라고 할 수 있죠. 다른 한 편으로 어두운 해커들의 세계와 연결되어 있기도 합니다. 웹의 정보를 모으는 데 웹 크롤링은 아주 매력적인 접근 방법이지만, 한편으로 위험하기도 합니다.

이 책에서는 웹 크롤링의 기본적인 내용만 다룹니다. 필자가 웹 크롤링을 배울 때 다른 사람의 웹 사이트에 있는 스크립트를 그대로 실행해 보면 환경이 바뀐 탓에 제대로 작동하지 않을 때가 많았습니다. 여기서 나온 코드 역시 시간이 지나면 작동하지 않을 수 있습니다. 따라서 깃허브(https://github.com/skytreesea/do-it-python) 실습 코드를 꾸준히 업데이트해 언제든지 작동되는 코드를 사용할 수 있도록 해두겠습니다.

▶ 해당 코드를 실무에 그대로 사용하지 마십시오. 필자와 출판사는 실무 사용에 따르는 법적인 책임을 지지 않습니다.

HTML 몰라도 웹 크롤링을 할 수 있을까

매일 주요 뉴스를 모아서 텍스트 파일로 저장하고 싶다면 어떤 기술이 필요할까요? 요즘은 블로그 포스팅 등에서도 웹 크롤링을 많이 소개하고 있어 이미 크롤링을 접한 사람도 있을 것입니다. 크롤링을 배우고 싶어서 검색으로 정보를 얻어 보지만, 잠깐 검색한 내용만으로 크롤링에 도전해 보기는 쉽지 않죠.

웹 크롤링이라는 과정을 제대로 이해하려면 HTML(Hyper Text Markup Language) 지식이 어느 정도 있어야 합니다. 왜냐하면 웹은 기본적으로 HTML로 만들어졌기 때문입니다. 그런데 HTML을 읽을 줄 모른다고요? 걱정하지 마세요. 컴퓨터를 전공하지 않았거나 프로그래밍을 배우지 않은 사람도 크롤링을 할 수 있게 하는 것이 이 장의 목적입니다. 필자 역시 HTML이나 CSS의 모든 것을 알고 있지 않습니다. 웹 크롤링이 목적이라면 HTML 전체를 모두 알 필요는 없기 때문입니다.

뒤에 나올 웹 크롤링 실습에서는 실습에 들어가기 전에 먼저 꼭 알아야 할 HTML 요소에 대해서만 간단히 알아봅니다. 그리고 바로 웹 크롤링 실습을 진행합니다. 웹 크롤링에 필수인 HTML 요소를 찾을 수만 있다면 웹 크롤링을 어렵지 않게 해낼 수 있을 겁니다.

인터넷에는 중요한 자료가 정말 없을까

'인터넷에는 중요한 자료가 없다.'는 말이 있죠? 이제 새삼 반박할 필요도 없겠지만, 이 세상에 거의 모든 정보는 인터넷에 있다고 해도 과언이 아닙니다. 심지어는 저작권이 없어진 고전들 역시 구텐베르크 웹 사이트에서 무료로 볼 수 있습니다. 그뿐만 아니라 조선왕조실록 등 사료도 인터넷 사이트에 체계적으로 잘 정리되어 있습니다. 물론 이것을 가공해 활용하는 것은 사람의 몫이겠지만, 이제 인터넷에 중요한 자료가 없다고 말하기는 어렵겠죠?

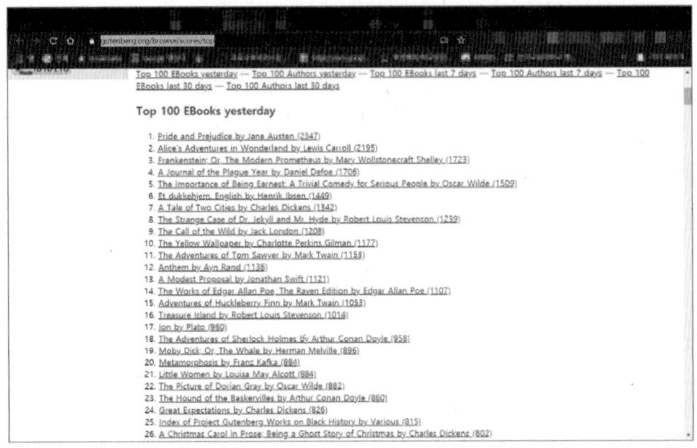

그림 6-1 | 구텐베르크 웹 사이트(www.gutenberg.org)에 가면 고전 원문을 무료로 읽을 수 있습니다

최신 학문적 논의 역시 구글 스칼라나 위키피디아에 잘 정리되어 있습니다. 많은 사람이 위키피디아에 '전문 자료가 없다'고 말하기도 하지만, 위키피디아만큼 어떤 주제의 핵심 내용을 체계적으로 정리해 놓은 사이트는 드뭅니다. 박사학위를 마친 연구자가 감사의 글에 '고마워

요, 위키(Thank you, Wikipedia)'라고 썼다는 우스갯소리가 나올 정도이지요. 이것도 벌써 엄청나게 오래된 유머입니다.

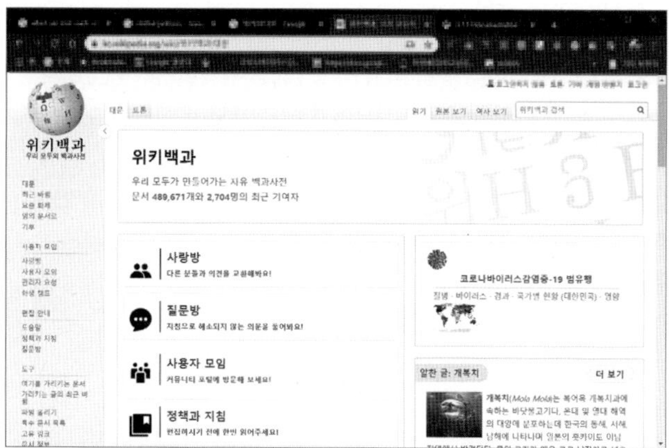

그림 6-2 | 고마워요, 위키피디아(https://ko.wikipedia.org/)

수많은 정보를 어떻게 활용할까

크롤링은 필요한 자료를 빠른 시간에 수집할 수 있는 엄청나게 강력한 도구입니다. 때로는 웹사이트로부터 너무나 쉽게 정보를 획득할 수 있어서 약간은 위험하다고 느낄 만큼 엄청난 정보를 얻어 낼 수 있습니다.

아주 간단한 예로 지금 당장 코스피 상위 200개 종목의 주가를 한 번에 확인해서 그래프로 출력하고 싶을 때 웹 크롤링으로 필요한 자료를 손쉽게 가져올 수 있습니다. 물론 이런 기능은 증권사 HTS에서 너무나 잘 구현되어 있지만, 자기만의 자료 수집 방식이 있다는 것은 엄청나게 매력적인 일입니다.

앞으로 소개할 웹 크롤링 관련 코드는 연구 직종에 종사하는 필자가 필요해서 제작한 것입니다. 그동안 필자는 이런 웹 크롤링의 도움을 많이 받았으며, 이것을 잘 활용하면 다른 사람이 따라오기 어려울 정도의 생산력을 발휘할 수 있다고 믿습니다.

데이터 수집 시 주의할 점

웹 크롤링은 본격적으로 시작하기 전에 주의할 사항이 있습니다. 먼저 크롤링의 세계는 인터넷의 크기만큼이나 무한하지만, 이 책에서 언급하는 크롤링의 범위는 매우 제한적이라는 점입니다. 크롤링의 세계는 결국 해킹의 세계와도 연결됩니다. 처음에는 크롤링이나 스크래핑(scraping)에 만족하다가 나중에는 암호화된 정보에 접근하고 싶은 욕망이 생길지 모릅니다. 이 책에서는 크롤링 중에서도 아주 파편적이며 매우 제한적인 부분만 다룹니다. 다시 말해 신문 기사를 모을 수 있는 정도의 크롤링 기법만을 설명합니다. 그런데 이러한 크롤링이 가능하다는 사실을 알게 되고, 또 실습을 하다 보면 데이터를 보는 눈이 달라집니다. 같은 문제로 정보를 검색하더라도 어떤 부분은 자동화할 수 있겠다는 감을 잡게 해주는 것이 이 장의 목적입니다.

또 하나 유의할 점은 크롤링의 접근 방식은 법적 문제를 일으킬 수 있다는 점입니다. '크롤링 남의 자산 훔치는 범죄행위, 인식 변화 갖자'라는 무시무시한 제목의 기사(IT 조선, 박철현 기자, 2019. 05. 07.)가 있을 정도입니다. 그런데 해당 기사에서 언급했듯이, 크롤링 대부분은 위법이 아닙니다. "하지만 웹 페이지의 운영자가 긁어가지 못하도록 조치한 데이터를 긁어간다거나 긁어간 데이터를 사용해 부당이득을 얻는다거나 하는 행위를 할 경우엔 저작권법이나 부정경쟁방지법 등의 제재를 받을 수 있다."고 이 기사는 설명하고 있습니다.

이 책에서 공개하는 크롤링 방식은 지극히 개인적이고 파편적인 수준이며, 상업적 가치가 있는 데이터에 접근을 시도할 때 발생할 수 있는 어떠한 상황에 대해서도 책임을 질 수 없습니다. 하지만 크롤링 자체는 검색 서비스를 비롯한 전 세계의 수많은 프로그래머가 웹의 정보를 모으는 아주 일반적인 방식이라는 점은 짚고 넘어가겠습니다.

06-2 웹 크롤링으로 명언 수집하기

여러분, 명언 좋아하나요? 필자는 유명인의 어록을 종종 찾아 읽습니다. 그 사람의 인생과 철학이 느껴지거든요. 예를 들어 "내가 조금 더 보았다면, 그건 거인의 어깨 위에 서 있기 때문이다(If I have seen further it is by standing on the shoulders of Giants)."라는 뉴턴의 명언을 읽으면 그가 얼마나 겸손했는지를 느낄 수 있지요. 게다가 영어 공부는 덤으로 되고요. 그럼 이런 명언을 모아 놓은 웹 사이트에서 크롤링을 통해 명언을 수집해 보겠습니다.

이런 상황이라면?

난이도 ★★★☆☆ | 완성 소스 06\quote.py

웹 사이트에서 명언을 수집하자

영어 명언을 수집하는 것을 좋아하는 필자에게 한 친구가 명언을 모아 놓은 웹 사이트를 추천해 주었습니다. 접속해 보니 그야말로 명언 천국이네요. 아인슈타인의 명언부터 해리포터 시리즈의 덤블도어 교장 선생님의 대사까지 '명언'으로 꽉 차 있네요. 그런데 일일이 옮겨 적으려니 시간이 너무 많이 들 것 같습니다.
문서 파일에 한 번에 모아서 저장할 수 없을까요?

'Quotes to Scrape'라는 웹 사이트를 소개합니다(http://quotes.toscrape.com/). 말 그대로 스크랩(scrap)하기 좋게 명언을 정리해 놓은 웹 사이트입니다. 이 웹 사이트의 명언을 엑셀 파일로 만들어서 관리하고 싶습니다.

그러기 위해서 명언을 하나씩 복사해 옮기는 방법이 있을 겁니다. 아직도 코드 짜기가 귀찮아서 필요한 내용을 종종 이렇게 마우스로 긁어서 가져올 때가 있습니다. 하지만 양이 늘어나면 그 작업 자체가 쉽지 않을뿐더러 마우스가 제대로 움직이지 않아서 힘이 들곤 합니다.

반복은 컴퓨터가 훨씬 잘한다고 했지요? 바로 이럴 때 웹 크롤러를 만들면 명언을 쉽게 가져올 수 있습니다. 이 웹 사이트를 활용해 웹 크롤링을 간단히 실습해 보죠.

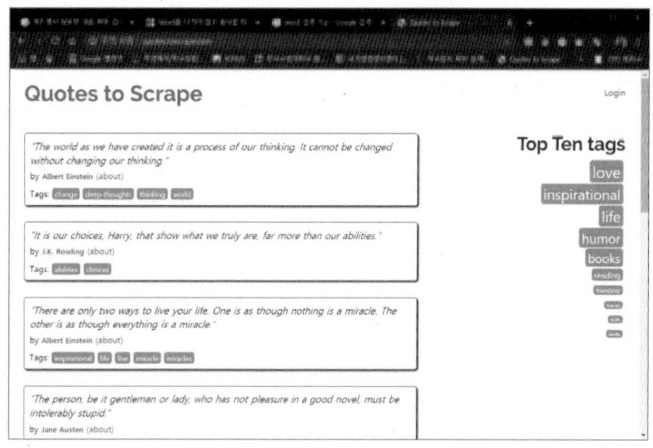

그림 6-3 | 명언이 모여 있는 Quotes to Scrape 웹 사이트입니다

Quotes to Scrape 페이지 살펴보기

자, 먼저 사이트를 그냥 한번 들여다보겠습니다. 사이트가 어떻게 생겼는지 알아야 사이트에서 어떻게 정보를 얻어낼지 생각할 수 있습니다. 명언을 살펴보니 문장마다 밑에 태그가 붙어 있고 오른쪽에는 가장 많이 쓰인 태그가 나열되어 있습니다. 여기에서 [life]를 클릭해 보겠습니다.

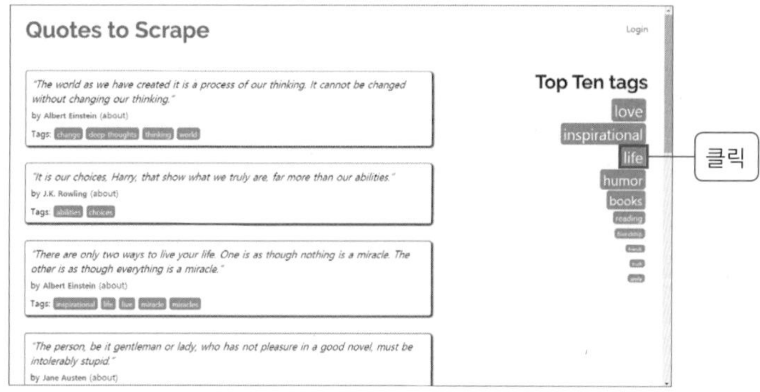

그림 6-4 | life 태그를 클릭하세요

다음과 같이 'life'라는 태그가 있는 화면으로 넘어갑니다. "세상에는 두 종류의 삶이 있다. 하나는 기적이란 하나도 없는 인생이다. 다른 하나는 모든 것이 기적인 삶이다."라는 아인슈타인의 명언이 있네요. 여기서 [(about)]을 클릭해 볼까요?

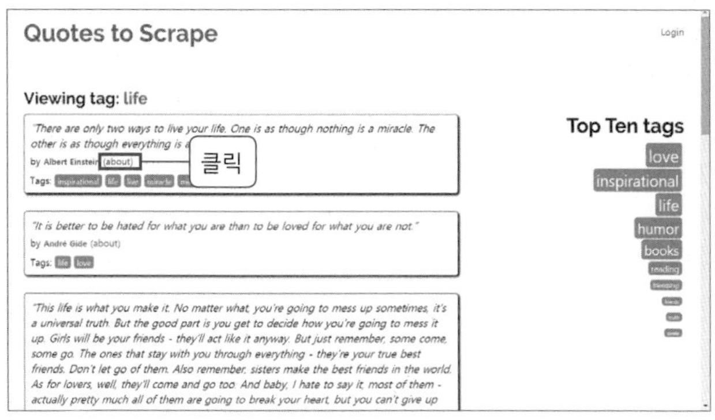

그림 6-5 | Life(삶)에 관한 명언이 모여 있습니다

해당 인물의 정보가 나오네요. 인물 정보도 따로 모아 볼 수 있겠네요.

그림 6-6 | 인물 정보가 나옵니다

이전 페이지로 돌아가 스크롤을 내리면 [Next] 버튼이 있습니다. 클릭해 볼까요?

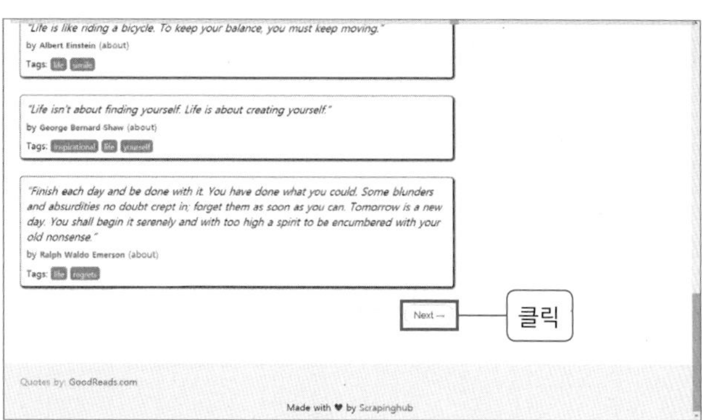

그림 6-7 | 다음 페이지로 넘어가 봅니다

클릭하면 다음 화면으로 넘어가면서 새로운 명언들이 나오는 것을 볼 수 있습니다. 밑에 있는 [Previous] 버튼을 누르면 다시 이전 페이지로 돌아갑니다.

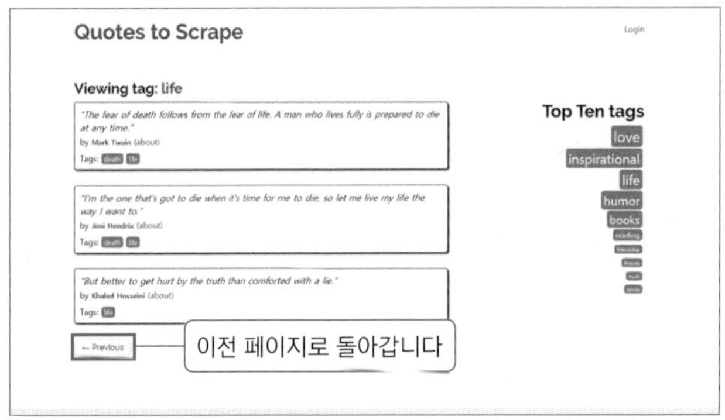

그림 6-8 | 다음 페이지에 있는 명언이 나타납니다

지금까지 Quotes to Scrape 웹 사이트가 어떻게 생겼는지 간단히 살펴보았습니다. 지금은 웹 사이트에 접속해서 정보를 얻는 것이 일상화되어 각각의 특성을 알아내는 일은 식은 죽 먹기라고 생각할지도 모르겠습니다. 그런데 웹 사이트 둘러보기로 두 가지 사실을 알았습니다.

먼저, 이 사이트의 명언들은 태그별로 모여 있다는 사실입니다. 인생(life)과 사랑(love)에 대한 명언을 태그별로 모으는 것도 가능합니다. 또한 한 페이지에 일정 수의 명언만 보이고 나머지는 다음(Next) 페이지에 저장되어 있다는 사실을 확인했습니다.

자, 그렇다면 앞으로 해야 할 일은 다음과 같이 정의할 수 있습니다. 먼저 웹 사이트에 접속해서 한 태그의 명언을 긁어 옵니다. 그리고 다음(Next) 페이지로 이동해 명언을 계속 긁어 옵니다. 다음 페이지가 없다면 다른 태그로 넘어갑니다. 이 과정은 복잡하고 어려운 작업까지 이어질 수 있지만, 차근차근히 진행해 보겠습니다.

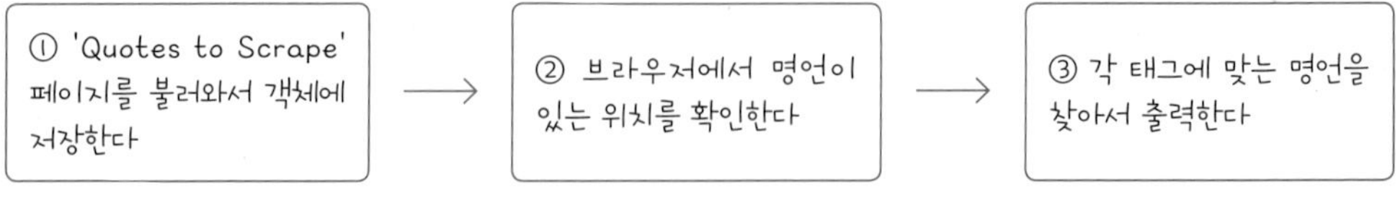

뷰티풀수프 설치하기

파이썬으로 웹 크롤링을 하기 위해 먼저 뷰티풀수프(BeautifulSoup)를 설치하겠습니다. 뷰티풀수프는 웹 문서를 구성하는 HTML과 XML 문서에서 원하는 정보를 쉽게 추출할 수 있는 모듈을 모아 놓은 파이썬 패키지입니다. 내장 패키지가 아니므로 별도로 설치해야 합니다.

▶ 셀레니움(selenium)의 웹드라이버(webdriver)로 브라우저를 제어하는 방법도 있지만, 여기서는 뷰티풀수프 패키지를 이용한 스크래핑(scraping)만 알아보겠습니다.

pip를 사용하면 패키지를 쉽게 설치할 수 있습니다. 명령 프롬프트 창을 열고 다음 명령을 입력해 뷰티풀수프 패키지를 설치하세요.

```
C:\Users\user>pip install beautifulsoup4
```

기본 모듈 임포트 하기

코드를 본격적으로 작성하기 전에 필요할 것 같은 모듈을 미리 불러오겠습니다. 웹 크롤링을 실습하려면 어떤 모듈이 필요할까요? 먼저 지금까지 항상 써왔던 운영체제 모듈 os, 정규식 모듈 re, 그리고 앞에서 만들었던 CSV 파일을 저장할 때 필요한 usecsv 모듈을 임포트 하겠습니다.

```
>>> import os, re, usecsv
```

이제 웹 크롤링을 하기 위해 새로 알아야 할 모듈을 살펴보겠습니다. 먼저 requests는 URL 주소에 있는 내용을 요청할 때 사용하는 모듈입니다.

```
>>> import requests
```

마지막으로 앞에서 설치한 뷰티풀수프 패키지에서 BeautifulSoup를 임포트 합니다.

```
>>> from bs4 import BeautifulSoup
```

사실 BeautifulSoup, requests 모듈 사용법이 이 장에서 다룰 내용의 전부라고 해도 과언이 아닙니다. 웹의 정보를 수집할 수 있다면 여러분은 엄청나게 강력한 무기를 가지게 되는 셈입니다. 전 세계에서 엄청나게 많은 사람이 지금, 이 순간에도 무언가 일을 해서 그 자료를 웹에 올려놓고 있기 때문이죠.

Do it! 실습 ▶ 웹 문서 자료를 가져와 가공하기

이제부터 웹 문서 자료를 파이썬으로 가져와 추출하기 좋게 그 형태를 가공해 보겠습니다.

1 requests.get()으로 웹 사이트 정보 가져오기

먼저 접속하고 싶은 웹 사이트의 URL 주소를 `url`이라는 객체에 저장해 줍니다. 여기서 `url` 객체에 저장되는 건 그냥 문자열이며 특별한 기능은 없습니다.

```
>>> url = 'http://quotes.toscrape.com/'
```

즉, 현재 상황은 `url` 객체 안에 `'https://quotes.toscrape.com/'`라는 문자열이 들어 있을 뿐입니다. 이 주소에 해당하는 웹 사이트에 원하는 정보를 요청해서 그 결과물을 반환하는 명령은 다음과 같습니다.

requests.get() 사용법

```
html = requests.get(url)
```

특정 페이지의 내용을 가져오려면 `requests.get('URL 주소')`를 입력하면 됩니다. 아주 간단하죠? 불러들인 웹 사이트의 내용은 `html`이라는 객체에 저장하겠습니다. 다음과 같이 입력하세요.

```
>>> html = requests.get(url)
# url 객체에 저장된 URL 주소에 해당하는 웹 사이트를 불러옵니다
>>> html
<Response [200]>
```

html에 어떤 내용이 들어 있는지 궁금하다면 .text로 간단히 살펴보면 됩니다. html에는 엄청나게 많은 정보가 들어 있어서 다 보기는 조금 그렇고, 100개까지만 슬라이싱을 해서 한번 읽어 보겠습니다.

```
>>> html.text[:100]
b'<!DOCTYPE html>\n<html lang="en">\n<head>\n\t<meta charset="UTF-8">\n\t<title>Quotes
to Scrape</title>\n
# html에 저장한 웹 사이트 자료가 일부 출력됩니다
```

2 뷰티풀수프로 자료형 변환하기

이제 뷰티풀수프를 사용해 html 객체에 저장한 자료를 정보를 쉽게 추출할 수 있는 형태, 즉 파싱(parsing)하기 쉬운 형태로 변환하겠습니다. 사용법은 다음과 같습니다.

▶ 파싱(parsing)이란 웹 문서에서 자료를 원하는 패턴이나 순서로 추출해 가공하는 것을 말합니다.

뷰티풀수프 사용법

```
BeautifulSoup(html.text, 'lxml')
```

우선 lxml 모듈을 사용하기 위해 명령 프롬프트 창을 열고 다음을 입력해 lxml를 설치하세요.

```
C:\Users\user>pip install lxml
```

다음과 같이 코드를 입력해 html 객체에 뷰티풀수프를 사용한 다음에 soup라는 객체로 저장하겠습니다.

```
>>> html = requests.get(url)  # 다시 웹 사이트 내용을 불러와 html에 저장합니다
>>> soup = BeautifulSoup(html.text, 'lxml')
```

자, 제대로 추출된 soup는 어떤 모양을 하고 있는지 간단히 살펴볼까요? 앞의 과정을 다 정확하게 밟았다면 그냥 'soup'라고 입력하면 다음과 같은 노란 상자가 나옵니다. 234 줄이나 나와서 스크롤의 압박이 있을 것 같아서 IDLE에서 노란 상자로 숨겨 놓은 것 같습니다.

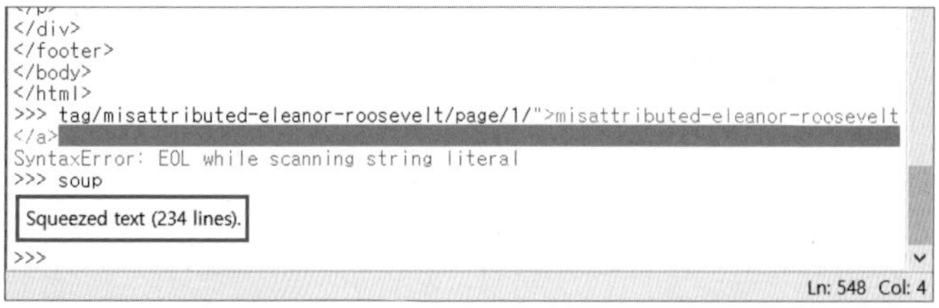

```
</div>
</footer>
</body>
</html>
>>> tag/misattributed-eleanor-roosevelt/page/1/">misattributed-eleanor-roosevelt
</a>
SyntaxError: EOL while scanning string literal
>>> soup
Squeezed text (234 lines).
>>>
Ln: 548  Col: 4
```

그림 6-9 | 노란 상자를 클릭하세요

상자를 더블 클릭하면 앞에서 슬라이싱으로 확인했던 `html` 객체의 내용과 출력되는 모양이 다른 것을 확인할 수 있습니다.

```
>>> soup
# 노란 상자를 두 번 클릭하면 soup 객체의 내용을 확인할 수 있습니다
<!DOCTYPE html>

<html lang="en">
<head>
<meta charset="utf-8"/>
<title>Quotes to Scrape</title>
<link href="/static/bootstrap.min.CSS" rel="stylesheet"/>
<link href="/static/main.CSS" rel="stylesheet"/>
</head>
<body>
<div class="container">
<div class="row header-box">
<div class="col-md-8">
<h1>
<a href="/" style="text-decoration: none">Quotes to Scrape</a>
</h1>
</div>
<div class="col-md-4">
<p>
(... 생략 ...)
```

html과 soup의 자료형도 비교해 볼까요? soup의 자료형이 bs4.BeautifulSoup로 만들어진 것을 확인할 수 있습니다.

```
>>> type(html)
<class 'requests.models.Response'>
>>> type(soup)
<class 'bs4.BeautifulSoup'>
```

3 한 줄로 모든 명령을 실행하는 마법의 명령어 만들기

이렇게 해서 원하는 웹 사이트의 자료를 불러왔다면 soup 안에 있는 정보를 가공할 수 있습니다. 하지만 앞의 과정이 조금은 귀찮고 불편하죠? URL을 불러내고 html로 저장하고 그것을 다시 뷰티풀수프를 사용해서 soup에 저장하는 작업까지 해야만 다음 작업을 할 수 있습니다.

파이썬에서는 이 모든 과정을 다음과 같이 한 줄로 표현할 수 있습니다.

```
soup = BeautifulSoup(requests.get(URL 주소).text, 'lxml')
```

이 장에서는 앞으로 편하게 이 한 줄의 코드를 '마법의 명령어'라고 하겠습니다. 이 코드를 저장해 놓으면 나중에 URL 주소만 바꿔서 soup 객체로 바로 불러올 수 있어서 매우 유용합니다. 개인적으로 여러 번의 시행착오를 거쳐서 정리한 내용이죠. 파이썬이 익숙해지면 사실 여러 객체를 만들기보다 한 줄 안에 필요한 명령어를 모두 넣는 게 편합니다. 지금까지 실습한 내용을 마법의 명령어로 정리하면 다음과 같이 단 한 줄이면 됩니다.

```
>>> soup = BeautifulSoup(requests.get('http://quotes.toscrape.com/' ).text, 'lxml')
```

Do it! 실습 ▶ 특정 태그에서 텍스트만 추출하기

현재 페이지에 있는 텍스트만 아주 간단하게 모을 수 있는 작업을 해보겠습니다. 이 작업을 이해하기 위해서는 먼저 간단하게나마 HTML의 구조를 이해해야 합니다.

1 HTML의 구조 살펴보기

HTML을 잘 모르는 분을 위해 구조를 아주 간단히 살펴보겠습니다. HTML은 태그로 둘러싸여 있습니다. 전체는 `<HTML>`과 `</HTML>`로 둘러싸여 있고, 그 안에 머리(head)와 몸(body)이 있습니다. 머리는 `<head>`와 `</head>`로, 몸은 `<body>`와 `</body>`로 둘러싸여 있습니다. 그리고 제목은 `<title>`과 `</title>`, 글 제목은 `<h1>`과 `</h1>`, 본문은 `<p>`와 `</p>` 등으로 둘러싸여 있습니다.

```
<HTML>
<head>
  <title> 페이지 제목 </title>
</head>
<body>
  <h1> 글 제목 </h1>
  <p> 글 본문 </p>
</body>
</HTML>
```

이제 이 구조를 참고해 웹 문서 자료에서 원하는 요소를 찾아보겠습니다.

2 find_all로 원하는 태그만 모으기

find_all 메서드는 특정 태그로 둘러싸인 요소를 찾아내서 리스트 형태로 반환합니다. find_all의 사용법은 간단합니다. 정규표현식에서 배웠던 re.findall() 함수와 헷갈리지 않도록 조심하세요. 이미 웹 문서 자료를 파싱하기 좋은 형태로 변환해 soup에 저장했으니 soup에 find_all을 입력한 후 괄호 안에 '찾아낼 태그'만 입력하면 됩니다.

find_all 메서드 사용법

```
soup.find_all(찾아낼 태그)
```

find_all을 활용하는 방법은 이 장에서 소개할 크롤링 기법의 거의 전부라고 말할 수 있을 정도로 강력한 녀석입니다. find_all의 힘을 알아보기 위해 텍스트만 추출하는 간단한 실습을 해보겠습니다.

참고로 find 메서드도 있습니다. find_all은 같은 태그를 모두 찾아서 리스트로 반환하지만 find는 가장 먼저 찾은 태그 하나만 출력합니다. find_all만 알면 find 기능까지 활용할 수 있으니 일단 find_all을 기억하세요.

먼저 soup의 내용을 다시 한번 열어 볼까요? 자세히 보면 <head>, </head>로 둘러싸인 부분, 그리고 <body>가 시작되는 부분을 확인할 수 있습니다. 그리고 <title>과 </title>로 웹 사이트 제목을 둘러싸고 있네요.

```
>>> soup.find('title')
<title>Quotes to Scrape</title>
# 앞서 배운 find 메서드로 'title' 태그로 감싼 코드를 찾습니다
```

자, 이제 텍스트만 추출하기 위해서 soup 객체를 조금만 더 살펴보겠습니다. 잘 찾아보면 텍스트만 추출할 방법이 있을 것 같습니다.

```
>>> soup
(... 생략 ...)
<div class="quote" itemscope="" itemtype="http://schema.org/CreativeWork">
<span class="text" itemprop="text">"The world as we have created it is a process of our
thinking. It cannot be changed without changing our thinking."</span>
<span>by <small class="author" itemprop="author">Albert Einstein</small>
<a href="/author/Albert-Einstein">(about)</a>
</span>
(... 생략 ...)
```

자세히 보면 가장 첫 번째 나왔던 아인슈타인의 명언 "The world as we have created it is a process of our thinking. It cannot be changed without changing our thinking."이 <span>과 </span>으로 둘러싸인 것을 확인할 수 있습니다. 이렇게 <span> 태그는 HTML의 특정한 위치에 특정한 서식이 있는 텍스트 등을 삽입하기 위해 사용합니다. <span>이 사용된 방식을 보면 다음과 같이 text라는 class가 있는 것을 확인할 수 있습니다.

HTML 지식이 없다면 다소 어려울 수 있지만 이 구문은 눈여겨보세요. <div class="content"> 처럼 앞으로 자주 나올 구문입니다. 이는 특정 태그의 클래스를 지정합니다.

```
<span class="text" itemprop="text">"The world...
# span 요소의 클래스(class)가 "text"라는 뜻입니다
```

명언을 모아서 한 번에 출력하려면 먼저 명언 텍스트를 감싼 <span> 태그를 다 모아야겠네요. find_all로 span 태그만 다 모아 보죠.

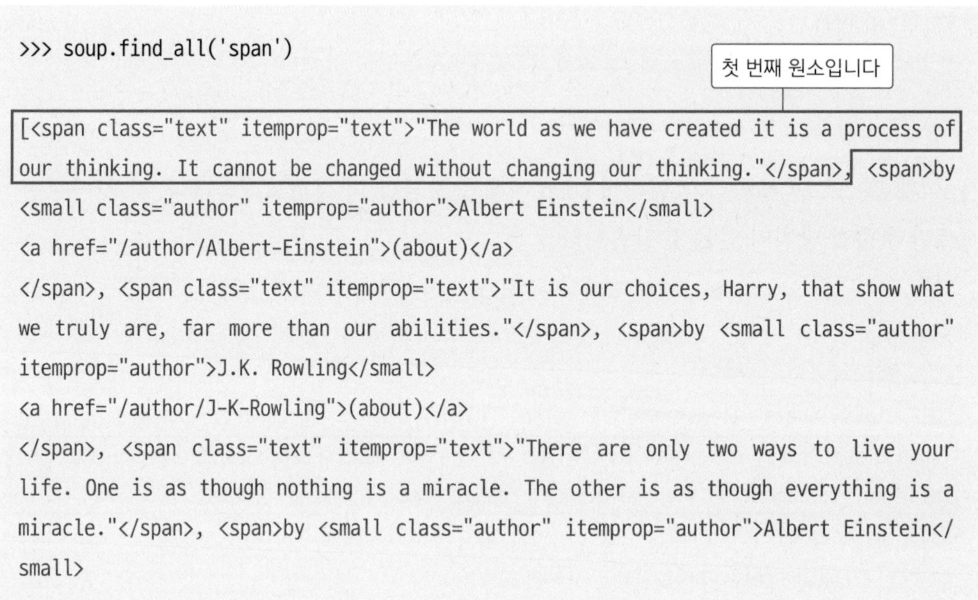


```
>>> soup.find_all('span')

[<span class="text" itemprop="text">"The world as we have created it is a process of
our thinking. It cannot be changed without changing our thinking."</span>, <span>by
<small class="author" itemprop="author">Albert Einstein</small>
<a href="/author/Albert-Einstein">(about)</a>
</span>, <span class="text" itemprop="text">"It is our choices, Harry, that show what
we truly are, far more than our abilities."</span>, <span>by <small class="author"
itemprop="author">J.K. Rowling</small>
<a href="/author/J-K-Rowling">(about)</a>
</span>, <span class="text" itemprop="text">"There are only two ways to live your
life. One is as though nothing is a miracle. The other is as though everything is a
miracle."</span>, <span>by <small class="author" itemprop="author">Albert Einstein</
small>
```

이번에는 다음 명령으로 class가 'text'인 <span> 태그만 골라 봅시다.

```
>>> soup.find_all('span', {'class':'text'})

[<span class="text" itemprop="text">"The world as we have created it is a process
of our thinking. It cannot be changed without changing our thinking."</span>, <span
class="text" itemprop="text">"It is our choices, Harry, that show what we truly are,
far more than our abilities."</span>, <span class="text" itemprop="text">"There are
only two ways to live your life. One is as though nothing is a miracle. … 중략… <span
class="text" itemprop="text">"A day without sunshine is like, you know, night."</
span>]
```

find_all은 리스트로 그 결과물을 돌려 줍니다. 결괏값을 살펴보면 리스트의 첫 번째 원소로 앞에서 봤던 <span> 태그로 둘러싸인 아인슈타인의 명언이 들어 있음을 확인할 수 있습니다.

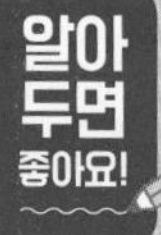

class 속성과 속성값

앞에서 살펴본 <span> 태그의 시작 태그를 보면 <span class="text" itemprop="text">라고 작성되어 있습니다. 이때 class를 이 <span> 태그의 속성(attribute)이라 하고, "text"는 속성값(attribute value)이라고 합니다.

여기에서 속성이란 HTML 요소에 좀 더 구체적인 기능을 추가하기 위해 시작 태그 안에 지정하는 것을 말하고, 이 속성에 입력할 구체적인 값이 속성값입니다. 즉, 앞에 나온 <span> 태그에는 class라는 속성이 있으며, class="text"이므로 class의 속성값은 "text"입니다.

3 태그에서 텍스트만 출력하기

이제 <span> 태그 안에 들어 있는 텍스트만 추출하면 원하던 명언 텍스트를 모을 수 있습니다. 먼저 첫 번째 원소만 추출해서 텍스트로 만드는 연습을 해보겠습니다. 리스트의 첫 번째 원소는 슬라이싱 기능을 사용하면 쉽게 추출할 수 있습니다.

```
>>> quote = soup.find_all('span', {'class': 'text'})
# <span> 태그만 모아 quote 객체에 저장합니다
>>> quote[0]
<span class="text" itemprop="text">"The world as we have created it is a process of our
thinking. It cannot be changed without changing our thinking."</span>
```

추출은 했지만 아직 <span> 태그에 둘러싸인 것을 확인할 수 있습니다. 여기에서 텍스트만 추출하는 방법은 간단합니다. 다음과 같이 .text를 붙여 명령어를 작성하면 quote[0]에서 text 속성값만 출력합니다.

```
>>> quote[0].text
'"The world as we have created it is a process of our thinking. It cannot be changed
without changing our thinking."'
```

자, 그렇다면 이제 반복을 이용해서 모든 원소에서 텍스트를 다음과 같이 추출할 수 있겠네요.

```
>>> for i in quote:
        i.text
# quote 리스트에서 텍스트만 추출합니다

'"The world as we have created it is a process of our thinking. It cannot be changed
without changing our thinking."'
'"It is our choices, Harry, that show what we truly are, far more than our abilities."'
'"There are only two ways to live your life. One is as though nothing is a miracle.
The other is as though everything is a miracle."'
'"The person, be it gentleman or lady, who has not pleasure in a good novel, must be
intolerably stupid."'
""Imperfection is beauty, madness is genius and it's better to be absolutely ridiculous
than absolutely boring.""
'"Try not to become a man of success. Rather become a man of value."'
'"It is better to be hated for what you are than to be loved for what you are not."'
""I have not failed. I've just found 10,000 ways that won't work.""
""A woman is like a tea bag; you never know how strong it is until it's in hot water.""
'"A day without sunshine is like, you know, night."'
```

텍스트를 추출하는 데 성공했습니다. 앞에서 정규표현식을 배웠으니 텍스트를 정규표현식으로 추가로 가공해 보는 것도 좋을 것 같습니다.

여기까지 작업을 했다면 창을 잠시 내리고 인터넷 브라우저를 열어 보세요. 이때 IDLE 창을 완전히 끄면 안 됩니다. 명령을 계속 이어가야 하므로 IDLE 창은 최소화합니다.

Do it! 실습 ▶ 웹 브라우저에서 특정 태그 찾아 명언 출력하기

웹 브라우저를 엽니다. 크롬, 인터넷 익스플로러, 혹은 사파리 모두 좋습니다. 여기서 할 일은 HTML 어디쯤 원하는 정보가 모여 있는지 찾는 것입니다. 앞서 잠시 다뤘던 HTML이 어떻게 적용되었는지 브라우저를 열어 보면 간단히 확인할 수 있습니다.

지금 크롤링을 처음 접한다고 하더라도 우리가 원하는 정보는 '제목', '본문' 정도로 매우 간단하므로 몇 가지 태그만 알면 쉽게 크롤링할 수 있습니다. 원하는 것은 이 페이지에 있는 명언입니다. 아주 간단하죠.

1 정보의 위치 확인하기

앞에서 명언의 텍스트를 얻어 내는 데 성공했지만, 사실 이 방법은 매우 거친 방법입니다. 대부분의 사이트는 이렇게 몇 개의 상자만으로 이뤄져 있지 않습니다. 수많은 상자와 범주 화면으로 분할하고, 또 분할해서 정보를 나눠 놓습니다. 그래서 특정한 위치의 정보를 찾아내는 방법을 알아야 합니다.

HTML로 이뤄진 문서를 해석해서 그 문서의 내용을 사람이 보기 좋게 보여 주는 것이 바로 브라우저의 역할입니다. 그런데 원하는 정보가 어떤 명령어로 이뤄졌는지 살펴볼 필요가 있을까요? 네, 있습니다. 그 이유는 많은 정보가 같은 논리로 저장되어 있기 때문입니다.

이런 상황을 한번 가정해 보겠습니다. 예를 들어 명언이 100개 있다고 했을 때 이 모든 명언을 한 페이지에 다 넣는 것은 효율적일지 모르지만, 보는 사람 입장에선 조금 불편할 것입니다. 그래서 보통 10개씩 나눠 10개의 페이지에 배치합니다. 그런데 이때 매번 다른 HTML 파일을 만들어서 페이지에 명언을 배치할까요? 그럴 리는 없겠죠. 10개의 명언이 들어 있는 페이지 10개를 만든다면 10개의 페이지는 똑같은 논리 구조로 되어 있을 확률이 높습니다. 거의 100%죠. 다른 말로 하면, 하나의 페이지에서 정보가 어디에 어떻게 배치되어 있는지 정확하게 파악할 수 있으면 한 번에 100개의 정보를 가져올 수 있다는 의미입니다.

2 콘솔 창에서 HTML 구조 파악하기

브라우저를 열어서 Quotes to Scrape 웹 사이트(quotes.toscrape.com)에 들어간 다음, 'It is our choices'로 시작하는 명언 제목의 위치를 찾아보겠습니다. 웹 사이트에 접속한 다음 F12를 누르면 개발자 도구 창 또는 콘솔 창이 나타납니다. 이 창에서 해당 웹 사이트의 HTML 구조를 바로 살펴볼 수 있습니다. 좀 전에 파이썬으로 추출한 HTML에 있던 내용이 동일하게 표현되었음을 확인할 수 있습니다.

▶ 맥에서는 Option+Command+I를 누르면 개발자 도구 창이 열립니다.

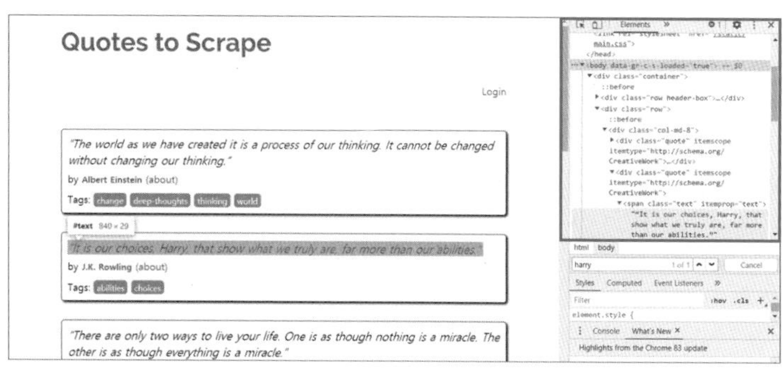

그림 6-10 | 개발자 도구 창을 엽니다

여기에서 해야 할 일은 자신이 원하는 명언이 어디에 있는지 찾아내는 것입니다. 두 번째 명언으로《해리포터와 비밀의 방》에 나오는 덤블도어 교장 선생님의 유명한 말이 나오네요. 필자가 좋아하는 이 문구를 한번 HTML에서 찾아보겠습니다.

> "It is our choices, Harry, that show what we truly are, far more than our abilities."
> 해리, 우리가 진짜 누구인지를 보여 주는 건 우리의 능력이 아니라 우리가 한 선택이야.
>
> -《해리포터와 비밀의 방》(J.K. 롤링, 1998) 중에서

3 명언 일부를 입력해 위치 찾기

자, 이제 Harry라는 단어를 이용해 콘솔 창에서 명언이 어떻게 입력되어 있는지 확인해 보겠습니다. 콘솔 창에서 Ctrl+F를 눌러 검색 창을 열고 'harry'를 검색하세요. 노란색으로 텍스트의 위치가 표시된 것을 볼 수 있습니다. 태그에 둘러싸여 있네요.

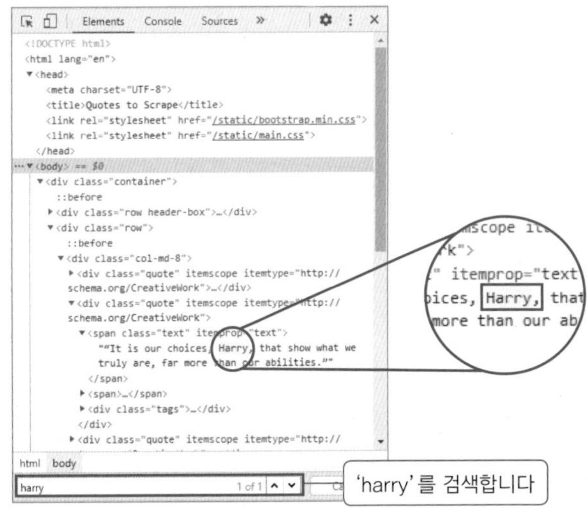

그림 6-11 | 명언 문장에서 'harry'를 검색합니다(소문자로 검색해도 괜찮습니다)

조금 더 자세히 살펴보면 이 문장을 감싼 <span> 태그는 <div> 태그가 감싸고 있는 것을 확인할 수 있습니다. <div> 태그는 화면을 분할하는 태그로, 크롤링을 할 때 매우 자주 활용됩니다. 아주 간단하게 설명하자면 <div> 태그로 화면을 분할한 곳에 명언이 들어가 있습니다. 이 <div> 태그의 class 속성값은 quote로 정의된 것까지 확인할 수 있습니다.

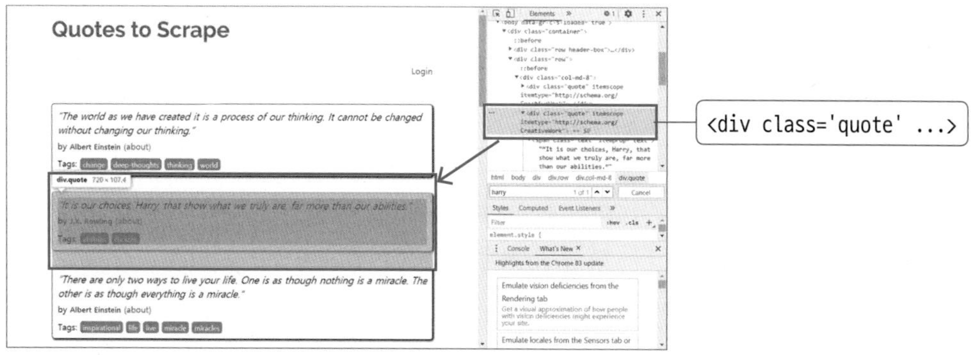

그림 6-12 | 명언이 들어 있는 <div> 태그를 살펴봅니다

방금 본 Quotes to Scrape의 사례와 마찬가지로 여러분이 찾는 정보는 `<div>` 태그로 분할된 화면 안에 들었을 가능성이 큽니다. 예를 들어 이 페이지에서는 `class` 속성값이 `quote`인 `<div>` 태그 안에 원하는 정보가 있습니다. 즉, 명언이 들어 있는 `<div>` 태그의 속성값을 알면 명언을 찾아 활용할 수 있습니다.

4 <div> 태그 안에 정의된 특정 클래스를 찾아가는 방법

앞에서 만든 `soup` 객체를 다시 사용하겠습니다. 여기서 할 일은 아주 간단합니다. `class` 속성값이 `quote`인 `<div>` 태그에 들어 있는 텍스트만 불러오라고 다음과 같이 명령하면 됩니다.

```
>>> soup.find_all('div', {"class" : "quote"})
```

명령어 구조는 비슷합니다. `<div>` 태그를 찾아낸 다음에 `class`가 `quote`인 것만 리스트로 정의합니다.

이 명령어를 사용해 `class` 속성값이 `quote`인 첫 번째 `<div>` 태그에 들어 있는 요소를 가져와 살펴보면 `<span>` 태그보다 훨씬 많은 내용이 들어 있습니다. 그도 그럴 것이 우리가 찾은 첫 번째 `<span>` 태그 안에는 텍스트밖에 없었지만, `<div>` 태그 안에는 명언이 들어간 텍스트 말고도 다른 태그가 많이 들어가 있기 때문입니다.

```
>>> soup.find_all('div', {"class":"quote"})[0]
<div class="quote" itemscope="" itemtype="http://schema.org/CreativeWork">
<span class="text" itemprop="text">"The world as we have created it is a process of our
thinking. It cannot be changed without changing our thinking."</span>
<span>by <small class="author" itemprop="author">Albert Einstein</small>
<a href="/author/Albert-Einstein">(about)</a>
</span>
<div class="tags">
            Tags:
                <meta class="keywords" content="change,deep-thoughts,thinking,world"
itemprop="keywords"/>
<a class="tag" href="/tag/change/page/1/">change</a>
<a class="tag" href="/tag/deep-thoughts/page/1/">deep-thoughts</a>
<a class="tag" href="/tag/thinking/page/1/">thinking</a>
<a class="tag" href="/tag/world/page/1/">world</a>
</div>
</div>
```

자, 이제 class="quote"인 <div> 태그 안에서 텍스트 내용만 추출할 차례입니다. <span> 태그에서 했던 것과 마찬가지로 .text를 함께 입력하면 해당 태그로 둘러싸인 부분 중에서 텍스트만 추출하게 됩니다. 텍스트를 추출하고 싶을 때 이 방법이 상당히 잘 적용되기 때문에 크롤링 할 때 그냥 한 번씩 .text를 입력해 보는 것이 좋습니다. 첫 번째 요소의 텍스트를 출력해 보겠습니다.

```
>>> soup.find_all('div', {"class" : "quote"})[0].text
'\n"The world as we have created it is a process of our thinking. It cannot be changed
without changing our thinking."\nby Albert Einstein\n(about)\n\n\n            Tags:\n
\nchange\ndeep-thoughts\nthinking\nworld\n\n'
```

그런데 이 자료를 그대로 쓰기엔 불필요한 내용이 많아 보입니다. 사실 텍스트 내용만 있으면 되는데 말이죠. 알고 있듯이, 문자열 안의 \n은 print() 함수로 출력할 때 '줄바꿈' 역할을 수행합니다. 따라서 print() 함수를 사용하면 훨씬 더 정제된 결과물을 얻을 수 있습니다.

```
>>> print(soup.find_all('div',{"class":"quote"})[0].text)
"The world as we have created it is a process of our thinking. It cannot be changed
without changing our thinking."
by Albert Einstein
(about)


            Tags:

change
deep-thoughts
thinking
world
```

자, 그러면 반복문을 이용해 해당 페이지의 명언을 모두 추출하겠습니다.

```
>>> for i in soup.find_all('div',{"class":"quote"}):
        print(i.text)

"The world as we have created it is a process of our thinking. It cannot be changed
without changing our thinking."
by Albert Einstein
(about)

(... 생략 ...)

"A day without sunshine is like, you know, night."
by Steve Martin
(about)


            Tags:

humor
obvious
simile
```

정상적으로 추출하는 데 성공했네요. 아주 쉬운 예이지만, `<span>` 태그와 `<div>` 태그, `find_all`, `.text` 등 많은 내용을 학습했습니다. 하나하나 떠올려 보면 큰 도움이 되겠네요!

06-3 포털 사이트에서 기사 크롤링 하기

이 절에서 다룰 내용은 포털 사이트에 올라온 기사 가운데 중요한 몇 개 기사만 텍스트 파일로 저장하기입니다. 이 내용은 앞에서 다뤘던 내용과 상당히 중복되지만, 복잡한 사이트를 대상으로 조금 더 깊이 들어가 보겠습니다. 이렇게 중복된 내용을 다루는 이유는 크롤링을 할 때 웹 사이트마다 주의 깊게 봐야 할 부분이 다르기 때문입니다. 마법의 크롤링 공식만 알고 있다고 해서 크롤링을 할 수 있는 것이 아니라 경험이 필요합니다.

식상한 비유일 수 있지만, 프로그래밍은 운동과 비슷합니다. 외국어 배우기도 비슷하지요. 팔 굽혀 펴기 운동은 누구나 할 수 있지만, 운동을 잘하는 사람이 팔 굽혀 펴기를 하는 것을 보면 뭔가 자세가 더 안정되고 운동 효과도 더 많이 잘 된다는 느낌이 듭니다. 지금까지 다룬 크롤링이 단순하게 느껴지겠지만, 이것만으로도 할 수 있는 일은 무궁무진합니다. 반복은 10번이 아니라 999번도 할 수 있거든요. 이 책에 나와 있는 기본적인 기법을 정확하게 이해하면 자신이 스크랩할 정보에 훨씬 빠르고 정확하게 접근할 수 있을 것입니다.

이런 상황이라면?

난이도 ★★★☆☆ | 완성 소스 06\article.py

포털 사이트 머리기사 정보 모으기

요즘 뉴스를 인터넷으로 읽는 분들이 많으시죠? 그런데 가끔은 중요한 뉴스를 한곳에 모아서 보고 싶은 생각이 든 적이 있으세요? 오늘은 그런 분들을 위한 코드를 작성해 보겠습니다. 뉴스를 추출할 웹 사이트는 '다음(Daum)' 입니다('https://news.daum.net/').

명언을 추출하는 것과 비슷한 작업이지만, 다음 포털 사이트를 이용하고 여러 사이트를 동시에 접속해 각 사이트에서 해당 본문을 추출한다는 점에서 명언 사례보다 조금 더 복잡합니다. 이 책에서 웹 크롤링의 모든 내용을 다루지 않지만, 한 단계씩 차근차근히 따라 한다면 기초가 탄탄하게 잡힐 것입니다.

뉴스를 추출할 다음뉴스에 접속해 자세히 살펴보면 여러 영역에 뉴스가 있는 것을 확인할 수 있습니다. 여기서 다음 그림에 표시되어 있는 영역의 머리기사를 불러오는 연습을 해보겠습니다.

그림 6-13 | 머리기사를 크롤링으로 가져와 보겠습니다

Do it! 실습 ▶ 웹 크롤링 기본 환경 준비하기

1 가장 먼저 할 일은 os, re, requests, BeautifulSoup 등 지금까지 사용했던 기본 모듈을 모두 임포트 하는 것입니다. 사실 지금까지의 과정을 쭉 따라왔다면 이미 이 명령어들이 IDLE에 임포트되어 있겠지만, 이 부분의 내용이 필요해서 책을 열었을 때 이들 모듈이 임포트되어 있지 않으면 앞으로 나올 명령어도 작동하지 않으므로 다시 설명합니다.

```
>>> import os, re, requests
>>> from bs4 import BeautifulSoup
```

모든 모듈을 불러왔으면 크롤링을 통해 기사 제목과 내용을 불러왔을 때 저장할 폴더의 경로를 지정합니다. 그리고 news라는 객체를 만들어 다음뉴스 사이트의 주소(https://news.daum.net/)를 입력하면 모든 준비가 끝납니다.

```
>>> os.chdir(r'C:\Users\user\do-it-python\06')
# 자기가 파일을 저장할 경로를 지정해야 합니다. 앞에 r을 붙이는 것을 기억하세요
>>> news = 'https://news.daum.net/'
# news라는 객체에 주소를 문자열 형태로 입력하세요
```

2 이제 마법의 명령어를 외워 볼 차례입니다. 앞에서 배웠던 마법의 명령어를 그대로 사용하면 됩니다. 여기에서도 결괏값을 저장할 객체 이름은 soup로 하겠습니다. URL이 들어갈 자리에 URL 주소 문자열을 저장한 news 객체를 입력하면 됩니다.

```
>>> soup = BeautifulSoup(requests.get(news).text, 'lxml')
```

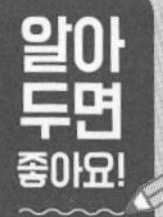

객체 이름은 자유롭게 정하세요

url, soup 등 객체의 이름은 무엇으로 해도 상관없습니다. 여기서는 이해를 돕기 위해 URL 정보를 저장할 때는 url, 뷰티풀수프(BeautifulSoup) 객체를 저장할 때는 soup로 이름을 지정했을 뿐입니다. url이나 soup는 특별히 다른 기능을 수행하는 것은 아니니 이름을 바꿔도 상관없습니다.

soup를 IDLE에서 바로 명령하면 오른쪽과 같은 경고 메시지가 뜹니다. soup 안에 너무 많은 내용이 있어서 그냥 출력하면 IDLE이 느려지거나 반응이 멈출 수 있음을 경고합니다.

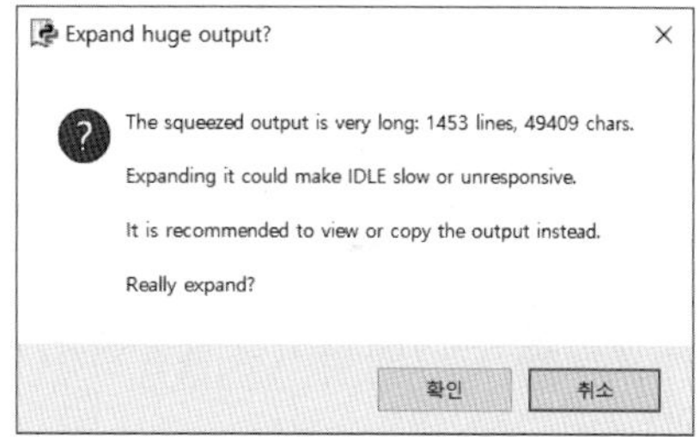

그림 6-14 | 너무 많은 내용이 있어 경고 메시지가 나타납니다

경고를 무시하고 [확인]을 누르면 다음과 같이 HTML 내용이 출력됩니다.

```
>>> soup
<!DOCTYPE html>

<html class="os_unknown none unknown version_0 " lang="ko">
<head>
<meta charset="utf-8"/>
<meta content="always" name="referrer">
<meta content="Daum 뉴스" property="og:author"/>
<meta content="다음뉴스" property="og:site_name"/>
```

```
<meta content="홈" property="og:title"/>
<meta content="https://t1.daumcdn.net/media/img-media/mobile/meta/news.png"
property="og:image"/>
<meta content="다음뉴스" property="og:description"/>
<link  href="https://m2.daumcdn.net/img-media/2010ci/Daum_favicon.ico"  rel="shortcut
icon"/>
<title>홈 | 다음뉴스</title>
<meta content="IE=edge" http-equiv="X-UA-Compatible"/>
<link        href="//t1.daumcdn.net/media/kraken/news/2cf6b5e/common.CSS.merged.CSS"
rel="stylesheet" type="text/css">
(... 생략 ...)
# 웹 페이지의 내용이 가지런히 정돈되어 출력됨을 확인할 수 있습니다
```

Do it! 실습 ▶ 머리기사 제목 추출하기

soup 객체를 가지고 가장 먼저 할 일은 기사의 제목을 추출하는 것입니다. 이때 확실한 코드 하나를 만들고, 그다음에 반복문을 적용하세요. 항상 크롤링을 할 때는 하나라도 정확하게 작동하도록 만들고 그다음 반복되는 코드를 만드는 것을 추천합니다. 확실한 코드 한 줄을 작성하고 이 코드가 정확하게 작동함을 확인한 다음, 반복문을 적용하는 것이 좋습니다. 처음부터 욕심을 부려서 for 문까지 활용했다가는 코드를 완전히 재검토해야 할 수도 있습니다.

1 <div> 태그 속성값 확인하기

다음 그림에서 보면 첫 번째 기사 제목에서 '줄구속'이라는 단어가 조금 특이하기 때문에 이 단어로 검색하면 첫 번째 기사가 웹 페이지에서 어떻게 분할되어 있는지 알아낼 수 있을 것 같습니다. 콘솔 창을 열어 '줄구속'을 검색하겠습니다. 여러분이 실습할 때는 뉴스 기사 제목이 다를 테니 검색어를 직접 정해 입력해 주세요.

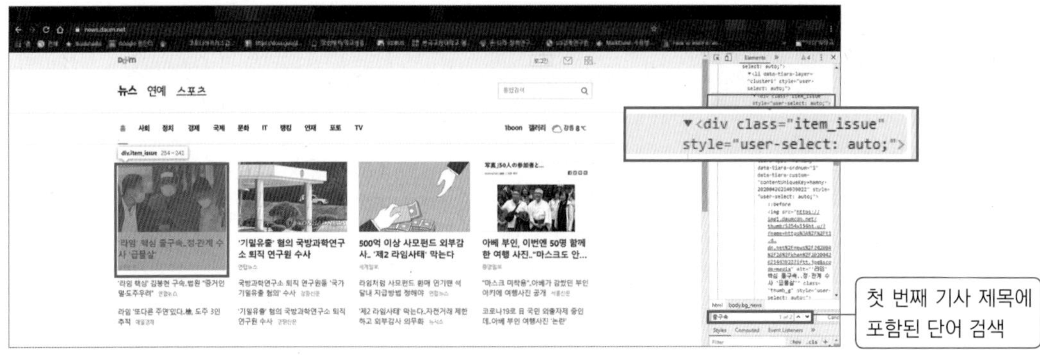

그림 6-15 | 첫 번째 기사가 들어 있는 <div>의 속성값이 무엇인지 확인합니다

첫 번째 기사가 들어 있는 HTML의 <div> 태그가 표시되는 것을 볼 수 있네요. <div> 태그의 class 속성값이 item_issue인 것까지 확인할 수 있습니다. 이제 기사 제목을 불러올 준비는 모두 다 되었습니다.

2 find_all로 <div> 내용 추출하기

이제 할 일은 find_all을 사용해서 class가 item_issue인 <div> 태그의 내용만 추출하라고 명령하면 됩니다. 즉, 명령은 다음과 같습니다.

```
>>> soup.find_all('div', {"class" : "item_issue"})
```

사실 조금 더 가공된 형태로 출력할 수 있겠지만, 명령어로 출력해 보면 다음과 같은 결과가 나옵니다.

```
>>> soup.find_all('div', {"class" : "item_issue"})
[<div class="item_issue">
<a  class="link_thumb"  data-tiara-custom="contentUniqueKey=hamny-20200426214939022"
data-tiara-id="20200426214939022"  data-tiara-layer="article_thumb"  data-tiara-ord-
num="1" data-tiara-type="harmony" href="https://news.v.daum.net/v/20200426214939022">
<img alt="'라임' 핵심 줄구속..정·관계 수사 '급물살'" class="thumb_g" src="https://img1.
daumcdn.net/thumb/S254x156ht.u/?fname=https%3A%2F%2Ft1.daumcdn.net%2Fnews%2F202004%2
F26%2Fkhan%2F20200426214939227iftt.jpg&amp;scode=media"/>
</a>
<div class="cont_thumb">
<strong class="tit_thumb">
<a class="link_txt" data-tiara-custom="contentUniqueKey=hamny-20200426214939022" da-
ta-tiara-id="20200426214939022" data-tiara-layer="article_main" data-tiara-ordnum="1"
data-tiara-type="harmony"   href="https://news.v.daum.net/v/20200426214939022">'라임'
핵심 줄구속..정·관계 수사 '급물살'</a>
</strong>
(... 생략 ...)
```

별다른 가공을 하지 않고 그냥 추출하면 불필요한 태그들이 딸려 들어옵니다. 필요한 정보는 텍스트뿐이니 태그들은 삭제하고 텍스트만 남겨야 합니다.

3 반복문으로 기사 제목 모두 추출하기

find_all은 결과물을 항상 리스트형으로 반환한다고 했지요? 이제 반복문을 사용해 앞에서 그대로 출력한 결괏값에서 각 원소의 텍스트만 추출하면 되겠네요. .text를 함께 입력해서 태그에서 텍스트만 추출하겠습니다.

```
>>> for i in soup.find_all('div', {"class":"item_issue"}):
        i.text   # IDLE 환경이 아니라면 print(i.text)라고 입력해야 결괏값이 나타납니다(이하 마찬가지)

'\n\'라임 핵심\'  김봉현 구속..법원 "증거인멸·도주우려"\n연합뉴스\n'
"\n라임 '또다른 주연'있다..檢, 도주 3인 추적\n매일경제\n"
"\n국방과학연구소 퇴직 연구원들 '국가 기밀유출 혐의'  수사\n경향신문\n"
"\n'기밀유출' 혐의 국방과학연구소 퇴직 연구원  수사\n경향신문\n"
```

기사 제목만 추출된 것을 확인할 수 있군요!

Do it! 실습 ▶ 하이퍼링크 주소 추출하기

지금까지 find_all로 <div>와 <a> 태그를 가져온 것을 확인했습니다. 여기서 중요한 태그가 바로 <a>입니다. HTML에서 <a> 태그는 하이퍼링크를 만들 때 사용합니다. 하이퍼링크는 웹 문서의 구조를 이해하는 데 매우 중요한 요소입니다.

예를 들어 포털 사이트에서 기사의 사진이나 제목을 클릭하면 웹 브라우저의 URL 주소가 바뀌면서 새로운 웹 문서가 열립니다. 즉, 포털 사이트의 메인 화면은 엄청나게 많은 '링크의 집합'입니다. 자세히 보면, 이 페이지에는 '뉴스', '연예', '스포츠', '홈', '사회', '정치' 등 수많은 하이퍼링크가 있음을 확인할 수 있습니다. 마우스로 클릭하면 해당 하이퍼링크가 지정하는 주소로 이동하게 설계되어 있지요.

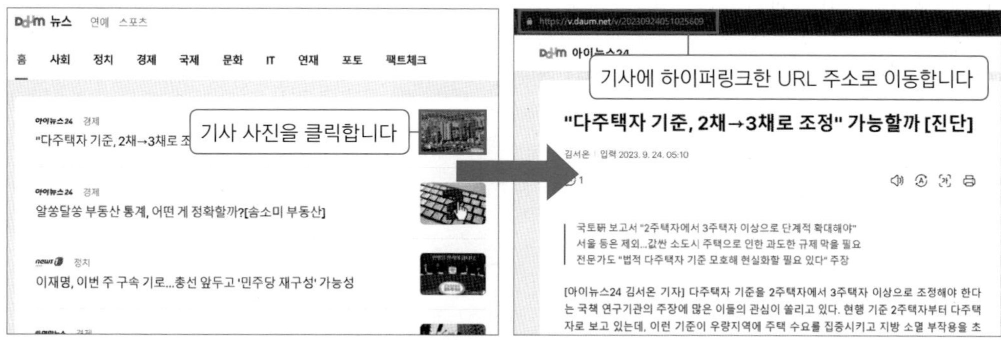

그림 6-16 | 기사를 클릭하면 하이퍼링크를 타고 해당 기사의 웹 문서로 이동합니다

1 <a> 태그 사용법 알아보기

HTML에서 하이퍼링크를 지정하는 방법도 간략하게 알아 둬야 합니다. <a> 태그를 사용해 텍스트나 그림에 하이퍼링크를 걸어주는데, 그 방법은 다음과 같습니다.

<a> 태그 사용법

```
<a href="링크할 URL 주소">하이퍼링크 텍스트</a>
```

예를 들어 하이퍼링크 텍스트로 '네이버 바로가기'라고 입력하고 HTML을 짰다면, '네이버 바로가기' 클릭하면 하이퍼링크로 지정한 주소의 웹 문서(https://www.naver.com)로 연결됩니다.

```
<HTML>
 <body>
  <a href="https://www.naver.com"> 네이버 바로가기 </a>
 </body>
</HTML>
```

<a> 태그 사용법을 알아 둬야 하는 이유는 링크된 URL, 즉 <a> 태그로 묶인 내용 중에서도 href 속성값을 얻어 내는 방법을 알아내기 위해서입니다. 포털 사이트의 기사들 역시 텍스트나 그림을 클릭하면 하이퍼링크로 연결되도록 설계되어 있습니다. 그러므로 이 하이퍼링크를 찾아내서 그중에 href, 즉 연결할 URL 주소를 모아야 합니다. 이 작업은 정말 멋진 결과물을 가져오는데요, 새로운 URL 주소를 자동으로 연결하는 것을 가능하게 해줍니다. for 문을 사용하면 한꺼번에 이 페이지에 있는 모든 하이퍼링크된 주소로 가는 것도 가능합니다.

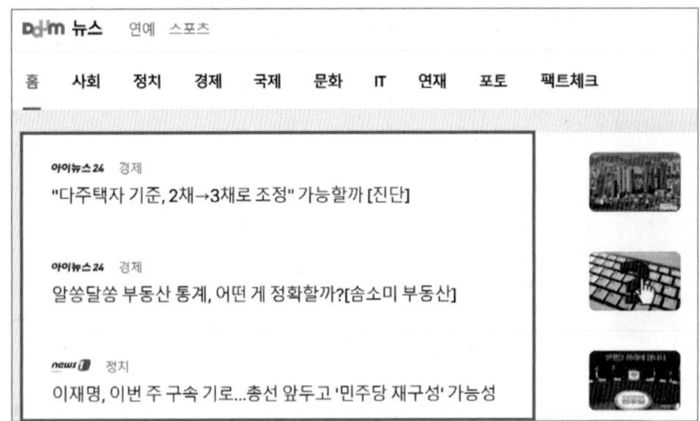

그림 6-17 | 웹 문서의 모든 href 속성값을 가져와 보겠습니다

2 <a> 태그만 추출하기

가장 먼저 해볼 실험은 다음뉴스 웹 사이트를 크롤링한 `soup` 객체에서 `<a>` 태그를 모두 찾으라고(`find_all`) 명령하는 것입니다. 이미 배운 대로 `find_all`을 사용하면 됩니다. 명령어의 형태는 다음과 같이 정의됩니다.

```
>>> import requests
>>> from bs4 import BeautifulSoup
>>> url = 'https://media.daum.net/'
>>> soup = BeautifulSoup(requests.get(url).text, 'lxml')
# 여기서부터 새롭게 실험을 시작하려면 위 코드를 입력해야 합니다
```

자, 그럼 IDLE 창에 바로 실습해 보겠습니다. 이 명령어를 그대로 실행하면 해당 페이지에 있는 하이퍼링크를 모조리 추출하므로 다섯 개만 추출해 보겠습니다. `find_all`이 리스트 형태로 결과물을 출력하니 리스트를 슬라이싱 하면 됩니다. 앞에서부터 다섯 번째까지만 출력하라고 명령해 보겠습니다.

```
>>> soup.find_all('a')[:5]

[<a href="#mainContent">본문 바로가기</a>, <a href="#gnbContent">메뉴 바로가기</a>,
<a class="link_daum" data-tiara-layer="gnb default logo" href="https://www.daum.net/">
<img alt="Daum" class="logo_daum" height="18" src="//t1.daumcdn.net/media/common/
newsview_2021/pc/rtn/logo_daum.pngpek160114_273" width="44"/>
</a>, <a data-tiara-layer="GNB service news" href="https://news.daum.net/" id="kakaoServiceLogo">
<span class="ir_wa">뉴스</span>
</a>, <a class="link_services" data-tiara-layer="enter" href="https://entertain.daum.
net">연예</a>]
```

출력된 <a> 태그 중 href=https://entertain.daum.net이고 '연예'라는 문자열이 들어 있는 <a> 태그가 있지요? 즉, 브라우저에서 [연예]를 누르면 https://entertain.daum.net로 이동하도록 하이퍼링크가 설계되어 있습니다.

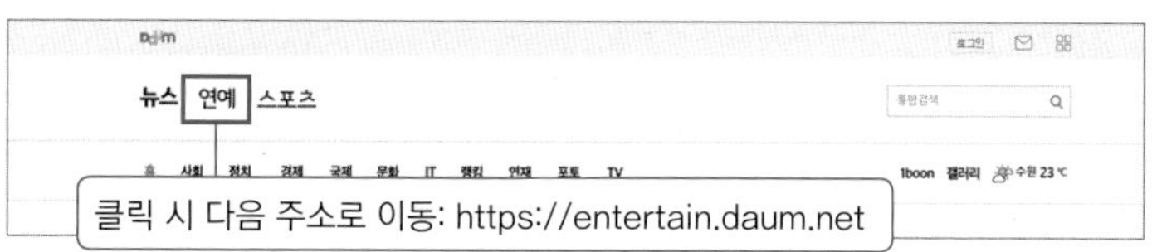

그림 6-18 | '연예'를 클릭하면 하이퍼링크된 웹 문서로 이동합니다

3 href 속성값 추출하기

이제 <a> 태그에서 하이퍼링크의 주솟값이 저장된 href 속성값을 가져오면 됩니다. 어떤 태그를 저장한 객체 a가 있을 때 그 안의 특정한 속성값을 찾아내려면 get을 사용합니다. get의 사용법은 다음과 같습니다.

get 메서드 사용법

```
a.get('속성')
```

이제 get으로 <a> 태그에서 href 속성값을 출력해 보겠습니다. 방법은 간단합니다. 앞에서 <div> 태그에서 텍스트만 추출할 때처럼 for 문을 사용하면 됩니다. 다음과 같이 명령하세요.

```
>>> for i in soup.find_all('a')[:5]:
        i.get('href')  # i에서 href 속성값만 가져옵니다

'#mainContent'
'#gnbContent'
'https://www.daum.net/'
'https://news.daum.net/'
'https://entertain.daum.net'  # '연예'에 링크한 URL을 출력합니다
```

<a> 태그에서 URL 주소만 출력됨을 확인할 수 있습니다. **'연예'**에 링크된 URL 주소도 확인할 수 있네요.

Do it! 실습 원하는 영역에서 하이퍼링크 모두 추출하기

이제 머리기사가 위치한 <div> 태그로 가서 href 속성값만 추출하는 코드를 작성하면 됩니다. href 속성값만 추출하는 이유는 추출된 주소로 자동으로 다시 접속하기 위해서라는 것도 기억해 두세요.

```
>>> soup = BeautifulSoup(requests.get(url).text, 'lxml')
# soup는 이처럼 정의했다고 가정합니다
```

앞에서 머리기사는 class 속성값이 'item_issue'인 <div> 태그에 있다는 걸 확인했습니다. 그 <div> 태그 안에서 <a> 태그를 추출하고, 추출한 내용에서 href 속성값을 추출하는 두 가지 과정을 거쳐야 합니다.

1 find_all로 <a> 태그 추출하기

먼저 지정한 <div> 태그 영역에서 <a> 태그를 추출하는 코드를 작성해 보겠습니다.

```
>>> for i in soup.find_all('div', {"class":"item_issue"}):
        print(i.find_all('a'))
        # <a> 태그만 찾으라는 명령어입니다
```

```
[<a class="wrap_thumb" data-tiara-custom="contentUniqueKey=hamny-20230924060021799&amp;clusterId=5590543,5878245,5150091,5139529&amp;clusterTitle=[언론사픽]         주요뉴스,카테고리별 뉴스 TEST-사회 승인 기사,사회,[랭크업] 유레이더 1 OR 2 추가점수&amp;keywordType=NONE,NONE,NONE,NONE"  data-tiara-id="20230924060021799"  data-tiara-layer="article_main" data-tiara-ordnum="1" data-tiara-type="harmony" href="https://v.daum.net/v/20230924060021799">
<img alt="" class="thumb_g" src="https://img1.daumcdn.net/thumb/S96x60ht.u/?fname=https%3A%2F%2Ft1.daumcdn.net%2Fnews%2F202309%2F24%2FNEWS1%2F20230924060021868ecpc.jpg&amp;scode=media"/>

</a>, <a class="link_txt" data-tiara-custom="contentUniqueKey=hamny-20230924060021799&amp;clusterId=5590543,5878245,5150091,5139529&amp;clusterTitle=[언론사픽] 주요뉴스,카테고리별 뉴스 TEST-사회 승인 기사,사회,[랭크업] 유레이더 1 OR 2 추가점수&amp;keywordType=NONE,NONE,NONE,NONE" data-tiara-id="20230924060021799" data-tiara-layer="article_main" data-tiara-ordnum="1" data-tiara-type="harmony" href="https://v.daum.net/v/20230924060021799">
                    "개강했는데 교수님이 안와요"…휴강 규정 느슨한 대학들
                </a>]
```

출력된 내용이 조금 복잡해 보이지만, 본질은 <a> 태그로 둘러싸인 내용의 집합일 뿐입니다.

2 get으로 href 속성값 구하기

우리가 원하는 것은 하이퍼링크된 URL 주소입니다. 이 주솟값은 <a> 태그의 href 속성에 저장되어 있다고 했지요? 이제 <a> 태그에서 href 속성값을 get으로 추출해 보겠습니다. 다음과 같이 입력하세요.

```
>>> for i in soup.find_all('div', {"class":"item_issue"}):
        i.find_all('a').get('href')
        # 뷰티풀수프로 만든 객체가 아니라면 get이 작동하지 않습니다
Traceback (most recent call last):
  File "<pyshell#6>", line 2, in <module>
    i.find_all('a').get('href')
  File "C:\Users\user\AppData\Local\Programs\Python\Python312\Lib\site-packages\bs4\element.py", line 2428, in __getattr__
    raise AttributeError(
AttributeError: ResultSet object has no attribute 'get'. You're probably treating a list of elements like a single element. Did you call find_all() when you meant to call find()?
```

그런데 바로 get을 사용하면 오류가 발생합니다. find_all의 결괏값이 리스트형이기 때문입니다. get은 특정 태그에서 속성값을 가져와야 하는데, find_all은 결괏값으로 여러 태그가 들어 있는 리스트를 출력하기 때문에 이 결괏값에 바로 get을 사용하면 제대로 작동하지 않습니다. 이는 find_all, text를 사용할 때도 마찬가지입니다.

```
find_all로 찾은 <a> 태그 모음 =
    [<a href="xxx">태그 1</a>, <a href="xxx">태그 2</a>, ..., <a href="xxx">태그 n</a>]
```

href 속성값을 모두 얻기 위해서는 <a> 태그를 모은 리스트의 원소마다 get을 사용해야 합니다. 이를 위해 먼저 첫 번째 원소만 가져와 get을 사용해 href 속성값을 출력해 보겠습니다.

```
>>> for i in soup.find_all('div', {"class":"item_issue"}):
        i.find('a')
        # 리스트 안에 들어 있는 원소를 찾으므로 find_all이 아니라 find 명령어를 사용합니다

<a class="link_txt" data-tiara-custom="contentUniqueKey=hamny-20230924060021799&amp;c
lusterId=5590543,5878245,5150091,5139529&amp;clusterTitle=[언론사픽] 주요뉴스,카테고리별 뉴
스 TEST-사회 승인 기사,사회,[랭크업] 유레이더 1 OR 2 추가점수&amp;keywordType=NONE,NONE,NON
E,NONE" data-tiara-id="20230924060021799" data-tiara-layer="article_main" data-tiara-
ordnum="1" data-tiara-type="harmony" href="https://v.daum.net/v/20230924060021799">
                                              "개강했는데 교수님이 안와요"…휴강 규정 느슨한 대학들
                                        </a>
```

리스트로 묶이지 않고 <a> 태그만 출력됨을 확인할 수 있습니다. 이제 get을 사용해서 href 속성값, 즉 하이퍼링크된 URL 주소를 얻는 일만 남았네요.

```
>>> for i in soup.find_all('div',{"class":"item_issue"}):
        i.find('a').get('href')
        # find로 찾은 원소마다 href 속성을 출력합니다

'https://v.daum.net/v/20230924060021799'
'https://v.daum.net/v/20230924060037826'
'https://v.daum.net/v/20230924060045833'
'https://v.daum.net/v/20230924060034823'
'https://v.daum.net/v/20230924060041829'
```

이렇게 총 네 개의 URL 주소를 추출했습니다. 이 주소는 머리기사의 이미지에 하이퍼링크되어 있습니다.

참고로 실습 환경에 따라 이 주소와 그림의 기사는 일치하지 않을 수 있습니다.

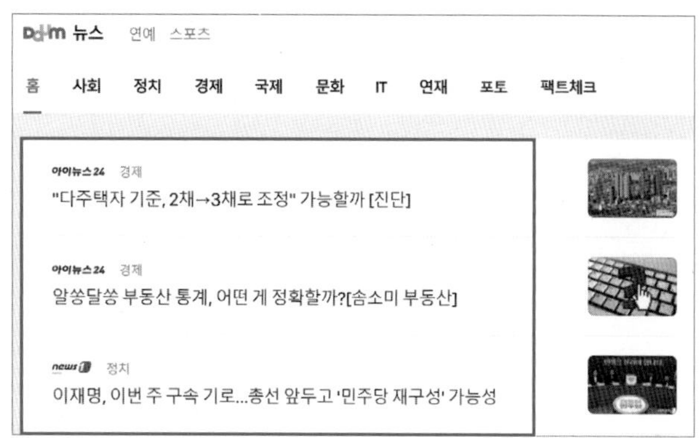

그림 6-19 | 머리기사의 하이퍼링크를 추출했습니다

여기에서 하이퍼링크를 추출하는 과정을 한번 정리하고 갈까요?

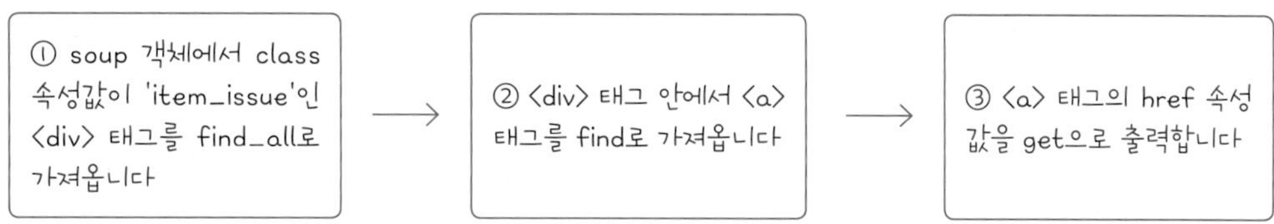

여기서 기억해야 할 것은 `find_all`과 `find`, `get`의 차이입니다. `find_all`은 모든 태그를 추출할 때, `find`는 태그 하나만 추출할 때, `get`은 태그 안에 있는 속성의 값을 추출할 때 사용합니다.

자, 지금까지 다음뉴스 포털 첫 화면의 메인 기사 URL 주소를 모으는 데 성공했습니다. URL 주소를 모은 건 그 주소로 들어가 해당 웹 문서의 정보도 가져오기 위함입니다. 이를 반복하는 구조를 코딩으로 만들고 확장한다면 수많은 링크를 따라 더욱더 많은 정보를 모을 수 있을 겁니다.

Do it! 실습 ▶ 기사 제목과 내용을 한꺼번에 추출하기

이번에는 머리기사 영역에서 첫 번째 기사의 제목과 내용을 가져오겠습니다. 크롤링 하고 싶은 다른 기사의 URL 주소로 연습해도 좋습니다.

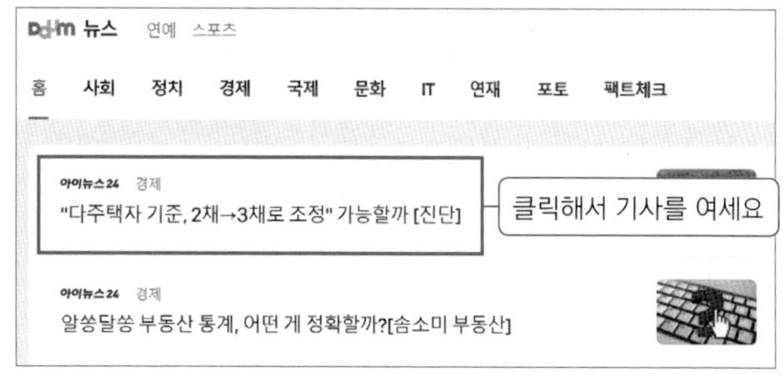

그림 6-20 | 머리기사 영역의 첫 번째 기사 제목과 내용을 한 번에 가져와 보겠습니다

1 웹 문서를 뷰티풀수프 객체에 저장하기

먼저 다음과 같이 기사 URL을 문자열 형태로 article1이라는 객체에 저장합니다. 이 실습에서 사용하는 기사의 URL 주소는 다음과 같습니다.

```
>>> article1 = 'https://v.daum.net/v/20230924051025609'
```

마법의 명령어로 soup2 객체를 만들어 보겠습니다. URL 주소가 들어갈 자리에는 앞에서 기사 URL 문자열을 저장한 article1 객체를 입력합니다.

```
>>> soup2 = BeautifulSoup(requests.get(article1).text, 'lxml')
```

2 기사 내용 가져오기

먼저 기사 내용만 가져오겠습니다. 기사 내용만 추출하는 가장 직관적이고 빠른 방법은 <p> 태그만 추출하는 것입니다. 물론 때에 따라서 이 방법이 작동하지 않는 경우도 많습니다. 그럴 때는 앞에서 설명한 대로 다시 웹 문서에 들어가서 어떤 위치에 기사 내용이 들어가 있는지 관찰한 뒤 추출하면 됩니다.

여기서 다루는 기사에서는 <p> 태그만 모으면 그 내용을 모을 수 있습니다. 그리고 <p> 태그에 .text를 사용하면 텍스트 요소만 출력할 수 있습니다. 다음과 같이 입력하세요.

```
>>> for i in soup2.find_all('p'):   # soup2라는 점에 주의하세요
        print(i.text)

이 글자 크기로 변경됩니다.
(예시) 가장 빠른 뉴스가 있고 다양한 정보, 쌍방향 소통이 숨쉬는 다음뉴스를 만나보세요. 다음뉴스는 국내외 주요이슈와 실시간 속보, 문화생활 및 다양한 분야의 뉴스를 입체적으로 전달하고 있습니다.
[아이뉴스24 김서온 기자] 다주택자 기준을 2주택자에서 3주택자 이상으로 조정해야 한다는 국책 연구기관의 주장에 많은 이들의 관심이 쏠리고 있다. 현행 기준 2주택자부터 다주택자로 보고 있는데, 이런 기준이 우량지역에 주택 수요를 집중시키고 지방 소멸 부작용을 초래한다는 분석에 따른 제언이다.
(... 생략 ...)
```

특정 페이지에서 기사 내용을 쉽게 출력할 수 있네요.

3 기사 제목 가져오기

이제 첫 번째 기사의 제목을 가져오겠습니다. 뉴스 포털의 머리기사 영역은 class 속성값이 'item_issue'인 <div> 태그에 들어 있었지요? 포털의 웹 문서 자료를 저장한 soup 객체에 find_all을 사용해 <div> 태그만 추출하겠습니다. 이번에는 코드를 편하게 작성하기 위해 이 결괏값을 headline이라는 객체에 저장하겠습니다.

이 실험은 다음뉴스의 크롤링 객체가 soup이라고 가정합니다. 여기서부터 실습한다면 312쪽을 참고하세요.

```
>>> headline = soup.find_all('div', {"class" : "item_issue"})
```

find_all을 사용했으므로 headline 객체에는 머리기사 영역에 위치한 <div> 태그가 리스트로 저장됩니다. 이 중 첫 번째 <div> 태그, 즉 첫 번째 기사의 제목만 추출하고 싶습니다. 슬라이싱 기능과 .text를 사용해 첫 번째 <div> 태그에서 텍스트만 출력하겠습니다.

```
>>> print(headline[0].text)

경제
 [주간증시전망] 곧 있을 '6일 연휴'에 물가 발표하는데… 팔고 가야 할까?
```

▶ 실습 환경에 따라 출력값이 다를 수 있습니다.

첫 번째 기사 제목과 언론사 이름까지 출력되네요.

Do it! 실습 ▶ 하이퍼링크된 모든 기사의 제목과 본문 추출하기

앞에서 머리기사 중 하나인 하이퍼링크를 활용해 제목과 내용을 가져왔습니다. 그렇다면 여러 링크를 사용해 모든 머리기사의 제목과 내용을 가져올 수도 있지 않을까요?

기사 제목은 하나만 가져올 때 사용했던 headline 객체에서 모든 원소의 텍스트를 출력하면 됩니다. for 문을 사용해 출력해 보겠습니다.

```
>>> for i in headline:
        print(i.text.replace('\n', ''))  # 문자열의 replace() 함수를 이용하면
                                           줄바꿈 없이 보기 좋게 출력할 수 있습니다.
경제              [주간증시전망] 곧 있을 '6일 연휴'에 물가 발표하는데… 팔고 가야 할까?
경제              '근로소득세만 늘었다' 주장 사실일까… "단순비교 어려워. 세율 ...
경제              [르포] 대기업과 경쟁하는 中企 '강릉초당두부'… 동해물이 맛 비결
사회              '1000원 소주' 나온다는데…식당도 마트도 "올려야 남아"
```

머리기사로 뜬 기사 네 개의 분야와 제목이 차례대로 출력됩니다. 간단하네요. 이제 제목을 출력할 때마다 그 기사의 내용을 함께 출력하면 되겠네요. 각 기사의 내용을 가져오려면 먼저 하이퍼링크된 URL을 추출한 다음에 그 웹 문서로 이동해 <p> 태그에 들어 있는 텍스트를 전부 출력하면 됩니다. 앞에서 하나씩 했던 실습을 하나의 명령으로 합치면 됩니다.

명령어는 다음과 같습니다. for 문으로 기사 제목을 출력할 때마다 새로운 뷰티풀수프 객체인 soup3을 생성합니다. 이때 <a> 태그에서 href 속성값을 추출해 URL로 입력하면 soup3 객체에는 그 URL 주소에 해당하는 웹 사이트의 자료가 저장됩니다. 그리고 <p> 태그만 출력하면 해당 기사의 내용을 제목과 함께 출력할 수 있습니다.

▶ 실습 환경에 따라 다른 기사를 가져올 수 있습니다. 다른 기사가 나타나도 성공한 것이니 안심하세요.

```
>>> for i in headline:
    # headline 객체에서 <div> 태그를 하나씩 가져옵니다

        print(i.text.replace('\n',''))
        # 기사 제목을 출력합니다
                                                   해당 기사의 URL 주소

        soup3 = BeautifulSoup(requests.get(i.find('a').get('href')).text, 'lxml')
        # 해당 기사가 올라와 있는 웹 사이트를 열어 soup3 객체에 저장합니다
        for j in soup3.find_all('p'):
            print(j.text.replace('\n', ''))
            # <p> 태그에서 텍스트를 추출하고 줄바꿈을 없애 보기 좋게 출력합니다

[주간증시전망] 곧 있을 '6일 연휴'에 물가 발표하는데… 팔고 가야 할까?
이 글자크기로 변경됩니다.
(예시) 가장 빠른 뉴스가 있고 다양한 정보, 쌍방향 소통이 숨쉬는 다음뉴스를 만나보세요. 다음뉴스는 국
내외 주요이슈와 실시간 속보, 문화생활 및 다양한 분야의 뉴스를 입체적으로 전달하고 있습니다.
```

06-4 웹 크롤링 프로그램 실행 파일 만들기

자, 이제 기사의 제목과 내용을 추출하는 방법이 감이 오나요? Quotes to Scrape에서 시작한 이 기법은 '자료를 쉽게 모으는 방법'입니다. 지금까지는 단순히 결과물을 화면에 출력하는 데 그쳤지만, 조금 더 응용하면 기사를 이미 배운 대로 CSV 파일로 저장할 수도 있습니다. 또한 .txt 형식으로 저장해서 매일 머리기사를 모아 놓을 수도 있겠죠. 파일을 만들어 놓고 매일 한 번만 실행한다면 머리기사만 추출해서 모을 수 있겠네요. 부동산에 관심이 있다면 부동산 섹션의 기사만 매일 모아서 보는 것도 가능하고, 연예계에 관심이 있다면 연예계의 기사를 매일 모아서 보는 것도 가능합니다.

Do it! 실습 ▶ URL 주소 저장하기

자, 출력한 기사의 URL 주소를 텍스트 파일로 저장하는 연습부터 한번 해 보겠습니다. 먼저 파일을 저장할 경로로 이동한 다음, links.txt라는 텍스트 파일을 하나 열겠습니다. 그리고 `href` 속성값을 모두 추출하는 코드를 조금 수정해서 작성합니다. 마지막에 줄 바꿈 문자인 `'\n'`을 추가하고 `f.write()`로 URL 주소를 한 줄씩 씁니다. 정상적으로 명령어가 진행되었다면 다음과 같은 메시지가 뜹니다.

▶ os 모듈 등 필수 모듈은 미리 임포트 해 주세요.

```
>>> os.chdir(r'C:\Users\user\do-it-python\06')
>>> f = open('links.txt', 'w')  # 'links.txt"라는 제목의 쓰기 전용 파일을 열어 줍니다
>>> for i in soup.find_all('div', {"class":"item_issue"}):
        f.write(i.find_all('a')[0].get('href')+'\n' )

44                              # 여기서 숫자는 44개의 정보를 추가했다는 것을 의미합니다
44
44
44
>>> f.close()                   # 이 프로세스를 거친 다음에는 꼭 close로 파일을 닫습니다
```

저장된 경로로 가서 links.txt가 제대로 생성되었는지 확인합니다.

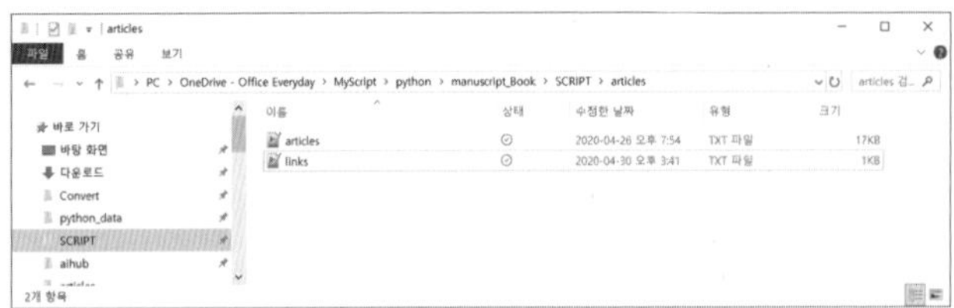

그림 6-21 | 지정한 파일 경로로 들어가면 links.txt가 정상적으로 생성되었음을 확인할 수 있습니다

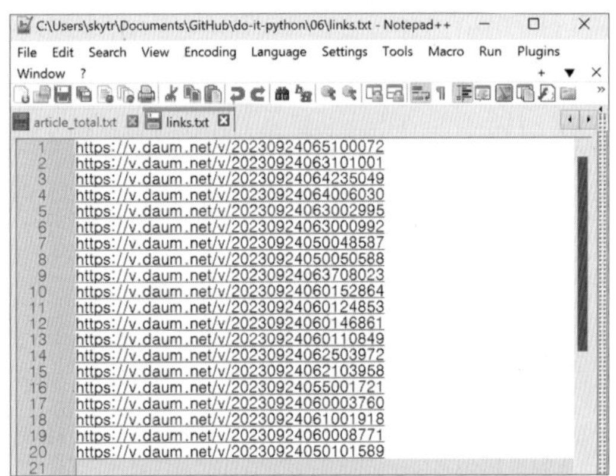

그림 6-22 | 정상적으로 링크들이 저장된 것을 확인할 수 있네요

이 책의 앞부분에서 입출력이 중요하다고 강조했던 것을 기억하나요? 입출력이 중요한 이유는 가공해서 만든 데이터를 파일로 쉽게 저장하고, 또 저장된 파일의 정보를 확인하는 것이 익숙해야 좀 더 파이썬과 친해질 수 있기 때문입니다. 그냥 화면에서 저장된 하이퍼링크의 결과물이 나오는 것을 보는 것도 좋지만, 텍스트 파일로 저장해 두면 활용하기가 더 편리하겠죠?

Do it! 실습 기사 본문을 파일로 저장하기

이번에는 기사의 본문을 파일로 저장하는 연습을 해보겠습니다. 사실 기사의 본문 하나를 파일로 저장하는 가장 쉬운 방법은 기사를 마우스로 드래그하는 것입니다. 하지만 이 과정을 살짝 어려워 보이는 파이썬으로 굳이 해야 하는 이유는 이런 방법으로 본문 스크랩을 1번 할 수 있으면 100번이 아니라 100만 번도 할 수 있기 때문입니다. 파이썬의 반복 기능을 적재적소에 활용할 수만 있다면 필요한 자료를 효율적으로 크롤링 할 수 있겠죠?

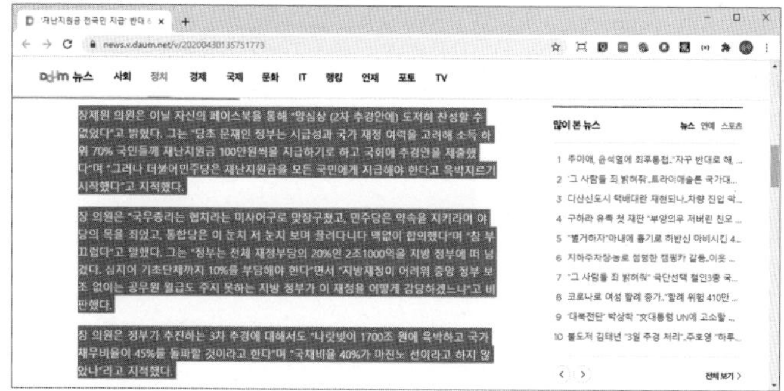

그림 6-23 | 수많은 기사의 본문을 모두 직접 드래그하는 건 수고스러운 일입니다

일단 기사 하나만 가져와 텍스트 파일로 저장해 보겠습니다. 먼저 기사의 URL을 객체에 저장합니다. 그리고 '마법의 명령어'로 웹 사이트 자료를 가져와 soup 객체에 저장하고, 파일을 쓰기('w') 타입으로 불러와서 <p> 태그로 모은 텍스트 내용을 저장합니다.

```
>>> article1 = 'https://news.v.daum.net/v/20200430135751773'
# 원하는 기사의 URL을 추출한 후, article1 객체로 저장합니다
>>> soup = BeautifulSoup(requests.get(article1).text, 'lxml')
# 불러올 파일을 soup객체로 저장합니다
>>> f = open('article_1.txt', 'w', encoding='utf8')
# 파일을 저장합니다
>>> for i in soup.find_all('p'):
        f.write(i.text)

85              # <p> 태그만 모으면 기사의 내용만 간단하게 추출할 수 있습니다
100             # 숫자는 파일에 쓴 각 줄의 텍스트 길이입니다.
21
0
203
249
109
177
183
112
26
>>> f.close()       # 파일에 저장했다면 꼭 f 객체를 닫습니다
```

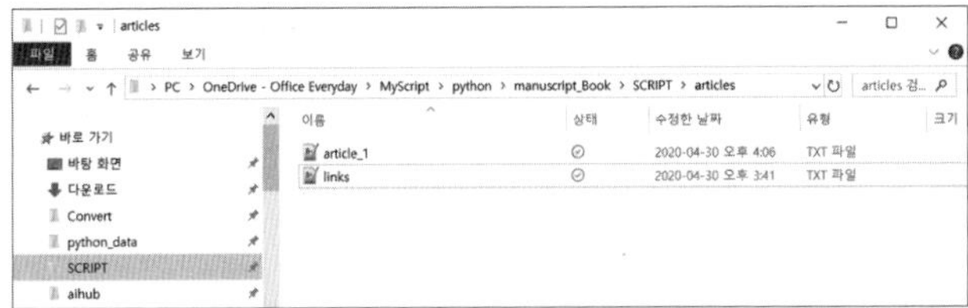

그림 6-24 | article_1.txt가 정상적으로 생성되었음을 확인할 수 있습니다

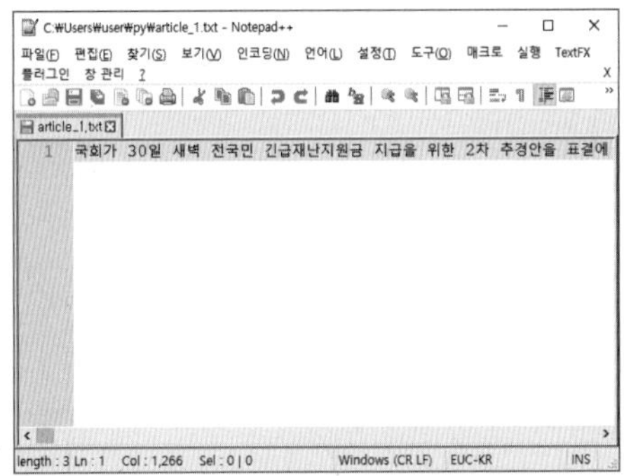

그림 6-25 | article_1.txt를 열어 보면 기사 내용이 정상적으로 들어왔음을 확인할 수 있습니다

Do it! 실습 기사 제목, 본문, 하이퍼링크를 파일로 저장하기

지금까지 배운 기술이 좀 더 쓸모 있으려면 기사 제목, 기사 내용, 하이퍼링크를 전부 모아서 파일로 저장하는 것이 좋을 텐데요. 지금까지 같이 배우고 연습한 내용을 활용한다면 그렇게 어렵지 않게 해낼 수 있습니다.

메인 화면의 기사를 제목, 링크, 내용 순으로 저장해 보겠습니다. 지금까지 배운 명령어를 조금씩 조합하면 가능합니다. 임포트와 저장 경로를 지정하는 것은 생략하고 그다음부터 코드를 작성했습니다.

```
>>> url = 'https://news.daum.net/'
>>> soup = BeautifulSoup(requests.get(url).text, 'lxml')
>>> f = open('article_total.txt', 'w', encoding='utf8')
>>> for i in soup.find_all('div', {"class":"item_issue"}):
        try:
            # 예외 처리를 사용하겠습니다
            f.write(i.text + '\n')
            # 제목을 추출해 파일에 씁니다
```

```
            f.write(i.find_all('a')[0].get('href') + '\n')
            # URL 주소를 추출해 파일에 씁니다
            soup2 = BeautifulSoup(requests.get(i.find('a').get('href')).text, 'lxml')
            # URL 주소에 해당하는 웹 문서를 열어 새 뷰티풀수프 객체로 저장합니다
            for j in soup2.find_all('p'):
                f.write(j.text)
            # <p> 태그에서 본문만 추출합니다
            except:
                pass
            # 예외 처리할 때 except 문을 빠뜨리지 마세요

>>> f.close()        # 파일을 닫습니다
```

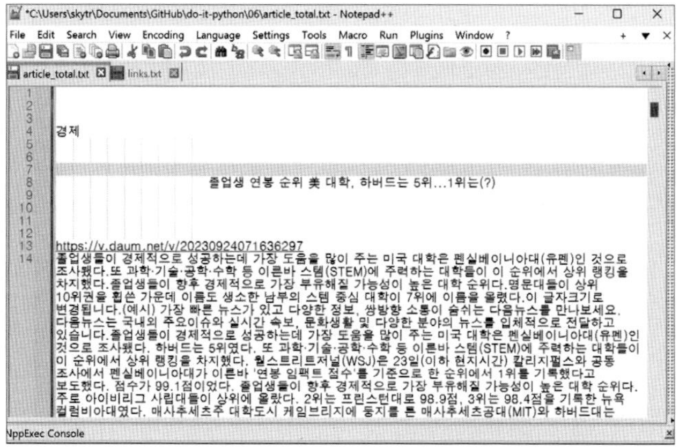

그림 6-26 | 주요 기사가 제목, 링크, 본문 순으로 정상적으로 저장되었음을 확인할 수 있습니다

Do it! 실습 ▶ 웹 크롤링 실행 파일 만들기

지금부터 할 작업은 여러분이 파이썬으로 개발한 프로그램을 .exe, 즉 실행 파일로 저장하기입니다. 사실 이 부분은 파이썬 프로그래밍의 백미라 해도 과언이 아닙니다. 에디터에서 파이썬 프로그램을 실행하지 않아도 해당 실행 파일의 아이콘을 클릭만 하면 여러분이 만든 프로그램이 작동하게 됩니다. 바로 파이썬으로 실행 파일을 만드는 기술이죠.

지금까지는 설명의 편의성을 위해서 IDLE 창에서 프로그램을 실행하는 것을 기준으로 설명했습니다. 이 방식으로 인터프리터 언어라는 파이썬의 장점을 실감할 수 있습니다. 하지만 IDLE은 어디까지나 코딩의 부수적인 도구일 뿐이며, 코딩이 익숙해지면 비주얼 스튜디오 코드(VS Code), 노트패드++(Notepad++), 서브라임 텍스트(Sublime Text), 파이참(PyCharm)과 같은 전문 에디터를 사용하는 것이 좋습니다.

그렇게 작성한 파일은 .py로 저장합니다. 만약 이 파일을 다른 컴퓨터에서도 사용하려면 그 컴퓨터에 파이썬이 설치되어 있어야 하겠죠? 요즘에 많은 사람이 파이썬을 배우고, 또 파이썬이 인기 있는 프로그램인 것도 사실이지만, 아직도 많은 컴퓨터에는 파이썬이 설치되어 있지 않습니다. 그러므로 여러분이 만든 프로그램이 다른 누군가에게 도움이 되려면 윈도우 실행 파일(.exe)로 변환해야 합니다.

1 pip로 pyinstaller 설치하기

먼저 pyintaller라는 모듈이 필요합니다. 명령 프롬프트를 열어 pip로 pyinstaller를 설치합니다. 이 과정은 다른 모듈을 설치할 때도 필요한 방법이니 익혀 두면 좋습니다. 다른 사람이 만든 모듈을 잘 쓰는 것도 파이썬을 잘 활용하는 방법입니다.

```
C:\Users\user>pip install pyinstaller
```

2 지금까지 작성한 코드를 파이썬(.py) 파일로 저장하기

이제 본격적으로 지금까지 실행한 명령어를 총정리해서 파이썬 파일(.py)로 저장할 차례입니다. 이 파일의 이름을 article_collector.py라고 저장하겠습니다.

```
import os, requests, datetime
from bs4 import BeautifulSoup

os.chdir(r'C:\Users\user\do-it-python\06')  # 파일을 저장할 폴더를 지정합니다
url = 'https://news.daum.net/'
f = open(str(datetime.date.today()) + '_articles.txt','w')
soup = BeautifulSoup(requests.get(url).text)
# 'lxml'은 실행 파일로 변환할 때 오류가 발견되어 삭제했습니다

for i in soup.find_all('div',{"class":"cont_thumb"}):
    try:
        f.write(i.text+'\n')
        f.write(i.find('a').get('href') + '\n')
        soup2 = BeautifulSoup(requests.get(i.find('a').get('href')).text)
        for j in soup2.find_all('p'):
            f.write(j.text)
    except:
        pass

f.close()
```

▶ 폴더를 지정하지 않으면 실행 파일과 같은 폴더에 텍스트 파일을 저장합니다.

3 실행 파일 만들기

실행 파일을 만드는 방법은 허무할 만큼 간단합니다. 명령 프롬프트나 터미널 환경에서 실행 파일로 만들고 싶은 파일이 저장된 경로로 이동한 뒤 다음과 같이 명령하면 됩니다.

pyinstaller 사용법

```
pyinstaller --onefile [파이썬 파일].py
```

article_collector.py을 실행 파일로 만들고 싶으므로 다음과 같이 명령합니다.

```
pyinstaller --onefile article_collector.py
```

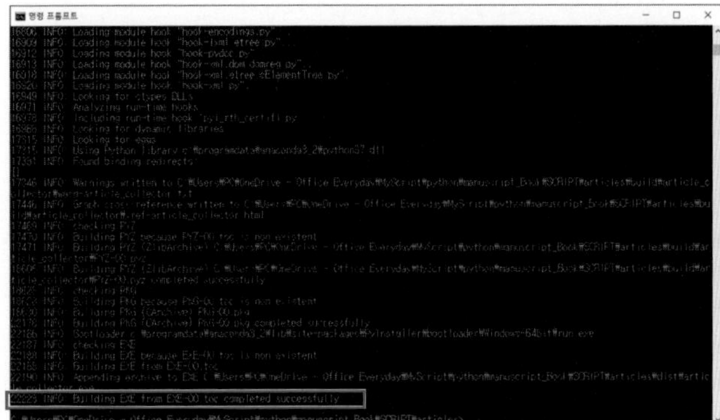

그림 6-27 | 'completed successfully'라는 메시지를 보니 실행 파일이 정상적으로 만들어진 것 같네요

실행 파일은 어디에 저장되었을까요? pyinstaller을 실행한 경로를 보면 dist라는 폴더가 새로 생깁니다. 이 폴더 안에 pyinstaller로 작성된 파일이 저장됩니다. dist 폴더 안으로 들어가 보겠습니다.

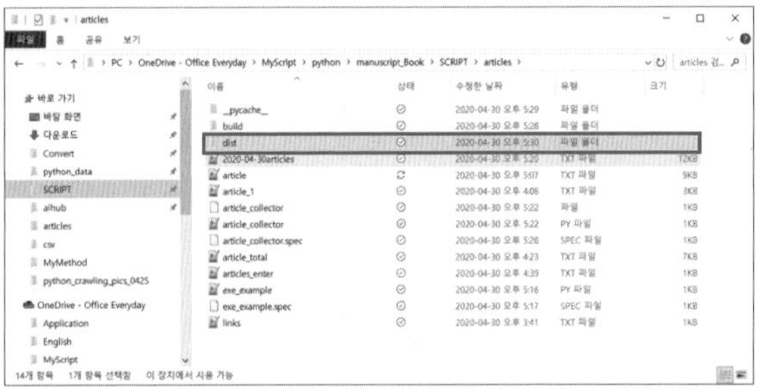

그림 6-28 | dist, build라는 폴더가 생성되었음을 확인할 수 있습니다. 그중 dist 폴더로 들어갑니다

article_collector.exe 파일이 생겼음을 확인할 수 있습니다.

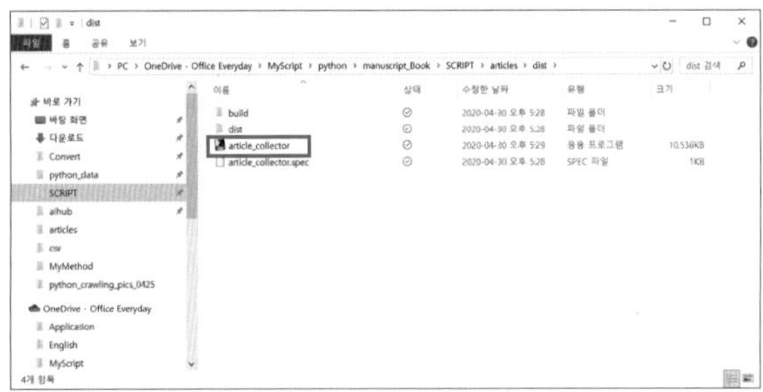

그림 6-29 | article_collector.exe가 정상적으로 생성되었습니다

4 실행 파일 실행하기

이제 이 파일이 잘 작동하는지 확인할 차례입니다. 실행하는 방법은 간단합니다. GUI에서는 폴더에 들어가 article_collector.exe를 그냥 더블클릭을 하면 텍스트 파일이 자동으로 만들어집니다.

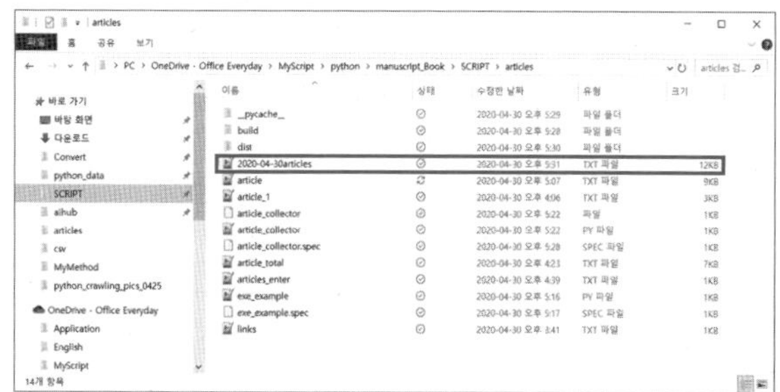

그림 6-30 | 20xx-xx-xxarticles.txt 파일이 생성됩니다

만들어진 파일을 열면 포털 사이트 머리기사의 제목과 링크, 본문이 차례대로 저장된 것을 확인할 수 있습니다.

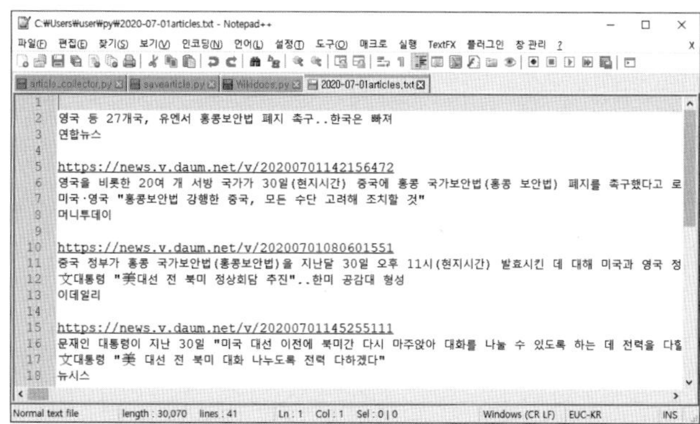

그림 6-31 | 오늘 머리기사의 제목, 링크, 본문이 모두 가지런히 저장됩니다

5 명령 프롬프트에서 실행 파일 실행하기

명령 프롬프트에서도 실행할 수 있습니다. 추가된 폴더 dist로 이동해 파일 이름인 `article_collector`만 입력하면 됩니다. 확장자가 .exe인 윈도우 실행 파일이기 때문에 정상적으로 프로그램이 작동하는 것을 확인할 수 있습니다. 실행 위치 문제를 해결하려면 다음처럼 입력합니다.

```
C:\Users\user\do-it-python\06>cd dist
C:\Users\user\do-it-python\06\dist>.\article_collector.exe
```

축하합니다! 이제 배포까지 가능한 실행 파일을 만들 수 있게 되었네요.

웹 크롤링을 끝내면서

이번 장에서는 웹 크롤링 기법을 배우고 실습해 보았습니다. 사실 이 장의 분량은 조금 많지만 다루는 내용은 매우 단순합니다. 그중에서도 강조하고 싶은 코드는 한 줄이었습니다. 마법의 명령어라고 불렀던 다음 코드였습니다.

```
soup = BeautifulSoup(requests.get(url).text, 'lxml')
```

사실 웹 크롤링의 세계는 이 책의 한 개 장으로 표현될 수 없을 정도로 넓고 깊습니다. 이 장에서 나룬 웹 크롤링은 크롤링 세계의 극히 일부분에 불과하다 해도 과언이 아니지만, 최소한의 지식으로 웹 크롤링을 끝까지 해보는 경험을 주고자 했습니다. 또한 이 책의 코드는 깃허브에도 똑같이 올라가 있는데, 혹시 웹 사이트 사정이 바뀌어서 책의 코드가 작동하지 않게 되더라도 깃허브의 코드는 작동하게끔 업데이트해 둘 것입니다.

웹 크롤링을 연습할 때 수많은 블로그에서 크롤링 코드를 소개하고 있었음에도 그 코드를 똑같이 적용해도 제대로 실행되지 않아 답답할 때가 많았습니다. 그 원리를 직접 알아내기 전에는 남이 작성한 크롤링 코드만을 이용하는 것에는 분명히 한계가 있습니다.

웹 크롤링을 직접 해본 경험이 없다 해도 여러분이 이 장을 통해 웹 크롤링의 맛을 보았다면 그 역할을 다 했다고 생각합니다. 웹 크롤링이 익숙해졌다면 여기서 다룬 내용을 바탕으로 판다스, 넘파이, 맷플롯립 등의 모듈을 이용해서 데이터 재처리나 재가공을 시도해 볼 수도 있을 것입니다. 그리고 이 코드에 만족하지 못한다면 셀레니움 등으로 심화된 크롤링에 도전할 수도 있을 것입니다.

누누이 말하지만, 이 장에서 다루는 크롤링에 관한 내용은 매우 한정되어 있으며 불법적인 형태의 어떠한 크롤링도 정당화될 수 없습니다. 크롤링 코드로 인한 책임은 크롤링 코드를 실행한 사람에게 있음을 다시 한번 강조하면서 이 장의 내용을 마무리합니다.

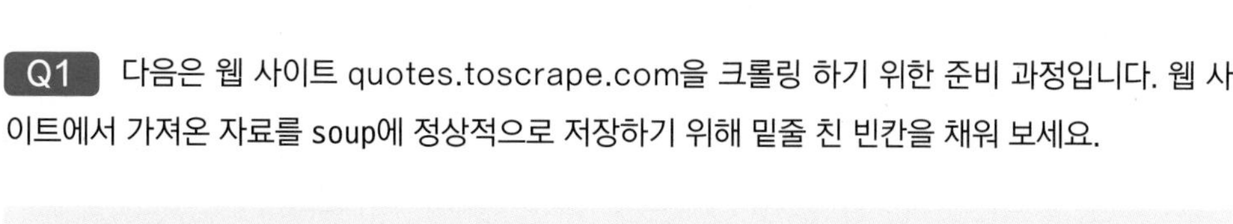

Q1 다음은 웹 사이트 quotes.toscrape.com을 크롤링 하기 위한 준비 과정입니다. 웹 사이트에서 가져온 자료를 soup에 정상적으로 저장하기 위해 밑줄 친 빈칸을 채워 보세요.

```
>>> import requests
>>> from bs4 import BeautifulSoup
>>> url = 'http://quotes.toscrape.com/'
>>> soup = BeautifulSoup( ___________.get(url).text, 'lxml')  # 빈칸을 채워 보세요
```

Q2 1번 문제에서 만든 soup에서 find_all() 함수를 이용해 <span> 태그만 추출하고 싶습니다. 다음 빈칸에 무엇이 들어가야 할까요?

```
>>> soup.find_all( ___________ )                     # 빈칸을 채워 보세요
```

Q3 <a> 태그 안에 있는 텍스트만 추출하고자 다음과 같은 코드를 작성했습니다. 빈칸에 어떤 명령어를 넣어야 할까요?

```
>>> for i in soup.find_all('a'):
        i.___________                                # 빈칸을 채워 보세요
```

Q4 다음은 class 속성값이 love인 <div> 태그에서 하이퍼링크가 저장된 <a> 태그를 추출해 링크된 부분만 찾는 명령입니다. ①, ②에 들어갈 내용을 채워 보세요.

```
>>> for i in soup.find_all('div', ①___________):
        i.②___________('a').③___________('href')
```

Q5 파이썬으로 작성한 프로그램을 abc.py에 저장했을 때 명령 프롬프트에서 이 프로그램의 실행 파일(.exe)을 만드는 명령어는 다음과 같습니다. 밑줄 친 빈칸을 채워 명령어를 완성하세요.

```
C:\Users\user>pyinstaller ________________ abc.py
```

정답 1. requests
2. 'span'
3. text
4. ① {'class': 'love'} ② find ③ get
5. --onefile

07

파이썬 200% 활용하기

이번 장에서는 앞서 배운 내용을 바탕으로 활용도를 극대화합니다. 파이썬을 사용하여 더 나은 프로그래밍 습관을 개발하고, 라이브러리를 활용하여 더 효율적으로 코딩해 봅시다.

07-1 파이썬 라이브러리 활용하기

라이브러리란 무엇인가

라이브러리는 한마디로 특정 작업을 도와주거나 코드 작성을 더 효율적이고 쉽게 만드는 함수, 클래스, 모듈 등을 모은 것입니다. 라이브러리를 사용하면 복잡한 코드를 처음부터 작성할 필요 없이 라이브러리에 포함된 기능을 활용하여 쉽게 수행할 수 있습니다.

이와 함께 특정 기능이나 작업을 수행하는 데 필요한 함수, 클래스, 모듈 등을 포함합니다. 그러므로 필요에 따라 적절한 라이브러리를 선택하고 함수나 클래스 등의 도구를 사용하여 원하는 기능을 구현할 수 있습니다.

예를 들어 수학 연산을 돕는 라이브러리, 파일 입출력을 돕는 라이브러리, 그래프를 그리는 라이브러리 등 다양합니다.

그럼 파이썬 라이브러리 설치 방법을 알아봅시다. 이때는 pip라는 패키지 관리자를 주로 사용합니다.

pip 설치하기

파이썬을 설치할 때 대부분 함께 설치되지만 pip가 설치되지 않았다면 다음 방법으로 설치합니다.

Windows

```
python -m ensurepip --default-pip
```

macOS, Linux

```
sudo python -m ensurepip --default-pip
```

라이브러리 설치하기

라이브러리를 설치하는 기본 명령어는 다음과 같습니다.

라이브러리 설치

```
pip install [라이브러리 이름]
```

특정 버전의 requests 라이브러리를 설치하려면 버전 정보도 함께 입력합니다

```
pip install requests==2.25.1
```

설치 라이브러리 목록 확인하기

다음 명령어로 설치 라이브러리와 그 버전을 확인할 수 있습니다.

```
C:\Users\user>pip list
Package                        Version
------------------------------ ---------------
aiohttp                        3.8.5
aiosignal                      1.3.1
alabaster                      0.7.12
altgraph                       0.17.3
anaconda-client                1.11.1
anaconda-project               0.11.1
anyio                          3.5.0
appdirs                        1.4.4
argcomplete                    1.11.1
(... 생략 ...)
```

라이브러리 업그레이드하기

이미 설치한 라이브러리를 최신 버전으로 업그레이드하려면 다음 명령어를 사용합니다.

라이브러리 업그레이드

```
pip install --upgrade [라이브러리 이름]
```

예를 들어 requests 라이브러리를 최신 버전으로 업그레이드하려면 다음 명령어를 수행합니다.

```
pip install --upgrade requests
```

라이브러리 제거하기

설치한 라이브러리를 제거할 때 사용하는 명령어는 다음과 같습니다.

라이브러리 제거

```
pip uninstall [라이브러리 이름]
```

requests 라이브러리를 제거하려면 다음처럼 명령어를 수행합니다.

```
pip uninstall requests
```

참고 사항

라이브러리 여러 개를 한 번에 설치하려면 `pip install 라이브러리1 라이브러리2 …` 형식으로 명령어를 작성합니다. `pip` 명령이 동작하지 않는다면 `pip3` 또는 `python -m pip` 형식으로 다시 시도하세요.

특정 환경의 라이브러리 관리를 원한다면 virtualenv와 같은 도구를 사용합니다.

▶ virtualenv는 파이썬 가상 환경 도구로, 프로젝트별로 독립 환경을 생성하여 패키지 의존성을 관리합니다.

이제 파이썬 라이브러리를 설치하고 관리하는 방법을 알았으니 원하는 라이브러리를 설치하고 활용해 보세요!

라이브러리를 임포트 하는 두 가지 방법

파이썬에서 import와 from ... import는 라이브러리나 모듈의 특정 부분을 사용할 때 쓰는 구문입니다. 각각의 사용법과 차이점을 설명합니다.

import 사용하기

import를 직접 사용하는 이유는 모듈 전체를 가져오고자 하기 때문입니다.

```
>>> import math    # 수학과 관련된 함수를 임포트 합니다
>>> result = math.sqrt(16)
```

import math를 사용하면 math 모듈의 모든 함수와 변수에 접두사 math.를 붙여 접근합니다.

from … import 사용하기

모듈에서 특정 함수나 클래스만 가져오고자 할 때 사용합니다. 이렇게 하면 가져온 함수나 클래스를 접두사 없이 직접 사용할 수 있습니다.

```
>>> from math import sqrt
>>> result = sqrt(16)  # sqrt는 제곱근을 구하므로 결과는 16의 제곱근인 4입니다
>>> print(result)      # result값을 출력해 봅니다
4.0
```

from math import sqrt를 사용하면 sqrt() 함수만 가져와서 직접 사용할 수 있습니다. 그러므로 접두사 math.를 사용하지 않아도 됩니다.

import는 모듈의 출처를 명확히 하며 from … import는 코드는 간결하지만 네임스페이스, 즉 이름이 충돌할 위험이 있습니다.

함수나 클래스를 한 번에 여러 개 가져오려면 다음 명령을 사용합니다.

```
>>> from math import sqrt, factorial
>>> from math import *
```

어떤 방법을 사용할지는 개발자가 선택하는 것이지만, 코드 가독성이나 유지 보수성을 고려하여 결정하는 것이 좋습니다. 짧은 프로그램을 만들 때는 `from … import`로 간편하게 사용하는 것도 나쁘지 않습니다.

주요 라이브러리의 기능과 간단한 예제

다음은 주요 라이브러리와 기능을 표로 정리한 것입니다.

라이브러리	기능과 예제
넘파이(numpy)	다차원 배열을 효과적으로 처리합니다. 수학이나 과학 연산에 필수적인 도구입니다. 05-2절에서 알아보았습니다.
판다스(pandas)	데이터 분석 및 조작을 위한 구조를 제공합니다. CSV, Excel 등 다양한 형식과 호환됩니다. 05-4절에서 알아보았습니다.
맷플롯립(matplotlib)	다양한 차트와 그래프로 데이터를 시각화합니다. 플롯 스타일링과 사용자 정의가 가능합니다. 05-7절에서 알아보았습니다.
플라스크(flask)	가볍고 확장 가능한 웹 애플리케이션 프레임워크입니다. 웹 사이트나 API를 빠르게 구축할 수 있습니다.
장고(django)	강력한 웹 개발 프레임워크로, 관리자 인터페이스와 ORM을 포함합니다. 대규모 웹 애플리케이션 개발에 적합합니다.
사이킷런(scikit-learn)	다양한 머신러닝 알고리즘과 도구를 제공합니다. 분류, 회귀, 클러스터링 등의 작업을 지원합니다.
뷰티풀수프4(beautifulsoup4)	웹 페이지에서 데이터를 추출하기 위한 도구입니다. HTML과 XML 문서를 파싱하고 조작합니다. 06-2절에서 알아보았습니다.

파이테스트(pytest)	파이썬 코드의 테스트를 작성하고 실행합니다. 플러그인을 이용하여 확장할 수 있습니다.
	`def test_function():`
	`    assert True`
	`# PyTest: 간단한 테스트 함수(실행 시 True를 확인)`

텐서플로(tensorflow)	딥러닝과 머신러닝을 위한 프레임워크입니다. 대규모 데이터 연산에 최적화되었습니다.
PIL(pillow)	이미지 처리 라이브러리로, 다양한 형식의 이미지를 열고 변환합니다. 필터링, 처리, 저장 등의 작업을 지원합니다. 07-2절에서 알아봅니다.

pytz	세계의 시간대 정보를 제공합니다. 날짜나 시간 변환에 필요한 도구를 포함합니다.
	`import pytz`
	`pytz.timezone('Asia/Seoul')`
	`# 'Asia/Seoul' 시간대 정보를 가져옵니다`

SQL 알케미
(SQLAlchemy)
	데이터베이스와의 상호작용을 위한 ORM 도구입니다. SQL 질의 없이 데이터베이스 작업을 할 수 있습니다.
	
	`from sqlalchemy import create_engine`
	`# sqlalchemy 라이브러리를 사용하여 SQLite 데이터베이스 엔진을 생성합니다`
	`engine = create_engine('sqlite:///example.db')`
	`connection = engine.connect()`
	`# SQLite 데이터베이스 'example.db'에 연결합니다`

파이토치
(PyTorch)
	딥러닝과 머신러닝 연구용 라이브러리입니다. 동적 계산 그래프를 지원하며 연구자에게 인기가 있습니다.
	
	`import torch`
	`x = torch.tensor([1.0, 2.0, 3.0])`
	`y = x * 2`
	`print(y)`
	`# 간단한 벡터를 생성하여 출력합니다`

07-2 쓸 만한 라이브러리 PIL, tkinter

Do it! 실습 PIL(Pillow)로 사진 편집하기

어느 날 웹 사이트를 만들기로 하고 대량의 이미지 파일을 받았는데, 이미지 크기가 너무 크다는 것을 발견했습니다. 또한 일부 이미지는 회전해야 하고 어떤 이미지는 흐리게 처리해야 합니다. 기존 도구로 하나하나 손대기엔 시간이 너무 많이 걸릴 듯합니다. 그래픽 디자이너인 여러분은 고객 요청에 따라 특정 이미지 패턴이나 필터를 한꺼번에 적용해야 하는 상황입니다.

이러한 상황은 얼마나 다양한 이미지 처리 작업이 필요한지를 보여 줍니다. 일일이 수작업으로 처리하는 것은 비효율적이며 시간도 많이 걸립니다. 이때 필요한 것이 바로 PIL(Python Imaging Library)입니다. PIL은 이미지 처리와 다양한 그래픽 파일 형식을 지원하는 파이썬 라이브러리입니다. 그러나 최근 버전은 PIL의 포크 버전인 Pillow로 알려졌으며 유지와 개발이 활발하게 이루어지고 있습니다. 여기서는 Pillow 설명을 포함하여 PIL을 소개합니다.

- **다양한 이미지 형식 지원**: JPEG, PNG, BMP, GIF 등 일반적인 이미지 형식 대부분을 지원합니다.
- **강력한 이미지 처리 기능**: 크기 조절, 자르기, 회전, 색상 조절, 필터링 등의 기본 이미지 처리 기능을 제공합니다.
- **간단하고 직관적인 API**: 파이썬스러운 코드로 이미지 처리 작업을 수행할 수 있습니다. 예를 들어 특정 폴더의 이미지에서 특정 문구만 모자이크 처리를 하는 등의 작업은 파이썬이 잘합니다.

▶ 파이썬스러운 코드(pythonic code)란 파이썬 언어의 특징을 잘 살린 코드를 말합니다. 즉, 간결하고 유연하며 가독성이 좋은 코드입니다.

1 PIL 설치하기

다음 명령어를 터미널이나 명령 프롬프트에 입력하여 설치합니다. 이미 설치되었을 수도 있습니다.

```
C:\Users\user>pip install Pillow
```

2 작업할 이미지 준비하기

PIL 라이브러리에서 Image 모듈을 임포트 합니다.

```
>>> from PIL import Image   # PIL에서 Image를 임포트 합니다
```

이미지 작업을 하려면 먼저 이미지 주소를 복사합니다. 이미지를 탐색 창에서 열고 마우스 오른쪽 버튼을 클릭한 다음, [경로로 복사]를 클릭합니다. 또는 Ctrl + Shift + C를 눌러도 됩니다. 그러면 클립보드에 이미지 주소를 복사합니다. 즉, "C:\Users\use\do-it-python\07\PIL_test\test.jpg"처럼 바로 붙여 넣을 수 있는 상태가 됩니다.

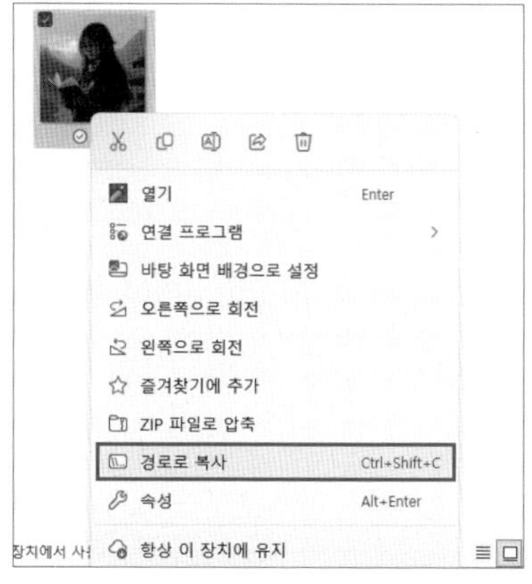

그림 7-1 | 작업할 이미지 경로를 복사합니다

이미지 주소를 붙여 넣습니다.

```
# 이미지 열기
>>> img = Image.open(r"C:\Users\user\do-it-python\07\PIL_test\test.jpg")
# 역슬래시를 그대로 사용하려면 주소 앞에 r을 붙이세요.
```

3 이미지 크기 조절하기

resize 메서드로 이미지 크기를 한 번에 줄일 수 있습니다.

```
>>> new_size = (300, 300)                # 가로세로 각각 300픽셀의 튜플을 만듭니다
>>> resized_img = img.resize(new_size)   # resize로 이미지 크기를 재설정합니다
>>> resized_img.show()                   # show 메서드는 처리한 이미지를 바로 보여 줍니다
```

그림 7-2 | resize 메서드로 크기를 조절합니다

4 이미지 회전하기

rotate 메서드로 이미지를 회전합니다.

```
>>> rotated_img = img.rotate(45)   # 45도 회전하기
>>> rotated_img.show()
```

그림 7-3 | 이미지를 회전한 모습입니다

5 이미지 흑백 처리하기

convert 메서드로 이미지를 흑백으로 변환할 수 있습니다.

```
>>> bw_img = img.convert('L')   # 흑백으로 변환하기
>>> bw_img.show()
```

그림 7-4 | 흑백으로 변환했습니다

6 이미지에서 특정 영역 잘라 내기

crop 메서드를 이용하면 이미지에서 특정 영역을 잘라 낼 수 있습니다.

```
>>> left, upper, right, lower = 100, 100, 400, 400
>>> cropped_img = img.crop((left, upper, right, lower))
>>> cropped_img.show()
```

그림 7-5 | 이미지에서 특정 영역만 잘라 낸 모습입니다

7 이미지 저장하기

save 메서드로 원하는 위치와 이름으로 이미지를 저장합니다.

```
>>> img.save('new_image_path.jpg')  # 실제 사용할 때는 경로까지
                                      모두 지정해서 저장하는 것이 좋습니다
```

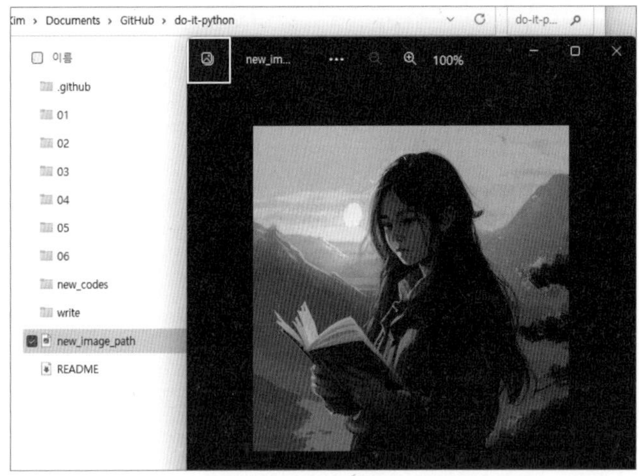

그림 7-6 | 작업이 끝났다면 이미지를 새 이름으로 저장합니다

Pillow는 이 밖에도 다양한 기능을 지원합니다. 필요한 작업이 있다면 공식 문서를 참고하세요.

Do it! 실습 ▶ tkinter로 그래픽 인터페이스 만들기

tkinter는 파이썬으로 GUI 애플리케이션을 생성하는 표준 윈도우 툴킷입니다. tkinter를 사용하면 사용자 정의 창, 버튼, 레이블, 메뉴 등과 같은 다양한 GUI 요소를 쉽게 만들 수 있습니다.

▶ tkinter는 tk 인터페이스의 줄임말로 '티케이인터'라고 읽습니다. 줄여서 '티킨터' 혹은 '킨터'라고 읽기도 합니다.

그래픽 기반 인터페이스 프로그래밍은 마치 블록 쌓기로 복잡한 구조물을 만드는 것과 같습니다. 각 레고 블록은 크기, 색상, 형태가 다양하며 이러한 블록을 조합하여 복잡한 건물, 차량, 동물 등을 만듭니다. 마찬가지로 tkinter도 버튼, 텍스트 상자, 레이블, 슬라이더와 같은 기본 구성 요소(위젯)를 제공합니다.

프로그래머는 이러한 위젯을 조합하고 연결하여 상호작용하는 다양한 그래픽 인터페이스를 만들 수 있습니다. 따라서 tkinter는 블록 쌓기처럼 기본 블록을 제공하며 사용자는 이 블록을 창의적으로 조합하여 다양한 인터페이스를 만들 수 있습니다.

1 tkinter 설치하고 임포트 하기

파이썬 배포본 대부분에 포함되지만 없다면 다음 명령으로 설치합니다.

```
C:\Users\user>pip install tk
```

이번 실습 예제는 노트패드++나 비주얼 스튜디오 코드 등 에디터로 코드를 입력하고 실행하세요. tkinter를 사용하려면 먼저 라이브러리를 임포트 합니다.

```
import tkinter as tk
```

2 기본 창 생성하기

기본 창을 생성하는 코드는 다음과 같습니다.

```
root = tk.Tk()                          # 기본 창을 생성합니다
root.title("My First tkinter App")  # 창 제목을 설정합니다
root.geometry("300x200")              # 창 크기를 설정합니다
root.mainloop()                         # 이벤트 루프를 시작합니다
```

실행하면 다음과 같은 작은 창이 생깁니다.

그림 7-7 | tkinter 기본 창을 만들었습니다

3 기본 위젯 추가하기

먼저 Label 메서드로 기본 창에 레이블 위젯을 추가합니다. 이하 코드는 이벤트 루프인 root.mainloop() 앞에 두어야 합니다.

```
label = tk.Label(root, text="안녕 나는 팅커야!")
label.pack()
```

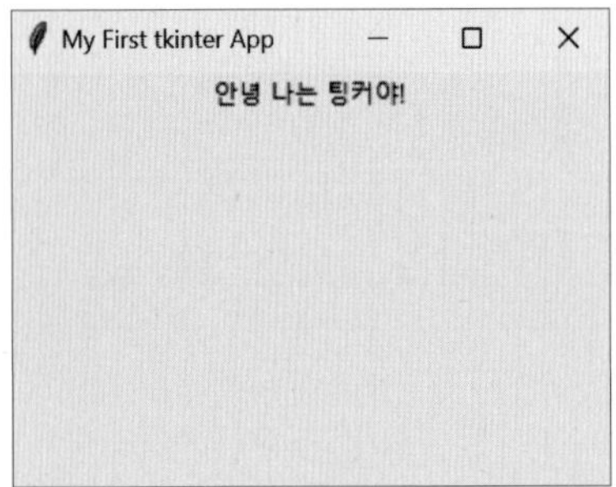

그림 7-8 | 기본 창에 레이블을 추가했습니다

이번에는 Button 메서드로 버튼 위젯을 넣습니다. 버튼을 클릭하면 'Button clicked!'라고 메시지를 표시하는 간단한 프로그램입니다.

```
def on_button_click():
    print("Button clicked!")

button = tk.Button(root, text="Click Me!", command=on_button_click)
button.pack()
```

```
Button clicked!
Button clicked!
Button clicked!
Button clicked!
Button clicked!
```

그림 7-9 | 기본 창에 버튼을 추가했습니다

그럼 버튼을 클릭하면 숫자가 1씩 올라가는 프로그램을 만들 수도 있겠네요.

```
import tkinter as tk

a = 0  # 여기서 초기화한 전역 변수 a는 버튼 클릭 횟수를 추적합니다
def on_button_click():
    global a  #함수에서 전역 변수 a에 접근하려면 global 키워드를 사용합니다
    print(f'{a + 1}번 클릭했습니다.')  # 클릭 횟수를 출력합니다
    a += 1  # 클릭 횟수를 1만큼 증가합니다
```

```
# 다음 코드는 앞의 코드와 같습니다
root = tk.Tk()
root.title("버튼 클릭!")
root.geometry("300x200")

button = tk.Button(root, text="Click me!", command=on_button_click)
button.pack(pady=20)

root.mainloop()
```

```
1번 클릭했습니다
2번 클릭했습니다
3번 클릭했습니다
4번 클릭했습니다
5번 클릭했습니다
```

그림 7-10 | 버튼을 클릭할 때마다 횟수가 늘어납니다

4 Entry 위젯으로 입력 창 만들기

Entry 위젯을 생성하고 이 위젯을 부모 창에 배치하여 필요한 내용을 설정합니다. 다음은 tk.Entry로 Entry 위젯을 생성하는 예입니다.

```
import tkinter as tk

root = tk.Tk()
root.title("Entry 예시")
root.geometry("300x100")

# Entry 위젯 생성
name_entry = tk.Entry(root)
name_entry.pack(pady=20)   # Entry 위젯을 부모 창에 배치하고 여백을 추가합니다

root.mainloop()
```

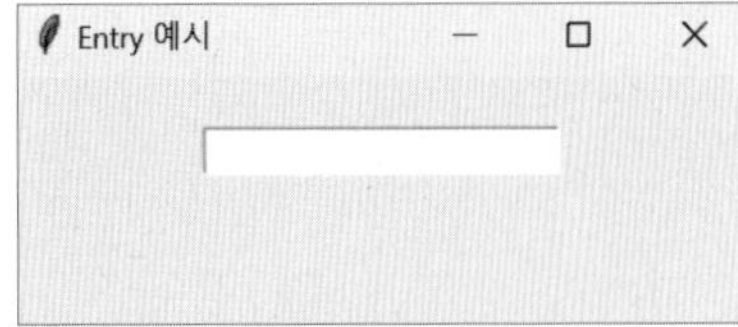

그림 7-11 | 텍스트를 입력할 수 있는 입력 위젯을 만들었습니다

5 위젯 배치 관리자 알아보기

tkinter에는 3가지 주요 배치 관리자가 있습니다. 먼저 pack 메서드는 부모 위젯에 적절하게 배치합니다.

```
import tkinter as tk

root = tk.Tk()
root.geometry("300x100")

frame = tk.Frame(root)
frame.pack()  # 부모 위젯에 적절하게 배치합니다
button1 = tk.Button(frame, text="버튼 1")
button2 = tk.Button(frame, text="버튼 2")
button1.pack()  # 버튼 1을 부모 프레임에 배치합니다
button2.pack()  # 버튼 2를 부모 프레임에 배치합니다

root.mainloop()
```

그림 7-12 | 배치 관리자로 버튼을 배치했습니다

grid 메서드는 위젯을 행과 열로 구성된 격자에 배치합니다.

```
import tkinter as tk

root = tk.Tk()
root.geometry("300x100")

label1 = tk.Label(root, text="레이블 1")
label2 = tk.Label(root, text="레이블 2")
label1.grid(row=0, column=0)  # 레이블 1을 격자의 (0, 0) 위치에 배치합니다
label2.grid(row=1, column=0)  # 레이블 2를 격자의 (1, 0) 위치에 배치합니다

root.mainloop()
```

그림 7-13 | 격자에 따라 레이블을 배치했습니다

place 메서드는 특정 위치와 크기로 위젯을 배치합니다.

```
import tkinter as tk

root = tk.Tk()
root.geometry("300x100")

label1 = tk.Label(root, text="레이블 1(place)")
label2 = tk.Label(root, text="레이블 2(place)")
label1.grid(row=0, column=0)  # 레이블 1을 격자의 (0, 0) 위치에 배치합니다
label2.grid(row=1, column=0)  # 레이블 2를 격자의 (1, 0) 위치에 배치합니다

root.mainloop()
```

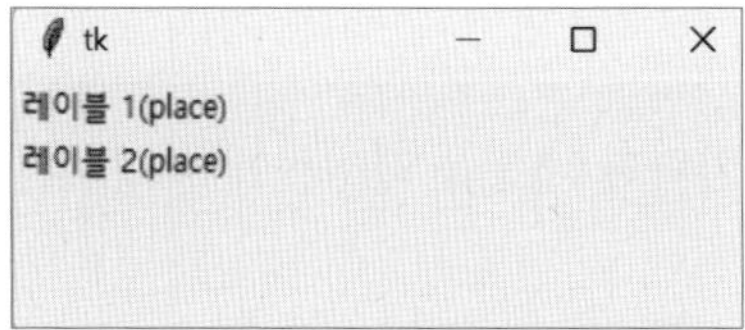

그림 7-14 | 원하는 곳에 레이블을 배치했습니다

6 예제 1: 인사하는 프로그램

다음 코드는 지금까지 배웠던 명령어를 사용하여 이름을 입력하면 'Hello'와 함께 출력하는 프로그램입니다.

[예제] 07r\tkinter_test\tkinter_greeting.py

```
import tkinter as tk

def on_button_click():
    label.config(text="Hello, " + name_entry.get() + "!")
# 버튼을 클릭할 때 실행할 함수를 정의합니다
# 이 함수는 입력된 이름을 가져와 레이블 텍스트를 업데이트합니다

root = tk.Tk()                  # Tkinter의 Tk() 클래스로 루트(최상위) 창을 생성합니다
root.title("Greeting App")  # 창 제목을 "Greeting App"으로 설정합니다
root.geometry("300x150")    # 창의 초기 크기를 가로 300픽셀, 세로 150픽셀로 설정합니다

label = tk.Label(root, text="Enter your name:")
# 루트 창에 텍스트 "Enter your name:"을 표시하는 레이블 위젯을 생성합니다
label.pack(pady=10)  # 레이블 위젯을 창에 배치하고
                       매개변수 pady로 위아래 10픽셀 여백을 추가합니다

name_entry = tk.Entry(root)  # 창에 텍스트 입력을 받는 Entry 위젯을 생성합니다
name_entry.pack(pady=10)     # 텍스트 입력 위젯을 창에 배치하고
                               매개변수 pady로 위아래 10픽셀 여백을 추가합니다

button = tk.Button(root, text="Greet", command=on_button_click)
# "Greet"라는 텍스트를 표시하는 버튼을 생성하고 클릭 이벤트가 발생하면
# on_button_click() 함수를 호출합니다
button.pack(pady=10)

root.mainloop()
```

이름을 입력하고 [Greet] 버튼을 클릭하면 인사말과 함께 입력한 내용을 레이블에 출력하는 간단한 응용 프로그램입니다.

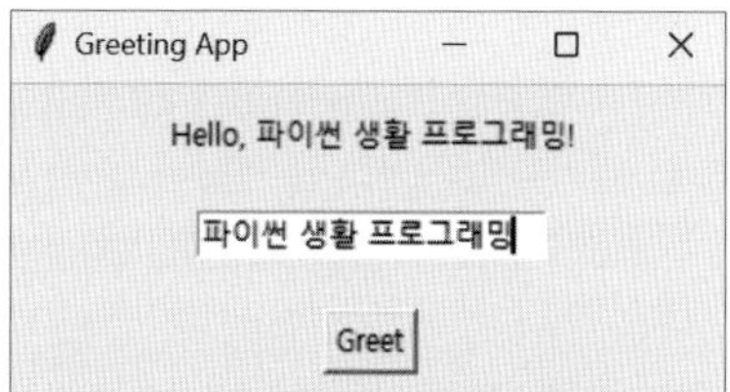

그림 7-15 | 텍스트를 레이블에 출력합니다

7 예제 2: 평을 제곱미터(㎡)로 변환하는 프로그램

평은 이전에 주택, 아파트, 토지 등의 면적을 나타낼 때 사용하던 단위입니다. 그러나 국제적인 커뮤니케이션, 건축 설계, 연구 등 다양한 분야에서는 표준화된 단위인 제곱미터(㎡)를 널리 사용합니다. 이러한 배경에서 평을 제곱미터(㎡)로 변환하는 프로그램은 국내외 건축, 부동산 관련 전문가, 일반인이 편리하게 사용할 수 있습니다.

자, 그럼 지금까지 배운 명령어로 프로그램을 한번 만들어 볼까요?

▶ 이 예제는 챗GPT가 생성한 코드를 바탕으로 했습니다. 자세한 내용은 07-3절을 참고하세요.

[예제] 07r\tkinter_test\pyung_gpt.py

```
import tkinter as tk

def convert():
    pyeong = float(entry.get())                          # 평을 가져옵니다
    square_meter = pyeong * 3.3                          # 3.3을 곱하여 ㎡로 변환합니다
    result_label.config(text=f"{square_meter} ㎡") # ㎡을 레이블에 표시합니다

# tkinter 창 생성하기
window = tk.Tk()
window.title("제곱미터 변환기")

# '평'값을 입력받는 엔트리 위젯 생성하기
entry = tk.Entry(window, width=10)
entry.pack()

# 변환 버튼 생성하기
button = tk.Button(window, text="변환", command=convert)
```

```
button.pack()

# 변환 결과를 표시할 레이블 생성하기
result_label = tk.Label(window)
result_label.pack()

# tkinter 이벤트 루프 시작하기
window.mainloop()
```

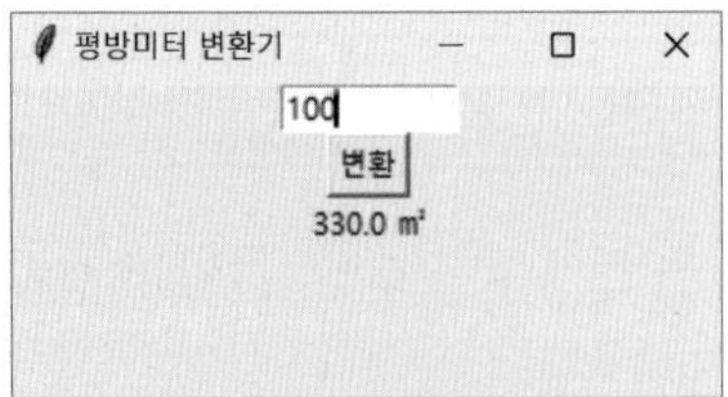

그림 7-16 | 평을 제곱미터로 변환하여 레이블에 표시합니다

07-3 챗GPT를 활용한 파이썬 프로그래밍

챗GPT의 등장과 코딩 환경의 변화

사실 챗GPT는 이 책의 전면 개정판이 나오게 된 이유이기도 합니다. 챗GPT는 챗봇 형태의 GPT(generative pre-trained transformer) 모델을 의미합니다. 이는 마이크로소프트에서 투자한 오픈AI에서 개발한 자연어 처리(NLP) 모델로, 다양한 주제의 대화와 문제 해결 능력이 있습니다.

챗GPT는 이미 많은 사람의 폭발적인 관심을 받으며 성장하고 있습니다. 대학교 리포트를 챗GPT로 쓰기도 하는 등 웃지 못할 풍경이 벌어지기도 했습니다. 하지만 무엇보다 혁명적인 변화를 체감한 것은 프로그래머였습니다. 프로그래밍 학습은 종종 외로운 여정으로, 개발자는 수많은 문제를 해결하고자 끊임없이 인터넷과 책을 뒤지곤 했습니다. 구글, 스택오버플로와 같은 사이트가 개발자에게는 어둠 속 등불 같은 존재였죠.

▶ 스택오버플로(https://stackoverflow.com/)는 개발자가 기술적인 문제를 질문하고 그 답변을 공유하는 세계적인 커뮤니티 플랫폼입니다.

챗GPT의 등장

챗GPT가 나타났습니다. 개발자는 이전보다 더욱 빠르고 효율적으로 학습할 수 있게 되었습니다. 챗GPT는 단순히 기본 코드를 짜는 수준을 넘어 디버깅(debugging), 코드 해석, 로그 분석(log analysis) 등에도 매우 뛰어납니다.

오죽하면 챗GPT가 나오면서 공식 문서와 스택오버플로를 개발자가 등한시한다는 것을 비꼬는 합성 사진이 등장했을 정도입니다. 원래 문제가 생겼을 때는 구글로 오류 메시지를 검색하거나 스택오버플로에서 문제를 해결하곤 했거든요.

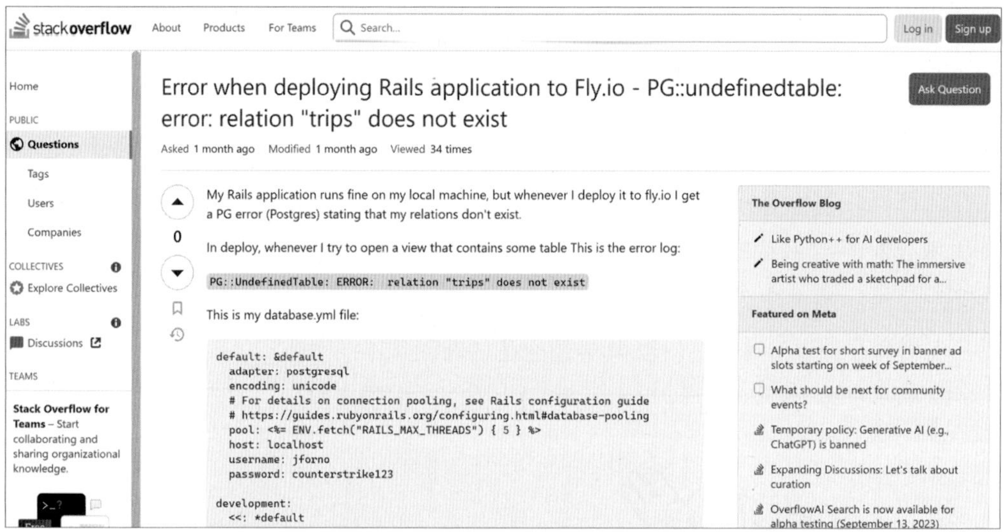

그림 7-17 | 개발자의 오류를 해결하는 데 일등공신이었던 스택오버플로

나중에 설명하겠지만, 챗GPT도 완전하지는 않습니다. 잘못된 코드를 내놓기도 하고 코드를 엉뚱하게 해석하기도 합니다. 그러나 수많은 샘플 코드를 순식간에 생성하고 인간이 그냥 읽기에는 엄두가 나지 않는 긴 문서에서 오류를 발견하는 능력은 여전히 놀랍습니다. 이 책에서 제시하는 코드와 오류 분석 역시 챗GPT의 도움을 받아서 작성했습니다. 이 외에도 챗GPT가 코딩을 배우기 좋은 도구인 이유는 다음과 같습니다.

실제로 챗GPT가 오류를 발견하는 과정은 아주 빠르고, 완벽하지는 않지만 상당히 정확합니다.

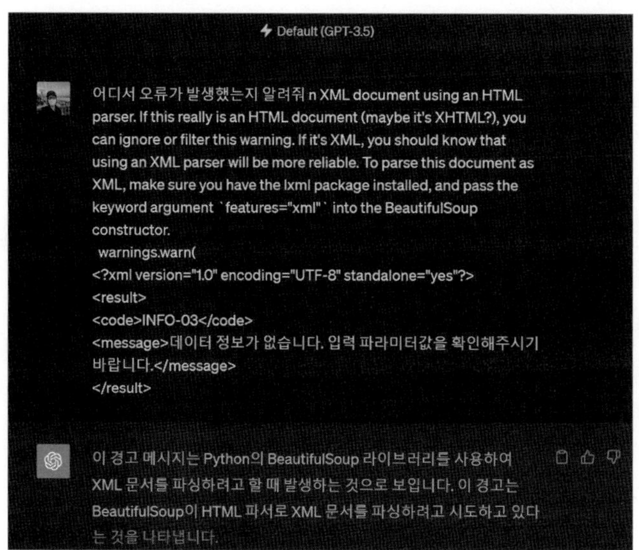

그림 7-18 | 챗GPT에 오류가 발생한 곳을 물었습니다

단순히 코드의 문제를 찾고 설명하는 것을 넘어서 다음처럼 해법도 제시합니다.

▶ 이 코드와 관련해서는 06장 '웹 크롤링으로 정보 모으기'를 참고하세요.

```
from bs4 import BeautifulSoup

xml_string = """
<?xml version="1.0" encoding="UTF-8" standalone="yes"?>
<result>
<code>INFO-03</code>
<message>데이터 정보가 없습니다. 입력 파라미터값을 확인해주시기 바랍니다.</message>
</result>
"""

# BeautifulSoup을 XML 파서로 사용하기
soup = BeautifulSoup(xml_string, features="xml")
# 이제 XML 문서를 파싱한 BeautifulSoup 객체를 사용할 수 있습니다
```

챗GPT가 코딩을 배우기에 좋은 도구인 이유 5가지

① **즉각적인 피드백**: 사용자가 코딩 관련 질문을 하면 챗GPT는 거의 즉시 답변을 제공합니다. 이는 초보자가 자신의 의문점을 빠르게 해결하도록 돕습니다.

② **다양한 주제 커버**: GPT 모델은 다양한 주제의 정보를 포함하므로 여러 프로그래밍 언어나 프레임워크 질문에도 대응할 수 있습니다. 파이썬뿐만 아니라 다른 언어나 기술 질문도 처리할 수 있습니다.

③ **자연어 처리 능력**: 사용자가 전문 용어를 정확하게 사용하지 않아도 GPT는 그 의미를 이해하고 적절한 답변을 제공합니다.

④ **실시간 문제 해결**: 코드에 문제가 있을 때 이를 지적하고 해결 방법을 제안합니다.

⑤ **가정 교사 역할**: 챗GPT는 프로그래밍 가정 교사처럼 사용자의 학습 속도와 스타일에 맞춰 지원합니다.

챗GPT의 대안: 구글 바드와 마이크로소프트 빙

구글 바드(Bard)나 마이크로소프트 빙(Bing) 역시 좋은 대안입니다. 바드는 https://bard.google.com에 접속하면 사용할 수 있고 빙은 마이크로소프트 엣지 브라우저에서 검색어만 입력하면 바로 사용할 수 있습니다. 성능에는 차이가 있으나 기본적으로 언어 모델이며, 챗GPT의 훌륭한 대안이라고 할 수 있습니다.

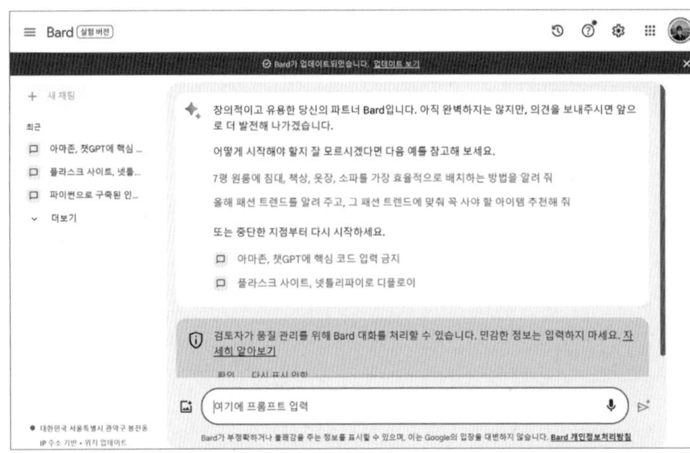

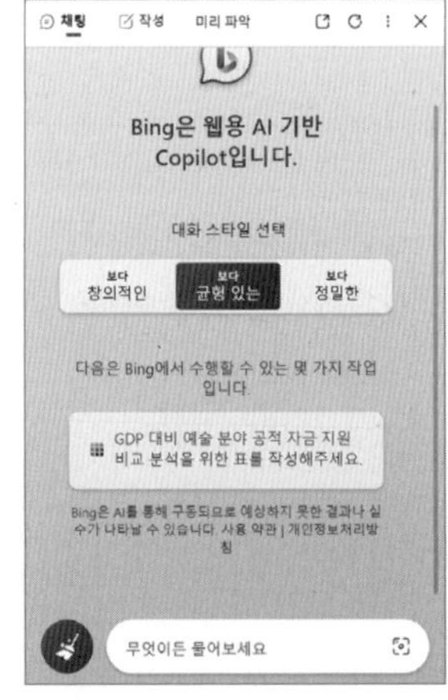

그림 7-19 | 구글 바드와 마이크로소프트 빙의 채팅 창

GPT3.5와 GPT4는 어떻게 다를까? 무엇을 써야 할까?

GPT3.5는 텍스트 생성, 번역, 질문 답변 등 다양한 자연어 처리 작업에서 성능이 우수하지만, GPT4는 GPT3.5보다 더 큰 모델과 더 많은 학습 데이터를 사용하여 성능과 정확도가 크게 향상되었습니다.

현재 오픈AI 사이트에서 GPT4는 유료 버전이나 GPT3.5는 무료로 사용할 수 있습니다. 앞서 살펴본 빙에서는 GPT4를 무료로 사용할 수 있습니다.

GPT3.5와 GPT4의 주요 차이점은 모델 크기와 학습 데이터양에 있습니다. GPT4는 GPT3.5보다 더 큰 모델과 더 많은 데이터를 학습하여 성능과 정확도를 크게 향상했습니다.

좀 더 자세히 설명하면 GPT3.5는 매개변수가 1,750억 개 정도지만 GPT4는 1조 개가 넘는다고 합니다. 매개변수는 모델이 학습해야 할 값의 개수를 의미합니다. 매개변수가 많을수록 모델은 더 복잡한 패턴을 학습할 수 있습니다. 또한 GPT3.5는 6천억 개의 토큰 데이터를 학습했지만 GPT4는 1.5조 개의 토큰 데이터를 학습했습니다. 토큰은 단어, 구, 문장과 같은 언어 단위의 최소 단위를 의미합니다. 데이터가 많을수록 모델은 다양한 언어 패턴을 학습할 수 있습니다.

요컨대 GPT 3.5가 이전 모델이기는 하지만 프로그래밍할 때는 매우 빠른 속도를 자랑하므로 초급·중급 프로그래밍 실습용으로는 큰 문제가 없습니다.

Do it! 실습 생활 프로그래밍에 똑똑한 챗GPT를 10배 활용하는 방법

이미 챗GPT에서 파이썬를 활용하는 방법은 너무나도 많은 사이트에서 소개하고 있고 이미 '개정판을 내면서'에서도 소개했습니다.

역설적이게도 챗GPT를 활용하면 좋은 코드를 얻을 수 있음에도 모든 사람이 파이썬 프로그래머가 되지는 못합니다. 왜냐하면 프로그램 코드를 얻는 것과 프로그램을 이해하는 것은 또 다른 영역이기 때문입니다. 그러므로 마구 생성한 파이썬 코드를 어떻게 활용하여 성장할지 전략을 짜는 것이 중요합니다.

프롬프트란?

일반적으로 프롬프터는 명령어를 입력하라는 짧은 메시지나 신호를 의미합니다. 이와 달리 GPT 시리즈에서 프롬프트(prompt)는 모델에게 주어진 입력 문장 또는 문구를 의미합니다. 입력한 프롬프트를 바탕으로 모델은 그에 맞는 적절한 응답을 생성합니다.

프롬프트는 사용자의 질문이나 명령을 명확하게 이해하는 데 중요한 출발점입니다. 정확한 프롬프트 제공은 알고리즘에 의해 더욱 관련성 높은 결과를 생성하는 데 도움이 됩니다. 예를 들어 '파이썬에서 리스트 정렬 방법'이라는 입력 프롬프트는 '파이썬 리스트'만 입력했을 때보다 파이썬으로 리스트를 정렬하는 방법에 더 초점을 맞춘 결과를 출력합니다.

1 대놓고 코드를 내놓으라고 하기

처음에 19단 구구단 표를 만들라고 한 것처럼 무턱대고 코드를 만들라고 말하는 것이 좋은 시작일 수는 있습니다. 파이썬으로 할 수 있는 일을 생각하면 좋겠네요. 예를 들어 앞서 배운 tkinter는 여러분의 컴퓨터에 작은 인터페이스 창을 만들어 주는 라이브러리입니다. 여기서는 tkinter로 평을 제곱미터(㎡)로 바꿔 주는 프로그램을 챗GPT에 요청해 볼까요?

▶ 지금부터는 인터프리터가 아닌 파이썬 파일을 기준으로 설명하겠습니다.

> tkinter를 이용해서 '평'을 숫자로 입력받아 3.3을 곱한 제곱미터(㎡)를 출력하는 파이썬 코드를 짜줘

챗GPT는 순식간에 다음과 같은 코드를 생성했습니다.

[예제] 07r\tkinter_test\pyung_gpt.py

```
import tkinter as tk

def convert():
    # '평' 값을 가져옵니다
    pyeong = float(entry.get())
    # 3.3을 곱하여 제곱미터로 변환합니다
    square_meter = pyeong * 3.3
    # 제곱미터 값을 레이블에 표시합니다
    result_label.config(text=f"{square_meter} ㎡")

# tkinter 창 생성
window = tk.Tk()
window.title("제곱미터 변환기")

# '평' 값을 입력받는 엔트리 위젯 생성
entry = tk.Entry(window, width=10)
entry.pack()

# 변환 버튼 생성
button = tk.Button(window, text="변환", command=convert)
button.pack()
```

```
# 변환 결과를 표시할 레이블 생성
result_label = tk.Label(window)
result_label.pack()

# tkinter 이벤트 루프 시작
window.mainloop()

# tkinter 창 생성
window = tk.Tk()
window.title("제곱미터 변환기")

# '평'값을 입력받는 엔트리 위젯 생성
entry = tk.Entry(window, width=10)
entry.pack()

# 변환 버튼 생성
button = tk.Button(window, text="변환", command=convert)
button.pack()

# 변환 결과를 표시할 레이블 생성
result_label = tk.Label(window)
result_label.pack()

# tkinter 이벤트 루프 시작
window.mainloop()
```

실행하면 다음과 같이 조그만 창이 뜹니다. 좀 투박하긴 하지만 기능은 정상인 듯하네요. 코드를 보면 #으로 착실하게 주석도 달린 것을 볼 수 있는데, 이 주석 또한 챗GPT가 달았습니다.

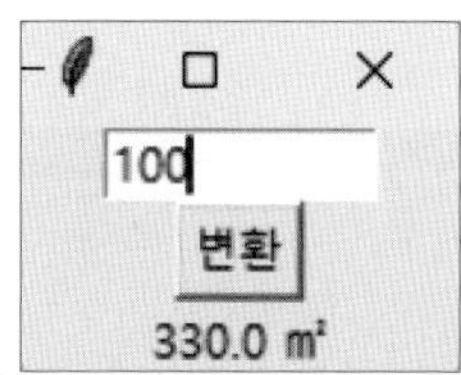

그림 7-20 | 챗GPT로 생성한 코드를 실행한 모습입니다

좀 짓궂지만 평으로 변환하기와 제곱미터로 변환하기 기능 모두 들어 있는 프로그램을 짜달라고 해볼까요?

> kinter를 이용해서 드롭다운으로 '평으로 바꾸기', '제곱미터로 바꾸기'를 선택하도록 하고 만약 '평으로 바꾸기'를 선택하면 사용자가 입력한 숫자에 3.3으로 나누고, '제곱미터로 바꾸기'를 선택하면 사용자가 입력한 숫자에 3.3을 곱하는 값을 출력하는 파이썬 코드를 짜줘.

그랬더니 이번에는 다음처럼 코드를 생성했습니다.

▶ 참고로 드롭다운이란 여러 정보 중 특정한 정보만 선택할 수 있는 입력 방식입니다. 모양은 다르지만 엑셀에서도 자주 볼 수 있습니다.

[예제] 07r\tkinter_test\pyung_gpt_2.py

```
import tkinter as tk

def convert():
    # 선택된 변환 단위에 따라 변환 계수를 결정합니다
    if unit.get() == "평으로 바꾸기":
        factor = 1/3.3
        result_unit = "평"
    else:
        factor = 3.3
        result_unit = "제곱미터"

    # 입력된 값에서 계수를 곱하여 변환합니다
    value = float(entry.get())
    result = round(value * factor, 1)  # 반복되는 수를 피하기 위해 round를 설정합니다

    # 변환 결과를 레이블에 표시합니다
    result_label.config(text=f"{result} {result_unit}")

# tkinter 창 생성
window = tk.Tk()
window.title("면적 변환기")

# 변환 단위를 선택할 드롭다운 위젯 생성
```

```
unit_options = ["평으로 바꾸기", "제곱미터로 바꾸기"]
unit = tk.StringVar(value=unit_options[0])  # 초깃값 설정
unit_dropdown = tk.OptionMenu(window, unit, *unit_options)
unit_dropdown.pack()

# 값을 입력받는 엔트리 위젯 생성
entry = tk.Entry(window, width=10)
entry.pack()

# 변환 버튼 생성
button = tk.Button(window, text="변환", command=convert)
button.pack()

# 변환 결과를 표시할 레이블 생성
result_label = tk.Label(window)
result_label.pack()

# tkinter 이벤트 루프 시작
window.mainloop()
```

코드가 길지 않아서 잠시 읽어 본다면 내용을 수정할 수도 있을 듯합니다.

그림 7-21 | 챗GPT에 업그레이드를 부탁했습니다

여기까지만 보면 마치 챗GPT가 개발자를 완전히 대체할 것 같은 착각마저 들기도 하지만, 필자는 솔직히 챗GPT가 개발자를 대체하리라고는 생각하지 않습니다. 그보다는 개발자가 좀 더 빠르게 일할 수 있도록 돕는 역할을 한다고 생각합니다.

단순히 코드를 바로 알려 줘서 처음에는 신기할지 모르지만 나중에는 큰 도움이 되지 않을 수도 있습니다. 여기서 여러분은 두 가지 갈림길에서 하나를 선택해야 합니다. 개발하는 사람이 될 것인가? 아니면 개발을 기획하는 사람이 될 것인가? 전자와 후자는 매우 다릅니다. 개발하는 사람이라면 먼저 코드를 읽고 쓸 수 있어야 합니다. 물론 모든 코드를 외울 필요도 없고 그

럴 수도 없지만, 어쨌든 코드를 읽고 의미를 이해하고 다른 패키지 등을 찾아서 스스로 생각한 기능을 구현하는 역할을 할 수 있어야 합니다.

이와 달리 기획자는 자신이 코드를 꼭 정확하게 읽고 쓸 줄 몰라도 됩니다. 다만 사용자가 어떤 행동을 했을 때 웹 사이트가 어떻게 반응하고 어떤 계산을 수행할지 기획하는 역할을 하면 됩니다.

여러분은 전자가 되고 싶은가요? 후자가 되고 싶은가요? 필자는 여러분이 전자가 되고 싶다고 가정하고 이 책을 썼습니다. 그렇다면 여러분은 챗GPT가 제시한 코드를 뜯어볼 필요가 있습니다. 한 줄 한 줄 읽어보며 '이 코드는 왜 이렇게 작성되었을까?'라는 의문을 가져야 합니다.

2 코드 문해력을 기르는 데 활용하기

인터넷을 서핑하다가 다음 코드를 발견했다고 생각해 볼까요? 이 기능을 활용해서 여러분만의 고유한 코드를 작성하고 싶을 것입니다.

```
import tkinter as tk

def convert():
    # 선택된 변환 단위에 따라 변환 계수를 결정합니다
    if unit.get() == "평으로 바꾸기":
        factor = 1/3.3
        result_unit = "평"
    else:
        factor = 3.3
        result_unit = "제곱미터"

    # 입력된 값에서 계수를 곱하여 변환합니다
    value = float(entry.get())
    result = round(value * factor, 1)

    # 변환 결과를 레이블에 표시합니다
    result_label.config(text=f"{result} {result_unit}")

# tkinter 창 생성
window = tk.Tk()
window.title("면적 변환기")
```

```
# 변환 단위를 선택할 드롭다운 위젯 생성
unit_options = ["평으로 바꾸기", "제곱미터로 바꾸기"]
unit = tk.StringVar(value=unit_options[0])  # 초깃값 설정
unit_dropdown = tk.OptionMenu(window, unit, *unit_options)
unit_dropdown.pack()

# 값을 입력받는 엔트리 위젯 생성
entry = tk.Entry(window, width=10)
entry.pack()

# 변환 버튼 생성
button = tk.Button(window, text="변환", command=convert)
button.pack()

# 변환 결과를 표시할 레이블 생성
result_label = tk.Label(window)
result_label.pack()

# tkinter 이벤트 루프 시작
window.mainloop()
```

tkinter를 잘 모르더라도 코드를 한번 뜯어보면 뭔가 알 것 같은 부분이 있습니다. 예를 들어 다음 구문의 기능은 명확해 보입니다.

```
# tkinter 창 생성
window = tk.Tk()
```

그런데 이 구문만으로는 아무것도 나타나지 않습니다. 왜 그럴까요? 코드 마지막을 보면 `# tkinter` 이벤트 루프 시작이라는 부분이 있는데, 이 부분이 지금까지 작성한 코드를 실행하는 듯합니다.

```
import tkinter as tk

window = tk.Tk()
window.mainloop()
```

이벤트 루프 시작 구문을 추가하고 실행하면 다음과 같은 빈 창이 뜹니다. 여기서부터 하나하나 코드를 추가하면서 실행하면 됩니다. 이처럼 이미 만들어진 코드를 하나하나씩 뜯어보며 코드 읽는 눈을 키우는 것이 좋습니다.

그림 7-22 | 챗GPT가 만든 코드로 코드 문해력을 높입시다

3 코드 설명해 달라고 하기

이것도 어렵다면 더 좋은 학습법이 있습니다. 코드를 그냥 복사해서 붙여 넣고 "이 코드에 대해서 설명해 줘."라고 말해도 됩니다.

예를 들어 tkinter로 면적 변환기를 만드는 코드를 간략히 살펴보면 tkinter 모듈을 tk라는 이름으로 임포트 한 후 `convert()` 함수와 창 생성, 드롭다운, 엔트리, 버튼, 레이블 등을 생성하여 면적 변환기를 구현하고 tkinter의 이벤트 루프를 실행합니다.

챗GPT의 설명은 다음과 같습니다.

convert() 함수
unit.get() 메서드를 사용하여 선택된 변환 단위를 가져옵니다.
선택된 변환 단위에 따라 factor 변수에 변환 계수를 할당합니다. 예를 들어 '평으로 바꾸기'가 선택된 경우 factor에는 1/3.3이 할당됩니다.
value 변수에 entry.get() 메서드를 사용하여 입력된 값을 가져옵니다.
result 변수에 value와 factor를 곱하여 면적을 변환한 값을 저장합니다.
result_label.config() 메서드를 사용하여 변환 결과를 레이블에 출력합니다.
tkinter 윈도우 생성
tk.Tk()를 사용하여 tkinter 윈도우 객체를 생성합니다.
window.title() 메서드를 사용하여 윈도우 제목을 설정합니다.
드롭다운 위젯 생성
unit_options 변수에 드롭다운의 옵션 값들을 리스트 형태로 저장합니다.
tk.StringVar() 메서드를 사용하여 선택된 옵션 값을 저장할 unit 변수를 생성합니다.

tk.OptionMenu()를 사용하여 드롭다운 위젯을 생성합니다. 이때 unit 변수를 사용하여 선택된 옵션 값을 가져오고, * 연산자를 사용하여 unit_options 리스트의 각 요소를 인자로 전달합니다.
엔트리 위젯 생성
tk.Entry()를 사용하여 값을 입력받는 엔트리 위젯을 생성합니다.
변환 버튼 생성
tk.Button()을 사용하여 변환 버튼을 생성합니다. 이 때, command 옵션에 convert() 함수를 할당하여 버튼이 클릭되었을 때 convert() 함수가 실행되도록 합니다.
레이블 생성
변환 결과를 표시할 레이블 위젯을 생성합니다.
tkinter 이벤트 루프 시작
window.mainloop() 메서드를 사용하여 tkinter 이벤트 루프를 시작합니다. 이벤트 루프는 윈도우를 실행하고, 사용자의 이벤트(예: 버튼 클릭)를 처리합니다.

이 글을 읽는 것만으로도 새로운 계산기를 만들 수 있을 듯한 느낌이 들지 않나요?

4 오류 찾아 달라고 하기

본격적으로 챗GPT를 쓰기 시작하면 욕심만큼 잘 안 될 때도 흔할 겁니다. 그런데 정말 추천하고 싶은 방법이 있습니다. 바로 코드의 오류를 찾는 것입니다. 이 과정을 디버그(debug)라고 합니다. 예전에 컴퓨터에 진짜 벌레가 끼어서 고장이 났는데 이것이 어원이 되어서 프로그래밍 오류를 처리하는 일을 디버그라 부르게 되었다고 하네요.

잠깐 디버그가 왜 중요할까요?

파이썬 디버그는 프로그램 개발 과정에서 매우 중요합니다. 디버그란 프로그램에서 발생하는 오류를 찾고 수정하는 과정으로, 오류를 신속하게 해결하고 품질을 향상하는 데 도움이 됩니다. 디버깅 없이 프로그램을 만들면 오류가 발생했을 때 이를 찾기가 매우 어려울 수 있습니다. 디버그를 통해 오류를 발견하고 수정하면 이후에 발생할 오류도 미리 예방할 수 있습니다. 또한 프로그램의 성능을 최적화하고 실행 속도도 올릴 수 있습니다.

파이썬 디버그를 수행하는 방법은 여러 가지입니다. 프로그램에서 발생한 오류 메시지를 분석하거나 디버깅 도구를 이용하여 오류를 발견하고 수정할 수도 있습니다. 디버깅 도구로는 파이썬 내장 모듈인 pdb, PyCharm 등이 있습니다.

요컨대 파이썬 디버그는 프로그램의 오류를 찾아내고 수정하여 프로그램 품질을 향상하는 데 매우 중요한 역할을 합니다. 프로그램 개발 과정에서는 적극적인 디버깅으로 프로그램 완성도와 신뢰성을 높여야 합니다.

디버그란 소프트웨어나 하드웨어에서 발생한 오류나 버그를 찾고 수정하는 과정을 말합니다. 참고로 디버그 작업을 수행하는 사람을 디버거(Debugger)라 부릅니다.

소프트웨어 개발에서 디버그는 매우 중요한 단계입니다. 디버그를 통해 그동안 발견되지 못한 오류나 예상치 못한 동작 등을 발견하여 수정해야 안정적인 소프트웨어를 개발할 수 있습니다. 디버그를 제대로 수행하지 않으면 예상치 못한 동작이 발생하거나 비정상적으로 종료되는 등의 문제가 발생할 수 있습니다. 코딩이 직업이라면 디버그는 매우 중요합니다. 비용과 직결되는 문제니까요.

다음 코드는 앞서 챗GPT가 만들었던 프로그램에서 convert()의 괄호 하나를 지운 것입니다. 여러분의 눈에는 오류가 직관적이지 않을 수도 있지만 이 코드는 실행하자마자 오류가 납니다.

```
import tkinter as tk

def convert(:
    # '평'값을 가져옵니다.
    pyeong = float(entry.get())
    # 3.3을 곱하여 제곱미터로 변환합니다
    square_meter = pyeong * 3.3
    # 제곱미터값을 레이블에 표시합니다
    result_label.config(text=f"{square_meter ㎡}")

# tkinter 창 생성
window = tk.Tk()
window.title("제곱미터 변환기")
(... 생략 ...)
```

이 코드를 붙여 넣고 "오류를 찾아 줘!"라고 챗GPT에 명령해 보았습니다. 곧바로 나온 대답은 다음과 같습니다.

convert() 함수 정의 부분에서 괄호가 빠져 있어 SyntaxError가 발생합니다. convert(:를 convert():로 수정하면 됩니다.

이러한 오류는 사람이 코딩하는 과정에서 생각보다 자주 발생합니다. 사실 이와 같은 오류는 비주얼 베이직 코드 등의 편집기로도 충분히 잡아낼 수 있습니다. 그러나 오류의 종류는 무궁무진합니다. 지금 든 사례는 빙산의 일각이죠.

특히 프로그래밍을 하다 보면 오류가 발생한 것인지 알 수 없을 때가 대부분입니다. 그때마다 머리를 싸매고 오류를 찾아야 합니다. 이 과정에서 때로는 챗GPT의 능력이 빛을 발합니다. 더 빨리 오류를 찾을 수 있으니까요.

```
>>> def add_numbers(a, b):
        return a + b          # 두 숫자를 더하는 코드입니다

>>> add_numbers(10, "20")  # 하나는 정수형(int)이고
                             다른 하나는 문자열(str)이므로 타입 오류 발생
```

이 코드를 실행하면 다음과 같이 오류 메시지를 친절하게 출력합니다.

```
TypeError: unsupported operand type(s) for +: 'int' and 'str'
```

만약에 두 인자가 모두 정수형이거나 문자열이라면 타입 오류가 발생하지 않습니다.

```
>>> add_numbers(10, 20)
30  # 두 인자가 모두 정수이므로 두 숫자를 더한 값을 출력합니다
>>> add_numbers("10", "20")
1020  # 따옴표 때문에 문자열로 인식하므로 두 문자를 이은 값을 출력합니다
```

챗GPT는 이러한 파이썬 프로그램의 오류를 찾는 데 도움을 줍니다. 그런데 챗GPT를 오롯이 믿어서는 안 되는 이유가 있습니다. 프로그램이 복잡할수록 여러분이 하려고 하는 일을 모두 대신하지 못할 수 있습니다. 그러므로 모든 오류를 찾기는 어렵습니다.

챗GPT를 사용한 디버깅은 추천하지만 100% 의존해서는 안 됩니다. 모든 오류를 발견하지 못하며 여러분이 하려는 바를 이해하지 못할 수도 있습니다. 그리고 여러분 역시 코드의 작동 원리를 모르는 상태에서 챗GPT가 모든 오류를 발견하리라 믿으면 여러분의 코딩 능력은 발전하지 않습니다.

5 챗GPT를 학습시키면서 원하는 결과 얻기

자, 이제는 조금 더 심화한 버전을 알아보겠습니다. 경제학이나 경영학을 공부하는 학생이라면 매우 흔하게 접해 봤을 개념입니다.

예를 들어 올해 100원짜리 물건이 있다고 가정합니다. 물가상승률이 5%라면, 이 물건의 내년 값은 105원이 될 것입니다. 100×(1+0.05)라고 계산한 것입니다. 그럼 2년 후는 $100\times(1+0.05)^2$이, 3년 후는 $100\times(1+0.05)^3$이 되겠죠? 자, 이런 식으로 자신이 연도를 선택해서 물가상승률만큼 증가하는 프로그램을 짜려고 합니다. 물론 엑셀로 구하는 방법도 있습니다.

다음과 같이 공식을 직접 입력하는 방법입니다. 이 방법도 물론 어렵거나 복잡한 것은 아니지만 자주 하는 계산을 쉽게 할 수 있는 계산기를 한 번 만들어 보고자 합니다.

입력받을 인자	100
물가상승률	0.05
첫번째 연도	두번째 연도
105	=H11*(1+H12)^2

그림 7-23 | 입력받을 수(100)에 물가상승률 5%를 반영해서 2년 증가시키는 공식입니다 $100\times(1+물가상승률)^2$

여기서는 파이썬 라이브러리인 tkinter를 사용합니다. 처음 필자의 질문은 다음과 같았습니다.

> tkinter를 사용하여 첫 번째 연도의 값을 입력받고 증가율을 퍼센트(%)로, 몇 년 증가시킬 건지 드롭박스로 입력받아서 매년 입력받은 퍼센트만큼 증가한 값을 드롭박스로 입력받은 수만큼 출력하는 함수를 만들어 줘.

이랬더니 다음과 같은 코드를 제공했습니다. 주석은 제가 직접 달았습니다. 이 책의 모든 코드는 필자의 깃허브에 있으니 내려받아 참고하세요.

[예제] 07r\tkinter_test\increasing_cal_gpt.py

```
import tkinter as tk

def calculate_value():  # 창을 띄우기 전에 계산 방법을 함수로 정의합니다
    initial_value = int(initial_entry.get())  # initial_value는 첫 값입니다
    rate = int(rate_entry.get())  # rate는 상승률입니다
    num_years = int(years_variable.get())  # num_years는 증가 연도입니다

    for i in range(num_years):
        new_value = initial_value * (1 + rate/100)**(i + 1)
        # 증가율 계산을 적용합니다
        result_label.config(text=f"Year {i + 1}: {new_value:.2f}")

root = tk.Tk()
root.title("Yearly Growth Calculator")

# Create input widgets
initial_label = tk.Label(root, text="Initial Value")
initial_entry = tk.Entry(root)  # tk의 Entry 클래스로 처음 값을 입력받습니다
rate_label = tk.Label(root, text="Rate of Increase (%)")
rate_entry = tk.Entry(root)
years_label = tk.Label(root, text="Number of Years")
years_variable = tk.StringVar(root)
years_dropdown = tk.OptionMenu(root, years_variable, "1", "2", "3", "4", "5")
# 드롭다운을 생성하는 방법도 이 구문으로 알 수 있습니다

# Create button to calculate the result
calculate_button = tk.Button(root, text="Calculate", command=calculate_value)
# calculate_value라는 명령을 실행하도록 하네요. 처음 입력한 함수입니다

# Create label to display the result
result_label = tk.Label(root, text="Result", font=("Arial", 12), fg="blue")
# 출력할 폰트와 색상을 지정했습니다
```

```

    # Add widgets to the grid
    initial_label.grid(row=0, column=0, padx=5, pady=5)  # 입력값 위치를 지정합니다
    initial_entry.grid(row=0, column=1, padx=5, pady=5)
    rate_label.grid(row=1, column=0, padx=5, pady=5)
    rate_entry.grid(row=1, column=1, padx=5, pady=5)
    years_label.grid(row=2, column=0, padx=5, pady=5)
    years_dropdown.grid(row=2, column=1, padx=5, pady=5)
    calculate_button.grid(row=3, column=0, columnspan=2, padx=5, pady=5)
    result_label.grid(row=4, column=0, columnspan=2, padx=5, pady=5)

    root.mainloop()  # 전체 함수를 실행합니다
                          loop는 반복이란 뜻이므로 창을 닫을 때까지 계속 실행합니다
```

챗GPT, 제법인데요? 이 코드를 실행한 결과는 다음과 같습니다. 코드가 작동한다는 것은 여러분이 그 코드를 사용할 수 있다는 뜻입니다. 코드 작성에 기뻐하는 데 그치지 말고 이 코드를 어떻게 업그레이드할 것인지 고민해 보세요.

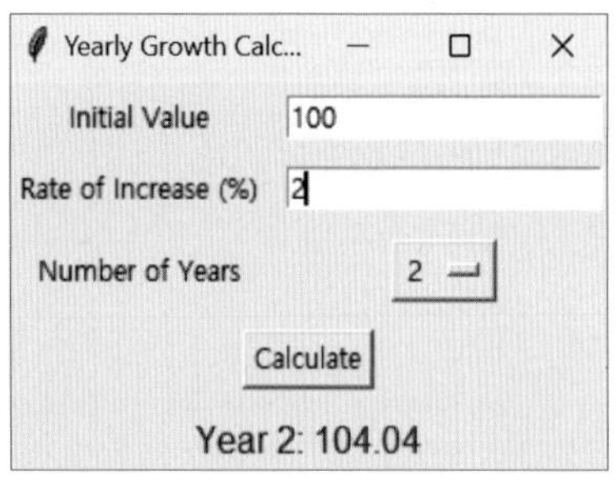

그림 7-24 | 첫 번째 코드로 실행한 결과입니다

이 프로그램을 사용해 보면 몇 가지 문제가 있습니다. 첫째, 증가율을 소수점으로 입력하면 작동하지 않습니다. 둘째, 필자가 원한 것은 3년을 선택했을 때 1년, 2년, 3년 모두를 출력하는 것이었습니다. 그런데 이 프로그램은 특정 연도만 출력합니다. 챗GPT에 이렇게 다시 주문해 보겠습니다.

> 위에서 당신이 준 코드와 관련하여, 나는 상승률을 소수(float)로도 입력받고 싶어요.
> 그리고 상승률이 적용된 값을 첫 번째 연도부터 사용자가 선택한 연도까지 모두 출력하고 싶어요.
> 코드를 고쳐주세요.

이렇게 주문을 바꿔 보았더니 챗GPT는 다음과 같은 코드를 주었습니다. 중복을 피하고자 바뀐 부분만 싣습니다.

[예제] 07r\tkinter_test\increasing_cal_gpt_v2.py

```
(... 생략 ...)
def calculate_value():
    (... 생략 ...)
    rate = float(rate_entry.get()) / 100  # 입력한 상승률을 소수로 변환
    num_years = int(years_variable.get())

    result_text = ""
    for i in range(num_years):
        new_value = initial_value * (1 + rate) ** i  # 상승률을 적용하여 값 계산하기
        result_text += f"Year {i+1}: {new_value:.2f}\n"

    result_label.config(text=result_text)
```

코드의 모양 자체가 다소 달라져서 헷갈릴 수 있는데, 핵심은 다음 부분입니다. 원래 코드에서는 결과 출력 부분에 =를 사용하여 값 하나만 입력했지만, 바뀐 코드에서는 +=를 사용하여 원래 문자열에 새 문자열을 계속 연결합니다. 그러므로 값을 차곡차곡 쌓는 형태의 함수로 만들었습니다. 바뀐 코드에는 챗GPT가 친절하게 주석을 별도로 달아줍니다.

```
# 원래 코드
for i in range(num_years):
    new_value = initial_value * (1 + rate/100) ** (i + 1)
    result_label.config(text=f"Year {i + 1}: {new_value:.2f}")
```

```
# 바뀐 코드
for i in range(num_years):
    new_value = initial_value * (1 + rate) ** i  # 상승률을 적용하여 값 계산하기
    result_text += f"Year {i + 1}: {new_value:.2f}\n"
```

이제 소수점을 입력해도 원하는 대로 계산한 모든 값을 출력합니다.

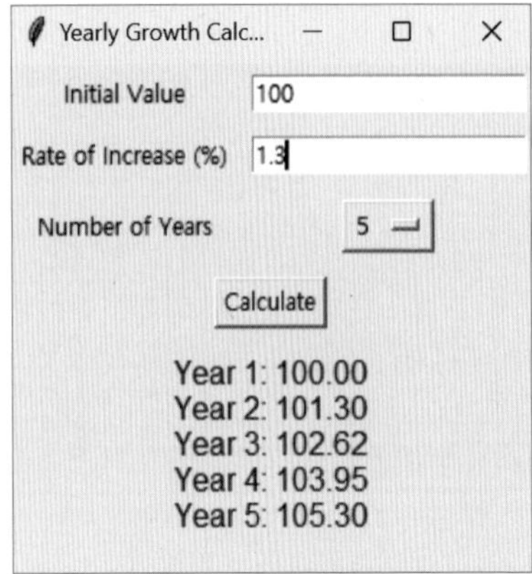

그림 7-25 | 첫 번째 코드를 수정했습니다

자, 이 정도면 챗GPT와 코딩하는 것이 얼마나 효율적인지 확인했나요? 여기서 강조하고 싶은 것은 챗GPT에 질문하는 기술만으로는 코딩이 늘지 않는다는 점입니다. 챗GPT가 만든 코드라면 꼭 읽고 어떤 방식으로 작동하는지 눈여겨봐야 합니다. 또한 앞서 살펴본 것처럼 요구사항을 조금 변경했을 때 챗GPT가 어떤 코드를 내놓고 어떻게 수정했는지 주의해서 살펴야 합니다.

Do it! 실습 챗GPT에 코딩을 시키자!

1 19단 출력하기를 챗GPT에 시키기

이 책에 등장했던 19단 코드를 한번 요청해 볼까요? 챗GPT 프롬프트에 다음과 같이 입력합니다.

> 19단을 출력하는 파이썬 코드

그러면 다음과 같은 코드를 만들어 출력합니다.

[예제] 07r\GPT_codes\gpt-19multiplation.py

```
for i in range(1, 10):
    result = 19 * i
    print(f"19 x {i} = {result}")
```

이 코드를 IDLE 환경에 바로 붙여 넣어 봅시다.

```
19 x 1 = 19
19 x 2 = 38
19 x 3 = 57
(... 생략...)
19 x 7 = 133
19 x 8 = 152
19 x 9 = 171
```

앗? 어딘가 이상하네요. 2단, 3단, 4단으로 해서 총 19단까지 1부터 19까지 곱하는 19단을 원합니다. 프롬프트 입력을 바꿔 볼까요?

> 아니 2단, 3단, 4단으로 해서 총 19단까지 1부터 19까지 곱하는 19단 곱셈표를 원해.

프롬프트를 추가했더니 다음과 같은 코드를 만들었네요.

```
for i in range(2, 20):
    print(f"{i}단:")
    for j in range(1, 20):
        result = i * j
        print(f"{i} x {j} = {result}")
    print()  # 각 단을 구분하고자 빈 줄 넣기
```

```
2단:
2 x 1 = 2
2 x 2 = 4
2 x 3 = 6
(... 생략...)
19 x 18 = 342
19 x 19 = 361
```

이번에는 제대로 출력했네요! 챗GPT에 코딩을 시킬 때는 원하는 내용을 구체적으로 적는 것이 좋습니다. 이처럼 실행했을 때 바로 활용할 수 있는 코드 몇 가지를 제시해 보겠습니다. 이제부터는 이 코드를 활용할 때 IDLE 환경이 아니라 노트패드++나 비주얼 스튜디오 코드로 확인해 보세요.

2 구글에서 특정 이름으로 논문 제목 검색하기

구글에서 '김창현'이라는 이름으로 나오는 논문의 제목을 나열하는 파이썬 코드 request 활용 

챗GPT가 생성한 코드를 붙여 넣고 실행했더니 다음과 같은 결과를 얻었네요.

[예제] 07r\GPT_codes\gpt-googlename.py

```
1. 청소년의 여가활동유형별 참여정도와 자아존중감, 자기효능감과의 관계
2. The preventive effect of Daeshiho-tang on liver damage induced by acetaminophen in
the rats
(... 생략 ...)
8. 클라우드 컴퓨팅 연구 동향
9. 줄넘기 운동이 초등학생의 신체적 자기개념에 미치는 영향
10. 초고속 자기부상열차를 위한 하이브리드형 부상 추진 시스템의 설계 및 특성해석
```

▶ 구글의 자동화 검색 제한으로 API를 이용하는 코드를 생성했다면 유료 API 키가 필요합니다.

3 판다스 명령어 설명 요청하기

앞서 살펴본 판다스에 궁금한 점이 있다면 챗GPT는 훌륭한 선생님이 되기도 합니다.

pandas에서 쓸 수 있는 주요 명령어 5개만 예시와 함께 알려 줘. 

챗GPT가 생성한 코드의 예입니다.

[예제] 07r\GPT_codes\gpt-pandas.py

```python
import pandas as pd

df = pd.read_csv('data.csv')
# 처음 5개 행 출력
print(df.head())
# 데이터프레임 정보 출력 (데이터 타입, 결측값 여부 등)
print(df.info())
# 열 선택
selected_column = df['Column_Name']
# 행 필터링
filtered_data = df[df['Column_Name'] > 50]
# 요약 통계 출력
print(df.describe())

# 그룹별 집계 연산 (예: 평균)
group_by_column = df.groupby('Column_Name')
mean_values = group_by_column.mean()
```

그런데 CSV 파일이 없다면 다음과 같은 오류 메시지가 발생합니다.

```
Traceback (most recent call last):
  File "c:\Users\user\do-it-python\07\gpt-pandas.py", line 2, in <module>
(... 생략 ...)
    handle = open(
FileNotFoundError: [Errno 2] No such file or directory: 'data.csv'
```

그럴 때는 다음과 같이 다시 물어봅니다.

> 판다스 예시 데이터를 df로 생성해 줘. 그리고 예시 명령어 5개만 알려 줘.

```
PassengerId,Survived,Pclass,Name,Sex,Age,SibSp,Parch,Ticket,Fare,Cabin,Embarked
1,0,3,"Braund, Mr. Owen Harris",male,22,1,0,A/5 21171,7.25,,S
2,1,1,"Cumings, Mrs. John Bradley (Florence Briggs Thayer)",female,38,1,0,PC 17599,71.2833,C85,C
3,1,3,"Heikkinen, Miss. Laina",female,26,0,0,STON/02. 3101282,7.925,,S
4,1,1,"Futrelle, Mrs. Jacques Heath (Lily May Peel)",female,35,1,0,113803,53.1,C123,S
5,0,3,"Allen, Mr. William Henry",male,35,0,0,373450,8.05,,S
6,0,3,"Moran, Mr. James",male,,0,0,330877,8.4583,,Q
7,0,1,"McCarthy, Mr. Timothy J",male,54,0,0,17463,51.8625,E46,S
8,0,3,"Palsson, Master. Gosta Leonard",male,2,3,1,349909,21.075,,S
9,1,3,"Johnson, Mrs. Oscar W (Elisabeth Vilhelmina Berg)",female,27,0,2,347742,11.1333,,S
10,1,2,"Nasser, Mrs. Nicholas (Adele Achem)",female,14,1,0,237736,30.0708,,C
11,1,3,"Sandstrom, Miss. Marguerite Rut",female,4,1,1,PP 9549,16.7,G6,S
12,1,1,"Bonnell, Miss. Elizabeth",female,58,0,0,113783,26.55,C103,S
13,0,3,"Saundercock, Mr. William Henry",male,20,0,0,A/5. 2151,8.05,,S
14,0,3,"Andersson, Mr. Anders Johan",male,39,1,5,347082,31.275,,S
15,0,3,"Vestrom, Miss. Hulda Amanda Adolfina",female,14,0,0,350406,7.8542,,S
16,1,2,"Hewlett, Mrs. (Mary D Kingcome) ",female,55,0,0,248706,16,,S
17,0,3,"Rice, Master. Eugene",male,2,4,1,382652,29.125,,Q
```

그림 7-26 | 챗GPT가 알려준 예시 데이터셋입니다

```
import pandas as pd
# Pandas의 내장 예시 데이터셋 'titanic'을 불러와 데이터프레임 생성, 챗GPT가 예시 데이터셋을 제공합니다
df = pd.read_csv('https://raw.githubusercontent.com/datasciencedojo/datasets/master/titanic.csv')

# 데이터프레임의 처음 5개 행 출력
print(df.head())
(... 생략 ...)
```

```
(... 생략 ...)
Embarked
S    644
C    168
Q     77
Name: count, dtype: int64
```

4 사칙연산이 가능한 계산기 만들기

그럼 tkinter를 활용하여 조금 더 어려운 미션을 줄까요?

> 4칙 연산이 들어가 있는 계산기를 만드는 코드 tkinter 활용

만들어진 코드는 다음과 같습니다.

[예제] 07r\GPT_codes\gpt-calculator.py

```
import tkinter as tk

# 버튼 클릭 시 숫자와 연산자를 업데이트하는 함수
def button_click(number):
    current = entry.get()
    entry.delete(0, tk.END)
    entry.insert(0, current + str(number))

def clear():
    entry.delete(0, tk.END)

def calculate():
    try:
        result = eval(entry.get())
        entry.delete(0, tk.END)
        entry.insert(0, str(result))
    except:
        entry.delete(0, tk.END)
        entry.insert(0, "오류")

# GUI 창 생성
window = tk.Tk()
window.title("계산기")

# 입력 필드 생성
entry = tk.Entry(window, width=20)
entry.grid(row=0, column=0, columnspan=4)

# 버튼 생성
buttons = [
    '7', '8', '9', '/',
    '4', '5', '6', '*',
    '1', '2', '3', '-',
    '0', 'C', '=', '+'
```

```
]

row_val = 1
col_val = 0

for button in buttons:
    if button == '=':
        tk.Button(window, text=button, padx=20, pady=20,
            command=calculate).grid(row=row_val, column=col_val)
    elif button == 'C':
        tk.Button(window, text=button, padx=20, pady=20,
            command=clear).grid(row=row_val, column=col_val)
    else:
        tk.Button(window, text=button, padx=20, pady=20, command=lambda
            num=button: button_click(num)).grid(row=row_val, column=col_val)

    col_val += 1
    if col_val > 3:
        col_val = 0
        row_val += 1

# GUI 실행
window.mainloop()
```

자, 이제 이 파일을 gpt-calculator.py로 저장하고 실행합니다. 다음과 같이 계산기가 나타나면 코드를 정상으로 실행한 것입니다!

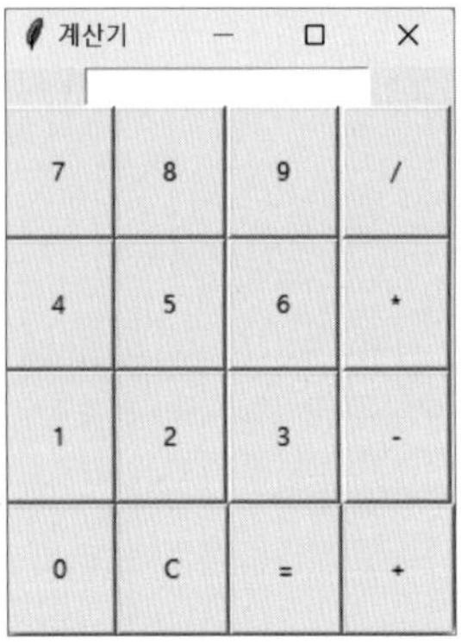

그림 7-27 | 챗GPT가 순식간에 생성한 코드로 만든 계산기인데 제법 쓸 만합니다

5 파이게임을 이용한 그림 그리기 프로그램 만들기

pygame은 파이썬으로 게임과 멀티미디어 애플리케이션을 만드는 데 필요한 라이브러리입니다. 다음은 pygame을 사용한 간단한 게임 예제와 그 설명입니다.

▶ pygame이 없다면 `pip install pygame` 명령으로 설치합니다.

pygame을 이용한 재밌는 그림 그리기 실습 코드

생성한 코드는 다음과 같습니다.

[예제] 07r\pygame_test\pygame-drawing.py

```
import pygame
import sys

# pygame 초기화
pygame.init()

# 화면 설정
WIDTH, HEIGHT = 800, 600
screen = pygame.display.set_mode((WIDTH, HEIGHT))
pygame.display.set_caption("Pygame Drawing App")

# 색상 정의
BLACK = (0, 0, 0)
WHITE = (255, 255, 255)

drawing = False
last_pos = None

screen.fill(WHITE)

while True:
    for event in pygame.event.get():
        if event.type == pygame.QUIT:
            pygame.quit()
            sys.exit()
```

```
        elif event.type == pygame.MOUSEBUTTONDOWN:
            drawing = True
            last_pos = event.pos
        elif event.type == pygame.MOUSEBUTTONUP:
            drawing = False
            last_pos = None

    if drawing:
        current_pos = pygame.mouse.get_pos()
        pygame.draw.line(screen, BLACK, last_pos, current_pos, 5)
        last_pos = current_pos

    pygame.display.flip()
```

이 코드를 실행하면 흰색 창이 나타나는데, 마우스를 드래그하면 검은색 선을 그릴 수 있습니다. 여러 가지 색상을 추가하거나 선의 굵기를 조절하는 등의 기능을 더 추가하여 애플리케이션을 업그레이드해 보세요.

그림 7-28 | pygame으로 만든 그림판에 산골 풍경을 그렸습니다

챗GPT로 코딩을 배울 때 주의할 점

지금까지 챗GPT가 코딩을 배울 때 얼마나 유용한지 살펴봤습니다. 하지만 모든 것이 그렇듯 챗GPT도 만능은 아니며 주의할 점도 있습니다.

이 코드가 정확할까?

챗GPT는 질문 대부분에 답하지만, 그 응답이 항상 100% 정확하다고 보장할 수 없습니다. 특히 복잡한 코드나 알고리즘 문제의 답변은 추가로 검증해야 합니다. 아직 개발 중인 모델이기 때문입니다. 챗GPT에도 한계가 있으므로 모든 것을 해결하리라고 믿으면 곤란합니다. 물론, 강력한 도구인 것은 분명합니다.

API 키를 그대로 갖다 붙이면 안 돼요!

개인정보, 비밀번호, API 키와 같은 민감한 정보를 프롬프트로 전송하는 것은 피해야 합니다. 또한 제공된 코드 조각을 그대로 실행하기 전에 해당 코드가 안전한지 확인해야 합니다. 급한 마음에 자신의 비밀번호나 코드를 노출하면 챗GPT가 그 코드를 학습하면서 유출 우려가 생깁니다. 아마존은 지난 1월 챗GPT가 자사의 내부 데이터와 매우 비슷한 응답을 생성한 사례를 발견하고 AI 사용의 잠재 위험에 대해 직원에게 경고한 바 있습니다. 이에 따라 아마존은 챗GPT에 회사의 핵심 코드나 기밀 정보 입력을 금지했습니다.

결국 코딩하는 건 프로그래머 자신이라는 것을 알아야 해요!

챗GPT에 완전히 의존하는 것은 피해야 합니다. 문제 해결 능력과 자기 학습 능력을 개발하는 것이 중요하므로 단순히 답을 얻는 도구로만 사용하는 것보다 학습 도구로 활용하는 것이 바람직합니다.

요컨대 챗GPT는 결국 도구이므로 올바르게 이용하는 것이 중요합니다. 똑똑한 챗GPT를 여러분의 생활 프로그래밍에 현명하게 사용하길 기대합니다!

마지막으로 하고 싶은 이야기

지금까지 여러분과 나누고 싶은 이야기를 어느 정도 한 것 같습니다. 파이썬을 공부하면서 답답했던 부분들을 여러분은 겪지 않았으면 하는 마음에서 마지막으로 몇 자 적어 보려고 합니다.

파이썬의 인기

파이썬이 확실히 붐인 것 같습니다. 전공인 지리학을 공부할 때를 떠올려 보면, 예전에 이런 프로그래밍은 주로 GIS나 데이터를 만지는 사람의 전유물이었다고 해도 과언이 아닙니다. 우리나라 특유의 문과와 이과를 나누는 정서가 여기에도 반영된 셈이지요. 그런데 지금은 정치, 문화, 사회, 철학 등 인문학을 하는 친구들을 만나도 파이썬에 관심이 많습니다. 여러 차례 강조하지만, 정확히 말하자면 파이썬에 대한 관심이라기보다 '컴퓨터 언어'로 새로운 접근을 할 수 있지 않을까 하는 관심이겠죠.

아주 좋은 현상이라고 생각합니다. 인문, 사회, 철학, 정치학을 하는 사람도 데이터에 접근하는 방법을 알아야 하고, 데이터에 접근했다면 그것을 능숙하게 다룰 수 있어야 한다고 생각합니다. 그런 점에서 파이썬이 훌륭한 도구인 것은 확실하지만, 당연하게도 유일한 도구는 아닙니다.

파이썬은 훌륭하고 직관적인 언어이며 또 많은 사람이 이 언어를 배워야 하겠지만, 생각하는 것과 별개로, 파이썬의 '왜곡된 상업화' 역시 경계해야 할 것입니다. 마치 파이썬을 다루면 엑셀보다 시간을 무조건 줄일 수 있다고 믿게 하는 강의를 유튜브에서 본 적이 있습니다. 그 강사는 엑셀로는 이렇게 어렵게 해야 하는 일을 파이썬을 사용하면 코드 한 줄로 해결된다고 말했습니다.

그러나 입문자가 그 코드 한 줄을 만들려면 수십 번에서 수백 번까지 시행착오를 거쳐야 할지도 모릅니다. 코딩을 하는 사람이라면 누구나 시행착오로 많은 시간을 보냅니다. 간단하고 강력한 코드야말로 오랜 고민 끝에 나오는 것이거든요. 한 시간 만에 파이썬을 다 끝내게 해주겠다든지, HTML은 이 영상 하나만으로도 충분하다는 식의 과장은 경계할 필요가 있습니다.

왜곡된 상업주의

이 책에서 설명했듯이 파이썬을 잘 사용하면 여러분의 강력한 도구가 되어 줍니다. 그러나 때로는 엑셀을 사용하는 것이 더 효율적일 수 있습니다. 예를 들어 값을 바로바로 확인하고 서식을 적용해야 하는 직장인이라면 스크립트를 일일이 짜야 하는 파이썬보다 셀에서 일어나는 일을 바로 보여 주는 엑셀을 사용할 때 생산성이 훨씬 높을 수도 있습니다.

파이썬 한 줄로 데이터를 엑셀 파일에 저장하려면 몇 시간 투자해야 할까요? 판다스가 엑셀보다 효율적이라고 느끼려면 최소 100시간은 판다스와 씨름해야 합니다. 그 엄청난 시간과 노력을 들여서 파이썬을 다뤄야만 할 만큼 많은 데이터를 다루고 있나요? 그렇다면 당연히 파이썬을 배우는 것이 현명한 선택일 것입니다. 그러나 그렇지 않은 대부분 사람에게 '파이썬을 꼭 배워야만 한다.'처럼 장밋빛 미래를 심어 주어서는 안 된다고 생각합니다.

그럼에도 파이썬을 배운다면

그럼에도 지금 이 글을 읽고 있는 여러분은 파이썬에 큰 관심이 있거나 꼭 필요한 사람이겠지요. 저 또한 그랬고, 그래서 조금씩 파이썬으로 코딩하다 보니 컴퓨터 전공이 아님에도 많은 도움을 받았습니다. 때로는 접근하기 어려운 데이터에 크롤링을 통해 쉽게 접근해 보기도 하고, CSV 파일을 가공하여 데이터를 한꺼번에 대량으로 처리해 본 적도 있고요. 가능한 파이썬을 한 업무에 써먹을 구실을 찾으려고 노력합니다. 그렇게 생각하다 보면 신기하게도 쓸 일이 있습니다.

컴퓨터 프로그래밍 혹은 코딩이라는 말이 어렵게 느껴지는 것이 사실이지만, 조금만 관심을 가지고 접근하면 누구든지 코딩을 생활에 이용할 수 있습니다. 파이썬을 배워서 '이것을 어디에 써먹지?' 고민하는 여러분에게 저의 경험을 나누고 싶었습니다. 그것이 바로 이 책을 쓴 이유였습니다. 여러분의 생활에 컴퓨터 프로그래밍이 조금이라도 도움이 되었으면 하는 바람이 잘 전달되었으면 합니다.

마지막으로 이 책이 세상에 나올 수 있도록 최선의 노력을 아끼지 않은 이지스퍼블리싱(주) 이지연 대표님과 편집팀 모두 감사를 드립니다. 마지막까지 남들이 못 찾아낸 오탈자를 무더기로 찾아 준 아내와 하는 일마다 응원해 주신 부모님, 유이, 윤아에게도 고마운 마음을 전합니다.

〈한글〉

〈영문〉